台湾研究系列

陈孔立著作系列
WORKS OF CHEN KONG LI

心系两岸

陈孔立 著

九州出版社 全国百佳图书出版单位
JIUZHOUPRESS

图书在版编目（CIP）数据

心系两岸 / 陈孔立著. — 北京 ：九州出版社，2013.8
ISBN 978-7-5108-2305-3

Ⅰ．①心… Ⅱ．①陈… Ⅲ．①台湾问题－文集 Ⅳ．
①D618-53

中国版本图书馆CIP数据核字(2013)第210883号

心系两岸

作　　者　陈孔立　著
出版发行　九州出版社
出 版 人　黄宪华
地　　址　北京市西城区阜外大街甲35号 （100037）
发行电话　（010）68992190/2/3/5/6
网　　址　www.jiuzhoupress.com
电子信箱　jiuzhou@jiuzhoupress.com
印　　刷　九洲财鑫印刷有限公司
开　　本　787毫米×1092毫米　16开
印　　张　29.25
字　　数　435千字
版　　次　2013年10月第1版
印　　次　2013年10月第1次印刷
书　　号　ISBN 978-7-5108-2305-3
定　　价　75.00元

前　言

本书是作者 20 多年来跟踪观察台湾政局与两岸关系发展过程的一些记录与个人的感受。

在台湾政坛上，自从民进党成立之后，基本上是国民党与民进党之间的角逐，以后出现蓝绿两个阵营，但主力仍然是国民党与民进党，这个总的格局至今未变。从力量消长来看，民进党从初期大约 30% 选票，发展到现在的 45% 以上，呈上升的趋势，而国民党的实力则逐渐下降。但是民进党是否能够突破 50% 的界限，连他们自己也不敢有乐观的期待。这里，我要提到本书的第一篇文章：《国民党与民进党的角逐》。1995 年台湾资深媒体人杨宪村发表《民进党执政》一书，约我写一篇评论。这本书预言 2000 年民进党会上台执政。我在评论中指出，"本书最精彩的部分是对国民党的剖析，作者可以说是已经看透了国民党"。他认定"国民党似乎非垮台不可，也必垮无疑了"。此外，作者还预言："台独"是民进党"迈向执政之路过程中无法取信于民的一大关卡"；"两岸问题势必在未来几年会成为朝野间最重要、最敏感也最具竞争性的公共政策"。我们从民进党上台直到现今的台湾政坛，可以清楚地看出作者高明的预见，重温上述论断确实令人钦佩。

对于国民党的观察，我本着实事求是的态度，对于他们表达的善意，给予善意的解读，主张给予善意的回应。对于国民党内部存在的问题，以及国民党与我们的分歧，也不回避，直率地提出自己的批评意见。有些人对国民党期待过高，甚至有"寄希望于国民党"的倾向，也明确表达自己的不同看法。

对于民进党的观察，从它建党时就已经开始。《建党两周年的民进党》可以说是较早比较全面介绍该党的一篇文章，那时我已经写出《民进党：过去、现在、未来》一书，由于时机不对，未能出版，此文是该书中的部分文字。当年（1989年）我对民进党参与县市长选举做了预测，后来我们一直采用这种"非宏观"的预测方法，力求做到比较具体、准确。后来有许多人对民进党进行比较全面和综合的研究，我只是就某个派系、某个关键问题做一些考察。我关心的是民进党的路线问题，特别是在两岸关系上是否能够摆脱至今仍然存在的困境，我想，在这个方面，民进党人需要"成长"。至于陈水扁，在他上台的全过程中，我一直"听其言，观其行"，为这一段历史留下了一些记录。

两岸关系是我研究的重点。我一贯拥护和平统一的方针，不因"台独高危期"而有所改变。1999年我参加"海协专家组"访问泰国时，一位华裔商人建议写一篇和平统一的好处的文章。于是我写了《和平统一的十大好处》，2000年5月在《人民日报》发表后，有一百多个媒体转载，产生了一定的影响。应当指出，我写的是对两岸的好处，不单单对台湾而言。此后，我继续从事"对台战略与策略"的研究，提出一些个人的建议，并且对相关方针政策提出个人的解读。此外，我还从博弈论的角度提出两岸相处的若干原则，对两蒋时期的"一个中国"以及"最后、不得已、被迫"的含义提出自己的解读，2003年日本学者大前研一提出，两岸将于2005年以"中华联邦"实现统一，而美国军方则提出，解放军准备在辛亥革命100周年（2011年）实现统一，我都给予驳斥，指出二者均是毫无根据的臆测。

两岸政治难题是当前两岸学者共同关心的重大课题，相互之间存在较大的分歧。我针对所谓台湾"主权未定"、"主权独立"观点提出自己的批判，对两岸的政治定位做了比较细致的分析，提出自己的思考，并且对台湾学者提出的解决这一难题的各种方案加以评论，希望通过两岸共同的深入探讨，找到一种双方可以接受的解决方案。对于台湾所谓"国际空间"问题，我针对两岸"外交休兵"、"互不否认"、"互不承认"等等说法提出不同的意见，对台湾参加联合国专门机构的可能性与方式问题做了比较细致的探讨，希望双方能够面对难题共同提出解决的办法。

　　台湾政局关系到两岸关系的发展，而两岸关系的发展则关系到两岸人民的福祉，牵动着亿万人民的心。作为两岸关系研究的学者更是要时刻观察台湾政局、密切关注两岸关系。"心系两岸"是我们的写照，过去、现在、未来都必然如此。

　　很多人说，两岸关系归根结底是政治问题，需要通过政治来解决。我认为这句话只说对了一半，实际上政治问题不能只靠政治来解决。两岸之间不是分个谁对谁错就能解决问题，不是提出一个高明的方案就能解决问题。两岸之间的认同问题至关重要，这不是只靠政治就能解决的，它需要各方力量的配合，需要两岸人民的共同参与，才能达成。从研究角度来说，需要开展多学科的研究，才能攻克许多难题，这项工作任重道远。

目　录

关注两岸

观察台湾

蓝绿较量

一、国民党与民进党的角逐

——评《民进党执政》

民进党能不能执政？何时执政？这是台湾人民关心的问题之一。台湾资深新闻工作者杨宪村最近出版《民进党执政》一书，对这个问题进行了探讨，并提出了自己的答案。作者的主要结论如下：

"未来几年，国民党将愈来愈不会是民进党的对手。民进党将日渐取代国民党，在政治、经济、文化和社会等方面，占据主导地位，台湾的决策权落在民进党手中，已是迟早的事"。

"台湾的变与不变，民进党能否执政，关键还在于全岛人心的向背而定"。

"总之，历史已是属于民进党的。民进党将不断透过该党所已掌握的优势和实力继续赢得胜利，这个前景是乐观的"。作者在论述这个问题时，主要从当前台湾政治形势的分析，看出三个主要政党力量的消长，认为国民党对台湾的控制力已经逐年下降，而民进党的力量却不断增长；再从对 1995 — 2000 年六次选举的预测，认为国民党如果在任何一次选举中失利，就有可能失去政权；更重要的是，作者对国民党作了相当深入的解剖，从而认定"国民党已经腐烂不堪的体制，一天天地步向瓦解……国民党已经没药救了，它只需要等待最后致命的一击"。当然，作者对民进党的优势与发展潜力也作了分析，但说明民进党会上台的主要依据还是因为国民党会下台。这就是说，作者认为国民党一定会在 2000 年内的选举中失利，这就会导致国民党的下台，一旦国民党下台，上台的只能是民进党。

作者由于对国民党失望，又认为新党"没有明天"，所以只好寄希望于民进党，但对民进党也存有疑虑，因而期盼它能够顺从民意，放弃"台独"，获得民众的支持而取得政权。这可以说反映了一部分台湾民众的心态。

本文着重对本书的重要论述进行评介，并对一些问题提出个人的意见，与作者商榷。

认定：国民党必败

本书最精彩的部分是对国民党的剖析，作者可以说是已经看透了国民党。他认为"国民党下台问题有可能变为现实"，"国民党似乎非垮台不可，也必垮无疑了"。

作者列举了国民党内部的种种问题，诸如，组织涣散、人才流失；金权政治严重、政治风纪败坏；领导无方、民怨积累太深。在具体分析中，作者指出了以下事实：

"近年来社会金权政治泛滥、公权力不彰、行政效率低下等等，引起民众对国民党执政的强烈不满"；

"国民党因长年执政所积累的若干问题，如内部矛盾重重，体制僵化，官员民意代表贪渎成风；政府领导能力不足，导致社会贫富对抗日趋严重；特权横行，金钱政治不断恶化，土地投机暴利风行，生活环境品质无法改善，国民租税负担高，却只获得贫乏的社会福利等等；这些代表'政权腐败'的象征，自然也是促成它日益失去民心的重要因素"；

"在国民党政府向外界炫耀'金钱政治''金钱万能''有钱好办事'的价值观念导引下，全民汲汲于金钱贪求……乡民村妇沉湎于怪力乱神当中，中下阶层玩大家乐、六合彩和以各式基层赌博为乐；都市中产阶层，包括知识分子，则在花天酒地，在证券市场、地皮、期货上追逐起伏狂飙，社会投机风气盛行……国民党作为一个执政者，对此自然无法推卸责任"；

此外，"民代出现大量贪赃枉法的现象"，"国民党候选人几乎是无选不贿"，"黑道分子盘据地方政治要津"，"国民党的不同利益集团之间的矛盾日趋激化"，"国民党组织结构快速衰退和缺乏战力"等等。

作者认为这种状况是难以改变的，因为国民党本土化的结果，使得它愈来愈和地方金钱派系、黑道势力结合在一起。而在将来的多次选举中，国民党都面临着高度的危机，他们为了胜选，只好与地方派系、黑道、金权财团形成命运共同体，一旦胜选以后，金权、黑道对国民党的影响不断加深，使得国民党更加腐化，而国民党为了保住政权也只能这样做。所以人们认为国民党是"有钱人的党""富人党"，"对广大中间小康选民本来就缺乏足够的吸引力"，这实际上是国民党必然衰败的根本原因。

作者对"李登辉时代"的国民党也作了相当深刻的分析，他指出，所谓"台湾国民党"主流派是"由李登辉主控，以本省人为主导力量，结合多种利益集团势力所形成的"；李登辉"沿袭了传统的强势作风"，"由他直接控制主要政治机制，并全面控制政府和社会"；"他把赤裸裸的强权政治，改造为赤裸裸的金权和黑道政治"；"这些地方山头结合财团、黑道，横行政坛，构成当前国民党主流派的外在特征；而国民党任由利益集团、地方派系、黑道势力介入政治，操纵选举，亦无一不与李登辉的政权利益息息相关"；"他将成为国民党最后政权的终结者"。

不过作者有一个论点倒值得商榷，他认为"若非出了李氏强人"，国民党可能垮得更快。其实不然，因为根据作者的论述，应当得出与此相反的结论。作者指出，"国民党现在面临的最大威胁一方面在于民进党的挑战，二方面是其内部的分裂"，而这两个因素恰恰是李登辉亲手造成的。至于与金牛黑道结合则是国民党的致命伤，这固然是国民党的本质所决定的，但也是由李登辉的政策促成的。民进党人指出，李登辉最大的功绩在于他亲手结束了国民党的统治，这和作者所说的李登辉是"国民党最后政权的终结者"是同样的意思。李登辉究竟是救了国民党，还是毁了国民党？千秋功罪，尚待最终论定。

预测：民进党执政

作者预测民进党可能执政，至于什么时候执政，作者说"许多人预测：国民党将在本世纪前结束政权"，其依据主要是国民党会垮台，当然也分析了民进党的优势和潜力，他指出，选举实力奠定了民进党接掌政权的基础；民众倾向愈来愈支持民进党；民进党领导集团具有良好的调整能力；党内意识形态不会铁板一块。通过选举，民进党已发展成为足以与国民党抗衡的力量，拥有一定数量的"立委""国代"和省市"议员"，对台湾事务的主导性日渐升高，影响力日渐扩大。更重要的是今后几年每次选举对民进党来说都会是一个机会，也就是说，民进党有太多的机会可以走向执政。

但是，民进党是否一定可以执政呢？作者并不讳言人们对民进党的执政能力和整体形象还有疑虑，四成以上民意对民进党并不满意，民进党执政之路存在五大障碍：（一）"台独"政治走向令中产阶层心生不安；（二）"台湾人党"对外省人构成心理威胁；（三）"反民主"和"暴力"的外在形象仍然存在；（四）"李登辉情结"和"国民党化"的倾向；（五）内部的败坏现象和派系倾轧恶斗。

在具体分析中，作者还提出了以下事实：民进党敌对意识和报复意识过高；该党民代引发连串的肢体冲突事件；民进党内也出现金权政治代表、贿选事件和少数党员腐化的情形，从政党员品德日趋败坏；六成"人头党员"的存在；"台独"成为民进党的宗教，但它"普遍不能讨好要求社会稳定发展的中产阶层"，民进党的主张和政治走向不能得到300万外省族群的认同；该党缺乏财经人才，对台湾经济发展的实际运作知识极为模糊欠缺，等等。

民进党能不能克服这些障碍，走向执政？作者认为除了要看台湾政治形势的演变以外，民进党还必须加强以下四个因素：（一）人才素质培养需要大大提升；（二）政策主张须更务实弹性；（三）维护两岸关系的稳定发展；（四）抓好影响国计民生的经济课题。作者特别强调"台独是民进党执政的致命弱点，抛弃台独，是民进党取得天下的关键"。看来作者由于对国民党失望，而对民进党有所期待，希望民进党能够克服所有的障碍，成为新的执政党。

但是，正如作者所一再强调的，"台独"是民进党走向执政的"最大障碍"，是"制约民进党执政最关键的因素"，是民进党"发展战略上的严重缺陷"，是"党务扩大发展最大的障碍和瓶颈，也已成为该党迈向执政之路过程中无法取信于民的一大关卡"，是它发展的"最大的致命伤"。尽管作者看到民进党内有一些精英已经开始有意识地淡化"台独"诉求，对"台独"政策表现出可弹性解释的态度。不过看来这只是他们的一种策略，无法解除人们对它的疑虑。所以，作者也认为在执政之前，民进党必将以"台独"为长期的政治诉求，"该党确实也很难放弃或改变这样一个图腾和胎记"。是的，民进党人是不会放弃"台独"主张的，施明德表示"台独"主张是"属于国家定位的重大决策"，张俊宏说，"台独""势将成为牢不可破的宗教"，许信良也表示"台独是真理，民进党没有理由要放弃"。这说明民进党并不会、也不想去克服"台独"这个走向执政的最大障碍。既然最大的障碍不能克服，那么，"民进党执政"恐怕就不是那样确定的了。

变数：四种可能性

作者在论述民进党执政时，实际上有一个前提，即国民党现有的一切都不可能改变，而民进党则可能改变某些策略、克服一切障碍。在这种情况下，民进党自然就会战胜国民党，而取得执政的地位。

但是，台湾政治形势的发展，不止只有一种可能性，可以有四种可能性：

（一）国民党不变，民进党变；

（二）国民党不变，民进党也不变；

（三）国民党变，民进党不变；

（四）国民党变，民进党也变。

第一种正如作者所预测的，国民党无法改变自己的形象，无法阻止衰败的趋势，总有一天在选举中失败；而民进党却能克服一切障碍，包括放弃"台独"主张，因而得到多数台湾人民的支持，成为执政党。

第二种可能性是相当大的。国民党的金权政治是难以改变的，它的"富人党"的特性也不会改变。民进党尽管可能改变一些策略，但它的"台独党"的特性也难改变。在这种情况下，谁能执政还是一个问题。因为国民党的选票可能不断滑落，但民进党的票源并不一定会迅速扩大。这时第三势力就可能有更大的活动空间。李敖说"国民党的失败并不就是民进党的胜利",这句话不无道理。

第三种指的是国民党眼看统治危机的存在,在不改变其本质的条件下,不得不改变一些策略,以维护其统治。这时如果民进党没有更高明的策略以争取民众,那么两党角逐的结果还很难预料。

第四种可能是在剧烈的角逐中,两党都被迫作出一些符合民意的改变,在这种情况下,正如作者所说"谁的表现最具公信力,谁的选择最符合历史文化的发展,谁的努力目标能够满足人民的期待,谁就能够取得较大的发展"。

当然,两党的角逐并不一定是一方战胜另一方。在一定的条件下,为了各自的利益,可能互相妥协,进行政治分赃,出现暂时的联合。

还应当指出,国民党与民进党的角逐不仅要看台湾内部的形势变化,两岸关系问题也是必须考察的因素。作者指出:"两岸关系在眼前已是一个亟待解决并需要切实面对的问题","民众寄希望于台湾能与中国大陆和平共处,让两岸关系自然和平演进"。"两岸问题势必在未来几年会成为朝野间最重要、最敏感也最具竞争性的公共政策"。在两党角逐中,谁也不会忽视这个重大的问题。

(《台湾研究集刊》1996 年第 1 期)

二、台湾当局的决策系统与决策过程

1996 年底,台湾召开了一次"国发会",国民党在会上提出的"基本立场",有许多国民党高层人士事先并不知道。连几个主要改革对象的单位主管,如"省长"宋楚瑜、"立法院长"刘松藩、"国大议长"钱复、"监察院长"王作荣等人,也沦入"事前没人通知,事后不准讨论"的地步。于是,人们提出了疑问:国民党和台湾当局的决策究竟是怎样做出的?我们无法得到国民党当局决策过程的内部资料,只能就报刊的公开报道进行分析,试图描绘出一个大体的轮廓。

决策系统

在决策体系中有决策系统、信息系统、智囊系统、反馈系统和执行系统。在这里着重考察决策系统,其他系统则暂不讨论。

决策系统是决策体制的核心部分。它的主要任务是以大量信息为依据,运用知识和经验,对智囊提出的各种方案进行比较研究,从中选出最佳方案,加以执行,并针对出现的问题,提出解决办法,保证决策目标的实现。在选择方案时,有单一首长决策和集体决策两种方式。一般有关全局的重大决策,应当由集体决策;而一般性、经常性的决策,则由单一首长决策。

当今台湾的决策系统究竟是怎样的?我们先从"体制内"的机构进行考察:

中常会 国民党党章规定,"中央委员会全体会议闭会期间,由中央常务委员会执行职务,并对其负责"。中常会执行全代会的决议,讨论及处理党务与政治事项,但实际上,中常会从来没有真正成为决策核心。蒋氏父子时代如此,李登辉时代也是如此。就以这次"国发会"为例,12 月 18 日,星期三,中常会开会，主要是听取妇工会的报告，没有讨论"国发会"问题。当天晚上，李登辉召开党内高层会议，而不是中常会，讨论党对宪政改革的"基本立场"。12月20日，召开党籍"国发会代表会议"进行讨论，中常会始终没有参与，甚至连"修宪"条文资料都没有发给他们。因此，对于这个"基本立场"，"国民党内也出现了相当严重的歧异，几位重量级党内人士都表达了强烈的质疑"[1]。由此可见，中常会对重大决策已经不能起什么作用了。

"七人决策小组"与"五人决策小组"　由于党内有人认为决策不民主，李登辉就在1990年5月，设立了"七人决策小组"，成员是李登辉、李元簇、郝柏村、宋楚瑜、蒋彦士、林洋港、邱创焕。后来又有"九人修宪咨询小组"，但是"都在政局变化中不了了之，没有下文"[2]。1992年4月，又成立"五人决策小组"，成员是李登辉、李元簇、郝柏村、蒋彦士、宋楚瑜，徐立德、王昭明列席。这个小组也没有起到决策作用。据郝柏村说，这个小组只是"单向的"，就是只由"行政院"提出报告，"党部从来不把他们打算怎么做提出来"。"事后有人分析，党政决策非法制化，正是李总统可以运用的空间，他并不愿见它制度化"[3]。这样，由李登辉亲自指定和组织的决策机构，也只是一种摆设，并不起决策作用。

"党政高层人士"　从"副总统"、党的副主席、"行政院长"、"立法院长"到其他高官，不妨做一番考察，看看他们在决策中有什么作用。

李元簇，身兼"副总统"和党的副主席。1992年2月，李元簇作为"宪政改革策划小组"的召集人报告了小组的决定："总统"选举采用"委任直选"方式。李登辉不同意只提一个方案，主张把"委选"和"直选"两案并陈，交由中常会决定。结果中常会上意见仍然不同，又采取两案并陈的办法，交由国民党十三届三中全会决定。这时，李元簇对李登辉突然主张"直选"也感到"唐突"。可见，贵为"副总统"、由李登辉亲自指定为"修宪"小组召集人，经过多方努力，研究出的结论，都还无法得到决策者的采纳，对其他问题就更没有参与决策的可能了。李元簇"因无法确实掌握李登辉的意向，在权力的波澜中再度成为'没有声音的人'"[4]。至于不担任"副总统"以后，李元簇作为党的副主席，更是远离了决策核心。

郝柏村，在担任"行政院长"期间，也没有进入决策核心，他自己说，有许多决策，甚至是有关行政方面的决策，他并不知情。例如，"他（李登辉）更认为，外交、军事和大陆政策等的主导权，应掌握在总统手上"[5]。这种看法李登辉对外国记者说了，可是郝却没有听说过；李要"国防部长"陈履安担任"监察院长"，事先没有同郝提起；"财政部长"王建煊受到"总统"直接的批评，事先"行政院长"也不知道；1992年，李试图叫人安排他访问美国和日本，"外交部""行政院"都不知道；诸如此类的"李总统（李主席）的独自裁决"，郝柏村有特别的切身体验。所以，即使在"肝胆相照"时期，郝柏村也没有参与决策核心。后来当了党的副主席，更与决策无缘了。

林洋港、邱创焕、俞国华，都担任过或正在担任党的副主席，他们基本上没有参与重大决策。

吴伯雄，党中央秘书长，在这次"国发会"中充当的角色也令人觉得有些异常。当然，"国发会"是"总统府"主办的，党中央不是主角。但是六年前的"国是会议"，同样是"总统"做东，而当时被赋予"总缆国是会议谈判全权"的则是党的秘书长宋楚瑜。这一次则由不是秘书长的萧万长，坐上了总管的宝座。作为秘书长的吴伯雄则被"冷"在一旁。似乎重大决策也没有他的份。

在这次"国发会"的过程中，几位也算国民党内的"高层人士"同样受到冷落。

宋楚瑜，国民党中常委、"台湾省长"。有关废省、冻省的问题，早已引起社会上的议论，"中央"有关部门也已在拟订办法。"省府"认为那是"黑箱作业"，缺乏民意基础。到了做出冻省的决定以后，李登辉才打电话给宋楚瑜，告诉他这个决定。在开"国发会"时，把宋安排在两岸关系组，而不参加有关废省或冻省的讨论，宋只好报到而不出席。"事前没人通知，事后不准讨论"。"国发会"后，实质上已经作出冻省的决定，宋楚瑜表示作为"省长"，"不能洞察于先，又不能说服善处于后，情何以堪"，请求辞去"省长"和中常委。

这位"高层"在涉及自己的职务的问题上都被剥夺了发言权,更谈不上决策权了。

刘松藩,"立法院长"、国民党中常委。他是在党的"基本立场"已经定案后才知"立法权"有什么增减。在开会前夕,从党内座谈的学者报告中,他才知道"总统"选举采相对多数制。于是他提出应当采取"二轮投票"的绝对多数制。这时李登辉才听到刘的意见,提出要"再行研究"。可见刘松藩一直到这次会上才有发表意见的机会,在党的"基本立场"的决策过程中,刘也被排除在外。

钱复,"国大议长"、中常委。钱复事先不知道"国大代表"改为政党比例制产生。不但李登辉没有和他谈过,就连萧万长也没有谈过。党的"基本立场"也没有向他征询意见。他所获知的"共识"比民进党人还晚。他和"监察院长"省长一样,都是"国发会"上被谈论的主要对象,可是决策者却把他们晾在一边,这使得钱复感到不是滋味,借口度假,到泰国散心去了。

党的副主席、"行政院长"连战,中常委、"立法委员"萧万长可能参与了部分决策,但是,有人指出,"不管是修宪策划小组、咨询顾问小组,还是连战、萧万长,也都没有什么决策权,更何况是国民党的中常会"[6]。"连战与萧万长两个人在"修宪"案中所扮演的,都不具有决策功能,只能说是个执行官;真正的决策功能,还是掌握在李登辉手里"[7]。

以上用的是"排除法",中常会、七人或五人"决策小组"、党政高层的多数人,都已经排除在决策核心之外,也就是说,"体制内"的相关机构并不起决策作用,换句话说,党政的"集体决策"也已被排除。那么,只能从"体制外"决策和"单一首长决策"的方向进行探讨了。

李登辉上台以后,总感到原有的党政系统有许多麻烦,用起来并不得心应手。为此,他采取两种办法:

一是"另起炉灶",自己建立一个体制外的不公开的决策系统,它主要由李登辉本人和他的智囊所组成。李"相信体制外的和尚会念经,他的私人亲信智囊,这几年来一直在幕后享有很高的决策地位"[8]。智囊的组成也不是固定的，有政治方面的智囊，也有经济方面或其他方面的智囊。智囊是由李登辉本人物色的，研究什么问题也是由李登辉决定的。一般认为，政大"国关中心"、张荣发的"国策中心"、"中华经济研究院"、台湾经济研究院以及"国安会"等，在不同时期、不同问题上都充当过智囊的角色。当然其中有一些重要人物，是经常性的咨询对象。据台湾有关报刊报道，在"国发会"前提出的党的"基本立场"完全是由少数学者（智囊）提出的；"改良式双首长混合制"是由以田弘茂为首的"国策中心"以及蔡政文等智囊所提出的；"以大陆为腹地"的"重新检讨"则是由张荣丰或某位大企业家提出的建议。

除了智囊以外，根据不同情况和不同问题，也会吸收个别亲信官员和个别亲近的大企业家，据说还有个别日本人也参与决策，不同时期参与的人员有很大不同。宋楚瑜、许水德、刘松藩、吴伯雄等等都参与过决策，不过过去的亲信现在已经不亲了，而且在不少问题上连亲信也不得参与。所以，台湾报刊指出，"宪政规划案一直在李登辉和少数学者脑袋里，党内政治人物也不过是最后谈判妥协、附和、反弹这些拉锯战中的角色罢了"[9]。李登辉依赖私人智囊设计决策，相信体制外的决策。"有权位的人没有决策权力，而无权位的人却可以左右决策"[10]，以致决策过程相当粗糙，造成不少伤害和摩擦。

二是"以外压内"，利用"体制外"的力量为自己的决策"背书"，并且借口"民意"压制"体制内"的不同意见。这主要是通过不定期的、非正式的会议，如"国是会议""国发会"，或对少数人的"征询"，选取自己可以接纳的意见，做出决策；而对任何人提出的不能采纳的要求，也可以经过此类会议给予否定。1990年开的"国是会议"就是利用"体制外"的力量排除"体制内"的阻力的一次"超体制"的会议，也是李登辉"运用民进党，制衡国民党抵挡改革潮流的保守势力"[11]的一个表现。民进党人也看出了这一点，陈芳明指出：李登辉希望"透过国是会议所发表出来的社会舆论来向党内施压"，"以社会压力向党内争取权力，无疑是国是会议的最大作用"[12]。这次会议制造了"修宪"、逼退"资深民代"、"总统直接民选""混合制"等方面的舆论，对此台湾当局都可以做出有利于自己的解释。

1996 年底召开的"国发会"，也是要让"在野党"和其他人为当局想做又受到阻力的政策"背书"，"双首长制"、"总统"扩权、冻省废省等等，在"体制内"受到抵制，就诉之于"体制外"。当然，为此也不得不拿出一点东西进行利益交换。

由此可见，台湾当局现行的决策系统已经不在体制之内，而是以体制外的决策取代体制内的决策；以个人决策取代集体决策。所谓体制外决策，指的是抛开体制内的决策机构，另搞一套；利用体制外的力量，迫使体制内（包括党内、"政府"内）接受原本处于少数派、至少是分歧的意见，甚至接受反对党的意见。所谓个人决策，是指体制内的领导机构和高级官员基本上没有参与决策。这种个人决策的作风，已经到了相当严重的地步。不管是大政方针，还是庶务小事，他都要管，经常对"各部会"进行干预，甚至连"全民健保"这样的决策，也是在"总统官邸"做出的。有人做了这样的描写："想到哪里就说到哪里，心情好一点就弄个宽大的政策，碰了钉子后心情恶劣，说不定就来个紧缩的政策"，"政策改变快过翻书"。

"近年来从总统直接或间接选举开始，一直到年金制、高铁案、全民健保案、南向政策案、亚太营运中心案，以至于最新的不以大陆为腹地案，没有任何一个政策是深思熟虑、经过妥当政策形成过程而成立的决策案件"[13]。香港的一位政论家也说："今天台湾政情很显然的是一切措置皆在李登辉一念之间，要是他认为废省有必要，非废不可，修宪也只是形式了"[14]。这种"即兴式的决策模式"，正是"单一首长决策"的一种表现。

台湾当局之所以形成这样的决策系统，是和岛内政局、两岸关系等客观因素有关的，此外，决策者也有他的"苦衷"。不过，就现有的决策系统来看，所谓"决策民主"和"民主决策"只是一句空话而已。

决策过程

决策过程基本上分为三个步骤：（一）确定决策目标：由决策者根据当时的情况提出需要着重解决的问题；（二）设计和拟定决策备案：由幕僚作业，

拟定若干方案，供决策者参考；（三）评估和选择最佳方案：决策者或决策机构组织专家对不同方案进行比较，作出评估；选出最有利、最可行的方案，做出决策。我们选取四个实例，仔细分析决策的具体过程，看看台湾当局的重大决策究竟是怎样做出来的，同时，进一步认识究竟是谁或哪些人在决策中起作用。

（一）"直接民选"

关于"总统"应当"直接民选"，还是要"委任选举"问题，在国民党与民进党之间、在国民党内部都有较大的分歧。这个问题争议很大，拖延了几年，最后做出"直接民选"的决策。这个决策过程，有以下几个关键：

在确定决策目标以后，国民党内成立了以李元簇为首的"修宪"小组，研究"直选"与"委选"的问题。可是，李登辉早在1990年"国是会议"以后，就已经接受了"直选"的观点，不过，直到当年9月，李登辉与美国《亚洲华尔街日报》记者谈话时还说："直接选举将使人们以为总统只是由台湾人民所选出，这是一个代表性及合法性的问题"。可见当时他还不敢贸然主张"直选"。

可是，到了1991年下半年，李登辉更加积极推动"直选"，他指定专人成立"五人小组"研究"直选"方案。这是在"修宪"小组之外成立的体制外的机构，主要由本省籍的海内外法政学者参加。这说明在设计阶段，体制内的机构就已经被排除在决策之外。可是，国民党内的一些人却还蒙在鼓里，他们还以为"委选"已经得到多数人的共识。当时，"宪改"小组的施启扬、马英九等人极力宣传"委选"，国民党中央秘书长宋楚瑜也表示，"委选"得到党内最多人支持。可见，李登辉早就已经准备了两个不同的方案，而且他的主张是与国民党内多数人不同的。

到了评估和选择阶段，两种主张的斗争便显现出来了。1992年2月，"宪改"小组召集人李元簇报告小组的结论，以"委任选举"为宜。这时，李登辉表示不同意，他说，据他了解，民间要求公民"直选"，因而主张把"委选"和"直选"两案并陈，提交中常会决定。这说明幕僚拟定的备案没有被决策者采纳。决策者另有自己的"信息系统"和"智囊系统"，提出了不同的方案。决策者为了推翻"宪改"小组的方案，召开了中央委员的分组座谈会，可是多数人同意"宪改"小组的意见。决策者便决定进行全面动员，3月间，李登辉带了宋楚瑜、邱进益南下。当时李已告诉宋，决定"直选"。他们约见了一些地方人士，企图以"民意逼迫党意"，以"地方包围中央"，争取在临时中常会中得到半数以上的支持。可是，在中常会上，两种意见互不相让，只好决定两案并陈提交国民党三中全会决定。3月，三中全会气氛凝重。"如果进行表决，变成火车相撞，党要分裂"[15]。会议无法做出决定，只好留待"总统"选举以前再做决定。

当时就有人质问，决策过程究竟是怎样的，为什么是"黑箱作业"？为什么"宪改"小组不能作出说明？有人问参加"宪改"小组的施启扬，什么时候知道党中央改变为支持"直选"，他说："根本不知道"。《李登辉的一千天》一书的作者周玉寇在一篇报道中写道："有关公民直选案的推出，迟至三中全会前一周左右才由李总统公开出面与执政党内核心人士咨商，而频遭非议，更是理所当然"[16]。这说明李登辉的"直选"主张，在国民党内受到了挫折。可是，过后李登辉却说："修宪"小组达成的只是初步结论，决策要经过中常会及三中全会讨论后才能决定。"而经过三中全会热烈讨论之后，终于得到了大家能接受的结论。这才是本党的决策。我想，这就是民主。"[17]实际上三中全会并没有结论。

紧接着举行"国大临时会"，李登辉表示支持"直选"，于是"直选"和"委选"之争又起。"终至于整个社会力量都被动员到政治力的分歧对峙之中"[18]。但"国代"无意也无力在本次会议上做出决定，而建议推迟到选前再行决定。

1993年，通过国民党"十四全"的斗争，非主流派元气大伤。年底，由李登辉指定成立"第三阶段修宪策划小组"，完全由主流派主导。先由"国代"、"立委"和学者专家组成的"修宪咨询顾问小组"达成"公民直选"的"共识"，提报策划小组。1994年2月，策划小组"在几乎一致同意的情况下，作成重大政策性决定：直选。据报道，"与会小组成员包括前'行政院长'郝柏村等都无异议支持公民直选，过去在委选、直选之争，曾明确主张应采委选的

'考试院长'邱创焕则表示,他'没有意见,以大家的意见为意见'"[19]。第一、二次"修宪"都未能通过的直选案,这时已经接近解决了。7月间,召开"国大"临时会,对于"总统"选举方式,国民党内主流、非主流两派"国代"意见对立,互不相让。"在朝野'国代'不断发生肢体冲突、民进党'国代'中途退席抗议的混乱状态下",经过国民党秘书长的协调,双方达成妥协,终于通过了"直选案"。对于这个结局,台湾报刊评论说,这是"一党修宪""一人修宪",为未来的政争埋下了伏笔。

(二)"戒急用忍"

1996年8—9月间,台湾当局在两岸关系上做出一个重要的决策,在经济上和政治上采取以守为攻的"戒急用忍"政策。这个决策出乎许多当事人的意料,令人颇感不解。我们从决策过程的几个步骤加以分析:

1. 确定决策目标:两岸关系一向是台湾当局需要面对的重大问题,全岛有许多部门和人力资源为这方面的决策服务。特别是在5月20日李登辉就职之后,企图在不回应一个中国原则下,促使两岸恢复接触和商谈,造成两岸局势缓和的迹象,可是,正因为不回应"一个中国"这个大原则,祖国大陆未予表态。另一方面,当时台商赴大陆投资的势头正在发展。这种"冷处理"的局面,使得台湾当局力图寻求对策予以突破。如何突破两岸僵局的问题,已经成为决策的目标。

2. 决策的重大改变:连战为首的"行政院"本来以亚太营运中心为政经的核心方案。江炳坤担任"经济部长"以来,也一贯主张发展两岸经贸关系,放宽经贸和投资限制。以大陆为腹地,已经成为台湾当局的重要政策。可是,1996年8月14日,李登辉却突然提出"以大陆为腹地,建设亚太营运中心的论调,必须加以检讨",对大陆经贸政策来一个"急转弯"、"急刹车",使得大家不知所措。李登辉的讲话,等于根本批驳了连战的政经主轴政策,从此行政部门失去了章法。人们看到政策只"层峰"一人清楚,"李六条"分明主张以大陆为腹地,现在却反过来批评"行政院"的基本政策。财经官员前一天还通过了九项赴大陆投资案,他们无法了解李登辉的意图,对限制指标更认为根本不可行。但官员们也只好强调自己与李登辉的政策是一致的。

不但官员们搞不清，企业界、学术界、报界也都提出质疑。王永庆指出，无须摒拒大陆，要尊重市场经济走向。张荣发认为担心"三通"会使产业快速流向大陆，是错误的想法，应当借着"三通"活络台湾经贸发展。学者们则认为限制大陆投资比例的做法，与亚太营运中心化、国际化的精神和目的背道而驰。在商言商，强行刹车会使台商无所适从。有的认为这种"大转弯""国人难以适从"。既定方向可以随时改变，决策体系紊乱不清，是最大的行政危机。

8月底，江泽民主席接见了台湾工业总会理事长高清愿等工商界人士，并就两岸关系发表了谈话，台湾舆论界普遍认为，这个谈话充满了善意，"由于两岸经贸有共同利益基础，如能通过业界务实对话取得共识，或将有助于打开目前两岸协商管道的僵局"。反之，"在政治分歧下，如果我们在经贸政策上采取降温、阻挠的手段与中共抗衡的话，那么我们将被迫站在对抗市场、逆势操作的一端，反而使大陆成为顺应市场的另一端，如此一来，顺逆立见，将来主动、被动形势一旦被定了性，逆势而为的一方必然遭遇事倍功半的压力"[20]。显然，在对大陆的政策上有两种不同的主张，但是当局并没有接受多数人的意见，李登辉反而在9月14日进一步提出："必须秉持'戒急用忍'的大原则，来因应当前的两岸关系"。这说明不但在经济上，而且在政治上，要进行全面"降温"，可见所谓"台湾希望恢复商谈，而大陆却不予回应"的说法完全是欺人之谈。

台湾当局竟然作出"戒急用忍"这样违背民意的决策，使人们看出，除了决策者身边的一些智囊以外，似乎企业界、学术界、舆论界的"民意"以及许多"政要"都被排斥在决策之外。当时有的报纸指出："最高当局明白揭示这样一个看法，无异宣告两岸的政经关系进入一段长时期的'冷冻期'了"[21]。有的则认为戒急用忍"是一种撤回善意的倒退性姿态"。"两岸自从恢复经贸交往以来，双方早已发展出合作互补的依存关系，贸然欲以戒急用忍为辞，切断或阻滞双方经贸关系的发展，既难收实效，而徒然可能坐实或加深了对岸以为我方并无发展两岸关系诚意的疑虑"[22]。台湾当局口头上说要"增进两岸关系"，实际上是"节制"或"扼阻"两岸关系。

（三）"冻省、废省"

就这次"国发会"对这个问题的讨论过程来说，经过情形大体如下：

1996年6月3日，当时的学者（现为官员）黄德福在国民党中央总理纪念月会报告《调整政治生态，再造政党活力——国民党跨世纪政治改革运动刍议》，提出行政区域重划的建议，主张设立三个直辖市、五至六个省。他指出，台湾省人口占地区总人口80%，面积占地区面积90%以上，"中央"与省的关系紧张，主张行政层进行调整，乡镇是黑金和派系政治的温床，应予废除。

6月5日，《台湾新生报》发表社论《台湾行政区划再议的探讨》，指出黄德福的报告是一个政治气球，目的是使省长的民意基础永远低于"总统"，以此消除"中央"与地方的紧张关系。新党认为这种主张是"为台独铺路"，而民进党则认为"相当好"，因为他们早就主张废省了。另有一些人开始主张废省或省虚级化。不少学者认为这个问题要慎重研究。

9月11日，李登辉批评"地方政府"出了毛病，他请宋楚瑜"督促改进"。舆论界认为这表明李、连、宋之间的关系发生了问题，也表示省级机构面临被改革的境遇。

果然，10月8日，"内政部"提出，行政要从四级简化为二级的设想。李对此持"开放态度"，于是，"内政部"表示，"废省"或"省虚级化"的可能性很大。这就引起省一级的反弹，他们认为"中央"人事经费的增加是省的22倍，应当精简的是"中央"；如果地方民代选举减少，县市长选举成败便会使政治资源发生全面的"改朝换代"。

到了11月5日，出现100多名"立委"连署的"冻省"案，主张冻结"宪法"条文中有关省的规定。发动连署的国民党籍"立委"洪性荣公开表示，废省是来自"高层"的讯息。民进党主席许信良也表示要把废省作为社会运动。民进党国代发起"废省推动联盟"，要求"国大修宪"直接废省。国民党政策会也在这时举办"民意调查"，说是有59.77%受访者赞成废省或省虚级化。宋楚瑜公开反对废省，他说民意调查与事实不符。废省案在"立法院"没有得到通过。

12 月 18 日，李登辉主持党内高层会议，讨论有关省虚级化的问题。由学者蔡政文、田弘茂提出冻结省级选举的"省虚级化"的报告，提出了"冻省"的十一条理由，并由李作出"裁示"：要研究省政府功能的调整和简化，表现了省虚级化的基本立场。

在国民党与民进党联手合作的情况下，12 月 28 日，两党在"国发会"上达成共识：调整精简省府之功能与组织，并冻结省自治选举，乡镇市长改为派任。人们称之为"实质冻省"。对此，作为"台湾省长"的宋楚瑜只得提出辞职。后来，国民党内的部分"国大代表"也反对"冻省"的主张。

这是台湾当局利用与民进党达成的"共识"，来压服内部不同意见的一个事例。这个有关"省"的决策，既不征求"省长"和省一级官员和"民意代表"的意见，也不在党内讨论，企图通过"外力"予以解决。

（四）"双首长制"

台湾现行的"宪法"究竟是"内阁制"还是"总统制"，历来众说纷纭。据报道，李登辉早已委托一位学者对此作出研究。1990 年有的刊物就发表过多篇论文专门讨论法国第五共和宪政体制，为"混合制"制造舆论。1992 年，"修宪策划小组"曾经讨论过"双首长制"。据郝柏村说，当年李登辉说"我管国防、外交和大陆政策"，就是表明要采用"双首长制"。1993 年"国策研究中心主任"田弘茂专门成立了一个"法国宪政体制研究小组"，当年 9 月他和一批学者前往法国从事研究，并且请了法国宪法会议主席巴登特访台，与李登辉见面。1994 年，"国策中心"专门出了有关这方面的专书。这说明智囊系统的工作早已开始进行。

1996 年 12 月 18 日，在"国发会"召开前，李登辉主持召开了高层会议，由学者田弘茂、蔡政文对"改良式双首长混合制"提出说明。于是，李指出国民党主张"中央体制"朝改良式的混合制度着手。接着，田弘茂和蔡政文在《中央日报》上连续发表《推动宪政改革的大原则》《总统的权责宜与直选制度联结》《建构具有化解僵局功能的政府体制》等文章，极力鼓吹

"双首长制"，强调要建立"以总统为中心的权力结构"，要"以法国第五共和为参考对象"，主张"总统"有解散"国会"的权力、有任命"行政院长"的权力。有的还主张未来"总统"可以每周主持国务会议；在党内高层会议上报告宪政议题规划案；在"国发会"中担任国民党最后辩论代表的角色[23]。就这样，只靠一些智囊进行研究、作出说明，"双首长制"不经国民党内的充分讨论，也不经过专家论证，就被当作国民党"党版"的政治主张而提交给"国发会"讨论。

这种做法不仅在野党提出批评，国民党内部也有许多不满。有的认为这是"不折不扣的帝制"，"总统"扩权，却没有任何直接监督的机制；有的认为这种"改良制"是"愈改愈不良"，是企图一手掌握军政、军令大权。国民党籍"立委"30多人公开批评党中央，指出这种"混合制"是"混乱制"，表示要进行抵制。舆论界也认为这是一种"民主倒退"，"双首长制"的直接效应是"第一，拥有极大权力的总统，全面排除了有效的制衡；第二，立法院的民意监督机制一落千丈"[24]。即使在"国发会"取得"共识"后，还受到学术界强烈的批评和反对，他们指出，这个对"宪法"的重大改变并未"广纳民意"，实际上是一种"巨无霸"的"总统制"、"超级总统制"。

现象与本质

从以上介绍可以看出，国民党当局的一些重大决策是十分粗糙的，既缺乏民意基础，又未经充分论证，而且往往抛开体制内的决策系统，避开许多党政要员，在不少情况下，采用"独自裁决"的手段，并且不顾一切责难和反对，而强制执行，在实践证明是错误的以后，还不肯加以改变。当然，这只是一些现象，我们对这些现象加以考察，看看它们究竟说明了什么？

第一，"体制外决策"。从国民党中常会到党政高层人士，经常被排除在决策之外。这当然是不合理，甚至是不合法的，但在国民党"非主流派"在党内还占一定地位的时候，李登辉为了减少决策的阻力而这样做则是可以理解的。可是，在他已经掌握决策大权，有了由他亲自点名组成的决策机构之后，还要"另起炉灶"，甚至抛开党政的一些核心人物，就令人无法理解了。这只能说明他所能信任的人太少了，因此不得不依靠外力，而包括被称为与他"肝胆相照"的人、"亲信"以及为他立过汗马功劳的"忠臣""功臣"在内，却经常是不能参与决策的。可见决策者容不得不同意见，这就违背了科学决策的集体性原则和多样性原则。重大决策不是个人所能胜任，需要集体研究，广泛听取各种意见，针对不同的方案进行争论，充分权衡利弊得失，才能避免或减少决策的失误。有时即使只有一个人或少数人反对，就不能轻易做出决策。当然并不是要等到大家一致同意才能作出决定，可是强行决策所要付出的成本和带来的后遗症则是不能不慎重考虑的。

第二，"党内是没有民主的"，这是李登辉对郝柏村说的话[25]。从以上决策过程可以证实这一点。国民党内从中常会到临全会毫无决策民主化的影子，党内通不过的，还是要做。所以有人提出疑问："为什么他所做的决策，事先都没有人知道"？有的决策被说成是"天上掉下来的案子"。国民党"立院党团"书记长曹尔忠曾经指出：在决定"行政院"的人选时，"所有立法部门推荐的人选全都不在改组名单内，整个中常会不过几分钟，内阁人事竟然就这样决定了。"因此有些"立委"扬言要退出国民党以示抗议。报纸也不满地指称："要知道威权领导，违反民主政治，时空已不再"。号称"民主先生"公然说出"党内是没有民主的"，那么，在党外就可能有民主吗？当年参加会议的台籍学者许倬云指出，当局把学者当做"国是会议"背书的棋子，"不许抗议也不许否定"。有关"委任选举"还是"直选"，当时既无投票也无讨论，可是最后一天的决议案却说大家都赞成"直选"，他认为"这是有点奇怪的事情"，经过他们的抗议，这个决议案才没有公布。可是后来实行"直选"时，当局又说这是"国是会议"的决议。"这等于是第二次睁着大眼睛的强奸民意"[26]。还有人问，"国发会的民意基础在哪里？怎么知道台湾民众的想法"？从科学决策角度来看，这种决策显然是违背民主性原则和开放性原则的，这才是事物的本质所在。

第三，"他们所有的政策都是我们提供的"，这是民进党前主席张俊宏说的。

台大教授张麟征和张俊宏谈话时指出："你们的政策却都由他（国民党）落实了"，他举了"总统直选"、加入联合国和"废省"这些事例。张俊宏作了以上的回答[27]。为了说明国民党与民进党政策的关联性，我们不妨具体介绍一些情况：

关于"废省"问题，民进党早就提出过此类主张。在 1995 年出版的许信良所著《新兴民族》一书中就提出："必须进行行政层级的彻底改造，将目前庞杂的四级政府体制精简为三级政府体制。这个改造工程的关键是废省。""废省就是当前国家机器改造这个结构性变革的杠杆支点"，并且主张把台湾分为三都十五县及原住民自治区[28]。

关于"中央体制"，许信良在《新兴民族》中也已经提出"借鉴法国第五共和"，认为台湾没有实行"内阁制"的条件，也不能实行美国式的总统制，而应当以"总统"为宪政中心，"总统"有统帅权、公民复决提议权、一定条件下的"国会"解散权，不经"国会"同意任命"政府"，使其决定并执行"国家"政策，对"国会"负责，在"总统"、"政府"、"国会"之间建立平衡的权力关系。不难看出，他的许多主张已经被国民党当局采纳，但许信良认为他的主张比国民党的"混乱体制"还要高明[29]。

由此可见，民进党的许多主张已经为国民党所接受，还有一些主张，如"放弃一个中国""公投入宪"等实际上也已被国民党当局所接受。不仅如此，国民党当局在接受民进党的政策时，还表现出非常积极、不惜代价，令许多人感到惊奇。在"国发会"，讨论两岸关系时，许信良主张要做出结论，国民党代表表示反对，而"总统府"的秘书长黄昆辉却表示"我们尽量按照许主席的意思好了"[30]。12 月 27 日，在两党协商时，国民党一来就把清单拿出来，结果让民进党吓了一跳，国民党几乎照单全收，就没有必要再协商了[31]。这些现象说明了什么呢？张麟征教授指出：国民党和民进党声称冻省或废省是基于行政效率的考量非关独立，实际上，"所有的带有分离主义的政策，一向都包装得很好"；"国发会"纯粹是一个体制外的会议，这样一个没有民意基础、体制外的会议，在匆匆五天会期中就把宪法体制全盘翻修，岂不形同"和平演变"[32]? 这句话是值得人们深思的。

(《台湾研究集刊》1997 年第 3 期)

注释：

[1]《联合报》，1996 年 12 月 25 日社论。

[2] 王力行：《无愧——郝柏村的政治之旅》，天下文化出版，311、314 页。

[3] 同上，314 页。

[4]《新新闻》，265 期。

[5] 周玉寇：《李登辉的一千天》，麦田出版，214 页。

[6]《新新闻》，528 期，19 页。

[7] 同上，512 期，15 页。

[8] 同上，513 期，10 页。

[9] 同上，512 期。

[10] 同上，513 期，10 页。

[11]《李登辉的一千天》，209 页。

[12] 陈芳明：《台湾内部民主的观察》，自立晚报出版，209、213 页。

[13]《新新闻》，494 期，9 页。

[14]《独家新闻》，1996 年 11 月 16 日。

[15]《无愧》，217 页。

[16]《联合报》，1992 年 3 月 19 日。

[17] 李登辉 1992 年 3 月 25 日与党籍"国代"的谈话。

[18]《中国论坛》，379 期，3 页。

[19]《联合报》，1994 年 2 月 17 日。

[20] 同上，1996 年 9 月 5 日。

[21] 同上，9 月 15 日。

[22]《中国时报》，1996 年 10 月 22 日。

[23]《新新闻》，512 期。

[24]《联合报》，1996 年 12 月 21 日。

[25]《无愧》，222 页。

[26]《新新闻》，512 期，53 页。

[27]《传真》，创刊号，1997 年 3 月，38 页。

[28] 许信良：《新兴民族》，远流出版，280—285 页。

[29] 同上，268-278 页。

[30]《新新闻》，513 期，44 页。

[31] 同上，48 页。

[32]《传真》，创刊号，39 页。

三、新党的国家认同

最近，新党有人提出"一中两国"的主张，也有人加以反对。主张者认为"唯有这项政策才能化解两岸现有僵局"，并强调这是"新党中国政策的主流意见"，是"新党自创党以来的中国政策"；反对者则认为任何"两个中国""两个主权"的说法，都是不合宜、不成熟的，"一中两国"就等于"台独"，将让新党面临崩溃。这里涉及新党的国家认同问题。所谓国家认同，是属于主观信仰的范畴，是一种政治主张或立场，它指的是公民对其所自我归属的政治共同体的主动的认同，通过凝聚感情和政治意志的表达，愿为爱护和维护这个共同体的生存与发展做出自己的贡献。那么，新党的国家认同究竟怎样？有必要加以剖析。

创党初期的统派色彩

在新党创党时的宣言中，有这样的主张：

（一）壮大"中华民国"，保障台海安全是最高准则。（二）三党合作一致对外，相互监督，避免台湾被出卖，积极与中共展开谈判。在第二点之下，有"拓展国际生存空间，重回国际舞台；开放两岸直航，促进全面交流；保障台商利益，争取大陆市场；建立互利共生的大中华经济圈"等具体内容。

1995 年 10 月公布的政策白皮书中有关"两岸关系及大陆政策"中提出：台湾及大陆都是中华锦绣河山，凡我炎黄子孙皆应予认同；我们虽然主张统一，但绝不主张急统。统一可经由海峡两岸交流的增强、互信的增加、制度的调整、及时间的磨炼，以和平方式逐步达成，必要时由我们的下一代来亦未尝不可；如果中共未来放弃"共产极权"体制，在台湾绝大多数民意支持的前提下，可进行民主的谈判；两岸跳脱主权争议的框限，以邦联制作为过渡的形式，逐步走向联邦制；"两岸签署和平协定"，等等；并提出了不少具体做法[1]。

早期新党的一些主要人物也分别表示："应当主动找中共谈判，打开台湾外交困境，形成中华经济圈，作为台湾的人为安全屏障[2]；""坚持中国统一，前瞻性的大陆政策，开放直航，与中共直接谈判，以打开外交困境；坚持中国统一，反对"台湾独立"等主张。

正因为新党提出如上"促进两岸和平，追求国家统一"的主张，给人以"一个中国，反对台独，反对分裂"的鲜明形象，特别是声称要"积极与中共展开谈判，这在当时是三党中最激进的主张，因而人们认定新党是不折不扣的统派政党[3]。

与此同时，我们也可以看到，新党时常强调的是"壮大中华民国""捍卫中华民国""中华民国万岁""给中华民国一个机会""一国多席""邦联体制"等等。正如他们在说明台湾地区三个政党在外交政策上的区隔时所指出的，国民党主张"中华民国在台湾"；民进党主张"新兴独立之台湾国"；而新党则"坚持中华民国之国际地位"。"中华民国"是新党的国家认同，这一点，在建党初期往往被一些人所忽视，而只注意到它主张的"一个中国，反对台独，反对分裂"的一面。

淡化与强化

新党建立不久，就受到台湾一些与它相敌对的力量的抵制和攻击。当时，新党被说是"投降主义""中共同路人""台奸""外省党""卖台集团""老国民党的余孽"。还有人说新党是"政治乱源""旧党""能哭会叫的怪异连线"，且且预言新党将在"三年内被淘汰"，而且是"老K新K同归于尽"。

当时新党的力量还相当有限，"外省党""都会党"的色彩还无法摆脱，在强大的压力面前，它不得不退缩。淡化统派色彩、突出反共立场、降低反"台独"声调，都成为新党的"务实"的表现。

1. 淡化统派色彩。在 1994 年选举时，新党重申反金钱、反独裁、反"台独"，并且以"中华民国的捍卫者"的姿态参选，以此与国民党、民进党区隔开来，借以吸收统派认同者的选票，但又怕被扣上"中共同路人"的帽子，于是加上了"反共"的鲜明诉求。而当他们在"问政说明会"中提出李登辉的"台独时间表"时，还被说成"与中共唱和"，"保卫中华民国"布条也被扯下，甚至有人叫嚷"新党滚回大陆去"。在这种情况下，新党更加淡化了统派的色彩。有人提出"促请新党与中国共产党绝对划清界限"。1995 年 11 月，新党所公布《大陆政策白皮书》，强调"维持台海现状"，"统一，但不急统"，"催化大陆内部民主"，要到"中共放弃共产极权体制"之后，才进行"民主谈判"。他们还和民进党人谈"结盟"，赵少康表示：结盟要成功，新党和民进党就先要有"统独摆一边，公共政策优先"的共识。于是，新党与民进党实现"大和解"，要结合在野势力，"共同面对解决中共威胁"以及黑金、司法等问题，"双方同意将统独争议束之高阁"[4]。在"维持现状""台湾优先""避免台湾被出卖""统独摆一边"等等口号下，新党自行淡化了统派色彩，难怪连民进党人也认为"可见新党的统派主张仍保留很大的弹性"。1996 年"国发会"时，新党处于两难的局面，有人指出：新党不认同李登辉的"独台"，又不敢（不愿）喊统一，最后只好退会。

今年以来，新党在统一问题上又有以下的表示：新党政策委员会认为民进党与中共的接触可能公开，未来新党对两岸问题的"主导权"势将降低；"统独争议"在未来的选举中将从中心议题退却，不宜再以统"独"为主要诉求点，而改为关心小老百姓、重视社会公平正义为中心议题；国民党中有人将主张与新党接触，召回新党[5]。当民进党举行"中国政策大辩论"时，王建煊表示，"新党认为两岸应维持现状"，不过他还加上一句："但统一是最高目标"；而姚立明则十分欣赏民进党的做法，他主张各党派的大陆政策应如民进党四个派系一样，虽然技术不相同，但大方向一致[6]。从这些主张可以看出，新党为了现实的利益，将进一步淡化统派的色彩。新党中的某些人还期待着由国民党"召回"他们，而另一些人则同意民进党的主张，因为新党和国民党、民进党在大陆政策方面，几乎没有什么两样。所以，有人指出，"过去新党在党纲中主张三通，促进两岸全方位交流与对话，以建立台湾安全机制；如今新党欣赏许信良的大胆西进和施明德的'大华国协论'，新党和两者的实质主张与策略，其实并无二致"[7]。这样，能不能把新党称为统派，便成为问题了。

2.突出反共立场。在创党初期的组党宣言、政策白皮书中，没有出现"反共"的主张，似乎新党与大陆对抗的意愿最低。但是成立几个月以后，为了避免被称为"中共同路人"，他们很快就避谈统"独"，而强调反共，强调所谓来自大陆的"红色危机"，并且表示与大陆对话的目的是，退可保护台湾，进可影响大陆。1995年2月，新党提出所谓"大陆政策五原则"，表示要"主动出击，以小搏大"；"外交、两岸关系发展并重"；"任何大陆政策都不能忘记要以国防现代化为后盾"；表示了新党要与祖国大陆"对着干"的态度，这种敌对态度一直没有改变，甚至有所发展。

有人指出，"新党领导人闻两岸关系而色变，总要在各个场合作出激烈的反共姿态，以避免人们以'急统派'称呼他们"[8]。新党与民进党谈大联合，其前提是以中共为假想敌，一致对外。台湾媒体指出，新党盲目反共，处处不摆脱旧国民党的框框，比国民党还反共。为了摆脱同路人的标签，无共不反，疯狂到了反华的地步。

到了"台海危机"时期，赵少康指出：新党反"台独"，也反对中共用武。中共就像一个恶邻居，当岛内惹上中共，并引起中共入侵时，新党没有理由幸灾乐祸，当然会一起对抗恶邻居[9]。又说，"我们最大的敌人是共产党，且新党也愿意和民进党做朋友"[10]。王建煊也明确地表示：在遇到外侮时，不管政治主张是统一，还是"台独"，都应联手对抗外敌，中共若以"台独"为理由对台动武,新党会奋力一战。"中共是什么好东西，来了还有命可活吗"?[11]又说："我们不敌视大陆同胞，我们是敌视它的政权"。至此，新党公开表示要与中共为敌。当时台湾有人批评说，"台独"认定"反正我搞台独，你们（新党）还不是要陪我打仗"，吃定了新党。有人主张，新党应全力防止"台独"，不应和"台独"站在一起卷入战争。还有人责问：新党要保卫"中华民国"，一旦"台独"成功,"中华民国"不存在了,剩下的只有保卫"台独"。尽管新党一再表明自己是反"台独"的,但他们把反共先于反"台独",其实就是保卫"台独"[12]。

最近,新党对反共又有如下的表示:周阳山在《新党的理念基础》一文中指出:新党坚持"文化中国"与"民主统一"的理念,反共反"台独",批判中共的爱国主义、李登辉的"独台"政策与民进党的"台独"主张。不受一国两制的羁绊,要形成新的"中华民主共同体"。坚持"宪政民主"与"自由多元"的原则,反对大陆的"共产专制"[13]。反共成为新党的"理念基础",表现出他们敌视祖国大陆的政治态度。

3.降低反"台独"声调。在组党宣言中,新党批评民进党"不顾国家安危地玩着台独的把戏",反"台独"成为新党的一面大旗。不过,有人指出,新党反"台独"唯一理由是中共武力攻台。有人说,赵少康的逻辑是:"如果台独,中共就会攻打台湾,台湾打不过中共,因此台独会为台湾带来灾难"[14]。有人问道,如果中共不会武力攻台,新党是否反对"台独"?还有人指出,新党反"台独"的出发点不是为了统一,而是为了捍卫"中华民国"的存在,实际上是捍卫"两个中国",而"两个中国"则是李登辉的"独台"的核心和基础。

在淡化统一和强调反共的同时,新党反"台独"的声调也逐渐降低,在"统独摆一边"的主张下,统"独"的界限就模糊了,新党的活动与岛内其他政党没有多大差别。只是在选举时偶尔提及反"台独"的口号,以便吸引部分选票。有人指出,后李登辉时代即将来临,新党"保卫中华民国"的口号,已被纳入"台湾优先"的主流意识中[15]。当然并非全党如此,有一部分人始终是坚持反对"台独"的,不过他们反对"台独"的主张与活动,已经很难引起其他成员的兴趣和参与了。

今年以来,新党负责人周阳山等一再表明:"两岸关系应以台湾的立场","新党应回应台湾优先及本土化感情",认为"光讲清廉、制衡、反"台独"已难吸引选民的兴趣"[16]。去年被新党开除的朱高正指出了新党面临的困境:

"新党最大的危机是大目标模糊"[17]。所谓大目标，指的是从前新党靠反"台独"获取选票，而现在反"台独"已经淡化了，甚至出现"一中两国"的主张，表明新党，至少是新党中的一部分人已经主张"先独后统"了。这样，他们的统派立场还能存在吗？

总之，新党的政策呈现了"淡化统一，淡化反台独，强化反共"的变化，其结果势必在国家认同问题上有所反映。

与国、民两党的趋同

新党在两岸关系上表面上主张"一个中国"，但要求采取"一国多席，在一个中国原则下，让台湾以中华民国名义在联合国中拥有一席"。后来主张"以小博大"，以武力为后盾面对大陆。但有时还要表示自己和李登辉有所不同。例如，1995年9月，王建煊批评李登辉所说的"中华民国在台湾"实际上是"台独的包装"。但是在1996年底的"国发会"上，当时"最大的争议点都在国家认同，中国国民党与新党坚持'一个中国'原则，民进党则认为两岸为两个主权独立国家"[18]。结果新党与国民党都强调两岸关系应定位为"一个中国，两个政治实体"。新党特别说明"一个中国"是"中华民国"，并且表示"中共若坚持一个中国是中华人民共和国，则我方应坚持一个中国是中华民国"[19]，仍然表现出对祖国大陆的敌对态度。不久以后，李登辉接见新党国代说，"我们所坚持的一个中国，就是中华民国"。国民党高层人士也说，只要新党不希望"中华民国"消失，两党不是没有合作空间。后来，在国民党负责人与新党负责人见面时，新党也表示：两党可在许多议题上合作，大原则不会改变。可见，对于新党的国家认同，国民党是可以接受的；两党在"大原则"上是可以合作的。接着，新党内部就出现了"两个不同的主权"的主张。

在上述一系列变化的基础上，原来坚持一个中国原则的新党中有部分人提出"新党大陆政策定位：'一中两国'"的政治主张，就不足为奇了。一中两国主张一个中国，两个中国人国家，说是对外是两个主权独立的国家，对内则是两个主权平等的兄弟国。这个主张的要害在"一中"是虚的，"两国"

才是它特别要突显的主张。对于这个主张，新党内部出现了不同的声音。同意者认为，这是代表新党的主流，"一中两国"提出者有新党"立院党团"和"国大党团"以及台北市议会党团的正副召集人，代表了多数人的意见。反对者指出，"一中两国"连新党的基本立场都丢了，和吴安家（国民党）的"两个中国"相同；"一中两国"是先"独"后统，替"台独"铺路，和陈水扁（民进党）一样。这样，新党还有必要存在下去吗？

有人认为，新党走回李登辉的"主流"路线，忘了自己姓统还是姓"独"；"一中两国"比民进党、建国党更"独"，它不仅主张台湾已是"主权独立国家"，而且"越俎代庖，帮中共也定了位"。所以，民进党的沈富雄说，新党这个主张"其实和我们是一样的"。有些民进党人为"一中两国"叫好，陈水扁、林浊水都特别给予肯定和赞扬。也有人认为这表明新党内部出现了"务实的新主流"。

在这个问题上，新党的一些骨干成员态度还比较一致，表示反对"一中两国"，坚持"一个中国"。赵少康说："连美国目前也不会接受是两个国家的构想"；新党原先反"台独"，主张一个中国，在政治光谱的另一边，但在"一中两国"的主张下，却跳到国民党与民进党的中间，变得比国民党还要独[20]。全委会召集人周阳山也表述了新党对于两岸政策的几项基本原则和立场："一个中国，主权不容分割"。任何"两个中国、两个主权"的说法都是不合宜的。新党肯定"一个中国，两个政治实体""一个中国，多元体制，一个主权，两岸共享"。新党不能接受两个主权的说法，因为它和新党坚持的"一个中国和中华民国宪法"的立场是相悖的[21]。至于王建煊，他也表示"支持一个中国，捍卫中华民国"的立场永远不变，有不同意见可以像民进党那样进行辩论。

在克林顿访问中国，发表"三不"主张以后，新党提出"三阶段完成统一"的主张，即第一阶段，一而不统，两岸立即谈判，三年完成协商；第二阶段，统而不治，台人治台，透过经济文化力量逐鹿中原；第三阶段，复归于一，以台湾与大陆共同建立21世纪新中国为目标[22]。似乎新党对统一提出了新的设想，但是，有人指出，新党所谓"鼓励台湾逐鹿中原，成为新中国的主人"，"在两岸拥有对等地位后，继续共创新中国"的想法，是"虚无缥缈"的[23]。

　　显然，问题已经出现，新党内部在一个中国原则上已经产生分歧，是否会引起更大的路线之争还有待观察，姑且不论"一中两国"在新党内部是否已经居于主流地位（附带指出，在2月底的新党"国大党团"选举中，主张"一中两国"者取得了胜利），这毕竟是新党在国家认同上一个新动向，也是一个重大的变化。新党的定位已经模糊了，是"独"是统，谁能说得清？新党内部认为过去坚持的"一个中国主权"面临挑战，主张把"一个主权，两个实体"改变为"两个主权"的邦联、联邦或国协，主张"新党应往回走一点"的人，恐怕并非少数。新党在国家认同上与国民党、民进党趋同的严重态势，不能不引起人们的注视。

政治心理与国家认同

　　新党在国家认同上之所以发生巨大变化，人们有不同的解释。有的认为是由于受到外来的压力，如被扣上"中共同路人""台奸"的帽子等等，迫使他们不得不改变政策；有的认为与"主流"趋同，是对台湾现实的务本务实的反映；有的认为新党的政策本来就是模糊的，以致政治性格过于善变。各种说法都有一定的根据，但要深入一步考察，则要从潜在的最深层、最复杂的社会意识政治心理进行剖析。

　　根据政治学的理论，政治文化一般由政治心理、政治思想两个层次构成，政治心理是其中的表层和感性部分，政治思想则是深层和理性部分。所谓政治心理，是社会成员在政治社会化过程中对社会政治关系以及由此而形成的政治行为、政治体系和政治现象等政治生活的各个方面的一种心理反应，表现为人们对政治生活某一特定方面的认知、情感、情绪、兴趣、愿望和信念等等，构成了人们的政治性格的基本特征。从政治心理的形成过程来看，一方面，在政治社会化过程中，政治行为的个体形成一定的气质、性格、意志品质和传统习惯等等；另一方面又不断地受到现实政治环境（包括各种政治关系、政治制度、政治文化、社会生产方式和生活方式）的"刺激"。政治心理是在这两方面的互动中形成的[24]。

　　根据上述理论来考察新党，我们同意这样的观点：新党至今并未形成体系式的思想（理论）[25]，他们是以自己类似的政治心理来互相凝聚的。新党的成员和同情者多数人是在国民党长期教育下成长的，其主要骨干原来就是国民党员，只是由于在政治理念上与以李登辉为首的主流派有明显的冲突，对李登辉联合民进党扫除国民党内的外省籍势力感到不满，而从国民党内分裂出来，另组新党，原来的意思就是新国民党。他们曾经以"正统的"国民党人自居，自认为是"捍卫中华民国"的顽强斗士。他们的政治心理与国民党有着极其深厚的关系。

　　从政治心理形成过程来说，他们长期受到反共教育，潜移默化，世代积淀，使他们的反共意识根深蒂固，他们以是否"捍卫中华民国"作为"自我"和"非我"的政治认同界限。在这种政治环境的长久作用下，"反共、捍卫中华民国"这一类"冷战和戒严时期的口号"成为他们共同的政治感情。加上受到现实政治环境的"刺激"，增强了他们的危机意识，于是"反李、反台独"也成为他们的共同的政治动机。由于新党缺乏政治思想和政治理论的指导，以上这些缺乏理性指导的政治心理便直接支配了新党的政治行为。在这种政治心理影响下，他们的国家认同是"一个中国，就是中华民国"，这也就是他们的政治归属感，并从而影响着他们的政治态度。

　　可是，"一个中国，就是中华民国"这种主观的国家认同，与客观的现实政治及国家定位有很大的距离。这种口号本身就有很大的模糊性，以至他们无法作出令自己信服的解说，使自己陷入重重矛盾之中。一旦受到外来的"刺激"，就从"一个中国"退到"一个中国，两个对等的政治实体"，这就与国民党完全相同了。而"两个对等的政治实体"中的一个，是世界公认的国家，那么另一个也只能是国家了；既要"捍卫中华民国"就必然要承认它的"独立主权"，于是"两个主权、两个中国"也就出现了。这样的发展看来是符合逻辑的。所以，"一中两国"的提出者之一的姚立明说道："新党创党至今就是以'一中两国'为其政策，只是没有明说"；"一中两国"是新党的党魂[26]。当然不见得新党成员都同意这个说法，但它表明至少有一部分人就是这样理解的。

曲兆祥曾经批评"一个分治的中国",他说:"我方一直不愿意正面承认'一个中国'的原则",而以"一个分治的中国"作为大陆政策的目标,那不等于是明白地承认我们是在搞"两个中国",这是非常危险的政策[27]。李炳南也曾批评《国统纲领》要求中共支持台湾在国际上之生存空间,他说:若中共允诺,则台湾与独立国家渐趋无异,未必将坚持统一,故中共不愿允许[28]。可是,曲兆祥、李炳南不但未能说服李登辉和国民党,而且他们也未能说服自己,终于都走上主张"一中两国"的道路。这些事实说明,从"一个中国就是中华民国"很容易走向"一中两国、两个中国",它们之间并没有什么不可逾越的障碍。

至于"淡化统一,淡化反台独,强化反共",也是上述政治心理在政治环境发生变化的情况下,一种自然的调整。"捍卫中华民国"必然要反共,当被怀疑是"中共同路人"时,更是极力表白自己的反共立场,"捍卫中华民国";而当"中华民国"无力统一时,必然把统一推向遥远的未来;当"捍卫中华民国"被认为是不认同台湾时,便也跟着高喊"台湾优先、爱台湾",而淡化了"中国意识"和反"台独"的色彩。

当然,并非所有的新党成员都已经具有同样的国家认同,因为在外界的"刺激"下,不同的成员会有不同的反应。新党中有一部分人认为:"新党只有高举统一的大旗,朝迈向统一前进才有希望";新党应当成为两岸关系的沟通者、渐进统一的领航者和台商权益的守护者,成为唯一主张统一的政党[29]。新党应当以"反对台独,振兴中华"为己任。这一部分人士的统派色彩还是比较鲜明的。另一部分人则已经做好被国民党"召回"的打算,或是成为新党中的所谓"务实派",跟着"社会主流价值"走,避谈统"独","以台湾本土化为依归",以便争取选票。还有一部分人则坚持"捍卫中华民国",梦想着下一世纪"中共政党解体"和"大陆的非共化",叫嚷着"在中国大陆、在共产主义未来终将结束的前提下,思考21世纪两岸整体中国人生存与发展的问题"[30]。当然,这只是他们各自在口头上的表态,我们不但要听其言,还要观其行。新党究竟向何处去，我们拭目以待。

　　早在几年前，就有人指出，新党的大陆政策与国民党、民进党已经趋同，实际上是"独台"政策，新党没有明天[31]。也是在几年前，有人则认为将来台湾只有两个政党，那就是民进党和新党，国民党的非主流一定和新党联盟，国民党的主流一定和民进党合并[32]。看来后者并非看好新党，而是有意把自己的对手估计得强大些。

　　现在，新党出现了危机，新党会不会成为"泡沫政党"的问题已经被提出来了。尽管人们关心的是新党在岛内各个政治力量的较量中采取什么策略，求得"复兴"，对于国家认同问题，似乎并不那么急迫。实际上这是涉及新党的基本队伍、社会基础以及新党在台湾政治光谱中的位置等重大问题。一些新党的友人无奈地提出了最低的要求：希望新党还不至于质变成附和李登辉、民进党等分离主义的推波助澜者[33]。如果不幸一旦大原则、大方向都趋同了，正如新党一些人士所担心的那样：新党还有存在的必要吗？或者还可以想一想：新党还有存在的可能吗？

（《台湾研究集刊》1998年第3期）

注释：

[1] 《新党政策白皮书》，1995年11月。

[2] 台湾《中国时报周刊》，86期，1993年8月22—28日。

[3] 廖雨辰等：《新党震荡》，希望出版公司，1995年，第6页。

[4] 台湾《联合报》，1995年12月15日。

[5] 台湾《新党通讯杂志》，1998年第1期。

[6] 台湾《中华日报》，1998年2月14日。

[7] 台湾《中国时报》，1998年2月16日。

[8] 石之瑜：《新党与民进党"大联合"之解析》，台湾《海峡评论》，第 61 期，1996 年 1 月。

[9] 李娟：《对新党成立两周年的建言》，台湾《海峡评论》，第 57 期，1995 年 9 月。

[10] 台湾《联合报》，1995 年 12 月 15 日。

[11] 台湾《中国时报》，1995 年 7 月 25 日。

[12] 李娟：《对新党成立两周年的建言》，台湾《海峡评论》，第 57 期，1995 年 9 月。

[13] 周阳山：《新党的理念基础》，台湾《新党通讯》，1998 年第 2 期。

[14] 台湾《新新闻》周刊，398 期，1994 年 10 月 23—29 日。

[15]《一个更世俗化的新党》，台湾《中国时报》，1997 年 10 月 16 日。

[16] 周阳山：《新党挫败的检讨》，台湾《新党通讯》，1998 年第 3 期。

[17] 台湾《中华日报》，1998 年 3 月 10 日。

[18] 台湾《中央日报》，1996 年 12 月 26 日。

[19]《新党对两岸关系的基本主张》，台湾《新党通讯》，1997 年第 1 期。

[20]《新党的危机与转机》，转引自台湾《海峡评论》，1998 年 4 月，第 88 期。

[21] 台湾"中央社"，1998 年 2 月 24 日。

[22] 台湾《中时晚报》，1998 年 7 月 2 日。

[23] 台湾《中时晚报》，1998 年 7 月 4 日。

[24] 王浦劬主编：《政治学基础》，北京大学出版社，1995 年，308—309 页。

[25]《再评新党的"家变"》，台湾《海峡评论》，第 76 期，1997 年 4 月。

[26] 台湾《中华日报》，1998 年 2 月 24 日。

[27] 曲兆祥：《想告诉李总统的真话》，台湾《新党通讯》，1997 年第 4 期。

[28] 李炳南：《由邦联与联邦论两岸统一之道》，台湾《新党通讯》，1997 年第 12 期。

[29] 冯沪祥：《新春开拓两岸新机运》，台湾《新党通讯》，1998 年第 3 期。

[30] 周阳山：《开拓新道路奠定新基石》，台湾《新党通讯》，1997 年第 10 期。

[31] 杨宪村：《民进党执政》，台湾商周文化公司，1995 年。

[32]《台湾未来只有两党，专访许信良》，台湾《财讯》杂志，1996 年第 1 期。

[33]《评新党"十人小组"的"一中两国"》，台湾《海峡评论》，第 88 期，1998 年 4 月。

四、巩固政权　步履维艰

——评三年来的台湾政治

对于陈水扁上台三年来的台湾政治，有人从政绩、言行、支持度等方面做过评论，本文想从"巩固政权"的角度，做一个考察。

记得十几年前，一位民进党人和我们谈过这样的话："民进党懂得夺取政权是一个艰苦的历程。夺取政权之后首要的任务是巩固政权，否则夺得的政权又可能失去。"看来，2000年至今的三年中，他们确实把"巩固政权"摆在突出的位置。

巩固政权的得失

首先是行政权。陈水扁刚上台时，国民党在"立法院"还是第一大党，民进党政权作为"少数政府"是很难运作的。当时，陈水扁不得不请国民党的唐飞出来当"行政院长"，还请了十几位国民党人和十几位非民进党人士担任"部会首长"，美其名曰："全民政府，清廉共治"。可是，把"最大的官"让给了国民党，在民进党内是"摆不平"的。不久，果然由民进党人发难，搬掉了唐飞这块"石头"，民进党人取得了"行政院长"的宝座。后来又对"行政院"进行多次调整、重组，使得"扁团队"掌握了除经济部门以外的主要部门，一步步地巩固了政权。

其次是立法权。本来民进党在"立法院"中处于劣势，经过2001年底的选举，使得民进党成为第一大党，尽管在全体"立委"中还没有占多数，但已经大大地打击了国民党的势力，取得重大的胜利。可是，在2002年初正副"院长"的选举中，民进党却失败了。这说明他们的实力还有限，还不能在"立

39

法院"中为所欲为。

第三，掌控了情治、军队、媒体、"国营企业"等系统。原来的情治系统是掌握在国民党手中的，民进党人是它们重要的掌控对象。民进党执政以后，绝不容许这种状况继续下去。陈水扁上台不久，就向情治系统开刀，换上了"亲扁"的人马。军队原来也是掌握在国民党手中的，民进党人早就想改变这种状况，只是由于军队将领有任期的问题，任期一到，也换上可以放心的人，而且还安排了文职副部长实行"监军"。民进党还不断地安插自己的人马，掌握各种媒体，连一贯由国民党掌控的"中央社"也被"绿化"了。当局还通过经费的运作，用来控制媒体，据说投入几十亿的钱（有11亿、20亿、40亿的不同说法），听话的多给广告，"买新闻、买广告、说我好话"。可见民进党相当重视媒体对于巩固政权的重要意义。"中钢"、"中华电信"、台糖、台盐、台电等等"国营企业"是财源所在，民进党把"自己人"安插进去，或换上与民进党"互动良好"的人士，原来民进党的秘书长吴乃仁就当上了台糖董事长。

陈水扁提出"拼经济,大改革"的口号,企图在经济上有所发展,稳定民心,但收效不大;改革有所进展,也有困难,还没有显示出改革到底的魄力和决心。此外,比较大量地发展党员,三年增加了20万—30万,增强在基层的支持率。显然,上述运作都是与巩固政权有关的。

巩固政权的另一面，就是要打击、分化、削弱反对势力（即在野党）。民进党最担心的是国民党与亲民党的联合，他们千方百计地破坏连、宋之间的关系，结果造成了泛蓝阵营的危机感，反而促使了"连宋配"的成型。民进党利用执政的资源，极力"招安"国民党内部某些本土势力，拉拢无党籍"立委"，企图夺得"立院"的多数，至今尚未成功。陈水扁还通过一些"体制外"的机构，例如"跨党派小组""联合政府""国安联盟"等等，企图分化瓦解在野党，但都先后宣告破产，无声无息了。

还有一些措施是企图通过"斩断"国民党的"金脉"来削弱国民党的实力，巩固民进党的政权。例如，清查各种"弊案"，有许多国民党人涉案，查案必然打击到国民党；"清理党产"，国民党是世界上党产最多的政党之一，民进党早就想剥夺国民党的金库，现在他们通过"政党法"，规定凡是"不当取得"的党产都要"转为公有"，这对国民党打击极大，因为他们不能像过去那样用大量的钱去买选票了，竞选基金等等也会受到限制。农渔会的信用部向来是国民党的"桩脚"和票仓，民进党企图通过"基层金融改革"，斩断国民党的这条"金脉"，可是操之过急，办法失当，结果激起民愤，反而伤害到自己，失去了一些中间民众。

评论和前瞻

从夺取政权到巩固政权是一个艰难的过程，对于刚刚上台三年的民进党，在政治上的表现如何，恐怕不能过分强调它有多大的政绩，重点还要看它是否已经巩固了政权，是否还存在着失去政权的危险。

用这个标准来衡量执政三年的民进党政权，我们可以得出这样的看法：

掌握了行政权，成为"立法院"第一大党，整顿了情治、军队、媒体、"国营企业"等等系统，使他们为民进党所用，依仗执政的优势，政治实力有所增强，政权得到一定程度的巩固。但执政能力不强，出现不少失误，与在野党实力对比仍然处于均势，不能利用三年的时间使自己占据优势位置，反而促成了国民党与亲民党的合作，对手并没有被削弱。此外，对中间选民没有足够的吸引力，民众对陈水扁执政的满意度降到三成三。

总之，实力不够，经验不足，巩固政权，步履维艰，执政三年进步不大。

面对2004年选举，民进党具有优势吗？能赢得这场"政权保卫战"吗？民进党会不会刚刚夺取政权就要失去政权？从目前来看，还不能立刻下结论。

最关键的是民意。经济不振，不得民心。多数民众对陈水扁当局"拼经济"感到失望，连南部民众也已经受不了了，他们还愿意"给阿扁多一些时间"吗？

我们向来认为发展两岸关系是台湾当局摆脱当前经济困境的一条出路，台湾许多有识之士也有同感。可是，由于陈水扁自身的"台独"理念和"基本教义派"的威胁，使他始终不愿也不敢走出应该走的一步。从现在到明年选举只有不到十个月的时间,防治非典,投入"选战",是他们的当务之急,民进党已经没有时间在两岸关系上有所作为了。当然,选举成败取决于多种复杂的因素,不过我想,"大陆经济牌"仍不失为一张好牌,就看各个政党怎么"打"了。

(《两岸关系》 2003 年 7 月)

五、政治天王的消长

小小台湾，有众多"天王"拥兵自重，戮力厮杀，合纵连横，明枪暗箭，斗得天昏地暗，闹得鸡犬不宁，这是为什么？

其实，他们眼睛瞪着的就是那一块"政治大饼"，尤其是那块登上2008"宝座"的"状元饼"。可是，月有阴阳圆缺，人有悲欢离合。一年来，有人上升，有人沉沦，有人"死部复活"，有人"告别政坛"，几大"天王"谁消谁长，且听以下"盘点"。

陈水扁：四面楚歌，顽抗到底

头号天王陈水扁，居高临下，睥睨一切，可是"三合一"选举失利，使他面临"跛脚鸭"困境。接着又因弊案缠身，罢免、"倒扁"运动兴起，使他陷入四面楚歌、众人唾弃的局面。

此君皮厚无比，死皮赖脸地顽抗到底。新年伊始，发表"元旦文告"，以攻为守，宣称要以"新宪公投"为主轴，并且配以"积极管理，有效开放"的大陆政策。不久，又玩弄"废统"策略，一时引起大众哗然，美方"震怒"，受到严重警告，只得把"废统"改为"终统"，机关算尽，自取其辱。

从"三级贫户"变成"贪腐天王"，全家涉及弊案，所谓"一妻、二秘、三师、四戚"，个个不干不净，所谓"台开"、SOGO、"国务机要费"，罪证确凿，却要狡赖强辩。

在野党试图通过"法律程序"通过"罢免案"，迫使阿扁下台，可是受到"法律"条文规定的"台阶"，使得二度"罢免"相继失败。

领导人完全丧失清廉、诚信，激发人们群起而攻之，兴起"倒扁运动"。

数十万民众自发参与，红色浪潮汹涌澎湃，"阿扁下台"响彻云霄。在"双十庆典"上，民众举行"天下围攻"，当着"友邦首脑"的面，让阿扁受尽羞辱，难怪有人对他表示"钦佩"，佩服他的脸皮之厚也。

面对"倒扁"浪潮，阿扁使出"法宝"，以"捍卫本土政权"为号召，叫嚷"阿扁可以倒，台湾不可以倒"，煽动"族群意识"以自保。

2006年年底，传出"扁妻出庭受审"的消息，为陈水扁"流年不利"画下句号。有了"法律"作为"保扁"的护身符，有了民进党内多数人的利益与他"捆绑"在一起，陈水扁还会继续顽抗到底。

马英九：如日中天，光环失色

马英九的声望上半年一路飙升，下半年则节节倒退。"三合一"选举大胜，马英九犹如当年的陈水扁成为新的"政治神话"，"马英九现象"使泛蓝民众兴奋不已，也使对手大惊失色。访英访美，在海外受到"高规格接待"，回到台湾受到普遍肯定，支持度大幅上升。

可是，从此以后，每况愈下，对待"罢免""倒阁""倒扁运动"，直至"台独选项"之类，态度不明，软弱无力。"阿扁已经趴了，马英九还是软趴趴"，"马英九不支持罢免，是祖护陈水扁"，"马英九表示倒扁之后，支持吕秀莲上台，这是国际笑话"。

他难道不知道早在他当选国民党主席之后，便已成为民进党的头号敌人？他们时时处处在想方设法对付他。可是马英九却似乎满不在乎，结果被打个措手不及。对手抓住他的特别费问题，展开"乌贼战术"，只要让民众认为号称"清廉"的马英九和"贪腐"的陈水扁"差不多"就足够了。

北高选举，马英九自己提出是"信任投票"，本来可能"信心满满"，可是却大失所望。于是，人们都在议论马英九是否只适合于当"太平天子"，而无法立足于乱世？党内也传出马只会"坐等大位，无所作为"，因而出现"拥连""拥王"的声音，连AIT（美国驻台湾地区机构）也感受到马的"领导危机"。

距离2008年"大选"还有不少的日子，马英九"挨打"的局面不会中止，民调能否止跌回升？ 2008 年有没有希望？人们都在拭目以待。

吕秀莲：羞羞答答，坐失良机

当人们叫喊"陈水扁下台"的时候，谁最高兴？吕秀莲。因为叫"陈水扁下台"，等于叫"吕秀莲上台"，这是"宪法"规定的："总统出缺时，由副总统继任"。可是，她虽然心中窃喜，却不能喜形于色，因为她知道，许多人的目光都盯着她。一有"非分"之举，就会遭到迎头痛击。

当然她是不会"没有声音"的，著名的 IBM（国际大嘴巴）不会不发声。她说过，现在台湾"风不调，雨不顺，国不泰，民不安"；阿扁春节讲话（废统）一鸣惊人，我很意外；终统"操之失当"，造成"处处受压"；甚至说，大陆崛起，应当改善两岸关系。她还提出要与台湾各方政治领袖"喝蓝海咖啡"，组织"蓝天绿地好台湾大联盟"，提倡签订"清廉自律公约"，似乎暗示"就要轮到我了"。

可是在阿扁面前，她却不敢说"不"，反而一再表示支持阿扁留任。阿扁不倒，阿莲只能坐失良机。

苏贞昌：伴君伴虎，蓄势待发

年初作为党主席下了台，马上当上"阁揆"，四大天王排名第一。信任度一度达到 60%，成为民进党"最后一张王牌"。

在人屋檐下，不得不低头。他曾想做出成绩"表现一番"，两岸经贸、包机观光，都想"露一手"；也曾说过："修宪"是大事，急不得，要谨慎。可是阿扁一变脸，他就缩回去。在党内也不是没有敌手，有人警告他别想"整碗捧去"。现在面对谢长廷的再起，2008 年又有了变数。

谢长廷：跌落谷底，一夕蹿升

年初黯然下台，从"阁揆"变为平民百姓。出游美国，组织"长工办公室"，似乎置身度外，怡然自得。当然他是不甘寂寞的，总要发表一些政见："不要把终统视为一大胜利"，"去中国化"无助于两岸关系，"下台不会天崩地裂"，"宪改意见不成熟，不要急于通过"。让有人听了总不会好受。

后来有人"请"他出山，参选台北市长，他居然成为民进党的"救世主"，受命于危难之际，为党"振衰起敝"。年底选举，虽败犹荣。一夜之间，人气大旺，当场就有人鼓动他"选总统"。现在似乎与苏贞昌势均力敌，"苏谢配""谢苏配"的呼声已经呈现。

游锡堃：亦步亦趋，死忠保扁

此君没有别的本事，紧跟陈水扁是他唯一"优点"。陈水扁说东，他不敢说西。力挺阿扁的"台独"路线，叫嚷"修宪"正名，"触及领土主权"，"独立建国"。在倒扁运动面前，高喊："台湾若好，本土不能倒"，"中国人欺负台湾人"，"大陆是倒扁的藏镜人"。阿扁气数将尽，游某还有几天？

王金平：左右逢源，身价看涨？

今年台湾最得意的人是王金平。他虽然没有选上国民党主席，不肯担任第一副主席，却成为国民党内唯一可以与马英九抗衡的人。他经常说出与马不同调的话，不买马英九的账。国民党推出台北市的候选人，他却曾公然支持宋楚瑜。他可以与李登辉、陈水扁会面，讲些什么，马英九不知道。

曾经传说，李登辉要促使"吕王结盟"，陈水扁要拉王金平"组阁"，用以分化泛蓝，又传说，如果吕秀莲上台，会邀请王金平组阁，以巩固"本土政权"。

在国民党方面，大家都要马英九尊重王金平，不仅连战如此，本土"立委"无不如此。看来王金平左右逢源，满面春风，他的身价是否看涨？2008年有没有"问鼎"的可能？值得观察。

以上客观观察，不带任何偏见，"天王"交战，风云变幻，鹿死谁手，难以预料。有道是：蓝天绿地，势不两立，天王争霸，谁能无敌？〇八〇七，比拼实力，欲登宝座，还看民意。

（写于2006年12月）

六、"蓝消绿长"已成定论?

台湾"五都"选举结果,蓝营得票率不及四成五,而绿营则接近五成,于是台湾以及海内外媒体再度出现"蓝消绿长"的说法。

对此,人们有不同的计算方法:有人认为与2008年"大选"相比,"马英九执政900天,流失250万票"。有人说,2008年国民党"狂赢"220万票,而在2009年县市长选举时就"蒸发100万选票",这次"更蒸发近120万票"。有人认为2009年县市长选举,国民党得票率降为47.88%,民进党大幅上升到45.32%,蓝绿差距迅速缩小到两个百分点,这时"蓝消绿长"的局面已经出现。这次"五都"选举绿营得票率超过蓝营,说明过去"蓝大绿小"6:4,或55:45的基本盘已经改变。

要看长时段的变化

我认为这些说法有一定的道理,但关键要看如何界定"蓝消绿长",是否它已经成为一个必然的趋势,不可逆转?从选举得票率来看政党的实力消长是有一定根据的,但由于选举的性质、范围不同,得票率也不一样。要从"大选"的得票率,还是从"立委"选举的得票率来判断政党实力的消长,也是值得讨论的问题。

"大选"或北高市长选举,是"一对一"的选举,它与"立委"选举或县市长选举的总得票率就没有可比性。民进党在"一对一"的选举中,曾经在两次"大选"中获胜(2000年、2004年),一次在台北市长选举中获胜(1994年),三次在高雄市长选举中获胜(1998年、2002年,2006年),此外,民进党只有在两次"立委"选举(2001年、2004年)和一次县市长选举(2001年)

的得票率超过国民党。因此，是否可以说民进党在某次选举中取胜、得票率高于国民党，就算是"蓝消绿长"呢？

反之，2008年1月"立委"选举，国民党与民进党政党得票率是51.23%与36.9%；该年3月"大选"，马英九的得票率58.45%，是否可以说明这是"蓝长绿消"呢？所以我认为只看一两次选举，就得出政党实力消长的结论，未免过于武断。

有人指出，近两年来，即马英九执政以来，出现"蓝消绿长"的态势，而且还在持续地发展中。他们的根据是：在六次"立委"补选中，国民党五次失败，国民党籍"立委"从82席降为75席，而民进党则从27席增加到33席；再加上2009年县市长选举与这次"五都"选举，"蓝消绿长"的"骨牌效应"已经不可阻挡。可是，有人提出，2011年的"立委"选举，与2012年的"大选"未必出现上述"骨牌效应"，因此要说"蓝消绿长"已经成为必然趋势，还有待验证。

我认为要从长时段来考察政党实力的消长。如果我们把眼光放开，从民进党成立以来的趋势来考察，就不难发现，从总体上看，民进党的实力是在上升，而国民党的实力则是在下降。起初，民进党的得票率只有30%上下，后来上升到40%上下，2009年县市长选举中上升到45%以上，与国民党只差两个百分点。这次得票率接近五成，超过了国民党。这与其说是"蓝消绿长"，不如说是"国（国民党）消民（民进党）长"，因为泛蓝不等于国民党。不可否认，这样的"大趋势"是一种事实的描述。当然，我不认为这是一种必然趋势，也不是不可逆转的。

有没有"骨牌效应"？

不少人从这次选举得出"蓝消绿长"的结论，从而对2012年的"大选"发表自己的看法。有人认为"蓝消绿长"的趋势已经为马英九2012年的连任提出"一大警讯"，或说马的连任之路已经出现危机和艰险，甚至可能是"噩梦一场"，还有人预测，马英九连任的概率只有0.303。

其实，不同的选举，谁胜谁负，涉及不同的因素。例如，地方选举比较重视有关地方的利益，整个台湾的选举则必然涉及两岸因素、国际因素等等；当然候选人因素、政党因素等等也十分重要，不同选举起决定性作用的因素也会不同。此外还有一些偶然因素也会起人们想不到的作用，"两颗子弹"、"一颗子弹"的效应，人们记忆犹新。

在当前台湾两党实力相当的条件下，政党轮替应当会成为常态。谁也没有长期执政的把握，每次选举都是一场艰苦的拼搏。所谓"钟摆效应"、"骨牌效应"都是人们选前用来预测、选后用来解释的手法，并不存在必然趋势。2012年不注定会出现蓝消绿长的"骨牌效应"，台湾两党谁也不敢根据这样的设想做出决策。现在距离2012年"大选"为时尚早，谁也无法过早地做出"推论"与预测。

（《联合早报》2010年12月3日）

七、2012 年"大选"之后台湾政治生态

凤凰网资讯：2012 年台湾"大选"，马英九最终以 689 万张票当选台湾地区领导人，得票率 51.6%，领先蔡英文 6 个百分点左右。如何看这一结果与此次选举过程？哪些因素促使马英九最终当选？

陈孔立：厦门大学台湾研究院每年都做选举预测，此次预测马英九会赢 20 万到 30 万张票，只有一位长期做选举预测的同事认为马英九会赢 80 万。结果马英九赢，说明马这几年的执政基本上得到了民众的肯定，也可以看出两岸和平稳定发展符合两岸民意，台湾民众最终做了理性的选择。但从票数来讲，民进党的情况并不是很差，得票率在 46% 左右，国民党只领先了 6 个百分点，而 2008 年国民党是领先 16 个百分点，降低了 10 个百分点。从"立委"选举结果看，国民党这次得到 64 席，2007 年国民党拿到的是 81 席，减少了 17 席，民进党反而增加了 13 席。国民党赢得了此次选举，但就两党发展趋势来讲，国民党实力是下降的。另一方面，马英九执政的四年，想做所谓"全民总统"，蓝色选民对他的期待并没有得到满足，而绿色也很难争取到，得票率下降恐怕也跟马执政理念、政策有关。

凤凰网资讯：民进党候选人蔡英文、苏嘉全得票 609 张，得票率 45.6%。什么因素最终导致蔡英文及民进党败选？这次选举对民进党将产生什么影响？民进党何处去？

陈孔立：民进党败选的原因，一是处于在野党的地位，没有行政资源，而且这几年相对比较困难。另一方面，现在台湾民众最希望两岸能够和平，民进党在两岸关系上，对"九二共识"没有任何商量的余地，让民众感觉到他还是对抗的心理。在这样的情况下，民众担心如果蔡英文上台，两岸走向

对抗，对两岸局势不利也就对台湾人不利。所以这也是一个要害，对抗不如对话。两岸关系和平发展是不可阻挡的，实际上很多绿营人士意识到这一点，但民进党内部在此问题上没有办法达成共识，蔡英文无论靠近哪一方都很难，如果太靠近大陆两岸和平发展，与大陆保持一致，它会失去基本盘；如果过于对抗，会失去中间选民。所以在这个问题上比较为难。接下来，民进党何去何从？改善和发展两岸关系是人心所向、大势所趋，马英九上台以后，更是改变了长期以来台湾与大陆对抗的政策，两岸关系开始了良性互动，得到多数民意认同。这个形势迫使民进党人不得不考虑，是失去中间民众的支持，还是要顺应民意，调整政策，从两岸对抗走向和平发展？蔡英文昨天也指出民进党要对两岸政策做出反思，民进党内部也意识到这一问题。

凤凰网资讯：透过此次台湾"大选"，看到台湾政治生态、民主进程有何变化？北蓝南绿的政治版图是否改变？对台湾政党产生怎样的影响？台湾选民、尤其年轻选民他们的政治倾向是怎样的？

陈孔立：整个选举过程，台湾选民更加理性，这是台湾民主政治发展这么多年的进步。蓝绿版图基本没有太大变化。但从"总统"选举得票率和"立委"选举席次来看，绿营在增长。台湾政治从90年代到现在的历次选举中，得票来看，绿营从30%左右，慢慢到40%，这次甚至到46%；国民党则从70%降到50%，总的趋势是绿营上升、蓝营下降。导致这种变化的原因是国民党长期执政，有一部分本土力量对国民党存在着不满，特别是在中下层，生活没有得到很明显的改善，恐怕这个问题还是要害，民进党这次其实并没有打阶级牌，国民党这方面可能还有很多事情要做的。

就政党而言，从长期来看，国民党和民进党都要立足本土，因为本土力量越来越占绝大多数，如果不能反映本土势力，就没有选票，像新党这样的政党根本就很难存在，所以一定要立足本土，国民党也是明确要走"本土化"这条路的。但立足本土不等于两党趋同，两个政党还是有区别的。

凤凰网资讯：如何评价马英九的两岸政策？下一个四年，两岸关系将朝什么方向发展？大陆如何应对民进党背后46%的民意？

陈孔立：马英九上台，两岸关系将平稳发展，两岸经贸往来协议进一步具体，两岸文化交流也会进一步持续。但"两岸和平协议"的签订不可能，一些学者认为有必要签署两岸协议，讲两岸协商制度化，但制度化不意味着一定要签署"两岸和平协议"，签署"两岸和平协议"也不意味着两岸制度化。首先就存在谁和谁签署的问题。两岸关系制度化可以依然从海协会、海基会签订协议开始推进。大陆也不能完全忽略民进党的存在，研究台湾需要"同情的理解"，对民进党及其背后 46% 的民意必须有更多研究与认识，即便有关"台独"言论，也需要好好的深思。而两岸认同方面，尤其台湾年轻人的认同，也需要重新建构能够唤起两岸集体记忆等共识。

（凤凰网 2012 年 1 月 15 日）

观察国民党

一、"零和"的思维

最近，连战先生指出，在两岸关系上，应当排斥零和，走向双赢。这是一种消除敌意、增进和解的态度，理应得到肯定。现在的问题是，应当怎样理解"非零和"状态下的双边关系，看来有必要加以明确。

博弈论原是运用抽象模型描述和研究带有对抗性的竞赛态势，并给竞赛各方提供对策的数学方法，其中有些原则可供当前两岸关系的参考。由于它是数学方法，因此一般政治性的文章、文件通常不使用它的概念，不过借用一下未始不可。博弈论提出，竞赛有四种类型："零和"、"非零和"、合作、非合作。

所谓"零和"，就是双方正负相抵，其和为零。表现在政治上，就是你死我活的斗争。过去，国民党要"反攻大陆"，共产党要"解放台湾"，都是"零和"的竞赛。所谓"非零和"，就是双方均可得分，其和不是零。表现在政治上，就是你不吃掉我，我不吃掉你。这样的话，邓小平在1983年就说过了，只是他不用"非零和"而已。

当前两岸关系能不能用"非零和"来表达？看来在台湾还有不少分歧。据报道，在最近的民意调查中，有37%的受访者认为两岸仍处在敌对状态。是敌对，就不可能讲"非零和"。就在这次台湾会谈过程中，有些官员和媒体的态度也表明他们对排斥"零和"的说法并不以为然。至少他们对非零和的竞赛规则还不了解。

在"非零和"条件下，至少要考虑以下两个原则：

1. 鼓励兼容性原则，即任何一方要对方有所回应，就应当采取鼓励对方同意自己意愿的行动。要使对方认为对他有利，或可以接受。换句话说，有所失才有所得。不能不作任何让步。只要求对方让步，自己不让步，就不符合"非零和"竞赛的原则。

2. 劣势战略原则，或"囚犯两难推理"（prisoner's dilemma）。如果双方都采用"优势战略"，即对自己最有利方案，那么会谈就无法打破僵局，不能获得结果。因此，在"非零和"状态下，会谈要取得成果，就只能采取劣势战略，即要有所让步，这样就不可能一方全胜、一方全败，而是双方都有所得，同时又有所退让。"非零和"下的协议，只能是"虽不满意，但可接受"，不能要求达到自己完全满意。

其实"求同存异"也是一个原则，对中共来说，在处理双边关系时，一贯强调这个原则，而不是什么权宜之计。这意味着不强求对方接受自己的意见，让对方保留自己的意见，一时无法解决的问题不急于解决，有的可以等到双方都可以接受时再解决，有的可以长期不解决。例如，不同社会制度就不要求对方同自己完全一样。

在台北会谈过程中，有些官员指责对方"无视我方的"什么，说什么底线"不可能放弃"，某人来台要重新考虑等等，似乎想尽办法向对方施加压力，企图迫使对方接受自己的意见，获得全胜。还有些官员认为排斥"零和"的目的是为了使"台湾经验"成为两岸共有的瑰宝。这些想法都是还停留在"零和"状态下，有的报纸社论指出，不宜"要求对方非接受我方的意见不可"，"不在言词上引发不必要的争议"，这是符合"非零和"竞赛规则的。在中山大学的一项座谈会上，有学者指出，"我方则企图透过协议的达成，达到隐含对待政治实体的目的，也是会谈陷入僵局最大的盲点"。这是"优势战略"不可能达到目的很好的说明。

从"零和"转到"非零和"是一个很大的变化，在接触初期，不可能一谈就成，需要一个过程。有人指责说与中共谈判从来都是很难的。这是把问题看得太简单了。会谈中涉及的政治问题，怎么可能一下子就解决呢？双方的意识形态不同，思考方式不同，还需要一个互相了解、互相调适的过程。问题不是单方面的。有人以香港问题的中英谈判为例，说明与中共谈判很难谈成。这是一个误解，人家违反协议，企图强加于人，任何有尊严的人怎么可能接受呢？

双赢的结局是两岸人民共同的心愿，要达成这个目标，还要从"非零和"竞赛转变为合作竞赛，即互相合作、互相妥协、共同得利，这样才能双赢。当然要达到这一步，还有许多路要走。只要双方真正从全民族的长远利益出发，在今后的会谈中，多一些诚意，少一些谋略，就有可能在互信互谅的基础上，转变为合作竞赛，达到双赢目标。

（《联合报》1994 年 1 月 15 日）

二、李登辉的"摆脱大中华"

7月9日,李登辉提出"两国论",在分裂祖国的道路上走出了危险的一步。在此之前,他在5月19日出版的《台湾的主张》一书中,就已经反复强调要"摆脱大中华主义",这实际上是为"两国论"埋下了伏笔。那么,什么是"摆脱大中华主义"呢?现在我们根据他所著的《台湾的主张》一书加以剖析。

什么是"大中华主义"?

李登辉在本书中提出了一个新的概念:"兼具霸权主义与民族主义的大中华主义",或者说"大中华主义"是"与霸权主义相结合的民族主义"。

所谓霸权主义,指的是某些大国、强国以自己经济、军事实力为后盾,对外进行军事入侵和武装干涉,政治上控制、孤立和侵犯他国的主权,经济上封锁、制裁以及文化上渗透与和平演变,以此建立其在世界事务上的垄断与霸权地位。长期以来,中国是霸权主义的受害者,也是反对霸权主义的积极力量,怎么能把霸权主义与中国联系起来呢?

民族主义,本来是在民族压迫的条件下形成的,要求反对外来民族的统治、争取民族的解放。孙中山先生主张的民族主义,"一则中国民族自求解放,二则中国境内各民族一律平等",当然具有进步意义。可是,也有一种侵略性的民族主义,它以各种方式侵犯其他民族利益,鼓吹民族歧视,煽动民族仇恨,制造民族分裂,发动对其他民族的侵略战争等等。中国并没有煽动什么民族主义,我们强调的是爱国主义,一是坚决维护国家民族的尊严,保卫国家民族的利益;二是团结全国各民族的力量,进行建设,振兴中华。这和侵略性的民族主义有本质的区别。这次北约轰炸我驻南大使馆,全国人民为维护国家民族尊严而提出强烈抗议，这完全是正义的行为，可是有人却把它说成是一种煽动民族仇恨的"民族主义"而加以攻击，其用心是十分险恶的。

至于所谓"大中华主义"显然是指它是一种"大民族主义"。大家知道，大民族主义认为本民族是"大民族"、"优秀民族"，理应高踞于其他民族之上，因而可以歧视、压迫国内其他民族，侵略、奴役国外的其他民族。中国对内对外都实行民族平等，并没有歧视、压迫、侵略、奴役任何其他民族，"大民族主义"的帽子扣不到我们的头上。

总之，中国既没有霸权主义，也没有煽动民族仇恨的民族主义，李登辉所谓"兼具霸权主义与民族主义的大中华主义"是根本不存在的。

为什么要"摆脱"？

李登辉不仅制造了所谓"大中华主义"，而且说它对亚洲和全世界、对台湾都有严重的威胁，所以才要摆脱。

先看对亚洲和全世界。他说："大中华主义"，"对其他亚洲国家而言，仍然极具威胁性"；还会威胁到"美国与日本亚太事务的领导地位将弱化"，"企图削弱并取代美国在亚洲的政治、经济地位"。他特别警告美国："一旦中国大陆自认有能力分享美国所拥有的利益时，必然就会背弃美国的政策，转而积极将美国势力驱出亚洲"，同时又警告日本："大中华主义"会使日本"在经济与军事上遭受孤立，而致威胁日本的'存在'"。中国目前或将来都不会对亚洲以及别的国家造成什么威胁，李登辉危言耸听制造这种可怕的"威胁性"，不过是为了把亚洲国家以及美国日本都拉到自己的一边，企图借助外力，共同反华。

再看对台湾。他说："中共当局也经常以霸权主义的斗争心态，对我们多方威吓"，"用旧的'斗争吃掉'的心态，面对新的两岸关系，一定要把我们纳入他们的所谓'一个中国'模式"；"中共当局以霸权心态强加于我们的'一个中国'论调"，台湾"坚持拒绝所谓'一国两制'的构想"；台湾的存在可能"出现危机，甚至为中共吞并"，等等。

我们历来主张"和平统一"，早已表明统一"不是我吃掉你，也不是你吃掉我"，所谓"斗争""吃掉""吞并"都不是"中共当局"的政策。那么剩下来的只是"一个中国"和"一国两制"了。很明显，绕了半天，他所要摆脱的还是"一个中国"，换句话说，就是要制造"两个中国"，但这又不好明说，只得制造一个莫须有的"大中华主义"作为靶子，而加以攻击。

他想怎样"摆脱"？

李登辉为了摆脱一个中国，早已拿出"一个分治的中国""两个对等的政治实体"来应对。在本书中，他又从国际、台湾、大陆三个方面寻求"摆脱"的途径。

在国际上，他求助于美国和日本，他挑动日本："面对中国大陆，立场最软弱的，竟是日本"，他要日本"掌握中国大陆的真正情势，理直气壮地与之交涉"；他挑动美国："美国并不需要涉足中国大陆，而是要将中国大陆拉到文明世界来"，很明白，这就是要加强对中国的和平演变。

台湾能做什么呢？他自我吹嘘说："环顾世界各国，最积极促使中国大陆改变的，莫过台湾"。他提出"经营大台湾，建立新中原"，要以"大台湾"来取代"大中华"，要以在台湾建立的多元文化的"新中原"取代中华文化。最终目的是要使全中国"台湾化"。

当然，他也知道上述种种不过是梦想而已，于是，他寄希望于大陆自己的分裂和分割，他主张"中国分权分治"，"大约分成七个区域"。从此，中国从大变小，从强变弱。"一个中国"没有了，不但他所追求的"两个中国"可以存在，而且还会一分再分，这样，他最后"摆脱"中国的目的就可能实现了。

综上所述，不难看出，李登辉并不是要摆脱什么并不存在的"大中华主义"，而是要"摆脱一个中国"，直到摆脱中国。可是，李登辉还嫌"摆脱大中华主义"不能明确地表达他的真正意图，于是，干脆喊出了"两国论"，企图彻底"摆脱"中国，从而公开地露骨地显示了他分裂祖国的险恶用心。

（写于 1999 年 12 月）

三、国民党的"邦联"说帖

最近国民党准备把"邦联"的主张列入该党"十六全"的政策纲领之中，看来他们是认真对待的，也造了一些舆论，似乎是在两岸关系上一次"重大的政策转变"。我们应当怎样看待，是给予批判，还是给予"理解"，或是加以利用，或是置之不理，这个问题有必要加以探讨。

什么是"邦联"？

根据国际法的规定：邦联是两个以上的国家根据国际条约组成的国家联合。邦联是一种"复合国"，即两个或两个以上国家的联合体。

历史上有过几个邦联，如 1778 — 1787 年的美国南部的邦联，1815 — 1866 年的德意志邦联，1291 — 1798 年和 1815 — 1848 年的瑞士邦联，其情况如下：

1777 年在美国南北战争时期，退出联邦的南部各州组成邦联，以反抗联邦政府。"邦联条例"规定：邦联的大陆会议有权管理外交、邮政，决定战争，任命高级军官，管理印第安人事务等等。邦联会议主席只能通过各州当局行使权力，各州有权发行纸币、征收捐税、制定关税、签订对外贸易条约以及保存军队，有关宪法、财政、战争、媾和等问题，须经 13 州中 9 州批准，方能生效。邦联会议只是一种协商机构，邦联的权力十分有限。

1815 年根据维也纳会议建立德意志邦联，由 34 个封建君主国和 4 个自由市组成，各邦在内政、外交、军事上均独立自主。

1291 年瑞士成立邦联，起初只有 3 个州结成"永久同盟"，后来增加到 13 个成员，它是一个不同制度、各具主权的成员之间的松散联盟。彼此利益并不一致，只是在反对哈布斯堡家族的统治上有一致性。后来瑞士沦入法国的统治，到 1815 年才恢复邦联。

以上几个邦联，后来都发展成为联邦。

邦联有几个特点：1. 各成员国都是主权国家，都是国际法主体，而邦联不是一个国家，不具有国际法主体的资格。2. 邦联设有处理有关共同事务的共同机构，但没有统一的中央政权机关对各成员国公民行使管辖权。3. 没有统一的立法和财政预算。4. 各成员国公民只有其本国国籍，而没有邦联的共同国籍。5. 有些邦联曾经在军事上、外交上采取某些联合行动。

由此可见，邦联的本质特征是：第一，它是主权国家与主权国家之间的联合。第二，邦联不是一个国家。总之，一句话，邦联是"两国论"，而不是一国论。

国民党提出的邦联

根据国民党"纲领草案说帖"的解释，他们的邦联主张有如下几个值得注意的要点：

1. 前提和终极目标

前提是：①以国统纲领为主轴，主张在"一个中国，各自表述"的"九二共识"基础上，追求两岸和平稳定关系。②台湾优先。

终极目标是：迈向民主、自由、均富的统一。

2. 邦联的阶段性与过渡性

邦联不是"立即目标"，也不是"最终解决方案"，邦联是两岸关系发展过程中的一个阶段，是一种过渡性、阶段性的安排。

3. 邦联的几个"通则"有助于解决两岸问题

各成员均维持其外交权、国防权。

各成员地位基本平等。

各成员对其内部事务有其自主性。

以和平方法解决各成员间之争议。

各成员在同一屋顶下，具有共存共荣的关系。

4. 邦联的内涵应当遵循的原则

"对等分治"与和平渐进原则，既要顾及台湾民众当家做主的意愿，又要顾及民主统一的目标。

不是"台独"，不是急统。应是最有利于维持两岸现状的构想。

不是国协，不是联邦。国协更为松散，不以统一为最终目标。联邦的各邦不具备完整的自主权，各邦与中央有从属关系。

以上是国民党提出的邦联的基本内容，我们以此为基础进行讨论。

对"邦联说帖"的分析

1. 性质。按照国民党提出的说帖，邦联有如下十分明显的性质：

它是建立在"对等分治"的基础上，各成员的地位是平等的，不仅各自维持其外交权和国防权，而且各具完整的自主权，成员之间没有中央与地方的区别，互不隶属，只是对等共存，和平共处。显然，这是主权国家与主权国家的联合。

只不过有"在同一屋顶下"这样一个条件，至于什么叫做"同一屋顶"则未加说明。所谓"屋顶理论"，本来用于两个德国，是解决两个主权国家之间的问题。台湾问题是中国的内政问题，不能用"两德模式"来解决，这一点，我们早就说得很清楚了。实际上，所谓"同一屋顶下"所要强调的仍然是两个不同的"国家"。

这就与"说帖"中所说的以"一个中国"、"九二共识"为基础相矛盾了。邦联实际上是"先独后统"，所以，我们批判"邦联"的主张，说它不符合一个中国原则，完全正确。

2. 背景。国民党为什么要提出邦联的主张？根据他们自己说，有两个原因，一是对内的需要，即凝聚内部共识，特别是聚集"中道"力量。二是对外考虑，即创造两岸的良性互动。具体地说，国民党提出邦联主张的动机最重要的是：

表明扁当局大陆政策方向不明、摇摆不定，没有能力解决两岸关系问题，只有国民党才能使两岸关系走向稳定。对内讨好广大民众，提出"台湾优先"，"可以兼顾统独各派意见"，希望在年底选举中，能够开拓票源。同时，也想讨好大陆，公然向大陆明确表示他们的终极目标是要统一的，提出邦联也为了要摆脱"两国论"的阴影，在国民党失去执政地位的情况下，希望得到大陆方面的支持，对扁当局造成压力。

3. 我们的态度。从原则立场上说，对邦联主张给予批判是毫无疑义的。国民党人说，大陆提出"在一个中国原则下，什么问题都可以谈，为什么邦联不可以谈"？我们可以回答说，邦联违背了一个中国原则。

但是，是不是对这种主张，或国民党的这次"动作"，一概否定，一棍子打死？我认为我们在争取台湾方面认同一个中国原则的势力时，不可能要求他们的看法和我们完全一致，应当求同存异。例如：

国民党提出邦联是不符合我们的要求的，但它提出了以"一中各表""九二共识"为基础，提出了"民主统一"的目标，这是"同"的表现，应当肯定。如果看不到这一点，连这一点也不给予肯定，对主张统一的人不能不说是一个打击。如果把他们的主张简单地说成是"台独"，就会把可以团结的人士推向独派方面去。

它为什么要提出邦联？因为它还不能接受"一国两制"，这既是国民党的主张，也符合大多数人"维持现状"的要求。它也不能提出"联邦"，因为现在他不可能有这样的主张，台湾民众也没有这样的共识。但它又要表示最终目标是统一，所以只能提出"阻力最小"的主张，即邦联，按他们自己的说法："邦联是站在统独光谱的中间点"，比较容易被台湾民众接受。他们也知道我们反对邦联，为什么还要提出呢？他要在台湾民众面前表示他并没有完全接受我们的主张，"敢于"提出与我们不同的主张，同时，对我们来说，他也要表示对统一的方式问题，他有讨价还价的权利。如果把这个主张看成是在政治谈判之前，国民党喊出的一个"价码"，真谈起来它不可能是不变的。

提出邦联主张的一个重要意图，是要拉长统一的时间，为台湾争得主动。

这一点，不是国民党的专利。亲民党、新党都不想早日统一。新党早已提出邦联的主张，今天在北京还强调台湾与港澳不同，台湾拥有自己的主权，自己的军队。亲民党主张"绝不接受中共的一国两制统一模式"，要经过几十年的时间"不排除未来迈向（两岸的）多重整合"，今天宋楚瑜表示不和我们"党对党谈"，要"政府与政府谈"。所以不能因为国民党提出邦联，就认为国民党不如亲民党或新党，实际上三个"在野党"在统一问题上没有本质的差别。

国民党提出邦联已经引起美国的紧张，美国有人认为，这表明国民党在统一问题上向大陆表达和平善意"有点走过头了"，表明国民党已经"积极面对最终未来的到来"，同时，也反映了"台湾社会一年来在统一问题上的显著变化"。并认为国民党的"重大政策转变将加剧台湾内部统独的政治争战"，"也将对主张和台湾加强关系的布什政府构成挑战"。

这说明由国民党口中说出邦联，国际上有人认为这是我们的成就，使得台湾向我靠拢，甚至可能将来在军事上经济上以及其他方面合作，因而引起他们的关注，这种情况对我们来说不一定是坏事。

总之，在对待国民党提出的邦联主张时，我们需要表明原则立场，但不必把它"打死"，还应当立足于"拉"，不是只拉国民党，而是拉住一切愿意认同一个中国原则、愿意以统一为最终目标的人士和政党。

（2001 年 7 月 11 日）

四、马英九访港传来的信息

前两天，马英九以台北市长的身份前来香港访问，并与特区行政长官董建华会面，这是多年来这两个城市的领导人第一次会面。它究竟给我们传来了哪些信息？不同的媒体有不同的说法，有必要加以分辨和澄清。

马英九一到香港，就表示此行纯粹是为了城市交流，他会"严守分际，不谈政治"，但是正如大家所看到的那样，他无法躲避媒体的追逐，不得不谈了一些属于政治的问题，其实人们所最关心的也正是这些政治问题。"城市交流"的具体事项可以暂且不论了。

大陆让他访港的目的何在？

大家知道，马英九这次访港本来是由香港特区行政长官特别顾问、香港政策研究所主席叶国华邀请的一次私人访问，实际上香港特区行政长官董建华亲自出面在礼宾府会见马英九一行，称呼他为台北市长，并给予高规格的接待。很多人认为这不只是香港特区方面的态度，也反映了中国政府的态度，因为根据"钱七条"的规定，香港和台湾之间，以各种名义的官方接触往来、商谈、签署协议和设立机构，需报请中央人民政府批准，香港特区的上述做法，肯定得到了中央政府的授权。

于是，有人认为这是中国政府有意推动两岸关系良性发展的一项务实、弹性的举措。可是，有些西方媒体却报道说，这是大陆方面有意拉拢国民党和马英九，利用他们来打击和孤立陈水扁，利用反对党向民进党施压，有的甚至说这是"中国试图孤立属于民进党的陈水扁的一系列举措中最近的一个"，而台湾当局让马英九访港则是"台湾对其对手中共缓和关系的又一信号"。在他们眼中，台湾当局是多么具有"善意"，而大陆方面的一举一动却都是"统战伎俩"，都有不可告人的目的。西方媒体的这类偏见，我们早已领教过了。

"发展与认同一个中国原则的台湾各党派、各界人士的交流对话，促进在一个中国原则基础上进行两岸对话和谈判"，这是我们的一贯政策。我们这样说，也这样做，这是我们改善两岸关系的善意的表现，凡是不主张分裂祖国领土主权的人都不会感到压力。可是有人却把我们的主张和做法看成只是为了孤立某个人，这如果不是偏见，就是恶的攻击。

马英九在回答这个问题时说"我不认为会被中共利用，我自认为是处理两岸关系的老手"。如果大陆方面授意香港特区善意接待马英九，这很可能"显示中共希望两岸关系朝向和缓、稳定的方向迈进"。马英九认为，请他访港不一定会达到孤立某个人的效果，因为改善港台关系，间接地也使两岸关系更加缓和，台湾当局也会受惠。这是从来访者的角度，给予有意歪曲特区政府接待目的的说法一个明确的回答。

关于"一个中国"

马英九谈到"一个中国"。有人问他到香港来，是不是要以承认一个中国为前提。他从"宪法"来解释，认为"一个中国"不是问题。他表示他是"愿意支持中国最终统一"的，但"必须在自由、民主、均富下统一"。他说，早在十年前，他就参与草拟《国统纲领》，事实上已经在推动（统一）。现在大家对一个中国看法不同，两岸的歧见不可能在一个晚上就解决，要把它暂时搁置起来，现在承认"九二年共识"，对两岸最有利。他所谓"九二年共识"，指的是"一个中国，各自表述"。至于大陆方面对一个中国原则的态度，据马英九看，"将大陆与台湾都纳入一个中国，这是令人感到鼓舞的发展"。

以上情况表明，如果以为马英九对"一个中国"的看法和我们一样那是一个误解，但是他认同"九二年共识"就和我们有了基本的共识，同时他也看到大陆方面的善意，台湾当局如能这样，那就有可能和我们进行对话和谈判了。在这方面，马英九根据他自己的体会，认为陈水扁已经"间接承认'中华民国宪法'是一个中国的宪法，这就有助于未来在一个中国上达成共识"。这是不是一个过于乐观的态度，还有待于实践的检验。

关于"一国两制"

有的媒体报道说，马英九表示台湾必须接受"一国两制"，这是一个惊人的消息，可惜却是误传。马英九只是客气地说"他们弄错了"。也有的媒体简单地概括为：马英九表示"香港实行一国两制，台湾乐观其成"，这也会导致误解，以为现在台湾就认同"一国两制"。

实际上，马英九的说法是分别对待的，对香港和对台湾有不同的看法。对香港实行一国两制，他表示乐观其成，他对董建华说，希望"一国两制"能够成功。"香港推行一国两制，比我们预期的要好"，他接受了这个事实。对台湾，他并没有说要接受一国两制。他说他和台湾多数人一样，认为"一国两制"不适用于台湾。

事实上，台湾方面一直把实行"一国两制"说成是大陆"用口头并吞台湾"，这个疑虑至今没有消除。所以，要让"台湾"（不论是当局或民众）对"一国两制""乐观其成"还需要做很多工作。"一国两制"还没有在台湾实施，说它不适用似乎没有根据。况且现在，我们强调在一个中国原则的基础上，什么问题都可以谈，"无论是在实现统一的过程中，还是在实现统一之后，我们都将充分尊重台胞的意愿，切实维护台湾同胞的利益"，用什么模式实现两岸统一，还有很大的商量余地，可见过多的顾虑是不必要的。

马、扁之间

西方媒体说马英九是国民党的明日之星，是中牛代的政治领袖，说他曾与阿扁争夺台北市长，结果他赢了，可见可以用马来对付扁，甚至说马将是未来的"总统"，所以中国大陆要拉拢马英九。这完全是"一派胡猜"。

马英九表示，他无意与任何人"较劲"，这首先当然指的是阿扁。同时，在香港期间的谈话中，马英九指出，陈水扁"是一个会修正自己的政治人物"，

"陈水扁并非台独基本教义派，外界不应低估他处理两岸关系的能力"，表现了对阿扁的尊重和期待。他的重要预言是：相信阿扁已逐渐了解，"承认九二年'一中各表'共识，对台湾没有伤害"，承认"宪法一中"有助于在一个中国上达成共识。如果说，一位高明的政治人物是最善于了解对手的人，我宁可相信马英九对阿扁的观察，但愿他的预言会成为现实。因为台湾当局越早承认一个中国，对两岸人民越有利。

（《海峡导报》2001 年 2 月 16 日）

五、国民党的转向

最近,国民党副主席王金平提出"不提一中,不反台独,维持现状"的说法,并且明确提出:"泛蓝从没有否认'一边一国',也没有反对台独,在维持现状的情况下,不排除台独成为台湾人民未来的选项。"这是一项新的信息,是不是国民党的政策发生重大变化了?它引起了各界的重视和猜测。

民进党人表示怀疑:王金平是不是代表国民党说话?为什么三天前连战还公开呼吁陈水扁放弃"台独"?连宋对此究竟"是默认,还是不爽?"

许多人认为这是国民党"本土派"的主张,这些人本来是亲李登辉的,之所以留在国民党内是因为他们不甘心放弃国民党的政治资源和经济资源,他们和多数国民党员是"同床异梦"的。过去只是时间未到,他们还不敢公然提出"台独"的主张,现在终于原形毕露了。

国民党高层的转变

其实,以上两种看法都错估了国民党,王金平的说法不是他个人的主张,也不是国民党中一个派系的主张,而是代表了国民党,至少是代表了当今国民党的领导层。请看以下事实:

1. 据报道,"不反对台独作为未来选项"的论调,是经过由王金平主导的"国亲选战策略小组"讨论然后"定调"的。

2. 据报道,包括国亲两党主席连战、宋楚瑜,竞选总部主委王金平、副主委张昭雄、总干事马英九等人,在两个星期以前,针对国亲的两岸政策以及"是否要排除台独选项",有过反复的讨论及辩论。国亲内部至少开过三次会讨论这项议题,他们认为国亲既然主张维持现状,未来交由下一代决定,因此就不应将"台独"排除在选项之外。

3. 国民党主席连战 12 月 16 日在同外国记者会面时，"一再拒绝支持国民党长期坚持的台湾最终将同大陆统一的政策，标志着国民党的大陆政策发生了重大改变"。美联社引述连战的话说，"我们反对所谓的急独，我们也反对被贴上重新统一分子的标签。"并且说，应维持目前的现状，不急"独"也不急统一。是"独"还是统，最好由后人来解决。

4. 附带指出，作为连战的搭档、亲民党的主席宋楚瑜强调，"至少在未来四十年中，台湾不可能对急统或急"独"做决定，必须让子孙做出决定。"基调已经和连战相同了。

所以，如果把国民党的转向归罪于（或归功于）王金平一人，未免太"抬举"他了，一切后果主要应当由国民党高层承担。

转变得十分"顺当"

人们对于国民党的转向普遍表示惊讶，外国媒体以为"国民党长期坚持台湾最终将同大陆统一的政策"，很多人至今还把国民党归入"统派"，其实这都是误解。

如果回顾近年的历史，可以看出国民党转向的轨迹。国民党虽然讲过统一，也有过"国统纲领"，但早期国民党主张"一个中国"，当然指的是"中华民国"，他们要以"三民主义统一中国"。后来他们知道用"三民主义"统一不了中国，就提出"一个中国，两个政治实体"。后来李登辉提出"中华民国在台湾"、"两国论"，并且得到国民党高层的认同，人们都说这距离"台独"只有一步之遥了。连战担任党主席以后，也讲过"追求统一""反对台独"的话，但他一贯强调"中华民国是主权国家""一个中国是中华民国"（有时则说是"在台湾的中华民国"），"两岸问题的本质不是统独之争，而是制度的竞赛"。

近期以来，国民党为了竞选，出现了如下的言论和行动：赞成"公投立法"，不再坚持反对涉及国旗、国号、领土变更的"公投"；连战认为"以主权独立国家有方式决定自己的宪法，是台湾人民的基本人权"；连战主张"国家定位是"中华民国对中华人民共和国";国民党一名中常委建议把"中国国民党"改名为"台湾国民党";国民党内有人主张连战如果当选,应当表示"任内不谈统一",甚至主张"现在不谈统一,未来也不谈统一";国民党中央政策会向连战建议,把党章条文中的"统一"字眼删除,因为台湾不可能统一大陆,更反对被大陆统一;国民党还准备在修改"宪法"时,规定"中华民国""对内对外得称'台湾'",把"中华民国领土"改写为"1949年后实际统治领土(台澎金马)";等等。

这样,一步一步走来,从"一个中国"到"两个中国",从中国国民党到"台湾国民党",从"中华民国是主权独立国家"到"中华民国领土"只限于台澎金马,从追求统一到删除"统一"字眼,不谈统一;从坚持"中华民国"符号到"不反对变更国旗、国号"。于是,国民党高层顺顺当当地走到了今天的"台独是未来的一个选项",这并不突然,有什么值得奇怪的呢?

是策略性的转变?

有人以为这个转变完全是为了选举而采取的策略性的转变,是在民进党获得选举议题的主导权之后,国民党民调滑落而被迫做出的策略上、战术上的调整,正面迎战民进党。

如果只是策略性的转变,事情就简单了。问题是它究竟是策略转变还是战略转变,需要认真考察。以下几个问题可供大家考虑:

1. 国民党的转变正如以上所说是这样一步一步走来的,它会顺着这个转向继续走下去,还是会一步一步倒回来?

2. 国亲联盟"两岸组"确立两岸论述核心价值包括三点原则,即点出两岸政治现实、符合"中华民国国家宪政架构"、符合台湾主流民意。根据这二个原则来衡量,目前的转向是策略性的还是战略性的、方向性的?

3. 连战所说:"我们也反对被贴上统一分子的标签"是什么意思?有人把他以及国民党高层列为"统派",岂不是"冤枉"了他们吗?

看来,国民党正在"转向",正在走向一条危险的道路,他们是否准备把李登辉请回来？这是国民党人要考虑的问题，也是我们要继续观察的一个焦点。

（人民网 2003 年 12 月 18 日）

六、马英九面临六大挑战

5月16日，在国民党主席的争霸赛中，马英九以绝对的优势击败王金平，成为国民党这个"百年老店"的新一任掌门人。昨天的选举结果一出来，记者第一时间采访了著名台湾问题专家、厦门大学台湾研究院教授陈孔立先生。陈孔立教授点评了此次国民党主席选举，并指出马英九当上国民党主席后将面临着六大挑战。

第一，党内团结。虽然这次选举不会导致国民党分裂，因为这样对谁都不利，但在此次选举过程中，双方都较上了劲，特别是他们的手下到最后都"杀红了眼"，再加上国民党高层，包括连战，多多少少都是支持王金平的。王金平心里是不服气的，昨天他开记者会宣布败选时就称，"愿意追随连战一起当国民党义工"，而没有表示要全力辅助新任党主席。今后马英九要如何与王金平合作，争取高层的认同，使国民党保持团结，将是他最大的挑战。

第二，泛蓝整合。宋楚瑜临去美国前用录像带的方式表示了支持王金平，而亲民党内不少人也是同样的态度。马英九当上国民党主席后，与宋楚瑜的"瑜亮情结"将成为整合泛蓝最大的障碍。陈孔立教授指出，国亲在某些领域还是会有合作，但要合并，困难将比连战当主席时期更大。

第三，政治生态。民进党对于马英九当选内心还是比较高兴的，因为他们认为马英九比王金平更好对付。王金平已经是"立法院长"，如果又成为国民党主席，将更加强势。而马英九当选，则不能指挥"立院"，而且在2008年争"大位"时，马英九还有省籍问题可以操作，对民进党比较有利。如何在这种复杂的政治生态中领导国民党，对马英九来说也是一大考验。

第四，两岸关系。一种普遍的看法是，马英九认同"一中"，反对"台独",对延续连战的两岸政策是有利的。但是,也有国民党人对马英九的抗压性提出质疑,认为马英九有可能在民进党的压力下对两岸政策摇摆不定。而且,虽然马英九曾担任过"陆委会副主委",但始终没到过大陆,对大陆不了解,他们希望马英九成为台湾最大"在野党"主席时应该补补课,对大陆有一个全面深入的了解。面对复杂的两岸关系,马英九会比连战更进一步还是退一步,还无法过早预计。当然,我们期待他对两岸关系能产生正面作用,使两岸关系得到进一步改善。

第五,"总统大选"。以目前的形势来看,2008年泛蓝的"总统"候选人肯定是马英九,但他有无把握取胜则是一个问号。民进党早就把马英九当成对手,对他进行了充分的研究,以便在竞选中抓住他的弱点对付他。因此无论将来的对手是谢长廷、苏贞昌或吕秀莲,擅长选战的民进党实力都是很强的,不可低估,马英九上任之后,就要开始为三年之后的较量做准备。

第六,近期问题。马英九一上任,就面临着年底县市长的选举。新主席要一肩挑起辅选的责任。如果国民党在年底的县市长选举中落败,对马英九来说今后的路就更为艰难。所以,马英九要在台北市长的繁忙事务外,努力为党内县市长候选人站台,打好上任之后的第一战。

（《厦门日报》2005年5月17日）

七、对马英九不应期待过高

马英九当选国民党主席以后，各方面人士都对他有所期待。

国民党人把宝押在他一个人身上，期待他改革再造，挽救国民党，让这个"百年老店"重新开张，赢得 2008 年"大选"，重返执政；大陆有些人寄希望于马英九，期待他团结全党、整合泛蓝、打败民进党，打破两岸僵局，与大陆共同推进统一大业；民进党人则期待他心甘情愿地充当"忠诚反对党"，"促进政党良好互动"，实际上是希望国民党成为"永久反对党"，让民进党可以长治久安；台湾有些人则对他有更高的期待，期待他"改写政党政治新页"，"以国民党为火车头，把台湾政党政治拉到一个全新的境界"。

有的美国人还期待马英九帮助陈水扁当局与大陆对话。

显然，最大的期待是让他当选"总统"，与大陆改善关系。

遥望 2008 年

这次马英九以压倒优势当选，说明他的人气极旺，大多数党员对他寄托了希望，认为只有像他这样做事认真、操守严谨、具有清新形象和群众魅力的人，才能领导改革，挽救国民党。但是，他既要贯彻改革理念，难免要得罪党内某些势力，要做到团结内部，难度恐怕不小，三年内能交出什么样的答卷，是否能让党内满意还很难说。

王马二人在选举中出现的"伤痕"可能抚平，但最好的结果只能是"相敬如宾"，而无法"肝胆相照""精诚团结"。现在"王马共治"已经面临破局，"王马分治"的可能性却不能排除。如果党主席与"立院党团"各行其是，出现"两个党中央"，那么 2008 年能否"一致对外"，马英九要靠谁来辅选？如果党内出现"两组候选人"或有人"违纪参选",重蹈覆辙,那就不堪设想了。

国民党人选出主席,马英九算是众望所归。但是,他能否成为"泛蓝共主",则不是由国民党人决定的。马英九与宋楚瑜的"瑜亮情结"以及亲民党人与马英九之间的隔阂和疏远,导致泛蓝整合可能比以前更难。有人寄望于马英九完成"国亲合并",这是过高的期待。2008年不能只靠国民党人的选票,如果无法整合泛蓝,基本票源从何而来?

有人认为这次马英九高票当选,2008年选"总统"应当是"不在话下""时势所趋",有充分的把握。如果从另一个角度考虑,就不会过分乐观:这次马英九得到37万多票,据说国民党员约有100万,可见有62%以上的党员没有投票给他,这说明这些党员算不上他的"可靠支持者",2008年会不会投票给他是有疑问的。再说,37万对于"选总统"来说,只是一个"尾数",2004年陈水扁勉强当选也需要647万多票。从37万票到600多万票绝不是一件易事。有人断言马英九2008年能够轻松当选,这是一种过高的期待。

2008年的对手不在国民党内,马英九不可能占有绝对的优势。民进党处在执政地位,它既有政治资源,又有经济资源,可能出来竞选的谢长廷、苏贞昌、吕秀莲等人实力都不可小看。民进党早已把马英九当做2008年的竞争对手,对他做了充分的准备。现在马英九已经提前"曝光",必将成为泛绿阵营的众矢之的,三年内可能出现的"变数"是难以预料的。

马英九最大的弱点是省籍问题,他是一个"外省人"。在台湾,有不少人十分重视这个问题,而大陆许多人并不了解其潜在的深层的意涵。最近,国民党外省籍大老王作荣公开表示:如由外省人竞选"总统",一定引发族群问题,国民党又要失败。他警告马英九"不要一天到晚想当总统"。李敖也警告说:"外省人别做总统梦"。如此看来,由外省籍的马英九出来与本省籍的民进党候选人竞选,是否必然稳操胜券?这是最大的疑问。

当然,现在预测2008年的选举结果为时尚早,这只是说明那些认为2008年马英九必将胜选的看法,似乎过于乐观,也是一种过高的期待。

两岸关系愿景

在民进党执政的条件下，两岸关系陷入僵局，尽管近来有了某些缓和的迹象，仍然不能令人满意。于是，大陆有不少人希望国民党重新上台，认为只有这样，两岸关系才能改善，两岸统一才有希望。连战访问大陆得到大陆同胞的热情欢迎，便是一个证明。马英九反对"台独"，认同"九二共识"，认同"胡连会"的五项愿景，作为连战的继承人，大陆同胞很自然地把对连战的好感转移到马英九身上。

其实，作为在野党，它的党主席在两岸关系上能够发挥的作用是有限的，连战十分明确，而且"谨守分际"。目前如果马英九在两岸关系上能够达到连宋的水平就算不错了。所以，人们希望他能够"更上一层楼"，当上有权有势的"总统"，似乎那时两岸关系就会全面改观。

胡总书记对马英九也有期待，期待他能够"推动两岸关系和平稳定发展，共创中华民族美好未来"。前面一句是近期的期待，要求不高，后面一句是远期的期待，也是一个愿景。显然，这是一个务实的表态，也是真诚的期待，没有提出任何不切实际的苛求。有人希望提出诸如"为早日完成中国统一大业而努力"之类的要求，期待显然过高。

马英九作为国民党的主席，两岸关系并不是他的当务之急，人们不应当在这个方面对他提出过高的要求。如果一旦他赢得"大选"，地位变了，人们对他的期待也会改变。那时根据新的形势提出切合实际的要求和期待还为时不晚。如果现在就把"两岸关系全面改观"的希望寄托在他一个人身上，那也是过高的期待。

（《新周刊》2005 年 8 月 1 日）

八、马英九政治心理分析

　　研究一位像马英九这样的重要政治人物，不仅要看他的言论，还要观察他的实际行动，但了解到这个程度还不够，还需要了解他为什么这样说，为什么这样做，这就涉及政治心理层次。只有通过政治心理的分析，才能了解他的政治价值取向，才能了解决定他的政治行为的深层次的因素，而不能只是根据自己的主观意愿希望他做什么、不做什么，或是猜测他将会有什么样的表现。

　　什么是"政治心理"？政治学上有这样的定义："社会成员在政治社会化过程中，对社会政治关系以及由此而形成的政治行为、政治体系和政治生活等各个方面的一种自发的心理反应，表现为人们对政治生活某一特定方面的认知、情感、态度、情绪、兴趣、愿望和信念等等，构成人们政治性格的基本特征"。（王浦劬主编：《政治学基础》）这说明政治心理与政治思想不同，政治思想是政治文化的深层，是理性的部分，而政治心理则是政治文化的表层，是感情部分。政治心理是自发产生的，是一种缺乏理性指导的心理现象，是未上升到"自觉"程度的政治意识。换句话说，政治心理是一种零散的感性的，没有完整的体系，但又是最复杂的隐态文化，它是相对稳定的、不易变动的。因此，政治心理一旦形成，就难以改变。当然，政治心理受到不同的政治制度的影响，政治制度决定了政治心理的倾向和特征，政治制度的变化必然政治心理的变化，此外，思想文化环境也对政治心理有着潜移默化的作用。

　　现在我们结合马英九的生活经历、社会环境、所受教育以及思想渊源等因素，分别从政治认知、政治情感、政治动机、政治态度四个方面对他的政治心理进行分析。

政治认知

这就是要考察马英九对各种政治现象的认识和理解。马英九从小到大受到国民党的栽培,他获得中山奖学金,出国留学,成为"青年才俊",34 岁就当上国民党中央副秘书长,算是坐"直升机"上来的政治人物。他接受三民主义的教育,崇拜曾国藩、蒋介石,有强烈的"党国意识",反共、反"台独"。他又接受西方教育,接受西方的政治制度,亲美反共。他有这样的思想为基础,决定了他对政治生活的认知和理解。诸如,他强调台湾要实行与西方一样的政党政治制度。在国家认同上,只能是"中华民国是主权国家","一个中国是中华民国"。因此,他会提出这样的问题:"北京要中华民国,还是要台湾共和国"?要我们"二选一"。他要大陆"尊重台湾主体性",就是要承认"中华民国"的存在,要承认他们是一个"国家"。这是马英九政治心理中带有方向性的因素。所以在他的政治认知中,"我群"与"他群"是相当明确的:"我群"是国民党、美国、西方一些国家,还包括他所喜欢的日本政客石原慎太郎等等;"他群"是共产党、民进党及其他。他要坚决维持"中华民国"作为一个"主权国家"的地位,为此,他不主张统一,他自己说过他过去反共、现在反共、将来还是反共。这一立场十分坚定。另一方面,他为了维护"中华民国"的地位,也反对"台独"。从这里可以看出他的政治立场。

政治情感

这是要看马英九对各种政治现象的内心体验与感受,对各种政治客体的好恶、亲疏、爱憎等等。马英九从小受到反共教育,他们是喊着"消灭朱毛匪帮"口号长大的一代,他本人曾经是"反共爱国联盟"的骨干。他自己说过,中华人民共和国宪法规定是人民民主专政的社会主义国家,而"中华民国"则是"民有、民治、民享的民主共和国,是完全不同的政治制度。他强调认同民主政治,强调民主、自由、人权、均富、法治,他以台湾的标准来衡量大陆,强调两岸的差异。他爱的是西方的政治制度,强调台湾现有制度的优越,一再批评大陆的社会制度、政治制度以及一些政治现象,他说过"大陆不民主,台湾不谈判",他强调两岸是"制度之争"。他的爱憎好恶是十分明显的。

政治动机

这是考察马英九的政治需求和目标。首先,摆在第一位的是要争取"中华民国是主权国家"的政治地位。他经常讲、到处讲,在美国就讲过多次。尽管他知道国际社会不可能接受这一点,但他企图尽一切力量来实现这一不可能的目标。第二是"不统不独",维持现状。他自己说现阶段不统一,说没有统一的基础。他还说要建立"未来数十年和平互动的基本框架",于是有人说按照马英九的想法,统一要到"地老天荒"才能实现。第三是力争扩大"国际空间"。他提出所谓"暂行架构",就是要扩大国际参与,实际上台湾在国际上已经有许多"国际活动空间",要害是他想以"国家"的资格参加一切国际组织。这一点国际社会不可能接受,他就怪罪中国大陆的"打压",他公开表示如果我们阻挠台湾(以国家资格)参与国际活动,我们就要"后果自负",他就要"站出来反对"。显然,马英九这些政治动机归根结底是为了争取"中华民国"作为"主权国家"在国际上的地位,巩固国民党的地位,也是巩固他本人的政治地位。

政治态度

这是考察马英九赞成什么、反对什么。政治态度是由以上三个方面构成的,是一种综合的心理反应。结论是很明白的:第一,他要争取"中华民国"的主权国家地位,反对"被统一";第二,他主张两岸维持现状,不统不"独",反对大陆"武力犯台"、部署导弹,强烈反对《反分裂国家法》。第三,他主张台湾前途由台湾人民决定,反对中国对台湾拥有主权。

以上是对马英九政治心理的初步分析,现在马英九可能成为下一任台湾领导人,在他上台之前,需要先做一些了解,目的是澄清一些糊涂的看法。现在有人已经寄希望于马英九,认为他可能是一个"识时务"的政治人物,他可能推动两岸统一,为全国人民做一件大好事,那是一个伟大的历史功勋,将会获得诺贝尔和平奖。我认为通过对马英九的政治心理分析，可以明确地指出，上述想法是没有依据的，不应当对马英九存在不切实际的幻想。

（2006 年 8 月在深圳的演讲）

九、"以党制马"说

最近，前香港特首顾问叶国华发表一个观点："抬高国民党，管住马英九，是北京当前的对台策略"。这就是所谓"以党制马"。叶国华则被台湾媒体说成是"中国外交智库领导人"，因为他担任中国国际问题研究基金会名誉理事长。

此说一出，立即引起民进党和泛绿媒体的紧张，惊呼马英九已经掉入大陆所设定的"以党制马"策略；共产党的"黑手"直接伸入国民党；国共平台要主导两岸政策。

事情果然如此吗？且看以下分析：

马英九不让

马英九不会让国民党来支配他。他早已声称不会走"以党领政"的老路。他的办公室曾经传出"党政分离"的说法，一度引起国民党内的反弹，后来明确认定要"党政分际"。这就是说，涉及"政府"的权力，任何"公权力"，国民党不得插手。

两蒋时代，一党独大，党政合一，大权掌握在国民党手中。那时是"以党领政"，"政府"要听国民党的指挥。

可是，时代不同了。按照台湾现行的政治体制，"总统"是几百万票选出来的，他"最大"。他的地位远远高于国民党主席。如果马英九与党中央的意见不同，听谁的？只能听他，而不是听党中央的。他们没有什么"与党中央保持一致"的问题，相反的，马英九的所作所为，根据吴伯雄的说法，国民党中央只得"概括承受，别无选择"。

国民党中央已经不是权力中心，不能对"总统"发号施令，也不能介入"政府"的行政运作。马英九之所以一再表示："国共平台"仍然有它的作用，但只能扮演辅助性的角色，是第二轨道，而经过"政府"授权的两会才是"两岸正式协商管道"，就是不让国民党"侵犯"到"政府"的权力，不让国民党取代"政府"。

国民党可以站在党的立场，关心党的利益，而马英九则自称要成为"全民总统"，他不能只为国民党着想，他不但要对投票给他的765万选民负责，还要考虑不投给他的544万选民的感受。马英九怎么可能一切听从国民党、甘心让国民党"管住"呢？

国民党不敢

有不少大陆民众以为国民党已经执政，国民党就像共产党一样大，可以领导台湾当局，说话算数、拍板定案。这是误会。

其实，国民党很小，即使成为"执政党"，它的权力仍然很小。它只能管党，而不能管"政府"，更不能管"总统"，甚至国民党的"立院党团"也不一定听它的。

国民党没有政治权力，如果没有得到"政府"的授权或许可，涉及两岸关系的任何协议它都不能签。

国民党很明白自己的"分量"，他们明确表示：国共平台只是"辅助沟通的角色"，绝不可能替代两会的角色与功能。他们认为在"国共平台"上，他们只能谈"愿景""方向""理念"，只能做"沟通""表达善意""寻求共识"之类的工作，而不能谈具体的事务和细节，不能签订任何涉及公权力的协议，因为后者需要得到授权才行。否则马英九和台湾当局可以不认账，国民党就会落得一个吃力不讨好的下场。所以，哪怕大陆好意要通过国共平台把熊猫送给台湾，国民党也不敢接受。

不仅马英九当局不让，国民党内还有不同的声音，有人甚至主张在"立法院"为国共平台设置关卡，限制国民党与大陆方面讨论涉及两岸协议的相关事务。国民党知道自己没有这个权力，也没有这样的地位，既无能为力，又于法无据，它怎么敢承担"管住"马英九的重任，那岂不是自找麻烦吗？

民进党不愿

听到"以党制马"，民进党却不愿意，难道没有人管马英九，民进党就高兴了吗？

一种可能的解释是：因为八年来民进党无法"管住"陈水扁，所以，他们也不让国民党有这样的权力"管住"马英九。

另一种解释是：相比之下，民进党宁可接受马英九，而不愿让国民党来管他。也就是说，在民进党眼里，马英九要比国民党好一些。

所以，他们向马英九提出，应当"要求国民党放手，让对岸'以党制马'的策略失效"。应当"要求国民党在两岸政策上退位，由政府公权力主导"。不能让吴伯雄主导政府政策，而不受制于马英九。要由政府扛起两岸协商的所有责任。他们责问："到底是国民党指挥马英九，还是马英九指挥国民党？"你看，民进党处处维护马英九的领导地位，而不让国民党享有半点"执政"的滋味。

当然，民进党对国民党毫不客气，他们指责国民党"以党制马"就是要"国共联合治台"，是要"去台湾化，去政府化，去国家化"，是要"以党领政""党大于国"。面对反对党的压力，国民党只能表示，所谓"以党制马"只是特定媒体的论调，不值一驳。

共产党不用

说"以党制马"是共产党的对台策略，那是毫无根据的臆测。无论在理论上或实际上都讲不通，也拿不出半点事实依据。

近20年来，大陆天天与台湾各方面人士打交道，对台湾的现实已经有了深入的了解，两岸之间政治制度不同，社会制度不同，产生许多差异是在所难免的。大陆绝对不会把今天的国民党与过去的国民党同等相待，绝对不会把台湾的政治体制等同于大陆的政治体制。我们知道国民党是"管不住"马英九的。所谓"抬高国民党，管住马英九"可能是某些人的主观意愿，却绝不可能是共产党的"对台策略"。

在两蒋时代，共产党曾经提出"第三次国共合作"，现在不提了。这是正视现实得出的正确判断。

过去，即使在民进党当权的条件下，大陆从不介入台湾内部的政治事务，从不介入台湾政党之间的竞争，从不介入选举，表示尊重台湾民意。

现在，在两岸关系出现好转的形势下，在国民党已经将2005年4月国共两党领导人共同发布的"两岸和平发展共同愿景"正式列入党的政纲的情况下，共产党有什么理由不与国民党共同努力创建两岸关系和平发展的新局面，反而要"以党制马"，分化国民党，挑起国民党内部的矛盾？难道国民党的分化、分裂、直至失败，对共产党会有什么好处吗？显然，"以党制马"只是一般"谋士"想当然的"对策"，损人不利己，成事不足，败事有余，高明的决策者是不屑一顾的。

我们希望继续发挥国共平台的作用，因为通过政党间的沟通、协商，有助于增进共识，建立互信，这只会对两岸关系的和平发展有利，而绝对没有用"国共平台"取代两会的企图，近来充实海协，恢复两会协商，就是一个证明。

全国政协主席贾庆林指出："国共两党搭建的交流沟通平台所形成的共同建议，可以作为两岸对话和谈判一旦恢复之后的重要参考，以利于推动两岸对话和谈判与解决问题的进程"。又说："两党搭建的交流沟通平台，空间是广阔的，议题是开放的，欢迎两岸各界人士参加。"

请注意：第一，这里说的是"重要参考"，绝无取代的意思。第二，"欢迎两岸各界人士参加"，就是不限于国民党。

除了国民党以外，共产党还愿意与其他政党合作，胡总书记指出："只要他们回到促进两岸关系和平发展的正确道路上来，我们都将热情欢迎，以诚相待"。

"只有实现大团结，才能促进两岸关系的大发展"。

　　总之，"以党制马"说是一个虚构的毫无事实依据的臆想，已经对国民党、马英九和共产党造成不必要的麻烦，也让民进党虚惊一场，对两岸关系和平发展没有好处，应当"到此为止"了。

（《同舟共进》2008 年第 9 期）

十、对马英九讲话的善意解读

今天（9月3日）发表马英九接受墨西哥《太阳报》专访时的讲话，要点如下：

1. 两岸关系不是"两个中国"，不是国与国的关系。

2. 两岸处于一种特别的关系。两岸的宪法都不允许分裂。不可能取得任何一个外国的双重承认。

3. 主权争议目前无法解决，可以暂时用"九二共识"来处理。即双方对一个中国原则都可以接受，但对"一个中国"的含义有不同的看法。

4. 两岸保持和平与繁荣的关系，同时让双方在国际社会都有尊严。

以上是马英九最新的"政策宣示"，我想给予善意的解读：

1. 两岸不是"国与国"关系，意即"两岸一国"；不是"两个中国"，接受一个中国原则，意即"两岸一中"。这等于明确表示，两岸不是李登辉所说的"特殊的国与国关系"，也不是陈水扁所说的"一边一国"。

2. 两岸一中、"两岸宪法"不允许分裂，尽管尚有提到"统一"，但不允许分裂，就排除了"台独选项"。

3. 对"九二共识"的表述，明确表示双方可以接受一个中国原则，同时承认对"含义"有不同看法，这种说法与我方相近。

4. "特别关系"虽然还比较模糊，但这种特别关系是在"两岸一国""两岸一中"的前提下的关系，即使是要求"对等的政治实体"，也不是"国与国"的对等实体，而是在"一中"框架下的对等实体，可以是"大陆与台湾的关系"、"大陆地区与台湾地区的关系"，这"大陆与台湾同属一个中国"的说法很接近。

5. 要求在"国际社会有尊严"，一方面可以解释为只有是"国"的地位才算有尊严，但另一方面也可以理解为在"两岸一国""两岸一中"的前提下，要求给予对方"尊严"的对待。在处理这一问题时,两岸存在更大的弹性空间。

总之,在当前的条件下,台湾当局领导人这样的说法已经是最大限度地表达对大陆的善意了,是值得肯定的。

至于马英九最近不断放话要求"外交休兵",我方并未给予回应。我认为当前对于台湾方面某些说法、做法,我方如不接受或不支持,可以采取暂不表态的办法,这实际上表示我方对此还有意见。但也需要在适当的时机比较明确地给予答复,正面地、耐心地表达我们的看法。否则,有人会认为我们已经同意或"默认"对方的说法,引起不必要的误会。

（写于 2008 年 9 月 3 日）

十一、马英九要做什么"陈水扁做不到的事"

马英九上台以后，执政当局为了表示他们的高明，总爱用"陈水扁做不到的事"来说明自己的成绩。

"陈水扁喊了八年，两岸直航、陆客来台观光都做不到，马英九做到了"。两岸两会复谈，达到多项协议；两岸签署经济协议（ECFA）；连战参加 APEC 会议；台湾以观察员名义参加 WHA 大会；近日，新加坡与台湾地区宣布，同意开展探讨经济合作协议的可行性，双方将在今年稍后会商相关事宜。这些更是陈水扁做不到的事了。此外还有一些事，如台中县市合并升格、米酒降价，台湾媒体也作为"陈水扁做不到的事，而马英九却做到了"的实例，似乎以此来表达"今非昔比"的新局。

当然，如果马英九能够做到很多陈水扁做不到而对台湾人民、对两岸人民有利的事，我们是乐观其成的。如果要去做连陈水扁都说"做不到就是做不到"的事，或对台湾人民、两岸人民、对两岸关系和平发展没有好处的事，那就不要因为是陈水扁做不到的事，而硬要去做了。

有些事是可以做的，但要看你用什么办法去做。正确的办法可能达成正面的效果，不正确的办法可能适得其反，达成负面的效果，那是大家所不愿意看到的。

最近几天，发生两件事，值得加以考察。

7 月 30 日国防部发言人表示，在一个中国原则下，两岸军事互信机制和撤除导弹等问题都可以谈。这本来是回答台湾民众十分关心的问题，表示我们愿意谈的立场，这应当是一件好事。因此有的台湾学者给予肯定，并认为这是一个善意的举动。

可是我们也看到有这样的回应：

一是认为这是大陆在"促谈",企图打破"先经济后政治"的承诺,迫使台湾开始政治谈判。这完全是误会。大家都知道,两岸还处在"先经济"的阶段,"后政治"的时候还没有到来。

二是要大陆自己"放弃"军事部署,主动撤除飞弹,只有这样台湾人民才会感受到"中共的善意"。有人指出"撤飞弹需要的是行动,而不是谈判"。按照这种说法,似乎像这样重要的事情可以不必经过两岸协商,就可以办成了。

8月4日台湾"陆委会"主委赖幸媛"公开呼吁北京废除武力对台的法律"。她代表台湾当局提出这一政策主张,理由是因为"北京单方面有急迫感","近来不断放话推动两岸政治谈判"。我不知道她的依据何在?是谁在"放话"?是谁有"急迫感"?你能拿出证据来吗?代表大陆官方发言的人,有谁说过这样的话?如果说是误解,你们的决策当局与智囊恐怕也不会感到好受吧。理由之二,是因为部署飞弹与《反分裂国家法》都是发展两岸关系的"障碍",大陆必须"改变思维,调整政策",因此,这两件事只要大陆自己"放弃""废除"就可以了,不需要两岸协商解决。

这两件事,明明都是政治议题,都是目前两岸"搁置"的难题,台湾方面现在既然不打算协商政治议题,就不应当去提它,可是他们却一再提出政治议题向大陆进攻,先是撤除飞弹,现在又针对《反分裂国家法》。这样,究竟是谁在提出政治议题,又不想通过协商谈判解决问题,大家不是看得很清楚了吗?

单方面把大陆的某些政策定性为"障碍",就等于把两岸关系发展的障碍全部归咎于大陆一方。如果大陆也把台湾的某些政策定为"障碍",把全部归于台湾方面,两岸缓和的局面还能维持下去吗?

从这两件事可以明显地看出,台湾方面目前正在采取进攻的态势,而且咄咄逼人。他们想用这种办法,迫使大陆"自动放弃",而不启动政治议题的协商,企图"不谈而屈人之兵",看来是一个高明的策略,可是它却与坦诚相待、平等协商的两岸相处之道相距甚远。显然,这样的做法,已经制造了这样的舆论:只要大陆不主动撤除飞弹,不主动放弃《反分裂国家法》,就是没有诚意与善意。这对两岸关系的和平发展只会造成负面的影响，对大家没有好处。如果要用这种办法，迫使大陆撤除飞弹、废除《反分裂国家法》，要做到"陈水扁做不到的事"，手法并不高明，后果更不堪设想。

两岸有责任心的学者都认为两岸当局都要珍惜来之不易的和平发展局面。为此，台湾学者赵春山教授提出："我们认为，两岸只有建立一套共同的游戏规则，才有可能使双方的关系，朝向全面正常化的方向发展"。我完全赞成他的这一观点。我呼吁：两岸之间要多一点诚意，少一点谋略，还需要定出几条共同遵守的规则。这样，谁有诚意善意、谁是谁非，两岸人民以及国际公众就会有一个公正的判断标准。

（《联合早报》2010 年 8 月 11 日）

十二、马英九第二任期不会签署"两岸和平协议"

14 日，台湾 2012"总统"选举，马英九连任成功。马英九的胜选，被普遍解读为这是"九二共识"的胜利，是两岸和平发展的胜利，是"九二共识"打败蔡英文的"台湾共识"。马英九在胜选感言中承诺，"未来的四年，两岸的关系会更和谐会更有互信，冲突的机会会更小。一定会让台湾有一个有序、和平、稳定的环境。"而蔡英文在败选感言中也强调，民进党未来会对党内两岸政策进行检讨与调整。那接下来的四年，两岸关系将会有怎样的变化？马英九是否会推动两岸政治协商，签署"两岸和平协议"？民进党又将如何调整它的两岸关系政策？大陆台湾问题权威专家、厦门大学台湾研究院教授陈孔立先生，昨天在接受导报记者独家专访时谈及了他的看法。

两岸会持续稳定并扩大交流

导报记者（以下简称"记者"）：马英九这次以近 80 万票的优势取得台湾 2012 年"总统"选举的胜利，舆论普遍认为，这更是"九二共识"和两岸和平发展取得的胜利。您如何评价？马英九第二任期在推动两岸关系和平发展方面会有哪些值得大家期待的地方？

陈孔立：我认为，马英九这次胜选证明，两岸关系和平发展深得人心，得到大多数台湾民众支持。在两岸关系和平发展已成为主流民意的背景下，承认"九二共识"的马英九连任成功后，我认为，接下来的四年，两岸关系会继续稳定，两岸间会持续扩大交流，在经济、文化领域的交流合作方面会取得更深层次的成果。

政治议题难突破

记者：在推动两岸关系和平发展方面，马英九第一任期基本上是集中在经贸、文化领域，但政治领域的接触交流谨小慎微，第二任他会推动与大陆的政治谈判吗？比如说"两岸和平协议"，他会与大陆签署吗？

陈孔立：有人认为，马英九在第二任期中不再有连任压力，身上没有负担，在两岸关系发展方面应该会更大胆，签署"两岸和平协议"的机会大。但我觉得，未来四年，马英九在两岸政治议题上还是比较难突破。

首先，马英九自己就讲过，现在"不急于"进入政治议题；政治协商也"不是最迫切"的事；两岸关系发展也要逐步前进，"不要太快"。从政治性格上讲，马英九还是比较稳健、负责任的政治人物，有了这"三不"说，未来四年两岸政治协商与谈判要突破较难。

其次，这次马英九虽然胜选，连任成功，但其政治实力总体上下降了——其领先对手的票数比2008年下降了141万票；"立委"席次由2008年泛蓝近3/4的多数，下降到现在国民党只有64票刚好过半，绝对优势已不再有，民进党制衡力量加强。在这种情况下，马英九未来四年会更在意民进党的意见，争取"立法院"大多数支持。此外，马英九在拼2012连任过程中，对"两岸和平协议"的问题还加了"三个前提"，即"国家需要"、"民意支持"、"国会监督"，甚至更提出"全民公投"。在这么多限制条件下，我认为，马英九第二任期签署"两岸和平协议"的可能性很小。

两会可先签两岸制度化规范

记者：但也有一种说法认为，马英九从四年前得票领先221万票，到这次选举只领先对手近80万票，是因为很多人责怪其在两岸关系上太小脚女人，走得太慢。如果马英九也如此检讨的话，那他在推动两岸关系发展方面，会不会在新的任期内更大胆更快速？

陈孔立：这当然是一种说法。但我要问，2008年马英九有那么大的政治优势时都不敢做的事，现在会更敢吗？马英九一向担心民进党说他"倾中卖台"，在两岸关系上，他时时都非常小心谨慎。何况，"两岸和平协议"怎么签，谁跟谁签，如何互相称呼，互相要得到什么保证……这在台湾要找到绝大多数共识是个很艰难的过程，在两岸间也要不断累积互信寻找共识。

记者：那两岸目前的和平发展成果如何得到继续巩固？

陈孔立：台湾有些学者认为，签署"两岸和平协议"其实就是两岸关系制度化的问题。我觉得，这是两回事，两岸关系制度化是一个比较低层次的问题，可以先通过两岸两会签署类似"双方共同遵守的几条规范"来实现。而"两岸和平协议"的签署，需要解决很多政治问题，比如，双方如何互相承诺、要由什么样的能代表公权力的机构来签署，以及其他很多敏感的内容，非常复杂，所以，要有很长的准备过程。马英九在2012胜选感言中讲到要"大刀阔斧"前进，指的是"内政"方面，而不是两岸关系。

马或会先推"二轨""三轨"接触

记者：您刚才说，马英九在第二任期与大陆签署"和平协议"的可能性很小，那他会不会推动前期的一些准备工作呢？

陈孔立：未来四年，我们大陆当然不会逼马英九在发展两岸关系方面要走得多快，我们愿意等，等到你认为可以进展到什么程度，我们就来谈。但是，马英九在2012获胜感言中也表示，"未来的四年，两岸的关系会更和谐会更有互信，冲突的机会会更小"。既然他做出这样的承诺，那就要有所行动，来表达推动两岸和平的诚意。

我觉得，对于政治商谈和"两岸和平协议"，两岸可以先通过"二轨"、"三轨"进行接触，就国际空间、和平协议等政治协商议题，讨论出若干个范本式的方案，为以后两岸正式进行政治商谈做准备。

其实，目前两岸学者对这一内容都非常积极，正在讨论。但如果这种讨论要作为正式协商前期的准备工作，必须由两岸当局来主动推动。我觉得，这四年中，马英九可能会先推动"二轨"、"三轨"接触，展现推动两岸和平的诚意。

民进党可通过新的决议文务实处理两岸关系

记者：马英九的胜选既然是"九二共识"的胜利，那反过来，是否可以说，蔡英文的失败，就是她"台湾共识"的失败，民进党两岸政策的失败？

陈孔立：蔡英文能提出所谓的"台湾共识"，却提不出任何具体的内容，这说明蔡英文的主张首先在民进党内部就没法取得"共识"。民进党内一直存在着"台独基本教义派"与务实派之争，自2008年民进党"总统"选举失败以后，蔡英文就说过，党内要检讨，特别是对两岸政策主张的检讨。可是，蔡英文却"没有时间"检讨，因为，她一接手党主席，就在不断忙着接二连三地选举，选战在前，她首要的任务就是维护党内团结，巩固基本盘。

现在，2012败选了，让民进党更清楚地看到，在两岸关系方面，"对话总比对抗好，和平发展是主流民意"。我们希望接下来的时间里，民进党能好好检讨，凝聚共识，形成一套对台湾人民有利、对两岸有利、让国际社会放心的两岸政策，务实地面对两岸关系。

记者：您觉得接下来的检讨，会不会处理民进党的"台独党纲"？

陈孔立："台独党纲"在民进党内部一直是个复杂的问题，甚至被视为民进党的神主牌，要拿下来是不太可能的。但可以调整，比如，可以形成新的决议文，以适应目前两岸关系的发展，这对民进党本身的发展也会有好处。

记者：那未来民进党在两岸关系处理方面，是否不再会"为反对而反对"？是否对国民党推动两岸关系发展有利？

陈孔立：应该说，在处理两岸关系方面，国民党未来需要考虑民进党的意见。马英九自己也说了，今后四年每年至少要有两次的朝野对话，倾听反对党的声音。我觉得，如果未来马英九推动两岸"二轨"、"三轨"的接触讨论，应当吸收岛内不同颜色的人来参与，比如商界、学界、政界，民进党籍的、亲民党籍的、"台联党"籍的，都可以纳进来。一个经过台湾不同颜色、不同立场的人融合出来的意见，再经过两岸商谈得出共识，这反过来有利于台湾岛内政党的整合。

（《海峡导报》2012年1月16日）

十三、评马英九的"两岸和解制度化"

最近马英九先生多次提出:"要使两岸和解制度化","把两岸和解的制度化,作为追求和平的有效方式"。这说明两岸关系发展到今天,台湾当局已经把"制度化"问题提到日程上来了。我认为这是一个十分重要的主张,应当引起两岸官方与民间的高度重视,共同努力促其实现。

近年来两岸关系得到和平稳定的发展,两岸已经出现前所未有的和平、和解、和谐的气氛,这是两岸人民共同的期待,符合两岸人民的心愿。但是,大家也都看到,到目前为止,两岸的和解还处于"不固定的方式",尚未向"固定化模式"转化。因此,人们并没有感觉到两岸和解的局面已经出现。例如,"撤除导弹"、"军购"问题,一再成为两岸之间的敏感话题,只要人们在安全上还没有得到可靠的保障,"两岸和解"就必然还是一个不确定的、不稳定的、无法令人放心的问题。

模式应朝固定化转向

再如,所谓"国际空间"问题,尽管有了一些进展,但时常还会发生一些麻烦,"东京影展"、"跆拳比赛"、"WHO 密信"都被炒得满城风雨,台湾要求加入主权国家参加的某些国际组织,又不断发出受到大陆"打压"的声浪。此外,台湾方面曾经出现"达赖访台""热比娅风波"等等也造成两岸关系的困扰。这些问题没有获得妥善处理之前,"两岸和解"必然不断受到冲击,让人对于两岸是否已经出现"和解"产生怀疑。这说明"两岸和解制度化"是两岸关系发展到今天的实际需要,已经到了需要尽快解决的时候了。也就是说,只有推动两岸和解的"不固定的方式"向"固定化模式"转化,才能满足两岸关系进一步向前推进的要求。

实际上，近年来两岸两会在制度化协商方面已经取得许多成绩，受到两岸人民的普遍肯定。据台湾"陆委会"公布的民调显示，有72.8%的台湾民众支持通过制度化协商来处理两岸交流问题。两岸两会在制度化协商过程中，已经创造与积累了不少经验，有必要加以总结推广，协商过程中的某些教训，也需要加以汲取，这对今后的两岸交流是有参考价值的。这就是说，两岸已经为制度化做了一些必要的准备。

因此，"两岸和解制度化"是十分必要的可能的，它可以使两岸和解走向"固定化模式"，只有这样，两岸和解才是确定的、稳定的、令人放心的现实，这是当前两岸人民被迫切的愿望，也是两岸领导人共同的追求，同时也是追求两岸和平的有效方式和必要手段。两岸当局何不积极推动共同促成？

协商双方共守的规则

制度化的过程基本上包括三个方面：一、确立共同的价值观念；二、制定规范；三、建立机构。

所谓"共同的价值观念"，包括的范围很广，可以有很高的要求，也可以只有很低的标准。关键是要从实际出发。从当前两岸的情况来说，和平、稳定、合作、发展，应当可以算是两岸共同的价值观念，为两岸人民的福祉、对两岸人民有利，这是符合两岸共同利益的，也是两岸可以共同接受的价值观念。我们可以先在这个基础上共同构建近期的"两岸和解的制度化"，这应当是没有太大困难的。当然，"共同的价值观念"可以随着制度化的加深而逐渐发展，将来为了适应两岸的共同需要，还可能提出更多、更高、更好的标准和要求。

所谓"制定规范"，就是把双方的行为纳入互相认同的固定模式之中。换句话说，就是要制定一些双方共同遵守的"游戏规则"。我想，具体的规则需要双方协商来共同制定，这需要专门的研究。但它只是解决两岸交流中的规范问题，并不涉及政治议题。不过在"规范"方面有几点应当是很明确的。

第一，目标明确，那就是："求同存异，共创双赢"。

第二，原则明确，那就是："凡是有利于两岸关系和平、稳定、合作、发展的事，都要努力去做；凡是不利于两岸关系和平、稳定、合作、发展的事，一定不要去做"；"凡是有利于两岸人民的事，都要努力去做，凡是不利于两岸人民的事，一定不要去做"。

第三，态度明确：互相尊重，共同合作，要为对方着想，要有善意、诚意、宽容、包容，要准备妥协、让步；不要强加于人，不要伤害对方，不要突然袭击等等。在这样的基础上，制定出的规范才能真正有利于两岸关系的发展。

所谓"建立机构"，这是适应"两岸和解制度化"的需要而建立的，至于要建立什么样的机构、什么样的机构才能真正发挥作用，它与现有的沟通管道有什么分工等等，这是需要双方协商解决的。台湾方面已经有人提出建立"两岸和平委员会"之类的机构，也可以作为两岸协商的参考。

内耗是当前交流难题

当然，两岸是否可能在近期内实现"两岸和解制度化"，并非大家都有信心，特别是台湾选举将近，可能无暇顾及这项工作。此外，在台湾还存在一些变数，主要是台湾内部是否能够获得共识。根据报道，赖幸媛最近指出：台湾当局在推动两岸政策过程中，"当前难题不来自中国大陆，而是台湾人民未能达成共识，过度内耗削弱了力量"。我想，困难会有的，但并非无法解决。尽管台湾存在不同的政党，尽管台湾存在多元的意见，但在两岸关系和平、稳定、合作、发展上，在推动两岸和解上，应当没有人敢于公开反对。况且"两岸和解制度化"只是属于制度化建设的实务性议题，而不是什么重大的政治议题，不会造成重大的分歧。如果执政当局本着"从台湾出发，对人民有利"，积极努力争取广大民众的支持，争取与其他政党达成某些必要的共识，在推动"两岸和解制度化"方面，应当是大有作为的。

（台湾《旺报》2011 年 7 月 19 日）

观察民进党

一、建党两周年的民进党

民进党刚刚建立两周年，很多人对它并不了解。到底民进党是一个什么性质的党？它有哪些特点？民进党的社会基础以及内部的组织和派系等基本状况又如何？根据现有的资料介绍如下：

民主性、反抗性、草根性：来自党外的胎记

众所周知，民进党是从"党外"发展起来的，它必然受到党外时代的影响，带有党外时代先天性的特征，即党外的胎记。这可以说是党外留给民进党的"遗产"，既有财富，也有负债，即既有正面的影响，又有负面的影响，它们对今日的民进党仍然起着重要作用，并且还将对民进党的发展继续发生影响。

民主性、反抗性、草根性都是民进党的先天性的特征。

民主性指的是党外运动是在民主运动中发展起来，党外一向以台湾政治民主化作为自己的诉求。1978年"党外人士助选团"提出的"十二大政治建设"就指出："我们深信：民主、自由是我们不容剥夺的政治人权"，并且提出"'中央民意代表'全面改选，省市长直接选举"，以及开放党禁、开放报禁等民主要求。1978年出版的《美丽岛》第一期就以《民主万岁》为题发表"党外政论"，指出"我们相信，民主是世界的潮流"，"一百多年来中国人血泪的梦就是：民主"，"西方民主——资本主义下的民主往往流于独占性的民主，这并不是彻底完美的民主，所以，我们中华民族对民主的实践还大有贡献的余地"，争取民主权利成为党外主要政见之一，现在民进党仍然为尚未获得的民主要求，

诸如全面改选"国会",省市长民选等等进行抗争。

议会和街头的反抗传统

反抗性指的是不少党外人士为了争取政治民主化,敢于同国民党展开斗争,表现出不屈不挠的反抗精神。不论是在竞选过程中,或是在议会的讲坛上,街头的群众运动中,党外人士都敢于触动国民党设置的"禁区",与当局相峙、对抗。尽管有些人因此而被捕入狱,甚至遭到"美丽岛事件"那样的厄运,党外人士始终没有停止反抗斗争。当"余登发案件"判决时,党外人士表示"我们愿意为台湾民主的前途坐牢";在美丽岛事件后,受刑人家属和辩护律师站出来抗争;杂志被查封,换一个名称继续出版;一人被判刑,成千上万人"欢送入狱"……这些抗争的历史事实对民进党人仍然有着示范的作用,在议会和街头运动中经常体现出这种反抗性。

草根性带来地方势力和互不服气

草根性指的是党外人士与台湾民众的密切关系。党外人士多数属于台湾省籍,他们有的就是地方势力的代表人物,例如高雄县的余家班,嘉义市的许家班,新竹市的施家班等等,在地方上有雄厚的实力;有些党外人士经过长期的经营,在地方上也有一定的群众基础,例如宜兰县一直是党外的重要据点,尤清在台北县,许荣淑在台中县,朱高正在云、嘉、南都有一定的基础。草根性是有两重性的,一方面可以得到地方势力、当地群众的支持,有利于竞选等活动,另一方面往往和"角头"、派系、草莽性格等等联系在一起,容易发生党同伐异、互不服气的毛病,在言论上喜欢夸张,诉诸情绪,在行动上往往有暴力的倾向。党外人士争取台湾人民获得民主的权利,提出"出头天"的口号,得到台湾人民,特别是台籍人士的支持,我们从历年选举的得票率可看出这一点。1980年党外"立委"候选人得票率为13.9%,1983年增加到15%,1986年选举时的得票率为22.17%,1989年底选举的收获更大,这至少说明党外(包括民进党)有一定的社会基础,得到一部分群众的支持,这是民进党的草根性的一种体现。

路线分歧和派系矛盾

路线分歧和派系矛盾也是党外运动留下的"遗产"。在党外运动初期就存在着不同的路线，有的主张政治上的自由民主，经济上的平等，对劳工阶级给予大的关怀，在台湾前途上主张和大陆统一。有的则主张政治上推进西方的民主制度，强调两党轮流执政、互相制衡，经济上自由竞争，并以社会福利制度改善低收入阶层的生活,在台湾前途上则强调地方主义。到《八十年代》和《美丽岛》杂志创刊以后，"两条路线，两种策略"的分歧就更加明朗化、公开化了。

《八十年代》主张采取温和的、理性的、批判性的论政路线，他们认为国民党在台湾的统治已经相当牢固，一般民众并不要求由另一政权来取代国民党当局，因此以现存的体制为基础进行改革，主张利用舆论，发动社会力量，迫使国民党加速政治革新的步伐，而不应当强调群众运动和暴力。这就是所谓议会路线。

《美丽岛》则主张采用激进的、甚至是暴力的群众路线，他们认为国民党力图巩固其统治，只用温和的手段将无济于事，应当发动群众，采取激烈的言和行动对执政党施加压力。有人指出,这一派的主张是:"原则上不使用暴力，但是却不排除使用暴力，甚至于故意将整个群众运动带到'暴力边缘'，以使政府让步，而达到其政治目的。"这就是所谓群众路线。

派系矛盾在党外运动过程中逐渐地形成、发展，也发生过分化和重组。早期以康宁祥为代表的《八十年代》和以黄信介为代表的《美丽岛》，实际上是党外运动的两大派系：以康宁祥为代表的"康系"，被称为主流系，他们主张通过选举，在议会中从事体制内的改革，其代表人物有康宁祥、费希平、黄煌雄等；美丽岛系包括美丽岛受刑家属和辩护律师等，以许荣淑、许国泰、黄天福和尤清、江鹏坚、陈水扁、谢长廷为代表，他们主张用群众运动带动议会斗争，进行议会改革，并且强调本土意识。新生代后来组成"编联会"，主要是党外的"党工"和编辑记者，早期的代表人物有邱义仁、林正杰等人，后来发生了分化。这个派系中的一部分人对国民党具有"仇恨意识"，"台独"意识很强，主张用激进的手段展开斗争，改革体制。此外，还有被称为"社会主义统一派"的夏潮联谊会，以陈映真、王拓等为代表；以及地方实力派，如高雄黑派、新竹施家班等；宗教势力，如基督教长老会中的一些人士等等。后期则形成"党外公政会"和"编联会"两大派系。

派系结构并非固定不变

西德学者杜勉（Jurgen Domes）根据政治观点的差异，把党外势力分为五个派系：1.行动派，以美丽岛政团为代表，因高雄事件而解体，影响力有所削弱；2.孤星派，以美丽岛核心人员的家属为主；3.国家社会主义者，是一支意识形态取向最强烈的反国民党的势力；4.地方派系，在政治立场上与国民党有矛盾，以地缘关系取得当地群众的支持；5.自由主义者，以康宁祥为首，主张体制内政革和领导结构"本土化"。有的学者则做了其他分类。

应当指出，派系结构不是固定不变，而是在不断变化着的。有的人原来属于这个派系，后来却转到别的派系去了。现在有不少美丽岛事件的受刑人已不列入美丽岛系，而不少原来与美丽岛事件无关的人却成为美丽岛系的骨干。派系矛盾引发了相互之间的批评，甚至相骂，彼此之间的恩恩怨怨，造成党外乃至民进党内的矛盾、隔阂以及对立情绪。这些"包袱"至今影响着民进党的发展。

民进党的性质

民进党是一个什么性质的党？人们看法不同。我们先看看民进党一些领袖人物的看法：

民进党第一任主席江鹏坚指出，民进党是一个使命政党，它担负着改革体制的任务；又是一个全民政党，它是反对势力的联盟，而不代表任何特定阶级的利益；同时也是一个民主政党，追求西方式民主，强调和平方法及反对暴力为原则。

第二任主席姚嘉文写道："民进党是个'民主运动'的政党"。"民进党是民主政党，不是革命政党"，民进党"具有外造政党和使命政党的特质"。至于民进党的使命是什么？他认为，总的来说，就是"民主、自决、救台湾"。

黄信介主张民进党应从反对党过渡到执政党

第三任主席黄信介则强调民进党的反对党性格，他指出，民进党是"台湾第一大反对党"，要"充分扮反对党角色"，"我希望把民进党政造成一个形象上很可靠，让人民觉得很安全的反对党"。同时，他主张民进党应当从反对党过渡到执政党，"建立反对党就必须要有一个单纯的雄心——执政"。

但是，站在民进党以外的角度来考察，人们对民进党的性质则存在不少不同的看法。例如，有人认为民进党的性质至今还不明确，"到底要成为什么样的政党尚未完全定型"。所以有人说它是"台湾长期反对运动的集合体"，或是"异质性的以反对国民党为主体诉求的政党"，"本质上是一种联合阵线"，"是一个松散结盟的统一战线"，在一个最低纲领——住民自决的基础上结合在一起。有人则把它看作是一个群众运动的政党。国民党人有的把民进党说成是"台独的党"。

至于民进党的阶级属性，有人说是"全民政党"，不代表特定的阶级，不是代表劳工阶级的政党。有人针对"全民政党"的说法提出批评指出，国民党和民进党都自称为"全民政党"，实际上"无论从冲突理论上来说，或是从功能理论上来看，'全民的政党'都是骗人的"。有不少人说民进党是"中产阶级的政党"；有的说民进党"现在的阶级属性仍处在中产阶级与农工阶级之间的暧昧状态"。由于过去在党外运动中曾经吸收过部分中下阶层的群众，同时，一些中上阶层的群众出于参与政治的愿望也投入了党外阵营，这两个社会阶层在经济利益上存在矛盾，这使得民进党的代表性面临着一个大问题。正如有人所说的那样，民进党的性格中有妥协性和包容性的特点，它把不同的政治、经济、社会主张容纳在内，例如，生产民主化的主张就和中产阶级的利益发生矛盾，当中小企业者和劳工发生冲突时，民进党就会陷入了难以调和的矛盾境地。所以有人说："人人都不特别觉得新党（指民进党）可以代表他的利益"。

至于民进党是不是一个反对党？看法也不一致。上面说过，黄信介强调民进党作为反对党的性格。当然，一般地提反对党也可以的，但是严格意义上说，还不具备条件。江鹏坚认为由于台湾政治结构没有改变，即使经过多少次选举，民进党也无法执政，所以"就当前实际情势而言，民进党绝非传统意义中的在野党和反对党"。姚嘉文也有同样的看法，他写道："如果我们说台湾已进入了正常化的政党竞争政治，则未免言之过早，为什么？因为民进党事实上仍未取得政党地位的平等。在国民党的权谋诈术下，民进党的政党角色并未受当权者尊重，反而处处受到打击。除了国民党统治心态仍不正常之外，更重要的是当前台湾的政治结构与党政运作脱轨严重，极不正常，因此也使得民进党难以扮演一般民主国家中所谓'忠诚反对党'的角色"。

总的看来，可以说，民进党是台湾一部分反对国民党的政治势力的集合体，它至今还没有完全定型，不过从它的政治诉求来看，主要是反映了中产阶级的政治要求，但还不够明显。所以，应当说，民进党的性质还没有完全定型，它可能随着形势的发展和内部的整合而逐步明朗化。1989 年 5 月 12 日，民进党完成了备案程序，从"内政部"领取了政党证书和图记。这意味着民进党已经接受现有的政党法和政治体制，成为台湾一个合法的政党。这样，走上"忠诚反对党"道路的可能性似乎加大了。

民进党的党员成分

建党初期，民进党党员只有 1300 人，现在发展到两万人。

起初，民进党的成员主要由党外运动中次级团体成员，采取"转化"方式成为党员，而暂不公开吸收党员。最初的党员包括以下几种人：1. 宣布组党时 132 名组党发起人；2. 党外公政会和党外联谊会的成员；3. 党外编联会及其他党外团体的成员；4. 党外现任的公职人员；5. 对党外运动有重大贡献者。

其所以不公开吸收党员，一方面固然是因为民进党刚刚成立，人们对它还要观察一段时间，才能做出判断；另一方面，更重要的是民进党存在这样一个顾虑："如果国民党拨几万人力加入新党，收不收？"为了防止一建党便受制于人，不得不采取比较慎重的态度。

经过 1986 年底的选举，民进党取得相当的成绩，开始只有一些人要求入党。当时有人估计只要开放党禁，就会有许多人拥进民进党来，其实不然。直到备案以前，国民党没有承认民进党为合法政党，同时还有"国安法"的"威慑"力量，便得不少人不敢贸然加入民进党。例如，公务人员如要加入民进党，就可能受到解雇、调职、降级、低俸以至取消退休金等威胁，因而存在恐惧感。在私营部门工作的人，就要看老板的立场和态度。加上入党办法的一些规定，使人感到不便。所以建党一年时，党员人数只有 7000 多人，1988 年 8 月为 12000 人，1989 年 2 月为 15000 多人。至今发展至两万人左右。

基层党员的质素很成问题

发展党员还与党内各个派系争夺选票有关。 1988 年第三次代表大会前，有些人为了拉选票而突击发展党员，所以有所谓"亲戚党员""公司党员""人头党员"等名目，这些人实际上已经被"物化"为选票，各派领袖必须替他们代交党费，用游览车载送他们去投票，这类党员在民进党内有相当大的比重。可见民进党下层党员的素质很成问题，有一位民进党的干部写道，基层党员中有不少游手好闲、高谈阔论之辈，或不得志的人士，有能力者为数甚少。

上层有一批令国民党头痛的高手

但是，人们也承认民进党的骨干力量是相当强的。有一位国民党人士认为，民进党的上层多是精英人物。他们之中有不少人具有很高的学历，大学毕业，取得硕士、博士学位，以至留洋的博士、学者为数不少，而且在社会上已经有相当的知名度，具有一定的问政经验，又有一定的社会基础，个人的形象也不错，确实是一批使国民党人感到头痛的比较高明的对手。

　　从党员成分来看，多是知识分子、中产阶级（主要是公教人员、律师、医生、其他自由职业者）地方势力中的部分人士以及一部分劳工。有人把它概括为两种组成成分，即"信守民主自由的知识精英"和"草根性极浓的中下阶层民众"。

　　民进党的党员成分对自身的发展有利还是不利？人们有不同的看法，有人强调"同质性"，认为来自同一阶级、阶层，有相同的立场，想法和步调就一致。有人则强调"异质化"，认为在多元化的工商社会中，党员来自不同的阶层，可以代表社会各阶层的利益，反映多方面的要求。这两种看法的正确与否，党员成分的异质化所引起的正面和负面的效果，有待进一步的考察。

社会基础

　　究竟什么是民进党的社会基础，人们也存在着不同看法，而且有较大的分歧。

　　有人认为是中小企业主。这个阶层对台湾经济发展做出很大贡献，但却没有得到应有的好处，他们的发展受到相当的限制，因而他们对所处的经济地位感到不满足，强烈反对公营企业和财团的垄断，要求进行改革，并为自身的发展寻求出路。中小企业主曾经主持过以往的党外运动。民进党的基本纲领指出："肯定中小企业为我国经济发展的主要原动力"。

　　有人则认为地方财团是民进党的靠山。他们认为地方财团在经济上取得很高的地位以后，要求在政治上有更多的参与。党外的政治民主化主张适应了地方财团的要求，他们暗中支持党外。民进党在财源上可得到地方财团的支持。一些知名的民进党人士和地方财团有相当多的交往，蒋经国逝世时，有消息说许荣淑、朱高正正在王永庆家中，这就更加令人产生某种联想了。

　　还有人认为中产阶级是民进党的主要社会基础。因为民进党的纲领"突出了中产阶级的诉求"，即反映了中产阶级反对专制与垄断，要求分享政治权力，维持发展自身经济利益的要求。"中产阶级是民进党一股巨大的支持力量"，1986年底获得165万张选票就是一个证明，1989年底，尤清在台北县获胜又是另一个证明。

所谓中产阶级，或称中产阶层，人们有不同的理解。但在台湾，一般指的是介于大资本家、高级官员和工人阶级、农民阶级之间的中间阶层。根据萧新煌的研究，中产阶级可以说是以"专业"来从事职业生涯的人。一般说来，划分中产阶级有两个标准：一、年所得约在50万—200万元台币之间；二、教育程度在高中或大学以上。中产阶级包括新兴的商场新贵（60年代以后从事商业的企业者）、公营企业的管理人员、民营企业的经营人员、中上层的公务人员和本地官僚、70年代以来当选的民意代表、提供专业知识者（如律师、建筑师、会计师、医师等）。

对台湾中产阶级的人口，学者们有不同的估计。有的从收入、职业和教育程度推算，认为占总人口10%左右；有的以从业身份估计，占总就业人口的1/3；有的则以高中以上程度从事专业技术、管理、部分佐理和买卖工作的人口来估算，认为只占就业人口20%左右。

关于中产阶级的特性，大体上可以这样说，他们是60年代以来台湾经济发展的受益者，一般来说，他们对现状是比较满意的。他们的教育程度较高，要求参与政治、进行温和的改革，以获得自身的更大发展。但他们在政治态度上并不一致，甚至有明显的分歧。有人估计中产阶级中有20%的人对台湾当局持批判性立场；也有人估计中产阶级对当前政治表示满意者占80%以上。陈忠信分析了台湾中产阶级与世界经济体系、台湾的依赖经济体制的密切关系，以及中产阶级受西方价值观念、意识形态的影响，对现有的统治体制所持的态度，他提出一个重要的观点：台湾中产阶级具有前瞻性和限制性的两重性格。

那么，中产阶级是不是民进党的社会基础呢？所谓某个政党的社会基础，指的是这个政党主要反映的是哪一个或哪一些社会阶级或集团的利益，它主要得到哪一个或哪一些社会阶级或集团的支持。我们从民进党产生的历史背景中可以看出，它是在党外运动的基础上产生的，而党外运动则是在60年代以来台湾经济发展和社会变迁的基础上发生和发展起来的，特别是和中产阶级的兴起有着密切的关系。党外运动和民进党提出的某些政见，诸如全面改选"中央民意代表"、贯彻地方自治、解除戒严令等等，反映了包括中产阶级在内的人民群众要求政治民主化的愿望；扶助中小企业、公营事业开放民营、反对垄断、整顿税制等经济方面的主张，更是反映中产阶级维护自身利益的要求。在历次选举中，党外和民进党获得大约30%的选票，据估计其中大部分来自中产阶级。此外，民进党的骨干分子也多数来自中产阶级，他们多数具有较高的文化程度，从事律师、医生、编辑、记者以及公教人员等职业。所以，把中产阶级说成是民进党的社会基础是有一定根据的。

但是，应当指出，第一，民进党与台湾社会各阶层有着复杂的关系，党内各个派系的社会基础也有一些差别，因此民进党的社会基础是比较复杂的。有人指出民进党的社会基础包括知识分子、中产阶级和地方派系，"代表着各种反垄断的力量"；有人认为"民进党的社会基础不是一个所谓被剥削、被压迫的社会阶级，事实上其干部、党员、动员对象和选民基础等，包括了专业人员（如律师、教师、作家）、中小企业者、劳工和部分农民，其中不乏强烈的本土主义者"。可是有人则认为民进党忽略了广大劳工阶级和小自耕农，因而建议民进党"必须扩大社会基础"。1988年以来，民进党介入了一些工人运动，一方面开始与劳工阶级接触，另一方面使得一些中小企业者降低了支持民进党的热度，他对民进党的经济政策感到不满足，对民进党介入工人运动以及劳工意识抬头更不满意，有人估计，今后民进党要得到中小企业者的经济资助更加困难了。因此，姚嘉文指出，民进党正面临着社会资源的"断层危机"。

第二，说中产阶级是民进党的社会基础，并不等于台湾的中产阶级都是民进党的支持者。根据魏镛提的《五次民意调查所得发现的分析》，中产阶级80%以上对台湾当局表示支持，因而他指出："执政党（国民党）的确是一个中产阶层的政党"。不管这个结论是否正确，它至少说明了：台湾中产阶级并不是也不会全部成为民进党的社会基础。

（写于1989年）

二、民进党与 1989 年选举：预测与解释

说明：本文前半部（第一、二部分）写于 1989 年 8 月，就当时公布的候选人提名情况，对选举提出一些预测；后半部（第三、四、五部分）写于 1989 年 12 月选举之后，对上文的预测进行检验，并做出解释。

战略

台湾 1989 年举行三项公职人员的选举，即选举县市长、增额"立委"和省、市议员，这对国民党和民进党来说，是一次重大的较量。国民党早在 1987 年初就已经开始准备应付这次选举。李焕担任国民党中央秘书长时，把"年底选举"和"充实国会"列为 1989 年两个"最重要的政治任务"。民进党也力图集中精力在选举上。两党厉兵秣马，摆出阵势，迎接这一场"选战"。

民进党人把 1989 年年底选举看作是他们迈向执政的第一步，此次选举是该党首次得以政党地位参选、与执政的国民党抗争，为此，提出了"地方包围中央"的战略。有人称之为"地方为主，中央为辅"的"抢地盘"战略。这个战略的出发点是：

1. 在今年选举中，民进党还不可能全面取代国民党政权。"以目前整个反对运动在全国性动员上的贫弱，想要全面对决或对外决战，根本没有成功的希望"。[1]

2. 从总体上看，地方是国民党政权中的薄弱环节，民进党应当从地方入手。"基于中央和地方的矛盾，地方向来是党国体制的最脆弱环节"。"先在地方实质占领国家机关，将是反对党对抗党国特权体制的最有效战略"。"就目前反对党来说，唯一能占领的'国家机关'，就是各地县市长"。

3.扎根地方，有利于同时在地方和中央扩张势力。"现阶段反对党的当务之急，显然是透过占领地方'国家机关'，以便迅速整合各地反对势力，形成强有力的全国性组织""只要反对派县市长能凝聚出民意支持（如陈定南），经由党的联合助选，将可以确保当地县市议员、省议员和中央民代的当选。……在地方在朝的前提下，逐渐从中央在野的劣势转为中央在朝的优势"。[2]

民进党内有一部分人支持这个战略，他们认为在资源有限的情况下，以县市长为重心，先拿下地方"不无道理"；有的认为县市长是有"较宽阔的决策空间"，而"立委"则"较不具决策影响力"，所以应当优先考虑县市长的竞选。该党现任主席黄信介指出：获得10个以上县市长席位，"实际上相当于执政"。这种看法不一定会得到多数人的认同。但从国民党角度来看，民进党企图夺取半数以上县市长的席位，是为了运用"以地方否定中央"的策略，"使国家政务运作陷于瘫痪，引发政治危机"。因此，国民党对于这个战略是不会等闲视之的。

民进党内也有些人反对这个战略。例如，前主席姚嘉文认为把精力放在县市长上，就是把民进党"降低为专搞地方政治的政党"，即使拿下10席县市长也无法执政。他主张要把注意力集中在"中央民代"的选举上。党内对选举战略的分歧，在候选人提名过程中得到反映。到目前为止，民进党为年底选举提名的候选人已有143人，其中包括县市长14人，"立委"49人，省议员39人，台北市议员22人，高雄市议员19人。（实际提名数为163人，其中县市长18人，"立委"56人，省议员42人，台北市议员21人，高雄市议员24人。）

对于民进党来说．在选举中提出什么政治主张，也是一个重要问题。过去提出的"解除戒严"、"解除党禁报禁"、"开放探亲"等等已经不必再提了，究竟要提出哪些新的有吸引力的主张，成为这次选战的一大难题。尤其是党内两大派系存在不同的政见。为了研拟大家都可以接受的"竞选纲领"，该党领导层大概花费了不少心力，可是其结果却无法令人满意。"十大竞选纲领"与过去相比，"务实的色彩浓厚"，也提出一些公共政策，"保留了相当程度认同体制内改革,而非摒斥现有体制的意味",但总的来说,它的主要内容,如"国会"全面改选、推动"总统"民选、省市长民选、废除黑名单、推动司法独立、政党退出军警机构、"国营"事业民营化等等,却是"了无新意"的,因此被讥为"落伍的竞选纲领"。[3]

实际上,两大派各有自己的纲领。"泛美丽岛系"原来以"国会全面改选"为主要诉求,然而这个口号已成弱势,而改喊"还政于民,还财于民"的口号,在行动上则以"取得10席以上县市长"为目标。"新潮流系"四位"立委"候选人则提出"建立东方瑞士的台湾国"为政治诉求,提出"新宪法、新国会、新国家"的口号,公然打出"台独建国"的旗号,并且利用"世台会"在台湾举行的机会,大肆渲染,颇有"孤注一掷"之势。康宁祥曾经提出另一种主张,他说:"目前全面改选已在政治轨道上,只是何时发动而已。……目前最重要目标是省长民选及总统直选"。陈水扁也主张以"总统直接民选"作为主要诉求,企图以此来消弭两派的冲突。由于"总统民选"涉及现行政治体制是"内阁制"还是"总统制"的问题,更重要的是两大派系对这个"协调"反应冷淡,所以这个主张并没有成为民进党参选的主要诉求。

目标与预测

对年底选举,民进党的"底线"何在,我们并不了解,就其公开提出的目标来说,主要是要求拿下10席"稳赢"的县市长,得到35%以上的选票。这两个目标有没有可能达到呢? 有人估计,如果民进党能够扩大群众支持面,并拉拢非国民党的地方山头,争取"党友型"的势力,"票源可能达到选票的三成至四成之间"。陈水扁估计今年得票率在35%左右。宜兰县长陈定南希望民进党能得到40%的选票,但他认为很难得到10个县市长的席次,"能赢得7个县市长就是大胜利了"。而姚嘉文、江鹏坚、邱义仁等则对得票率持悲观态度,江鹏坚估计只能达到25%—30%。一般民进党人对35%得票率也缺乏信心,他们认为这是民进党领导人为了鼓舞士气而提出的目标,并没有实现这个目标的把握。

黄信介对选举结果表示乐观,他说:"民进党这一段时间内形象改变,民众对民进党印象好,认同感增强"。在国民党公布候选人名单以后,黄信介认为这些人中有半数以上是"名不见经传"的,所以,"民进党绝对有信心赢取10席以上县市长"。康宁祥则认为国民党掌握了大部分资源,其他在野党无人无钱,很难与国民党匹敌。许信良提出"两个极端"的看法:民进党不是大赢就是大输。另一种看法却恰恰相反:"在选票和席位方面不可能出现大起大落的局面",他们估计民进党的得票率和席位会有所增加,"但国民党仍将保持优势地位"。要对年底选举作出估计是相当困难的,因为它需要考虑许多因素,除了民进党以外,还要考虑国民党、地方势力、选民甚至一些岛外的因素。

国民党为了对付这次选战,采取了一系列措施,诸如,强化党的组织,加紧吸收农民、渔民、劳工、妇女、青年、村里邻长入党,从1988年7月至1989年5月,共发展了13.2万党员,联络"失连"党员,照顾清寒党员,以便控制基层;发动"名嘴下乡",加强文宣攻势,树立"进取、活力的政党形象";实行党内初选,"以提拔党内有意参选的优秀同志",健全党的"体质";缩小选区以便于"辅选作业",依靠地方动员,封杀民进党;通过"黄复兴党部"等势力控制大批"铁票";拘提审判民进党的某些骨干,打击竞选对手;等等。民进党也采取了一些因应措施,诸如高额提名、党内登记、党内协调、党内初选以及举办研习班,培训参选助选人才,发动海外人士回台湾参选助选,成立选务办公室和县市长选战联盟等等。1989年初,黄信介就以个人名义提名一批党员竞选县市长。在党内外引起很大震动。有人表示反对这种"朕即国家"的专断作风,有人则认为这是一种策略,把党内外人士的注意力吸引到竞选上来。但是有人对民进党跟着国民党搞党内初选的做法表示异议,许信良认为民进党办初选,闹得不可收拾,"是中了国民党的计"。有人认为办初选,过早暴露候选人,为国民党提供了打击对象。当然,要对选战策略的运用作出评价还为时过早。

不过,民进党方面存在的弱点是相当明显的。除了内部不团结、未能提出统一的有号召力的政治诉求以外,同国民党相比,在传播媒体、经费、选举委员会的席次以及选务等方面都处于劣势。最突出的弱点在于人才。民进党现有的公职人员只有50名（"立委"11名，"国代"11名，省议员13名，市议员14名，县市长1名），在今年选举中要取得更好的成绩，不仅缺乏足够的人才参加县市长竞选（有的县无法提名，有的县则需要从海外引入人才），而且"立委"候选人也不足，甚至助选人才也发生困难。现在提名参选的140多人中，真正"名见经传"的也不多。

就以竞选县市长的人选来看，有人认为最初提出的10名县市长候选人中，可能当选的只有五成左右。在目前已经提出的14名县市长候选人中，有人分析属于"国民党危险地区"者有7个县市，其中有两个县市有威胁的候选人还可能是无党籍人士，而不一定是民进党人。实际上，对县市长选举的结果，已经有三种预测：一、民进党可以取得5—7席；二、按黄信介的估计可取得10席以上。三、按国民党省党部主委马镇方的说法，国民党"有把握拿下全省21县市"，即民进党1席也得不到。

究竟哪一种预测比较准确。要看选举结果才能作出定论，现在我想就14个县市的具体情况加以分析，提出自己的预测。14名民进党候选人可以分为三类：1.获胜把握较大者，有宜兰县游锡堃、屏东县苏贞昌、高雄县余陈月瑛三人；2.有50%把握者，用台湾的习惯用语即"五五波"，有台北县尤清、台中市许荣淑、新竹县范振宗、新竹市施性融、桃园县张贵木五人；3.处于弱势、把握不及50%者，有嘉义市张荣藏、台中县杨嘉猷、台南县李宗藩、彰化县周清玉、云林县廖大林、嘉义县侯海熊。以上分类不是只就候选人本身的条件来考虑，而且考虑了国民党候选人以及国民党所能控制的程度。即使列在一、二类中，民进党人还会受到各种的威胁。例如，余陈月瑛主要依靠"余家班"在高雄县的基础，她本人的政绩也得到较好的评价，但是据说国民党为了"收复"高雄县这个被民进党人占据县长席位的"沦陷区"，"准备动用5亿元经费为陈义秋（国民党提名的高雄县长候选人）辅选"，这使得余陈月瑛"面临极大威胁"。又如，国民党宜兰县长候选人李赞成曾经两次竞选"立委"和县长，虽然都落选，但得票数都不低，有一定的实力。再如，民进党台北县长候选人尤清，本来在当地有较好的基础，但他感到自己所承受的是国民党整个组织的压力。他说："我不是与李锡锟个人抗衡，而是与国民党竞逐，国民党的组织强大，又可运用行政系统力量拉票，国防共同事业户有近20万的票源，这些都是我的压力"。从这些事例看来，可以说，民进党人之中，谁也没有绝对把握当选。当然，国民党要想"全部拿下"也是一句大话。根据目前情况估计，民进党人取得5—7席县市长的可能性是比较大的。这就是说，民进党要通过一次选举便达到"地方包围中央"的目标，可能性是很小的。

至于在"立委"和省市议员方面，民进党的候选人大约也可以分为三种类型：一种是有一定实力的人物，他们长期经营基层，有一定的群众基础；一种是"明星级"人物，有相当的知名度，而缺乏群众基础和实力；一种是年轻的党工，既非明星，又无实力，全靠选举期间的"打拼"。这些候选人当选的把握大不大呢？从候选人本身条件来看，以往当选的人主要靠以下三条：一靠自己原有的基础，二靠助选人的拉票，三靠提出能够满足选民要求的政见和强有力的文宣攻势。除此之外，还要考虑对手的实力，包括国民党势力、地方势力以及金钱势力的支持。民进党人都知道国民党党务系统遍布各地，学校、机关、团体都控制在他们手中，加上警察、情治系统进行辅选，是一个强大的威胁。地方势力的作用也很重要，有人指出"只有在有地方派系强烈支持下的候选人方有出头的可能"。人们又注意到资本家、财团介入选举，以寻求自己利益的代言人，候选人"首先考虑的是有无金钱支援"，当选者"十有八九都是团团富翁状"。总之，这次选举仍然"操纵在官僚、财阀、党派等等少数利益团体的手中"。

当然，国民党也不是铁板一块，他们内部也存在不少矛盾和斗争，在"党内初选"中就暴露出不少问题，引起不少纠纷。所以民进党可以利用国民党候选人之间的矛盾：党政失和；各自背景不同，互不相让；闽籍与客籍不和；派系凌驾于党派之上；恩怨情仇等等。总之，国民党内斗可以为民进党提供有利条件。但是，类似的问题也存在于民进党内。"泛美丽岛系"和"新潮流系"在"立委"、县市长、议员的提名中争夺相当激烈，朱高正和黄尔漩之争闹得僵持不下，桃园县也有许国泰和吴宝玉的纠纷。在现有提名名单中就有不少需要"自相残杀"然后才能出线的。在民进党内初选中，"泛美丽岛系"的"跑票率"不低，而"新潮流系"则显示出它的活动能力。

在现有的条件下，民进党怎样才能"赢得大选，迈向执政"呢?《台湾时报》一篇社论指出："大选在即，民进党人士必须全心全力争取胜利。内部的一切犹疑、不满、争论……均可束之高阁，因为果真不能赢得选举，则一切努力成空。不要内斗，而要枪口朝外才是"。[4] 当然，一次选举并不能决定一个政党的命运，不能赢得选举，不一定一切努力成空。但是，能不能团结一致对付选战，确是选举成败的首要问题。民进党能不能做到这一点，能做到什么程度，将是人们借以评估民进党的一个重要的标志。

结果与检验

12月2日台湾举行三项公职人员选举，民进党取得了可观的成绩，一共有65人当选，其中县长6人，"立委"21人，省议员16人，台北市议员14人，高雄市议员8人。三项选举总得票率达29.7%，当选席位占22.2%。

与国民党相比，民进党在各项选举中得票率和所占席位的情况如下：

	国民党			民进党		
	席位	百分比	得票率	席位	百分比	得票率
县市长	14	66.7	52.7	6	28.5	38.4
"立 委"	72	71.3	60.1	21	28.8	28.2
省议员	54	70.1	61.8	16	20.8	25.9
北市议员	36	70.6	67.2	14	27.5	22.7
高市议员	29	67.4	60.9	8	18.6	19.7
合 计	205	70	59	65	22.2	29.7

现在我们以选举结果来检验上文的预测。上文写作时，民进党参选名单未全部提出，当时只能根据已提出的名单进行预测，主要预测项目为：1. 民

进党可取得 5—7 席县市长，实际取得 6 席；2. 宜兰县游锡堃、高雄县余陈月瑛、屏东县苏贞昌获胜把握较大，结果这三人全部当选；3. 台北县尤清、台中市许荣淑、新竹县范振宗、新竹市施性融、桃园县张贵木五人有 50% 把握，实际情况是尤清、范振宗两人当选，其余三人落选；4. 预测当选可能性低于 50% 者有六人，实际情况是彰化县周清玉当选，其余五人落选。总的来说，预测比较接近实际结果。

再把上文的预测，与国民党、民进党和《台湾时报》三方面在选举前一周（11 月 25 日）对民进党的预测 [5] 进行相比：

预测者	能当选	"五五波"	不能当选
国民党	宜兰、高雄	—	北县、竹县、彰化、屏东
民进党	宜兰、高雄、屏东、北县、南县	桃园、彰化、竹县、竹市	—
《台湾时报》	高雄	宜兰、屏东、北县、桃园	竹县、彰化
本文	宜兰、高雄、屏东	北县、竹县、竹市、桃园、中市	彰化

（注："不能当选"一栏填写的是预测不能当选而当选者）

上述预测表明，从误差角度来看，国民党过于低估民进党，他们预测民进党人不能当选而当选者达四县之多；民进党略为高估了自己，南县、桃县、竹县等都未能当选；《台湾时报》则过于慎重。在六名当选者中，被他们认定可以当选的只有 1 名；本文高估了桃县、中市、竹市，而低估了彰县。

当然，预测涉及诸多因素，在选举进程中还会出现许多变数（如买票等）。要预测得准确是相当困难的。现在的问题不在于评估预测的准确与否，而在于对选举的结果做出解释。

解释

选举以后，对国民党和民进党的胜负问题有众多的议论。本文仅就民进党的角度进行探讨。应当说，民进党作为一个只有两万名党员、刚成立三年的在野党，竟能与统治台湾 40 年、拥有 250 万名党员和 95 年党龄的执政党相抗衡，并且取得约 30% 的选票，这不能不说是一个很大的成绩。

民进党为什么会取得这样的成绩？有一种解释是："其决定性的原因，除了民众对执政党施政成果与改革步调的不满，以及民进党候选人的个人形象以外，最主要的原因在于一般民众已经体认到政党政治的制衡之理，因而愿意给予民进党优秀的候选人出线试试的机会"。这种看法实际上否认了投票人的"政见取向"。另一种看法是，主要原因是候选人的形象和能力比较良好；民进党两个派系提出的政见得到民众的共鸣，其次才是选民对国民党的不满和对制衡国民党的要求。这种看法所强调的是民进党的内部因素。

我们认为民进党之所以取得较好的成绩，有其内部因素和外部因素，量化的分析是本文难以做到的，不过我们可以从以下几个方面加以分析：

（一）内部因素，即从民进党自身寻找原因，大体上可归纳为以下几点：

1. 候选人个人的条件。一般说来，当选者在形象和能力上比较能够得到民众的支持，但是，有一些形象良好、能力较强、知名度高的候选人并没有当选，例如被澄社评分最高的"立委"候选人蔡仁坚、黄煌雄、林俊义，评分很高的县市长候选人王拓、许荣淑、杨嘉献，还有张德铭、黄尔璇、傅正等人也落选了。可见"个人取向"不只限于候选人的形象和能力。我们从几位当选者的情况可以看出，长期经营地方，或是获得地方势力的支持，对能否取胜有重要的关系。余陈月瑛、游锡堃、苏贞昌、范振宗、尤清、许国泰、朱高正、余政宪、邱连辉等人在这个方面都有相当雄厚的基础，而且在选前做了比较充分的准备。那些在选举前不久才从外国"征召"回来参选者，或事先没有充分准备临时决定参选者，成功的希望是很小的。根据联合报系"民意调查中心"报道，投给民进党县市长和"立委"候选人的票中，候选人因素分别占 44% 和 35%，这说明了"个人取向"的重要性。

2. 民进党所提出的政治诉求,获得部分民众的支持。联合报系的调查表明,投给民进党县市长和"立委"候选人的票中,政见因素分别占 13% 和 22%,可见无视"政见取向"的看法是片面的。选民们有的支持"美丽岛系"的政见,有的支持"新潮流系"的政见,有的对二者都支持(这也可以说是"政党取向")。此外,民进党的某些政治诉求获得部分群众的支持,或是候选人提出的某些公共政策吸引了部分选民,这说明"政见取向"是不可忽视的。

3. 战略策略的运用。民进党提出"地方包围中央",把战略重点转移到争夺县市长上,选出一批形象较好、能力较强、基础较好的党员参加竞选县市长,终于取得六席成绩,引起社会上较大的震动,如果重点放在增额"立委"上,尽管可能增加几个席位,但在"立法院"中仍然处于劣势。此外,担任县市长可以尝试"执政"的滋味,有助于扎根地方。从战略上看,还是比较成功的。在策略方面,高额提名是一个重大的突破。显然,如果不是高额提名,当选者得票可能更多一些,但不可能同时有 65 名当选。至于文宣上策略的运用,也有一定的影响。例如,尤清印发传单提出,"县长选尤清,各行各业才会兴"、"县长选尤清,垃圾交通一定清"的口号,并且提出"建设美丽的新台北"的具体计划,对选民颇有吸引力 [6]。周清玉抓住"芬园事件"开展文宣攻势,有力地打击了竞选的对手,造成对自己有利的局势 [7]。吴勇雄的传单提出"向老贼宣战,为劳工抗暴"的口号,把"资深立委"的姓名、年龄全部公布,批判"世界上空前绝后的万年国会",号召人民"用选票赶老贼下台" [8],这可能是导致吴勇雄当选的一个因素。

4. 民进党内两大派系的矛盾在选举中没有进一步尖锐化,而表现出相对缓和,双方都能一致对外,使两派在选举中都取得较好的成绩。

(二)外部因素,主要指国民党的因素和选民的因素。

1. 国民党统治所存在的弊病以及政治改革的迟缓引起人民的不满。主要是:戡乱体制、临时条款、"万年国会"、党政不分等问题久拖不决;省市长民选、司法独立等未能实现;李登辉上台以来,政治改革进展缓慢;加上社会治安恶化,黑社会活动猖獗,交通混乱,环境污染,房地产暴涨,贫富差距扩大,以及选举前股市狂跌，货币供应处理不当等等。这一切都使人们对执政党失去信心，不相信当局会有稳定的政策，以致投资意愿低落，大量资金外流，这次选举在某种程度上反映了这种不满。

2. 部分民众向往政党政治，希望有一种势力能够制衡国民党，改变"一党专制"的局面，因而投了民进党的票。这部分选票究竟有多少，特别是其中并非支持民进党的人有多少，还难以估计。据联合报系调查，出于制衡目的而投票给民进党县市长和"立委"候选人的，分别占12%和22%。此外，据统计20—40岁的选民约占选民总数的60%，他们求新求变，往往把票投给形象新、富有批判性的候选人。这在国民党中央副秘书长关中总结辅选失利的原因中也有提及。

3. 国民党方面的弱点，在战略策略方面，诸如"党内初选"不公平，引发派系对立激化，造成落选者的反弹，使各地党部的辅选作业受到严重干扰；台北县民候选人很迟才推出，准备工作不如对手，陷于被动局面。在候选人方面，有些并非优秀人才，形象和能力都比较差，不少人在澄社评鉴时评分很低，使选民不敢信任他们。国民党的台北县长候选人李锡锟是一名教授，没有从政经验，却扬言要做一个"强势县长"，可是他的同事——台湾大学教授和中研院研究员等162人公然签名支持他的对手尤清。国民党彰化县长候选人施松辉，国民党原来估计"睡着选也要选赢对方"，可是当被控涉及"芬园事件"时，便无法抵挡周清玉的文宣攻势，这也是造成施松辉落选的一个因素。

总之，民进党获得的选票，有的是对民进党的政见或民进党候选人的支持；有的是"选民对国民党的腐败不满，就直接反映在选票上"；有的希望制衡国民党，而不是支持民进党。以上三种各占多少比重，还值得进一步研究。但是，可以肯定地说，民进党已经获得部分民众的支持，那种认为"反对党的资源主要仍然建立在选民对国民党政策作为的不满之上"[9]的看法，显然是不够全面的。

前景

选举的结果将会对民进党本身、民进党与国民党的相互关系、台湾政治的走向以及海峡两岸关系的发展产生一定的影响。本文主要针对国民党与民进党的关系及发展前景作一些探讨。

1989 年选举是否已经形成两党制的局面？国民党是否从此日益衰弱、而民进党则日益发展？民进党有没有可能执政，它的发展将会出现哪些可能的前景？

民进党在这次选举中取得很大成绩，它的实力有所增强。在地方，它拥有六个县长的席位，可以组成联盟，争取地方自治，扩大地方自主权，形成一股可以与国民党抗衡的力量；在"立法院"，从 12 席增加到 21 席，尽管一些有经验、有能力的"立委"已经退出（康宁祥、尤清、黄煌雄、许荣淑、吴淑珍），但有六名"立委"再次当选，新当选的还有陈水扁、谢长廷、林正杰、洪奇昌等人，实力有所增强，更重要的是他们已经达到提案的"法定"人数（20 名），可以与国民党展开抗争。但是，也应当看到，两党之间的力量对比还没有出现根本的变化或不可逆转的变化，国民党无论在地方还是在"立法院"都还处于优势地位。有一位记者写道："从这次反对党的席次和得票率来研究，我们尚看不出民众已经认为国民党是彻底腐败了，无可救药了，也看不出他们已相信反对党有执政能力"[10]。在这种情况下，民进党还没有达到与国民党平起平坐的地步，两党政治尚未形成。今后两党关系的发展，将有以下几种可能性：

（一）国民党"一党独大"（或称"一党居优"），民进党成为"忠诚反对党"。这就是说，只有国民党有统治台湾的能力，而民进党则不具备执政能力，但它能反映部分民众的要求，对执政党的政策和作为产生一定的影响。执政党不能垄断政治，包揽一切，而必须在一定程度上采纳在野党的意见。估计国民党在相当时期内将保持"一党居优"的地位，而民进党则认同现有的"政治体制"和"宪法规范"，在体制内争取进行局部改革，成为"忠诚反对党"。这是国民党所希望的，有些民进党人也愿意这样做。如果其他政党的力量仍然保持微弱的状态，台湾现存的"一个大党一个小党"的局面将保持相当长的时间，这也可以说是"一党半"的模式。这种状态有两种前景，一是民进党变成"永久反对党"，而失去执政的机会；一是民进党成长为一个大党，同国民党相抗衡，直到轮流执政，甚至取而代之。

（二）出现两党政治。民进党在以后的选举中得到更多的选票，逐渐具备组成政府的能力，或是联合其他党派组成政府，与国民党轮流执政。

（三）民进党成为执政党，国民党成为在野党。现在民进党已经把执政作为自己的奋斗目标，《新新闻》杂志的一篇文章指出，民进党的"美丽岛系"将继续执行"地方包围中央"的战略，其"长期的目标乃是以培养出反对党内阁阁员为目的，"美丽岛系"计划未来若有可以担当行政院长乃至各部会首长的机会，对以这些具有丰富行政经验背景为优先的人选，一步步迈向执政之路"[11]。当然，国民党是不会甘当在野党的，他们必定力图保持自己的执政地位。

以上三种可能性都存在，发展的前景取决于两党的实力以及在民众中的影响的变化。选举以后，国民党检讨了失利的原因，开始大幅度地调整党务系统的人事，今后还会采取其他措施，以巩固其统治地位。民进党能否因应新的形势，采取新的对策，加强内部团结，创造执政条件，还有待于时间的考验。

（《台湾研究集刊》1990 年第 1 期）

注释：

[1]　张俊宏：《到执政之路》。

[2]　同上。

[3]　抗之《民间团体以政见参选的意义》，《自立早报》，1989。

[4] 《赢得大选，迈向执政》（社论），《台湾时报》，1989 年 8 月 1 日。

[5] 《台湾时报》，1989 年 11 月 25 日。

[6] 尤清竞选传单。

[7] 周清玉竞选传单：《芬园事件真相大白》，姚嘉文声明，1989 年 11 月 29 日。

[8] 吴勇雄战报。

[9] 《联合报》，1989 年 12 月 6 日。

[10] 《中国时报》，1989 年 12 月 8 日。

[11] 陈敏凤：《迈向执政之路》，《新新闻》143 期，1989 年 12 月。

三、民进党在"大选"过程中的"省籍动员"

省籍因素在台湾政治生活中是一个经常起作用的因素，在选举期间尤其如此。诸多政客都懂得利用"省籍动员"的策略为自己和同党夺取选票，关键要看谁能掌握主动，主导民意，或是在关键时刻，奋力一搏，取得胜利。

台湾大约有 85% 的"本省籍"选民，争夺本省票源是两大阵营在"选战"中的头等大事。如果只去争取占大约 13% 的外省籍选民，在"立委"选举中还可能得到少数席位，而在"一对一"的"大选"中则必输无疑。所以，两大阵营都注意争夺本土票源，都要打"本土牌"。泛绿之所以处于主动地位，因为他们向来以"本土政党"自居，而极力把对手"打"成"外省党"。实际上，在泛蓝方面，不论是国民党，还是亲民党，也都是以本省籍人士为主体（新党则不然），国民党提出"本土化"的策略，亲民党也强调本土，表示自己是"以台湾为第一，以人民为第一"的政党，要成为"新台湾人的希望"。但是，由于国民党内部有本土与非本土的区别，亲民党的领袖和精英多是外省人，这样，与泛绿相比，泛蓝的"本土"的色彩似乎要淡一些，在先天上处于弱势。

如果仔细观察泛蓝、泛绿两大阵营目前应对"选战"的种种动作，就会看到"省籍动员"实际上已经启动，只不过是还没有达到"大张旗鼓""肆无忌惮"的地步。

本文先要考察在目前正在进行的 2004 年"选战"中，民进党如何利用省籍因素，已经采取哪些策略，产生了什么实际效果，然后发表一些个人的评论。

"省籍动员"策略的运用

台湾各界公认民进党"善于选举"，它可以熟练地运用各种"选战策略"

达到"胜选"的目的,本文仅就其中之一的"省籍动员"策略进行考察。应当说,今年以来,民进党和泛绿阵营利用自己处于主动的地位,已经开始"省籍动员",请看以下事实:

（一）炒作"马立强",挑起泛蓝内部的省籍矛盾,进行分化瓦解。

很多人以为"马立强"是国民党或泛蓝阵营提出的,表示自己有很强的实力,可以对抗泛绿阵营。其实不然,这个"牌号"的"发明者"应当是民进党。他们在研究自己的对手时,认为除了连战、宋楚瑜以外,泛蓝政治精英能够摆上桌面上的只不外马英九、朱立伦、胡志强等人,一则估量这些人实力并不强,带有"蔑视"对手的意味;二则这几位都是外省人,把他们提前"曝光",成为众矢之的,在民众中形成省籍动员,对自己有利。

民进党故意炒作"马立强",目的是造成国民党内部外省籍精英"压倒"本土精英的印象。有的媒体指出,"'连宋马立强'之所以不受中南部青睐,或许是因为五人中几乎没有一位是本省籍,一群外省族群成为国民党的'贵族',看在台湾人眼中,当然不爽之至。"有的指出,"马立强"成为"箭靶",一方面是"省籍"因素,他们是"清一色的外省色彩",另一方面"卡位"问题,即"蓝军的中生化和新生化之间的政治平衡问题",显然他们所要制造的是"外省人挤压本省人"的舆论,挑起本土派和本省籍民众的反弹。

不仅如此,民进党还拉拢国民党副主席萧万长担任"总统经济顾问";向某些国民党籍"立委""招安",答应给予好处;民进党"立委"还煽动说:"国亲间的中生化卡位斗争已经开始,继国民党副主席萧万长、立法院长王金平被斗争后,下一个被斗争的对象是立法院副院长江丙坤"。分化瓦解的意图是十分露骨的。可是,令人费解的是国民党竟然上钩了,他们自己安排"马立强"同台亮相,造成本土派的不满,这正中民进党的下怀。可见,在策略上民进党显然占了上风。

至于亲民党,有许多精英是外省籍的,"从党中央到宋楚瑜的嫡系人马,几乎都是外省人出头",有人声称,本土人士在亲民党内"被外省人欺负"。一位民进党籍"立委"也公然煽动说:"亲民党的权力核心的确是外省籍人士占上风，也比较有发言权"，向敌对阵营进行挑拨离间。这些舆论实际上已经对泛蓝内部起了分化作用，本土人士的不满和异议时有表露。例如，吴伯雄就警告说，党内一再强调"马立强"组合会引起中南部民众的不满；还有人警告："国民党必须提防'亲民党化'，主动化解外界对省籍问题的疑虑"；又如，国民党本土派有人主张要重用本省籍的王金平担任"国亲竞选团队总干事"，依靠本土人士进行"辅选"，才可能"抢攻中南部票源"，因为中南部民众"本土意识"比较强，不由王金平出面，就没有"胜选"的希望。同时，泛绿方面又扬言王金平与"马立强"之间存在"心结"，以致至今王金平还没有表示接受这项任务，国民党能否协调成功，还很难说。再如，有人在基层散播：一旦"连宋"当选，连战会被冷落，"宋才是真正的掌权者"，"国亲两党内部已经出现'本土派忧虑症'"，"本土派对于宋楚瑜未来可能重返国民党之后的权力分配充满焦虑"[1]等等。《萧万长政治秘录》的作者写道：连宋配成之后，国民党"本土派的地位遭到更大的压制，沦为边缘化"，"不难想见本土派无法掌握国民党主导权的困境"。看来国民党能否正确面对和处理"省籍情结"这个头疼的问题，特别是能否安抚党内的本土派和本省籍选民，对于"选战"的成败与否有相当重要的关系。

（二）先下手为强，指控泛蓝煽动"外省人投外省人"，把省籍对立归咎于对方。

民进党所进行的民调指出："连宋可获得外省族群八九成的支持"。有人提出："连宋阵营也认为在台中县市以北可以大赢，原因和族群动员因素有密切关连。"有的媒体声称：根据最近几份民调显示，"这次总统大选在族群投票行为上还是呈现出'外省人投外省人'的特殊现象"。"人口比例占最多的闽南人约占75%，在投给连宋和陈吕之间的分布较为平均，约四比三，而占约13%的外省人投给两组人马的比例却呈现出一面倒的趋势，表态支持连宋者高达七成五至八成之间，而占约12%的客家族群也明显趋向连宋约占五成，陈吕则约二成五左右。"《台湾日报》还发表"族群动员，外省籍选票最排外"的报导。

于是，"外省人投外省人"，"外省籍不投陈水扁不是个秘密"，"外省族群族群认同高于国家认同""民族主义先于民主主义"之类的说法，充斥在支持泛绿的媒体上，他们已经先下手为强了。

他们在分析省籍问题的原因时，把责任完全推给泛蓝。例如他们指出：陈水扁曾经喊出"中华民国万岁""三民主义万岁"，而外省族群并不"领情"，甚至"质疑政治诚信"，"加上政治人物如连宋者，并没有思考化解族群间的对立和冲突，采取的是强化对立巩固既得利益者的姿态"；有的专门针对宋楚瑜，指出："宋楚瑜这番'省籍文革论'，从选举的角度观之，其实，才是典型操作省籍、分裂族群的手法，即故意诉求外省族群遭打压，以凝聚外省选票一面倒向泛蓝"[2]。有的还责怪马英九，说"最无法接受的就是马英九刻意将国家认同的问题，导引到族群议题上"；有的归结为外省人的"危机感"，认为"外省少数族群危机感"容易被放大，成为外省政治精英政治动员的号召；"部分外省籍精英与全球化的浪潮结合，对抗政党轮替后全由福佬人所主导的政府，也加剧了台湾社会族群冲突的因素"；还有人制造这样的舆论：外省人有一个"特殊的政治需求：一个从蒋经国、宋楚瑜以至马英九'想象的'接班梯队"，所以，宋楚瑜、马英九受到"外省二三代的欢迎与力拱"[3]；如此等等。一方面，把制造"省籍情结"的罪过全部推给对方；另一方面，又在煽动本省民众的省籍情结，进行"省籍动员"。

当然，泛绿方面并不愿意看到"外省人投外省人"局面的出现，他们极力争取外省第二、三代。有人指出："'他乡日久是故乡'，外省族群来到台湾已经累积三代，生死之地都在台湾，就应该认同这土地，让台湾成为自己的故乡。""只要外省籍同胞能认清民主年代要过的是自主的、独立的、尊严的生活，不受人掌控、不让人驱使，活得像一个人比活得像一个中国人更重要，走出心理的竹篱笆、拥抱台湾的土地，把这里当成自己的家，则总统到底是哪个族群出身就一点也不重要了。"[4]他们号召以某些投靠泛绿的外省人第二代为榜样，从"封闭情结"中"解放开来"，"走出大中国意识牢笼"，要"抛弃所谓的'中华祖国'迷思，而以安身立命之地的台湾作为'祖国'"[5]。这显然是向泛蓝固有的阵地渗透、"拔桩"。可是，泛蓝方面却"一直以来都尽量回避此议题，以免激起族群对立神经，不愿对此多所着墨"。现在，他们面对这种困境，不能不"忧心如焚"，据说正在"绞尽脑汁寻求破解之道"。[6] 可见，在这个问题上，泛蓝又处于被动了。

（三）发动"正名运动"，不断耍弄"小动作"刺激"泛蓝"，使之陷于被动局面。

有些活动不仅着眼于省籍动员，表现上似乎不是省籍动员，但从省籍动员角度考察，不难看出，它确是这个策略的运用。例如，由李登辉领头的"台湾正名运动"，目的不仅在于选举，它是分裂主义运动的组成部分，但它又是一次省籍动员，明显地制造"本土"与"非本土"的对立，对外省族群施加压力。有人以《正名运动挑弄分化对立》为题，指出：正名运动"包括强调'本土'与'非本土'，并以'本土'为正统的区分，将国民党视为外来政权的说法，或是经常暗示台商或外省籍同胞是潜在'卖台集团'，以及指责某些人不爱台湾等，都是一再割裂台湾住民情感的作为。"[7]

最近台湾当局一再出台一些政策，都有类似的作用：例如，交通、警察等部门的"特考"，在国文科的试题中出现大量以闽南语为主的考题；在"地方基层四级特考"的本国史地科目中，有96%以上考的是台湾史地；提出"语言平等法"，主张"不再独尊国语"，要把闽南语列为"官方语言"；在高中历史科课程纲要草案中，把明朝初叶（1500 年）以后，包括清代和"中华民国"时期的中国史列入"世界近现代史"；等等。显然，这些政策措施都是为其分裂主义的目的服务的，论者认为这些做法"可以明显看出执政者在取得政权后，恣意利用任何一切执政工具遂行诠释历史、清算历史的企图"。张玉法教授指出："将中国近代史并入世界史的做法，恐非教学设计，而是有政治考虑"，"目的就是要'去中国化'"[8]。同时，这些动作也是一种省籍动员，它不断地制造"本土"与"非本土"的冲突，要用"台湾"来取代"中国"。这样，一次又一次的"冲击"，迫使泛蓝做出"反应"，如果泛蓝不加反对，泛绿在这个方面就可以"加分"；如果泛蓝表示反对，他们就会把"不爱台湾""卖台集团"的帽子扣在泛蓝头上,使泛蓝失去本土民众的支持。可以看出,民进党正在玩弄这种"冲击—反应"策略,不断地刺激泛蓝,一方面使他们难以招架,一方面也可以进行省籍动员。

(四)在总战略指导下,突出"打宋"策略,制造省籍对立的局面。

有人指出,民进党的"府党高层人士"已经形成"大选"的"战略共识",就是"友李、打宋、拉王马、不理连战"[9]。"打宋"就是要突显宋是外省人,本来民进党内有人主张"打马",因为马也是外省人,但是由于考虑到陈水扁和马英九在"大台北地区"的票源有重叠,造成"扁马和"的印象,有助于陈水扁在大台北地区得票,所以才出现"拉马"的策略。有人明言,"打宋"的主要目的是为了"争取中南部本土票源"。

"打宋"就是把宋楚瑜作为"主要打击对象"[10],作为"靶心"。一旦宋楚瑜被"激怒","只要发言略失分寸,就有失分跑票的危机",民进党故意把宋楚瑜摆在突出的地位,"单挑宋楚瑜,要让明年总统大选变成扁宋对决,彻底把连战'虚位化'"。[11]有人指出,泛绿方面有意挑拨宋楚瑜与国民党本土派的关系,"刻意作球给国民党本土派,为他们在批宋的时候壮胆,几乎不需要成本就达到深化本土派与宋楚瑜矛盾的效果,使宋楚瑜始终站在本土派的对立面,压制宋的政治格局"。有人制造这样的舆论:宋楚瑜当过国民党秘书长、台湾省长,被外省人看成是"外省人的救星";上一次"总统大选",七成以上的外省族群把票投给宋楚瑜;军方有"亲宋"的"湘军"人脉,如果"连宋"当选,宋楚瑜就会成为"三军统帅";泛绿的"反卖台联盟"指出,军队中的国民党党员有不少是"蓝皮桔骨"的,都是宋楚瑜的人[12]。所以,有人说:"泛绿的'卖台'论依省籍画线,本省人是天生'爱台'的,外省人是天生'卖台'的",泛绿甚至扬言"如果连宋胜利,台湾将成香港第二,不会再选'总统',只行'特首'"。显然,类似的言论都是要激起本土民众的省籍意识,在选举过程中,贯彻"省籍动员"的策略。

"省籍动员"的作用与局限

我在《台湾政治的'省籍—族群—本土化'研究模式》一文中，曾经引用从 1992—2001 年多次选举的情况，说明省籍族群因素"在选举过程中发生了重要的作用"，也可以看出，台湾各个政党都重视和利用这个因素。当然，省籍动员只是"选战"中的一个策略，是多种因素之一，并不一定起决定性作用，但是，在目前台湾的情况下，哪一个政党能够"争夺本土旗帜"，突显自己"以台湾本土为核心价值"，就有可能获得较多的本土选民的支持。

就这一点来说，国民党内部存在不一致的看法，使他们不敢正确面对。因为国民党内有所谓"蓝皮绿骨"的力量，国民党高层担心触动这个敏感的问题对自己不利，可是，正如有人指出的："国亲高层基于本位不去正视，只会让问题更加发酵而已"[13]。国民党内有人提出，国民党要表现得"比民进党更本土"，但这也不容易得到共识。国民党内所谓"正蓝旗"与"本土派"之间的关系，也十分敏感，萧万长就说过："就算是连宋配当选，国民党重新取得中央执政权，但是国民党内本土派究竟有多少空间，这是一个非常严肃的问题，所有的人都应该思考"[14]。王金平还曾经提出疑问："连宋的理想性何在"，是为个人，还是为台湾？这些事实表明国民党内部存在"硬伤"，民进党本来占据主动的地位，经过他们的省籍动员，已经使国民党陷于被动的境地。

可是，泛蓝阵营对这个问题的严重性认识不足，有的国民党官员认为"省籍因素只是众多面向之一，由民调的结果来看，很难判定省籍因素与选票有绝对的关系，而且连宋的搭配也无法清楚划分，究竟是本省还是外省人"；亲民党的"民代"则认为"以省籍情结解读大选不够精确，因为台湾选民考量候选人的因素是很复杂的，族群只是一个小小的思考点"。甚至有人认为"省籍议题不再具有票房"[15]，"民众逐渐领悟到统独与省籍议题，只不过是少数政治精英的'理想'与'手段'，既不利于经济民生，也不利于国家社会发展。""如果任何借由分化省籍而获取个人或政党的利益，均将被多数选民所唾弃。"由此可见，泛蓝相当忽视这个问题，他们把希望寄托在选民的"理性"上，但愿省籍动员不起作用，到现在还看不到有什么应对策略。

利用省籍动员获取选票的策略，本来是一种相当不明智的做法，它必然造成台湾社会内部省籍、族群之间的矛盾甚至对立，破坏社会的和谐、稳定，对台湾社会造成极大的伤害。李远哲指出："多年来少数政治人物并没有体会族群对抗的危险及不幸，反而在选举中激化族群关系，使得台湾民主化过程出现尖锐的对抗"。萧万长承认："因为选举政治动员，让统独与族群议题紧张化，也造成许多民众的不安。"[16] 黄大洲也指出："在选举过程中，经常充满挑剔族群对立的激情、煽情以及悲情的言词，致使在政党政治架构下，仍难就公共政治进行理性沟通与辩论，成为台湾政治社会冲突与不安的根源"。[17]可见，人们已经看到它的危害性。

但是，在目前台湾的现实中，各个政党还不得不利用这个不明智的手段，因为它可能获取一定的选票。在"选举挂帅"下，一切为了选票，一切为了当选，人民和社会的长远利益可以置之不顾。我相信台湾各个政党在选举之前，仍然会利用省籍动员为自己"造势"，越临近选举，动作可能越多。从公开的制造省籍对抗到暗中的"耳语"、"黑函"，从"打宋"到"打连""打马"，由李扁二人合演双簧，一个唱白脸，一个唱黑脸等等，都可能搬上台面。泛绿方面，已经提出警告："在大选期间，外省族群既然以团结追求自我存在，凝聚政治实力，民进党当然也不可能轻易放弃成本低廉的族群动员，只是双方都以隐晦的形式来包装罢了，也因此，明年大选的族群牌必然出现。"[18]可见他们已经做好准备，迎战泛蓝，一场好戏即将开锣。

不过，包括民进党在内的一些有识之士已经看到"省籍动员"的负面作用，他们知道，一旦激起省籍情结，可能得到一部分选票，但也一定会失去另一些选票。这次"闽南语考题"就激起客家族群的不满。所以，"省籍族群牌"是一把双面刃，玩弄不当可能伤害到自身。

应当指出，泛绿阵营很可能把省籍问题扩大成两岸对立，现在已经露出苗头。《台湾日报》发表《中国意识的四个政党正在围攻台湾意识的两个政党》的社论，把国民党、亲民党、新党与中国共产党作为一方，把民进党、"台联党"作为另一方，危言耸听地提出："四个打两个的情况底下，台湾的形势险恶、岌岌可危，全体台湾人民能不警惕觉醒吗？"[19] 与此相配合，有人故意制造紧张气氛，提出"2004 年是认同台湾、保卫台湾与认同'一中'、消灭台湾的决战"。有一个日本人名叫中西辉政也出来"辅选"，他公然把这次选举与实现"台独建国"联系在一起，叫嚷说：李登辉拿掉"中华民国"改用"台湾国"之诉求，"才能救阿扁民进党走中间路线的失策，挽回、唤醒大部分台湾人的心，以确保阿扁的本土政权得以连任"[20]。有人指出，民进党打算"有意挑动两岸政治敏感神经"、"炒热两岸政治紧张关系"，一方面使泛蓝陷于被动而无力招架，另一方面企图把中国大陆拉下水，从而煽起本土民众的"激情""悲情"，达到他们"胜选"的目的。

我曾经提出，"省籍—族群—本土化"的研究台湾政治的一种模式[21]，所以在考察 2004 年选举时，也试用这种方法。现在选举正在进行，泛绿在省籍动员方面还将怎样"出牌"，能否得逞，也是台湾"选战"的一个"亮点"，有兴趣的人们不妨予以跟踪观察。

（《现代台湾研究》2003 年 5 期）

注释：

[1] 《宋楚瑜与国民党本土派恩怨难了》，《今周刊》，2003 年 7 月 28 日。

[2] 《台湾日报》，2003 年 9 月 22 日。

[3] 施正峰：《冲击体制蓝营必打族群牌》，《台湾日报》，2003 年 9 月 17 日。

[4] 《台湾日报》，社论，2003 年 9 月 16 日。

[5] 《台湾日报》，2003 年 9 月 21 日。

[6] 《自由时报》，2003 年 9 月 12 日。

[7] 《中央日报》，2003 年 9 月 4 日。

[8] 《联合报》，2003 年 9 月 23 日。

[9] 《中国时报》，2003 年 7 月 4 日。

[10] 陈力生：《卖台论撕裂台湾族群关系》，《国是评论》，2003 年 8 月号。

[11] 林莹秋：《连宋拿什么打败阿扁》，《财讯》，2003 年 8 月号。

[12] 《民众日报》，2003 年 9 月 24 日。

[13] 蒋柯川：《国民党本土派＝蓝皮绿骨？》，《财讯》，2003 年 8 月号。

[14] 《新新闻》，2003 年 7 月 24 日。

[15] 薛承泰：《掌握中间选民，大选争胜关键》，《中央日报》，2003 年 4 月 8 日。

[16] 萧万长：《本土化、民主化与全球化：台湾政策动向》，《联合报》，2003 年 3 月 29 日。

[17] 《中央日报》，2003 年 9 月 24 日。

[18] 施正峰：《冲击体制蓝营必打族群牌》，《台湾日报》2003 年 9 月 17 日。

[19] 《台湾日报》，2003 年 4 月 21 日。

[20] 《台湾日报》，2003 年 7 月 7 日。

[21] 陈孔立：《台湾政治的"省籍－族群－本土化"研究模式》，《台湾研究集刊》，2002 年第 2 期。

四、民进党"新潮流系"的政治影响力

"新潮流系"是民进党中的一个重要派系，它在民进党内乃至台湾政治中都具有相当的影响力，因而引起了人们的重视。但是，多数论者都是从它在党政系统及民意机构中占有多少席位来说明它的影响力，显然，这种把政治影响力简单地等同于"政治资源拥有量"的看法是片面的。本文根据现代政治分析中有关"政治影响力"的概念进行探讨。

所谓"政治影响力"指的是："行动者之间的这样一种关系：一个或更多行动者的需要、倾向或意图影响另一个或更多其他行动者的行动或行动倾向。"[1] 考察政治影响力不仅要了解其政治资源的拥有量，而且要分析其使用资源的目的、使用资源的技能和效率以及影响力的范围与领域等等，并对其正面和负面的影响做出评价。

本文探讨"新潮流系"对民进党内、陈水扁及台湾当局、两岸关系、对外关系等方面的影响力，着重从对选举的影响、对决策的影响、对党内的影响、对政治动员的影响等领域进行分析。[2] 重点考察的时间是："政党轮替"前后，特别是陈水扁上台以后。重点考察的范围是："新潮流系"对陈水扁及台湾当局的政治影响力。

早在民进党成立之前，"新潮流系"就已经存在，今年是他们的"创系"20周年。在这个漫长的岁月中，"新潮流系"虽然没有担任过任何一届的民进党主席，但却在历届党主席的竞争中发挥巨大的作用，在很长时间内却掌握了党内的实权，曾经成为民进党内参与决策和实际运作的主导力量。

"新潮流系"是"台独"论述的急先锋，1987年民进党通过的"人民有主张台湾独立的自由"，体现了"新潮流"一贯鼓吹的"自决"主张；1988年所谓"四个如果"则是"新潮流系"与陈水扁妥协与合作的产物;1990年"新潮流"提出"我国主权不及中华人民共和国及蒙古人民共和国"的主张,经过陈水扁的协调,获得"全代会"的通过;1991年的"台独党纲"更是由"新潮流系""催生"、派系矛盾激化、在"狗急跳墙"(民进党内使用的语言)的情况下,由陈水扁加以文字修改而最终通过的。这一切说明了"新潮流系"对民进党的政治影响力。在一定的时间里,"新潮流系"主导了民进党的路线。

当然,"新潮流"的理念和路线也有改变和转型,它更多地通过与党内高层的妥协、联盟与合作,力图主导或影响党的路线,但有时成功,有时失败。"美丽岛系"在党内当权时期,"新潮流系"不能不受到一些挫折。在陈水扁当权下,"新潮流"的处境也不如意。这就体现出其政治影响力的局限性。

对选举的影响力

在台湾,选举成为政治生活中的一件大事,几乎年年选举,投入大量人力、物力、财力,大家乐此不疲,因为选举是政治权力再分配和夺取执政权的必要途径。一个政党只有通过选举才能取得执政地位,因此,参加选举成为台湾各个政党最重要的活动之一。

"新潮流系"需要参加的选举有:党内代表、地方党部主委、中执委、中常委、中评委选举及公职候选人党内初选,地方县市议员、县市长选举,北高市长选举,"立委"选举和"总统"选举。参加选举一方面可以扩大本派系的影响,另一方面还可以通过辅选,帮助本党的某些成员当选,扩大民进党的影响,包括取得政权,成为执政党。

"新潮流系"在过去党内的选举中以熟悉各派实力、善于"精算"和"配票"著称,对于上述各种选举的"胜选"发挥了重要作用。他们所支持的候选人多次当选为党主席,新系在代表、中执委、中常委选举中所获得的名额,往往超出其所能掌控的党员(据估计约两万名以内,比重不及5%,"流员"则不及300名)的比例。目前在第十一届30席中执委中占有7席,10席中常委中占有两席,实力强劲。

最重要的选举是所谓"总统大选"。新潮流十分重视这种"一对一"的选举，即由不同政党各提出一人进行竞选，因为民进党只需要赢过一人，就可以取得政权。这可能是走向执政之路的一条捷径，而通过其他途径夺取政权则要困难得多。

以下从 2000 年和 2004 年两次选举中，考察"新潮流系"的影响力。

2000 年选举，民进党的"选战指挥中心"由"新潮流系"的邱义仁担任"执行总干事"，在选战三方（连、宋、扁）势均力敌的情况下，由于策略运用和选战运作得当，对选举的成功起了重大作用。以下是两个实例：

1．"摆脱台独党纲的束缚"：当时党内普遍认为"台独"主张会引起选民的疑虑，因此有人提出要"废除台独党纲"，但有人担心会失去基本票源的支持。邱义仁认为在统"独"议题上与连、宋相较，民进党无法得分，因而设定"以不失分为原则，但也不会幻想去得分"。后来在邱义仁的主导下提出"陈七项"，用以回应大陆提出的"钱（其琛）七条"，其中提到不宣布"台独"，不变更"国号"，"两国论"不入"宪"等，因此引发外界对其是否修正"台独党纲"的质疑。在最后时刻，邱义仁多次打电话给在南部的陈水扁，建议他表态"当选后不再参加民进党活动"。陈水扁接受了这个建议，这就造成了他有意"摆脱台独党纲束缚"、要做"全民总统"的印象。事后的民调证明，陈吕的支持度有所提高。[3]

2．处理"兴票案"的策略："兴票案"是打败宋楚瑜的致命一击。当民进党取得有关"兴票案""黑资料"时大家十分兴奋，但邱义仁则担心"中计"。他认为"三强鼎立"对扁有利，连、宋任何一方出局，对扁者都不利。如果民进党"打宋"，宋的票可能回到连手中；如果由国民党去打宋，形成"连宋对决"，就会对扁有利。因此决定不打"兴票案"这张牌。不久，国民党利用"兴票案"使得宋楚瑜陷入困境，这时，邱义仁决定"全力打连"，造成"连宋都属于黑金体制"的效果。邱义仁指出运用这个策略的目的是"维持均势"，这就使得陈水扁成为这个事件中最大的获利者。[4]

有人在回顾 2000 年"大选"时指出："阿扁相信：2000 年大选声势由弱

转强的关键，就在于邱义仁接手掌管总部大大小小事务，并且取代了原本阿扁身边的幕僚，成为选举策略的实际规划者。"[5] 当然，除了邱义仁以外，"新潮流系"也做出了贡献，因此，有人指出："2000 年选举，民进党首度拿下执政权，当时便有'陈家天下邱家军'的说法出现，意思是天下虽然是陈水扁的，但真正带兵打仗，帮陈水扁立下汗马功劳的，却是由邱义仁领衔的民进党新潮流大军。"[6] 不仅如此，在以后的选举中，"新潮流"仍然扮演举足轻重的角色："2000 年'总统大选'，邱义仁运筹帷幄，助陈水扁拿下政权；2001 年'立委'选举，吴乃仁精确操盘，赢得难见的大胜；2002 年北市长选举，李应元选举班底内讧，最后被征召收拾善后的是新系人马钟佳滨；2003 年花莲县长补选，尽管功败垂成，但其中卯力辅选的关键幕僚：文宣部副主任郑文灿、政策会副执行长梁文杰都是新潮流子弟兵。"[7]

以上事实说明，"新潮流系"在选战决策过程中和实际运作中都发挥了重大的作用，对民进党战胜国民党、实现"政党轮替"，对陈水扁上台执政，对台湾政局的变化具有相当大的影响力。

再看 2004 年的选举。民进党组成"竞选委员会"，邱义仁是五个委员之一，但是，五人之中"负责实际操盘"的还是邱义仁。有人指出，陈水扁把邱义仁拉到"总统府"担任秘书长，其用意就是要他担任选战的总指挥，而"新潮流"的另一位大佬吴乃仁则辞去"台糖"董事长，担任选举文宣的总负责人。2000 年邱义仁可能为了"避嫌"，没有让更多的"新潮流"成员参加选战工作，在六个副总干事中只有一个是"新潮流"的人。2004 年，除了邱吴两位大将以外，"新潮流系"的"行政院秘书长"刘世芳、"立委"洪奇昌、"主席室特助"陈俊麟以及郑文灿、梁文杰等党内骨干也都投入选战。在文宣方面更有许多"新潮流"的子弟兵参与作战。

这次选战最重要的战术是邱义仁所主张的"割喉战"。他认为这次选举能够改变选民思考、选择的议题很少，把力气花在议题上是浪费，应当把时间和精力用到可能争取到的选票上，目标是"追求险胜，一票一票斤斤计较地去抢"，只要能从蓝营中"挖出"60 万票，陈水扁连任就能成功。当初这个策略受到许多人的反对，因为他们企图在选战中大显身手，而不愿意采取这种偏于"组织战"的"低调"的做法。选举结果，民进党得票比2000年有较大的增加，在中部和客家地区也得到更多的选票。据估计，"割喉战"使陈水扁增加了10.1%的选票。

对于"新潮流"在这次选举中的作用，人们有不同的评价。有人认为"新潮流"起了很大的作用："阿扁连任之役，'新潮流'主导选举基调，主控竞选节奏，扮军师、当轿夫，连扁嫂买卖股票漏报动态交易资料，都是邱义仁站出来道歉。"[8] 可是，有人却表示怀疑，据说"高层"对"新潮流"的辅选感到不满，对文宣也不满意，因为陈水扁最终只以两万多票险胜，"如果不是因为那两颗子弹，是否笃定胜选，根本没有人敢打包票"。[9] 可是，不管怎样，"新潮流"毕竟为保住民进党的执政地位、为陈水扁连任出了力，在这次选举过程中仍然表现出了它在选举中的政治影响力，这是无人可以替代的，也是无法否定的。令人不解的是，"新潮流"出力为陈水扁辅选，选后却遭到冷落，这种下场不知是否早已在他们的意料之中？

对决策的影响力

首先，要看"新潮流"对决策机构的影响。当代台湾的决策机构，集中在党、政、府、院四个方面。"新潮流系"从来没有在这四个方面担任主要领导，因此对决策机构的影响就不能不受到限制。不过，"新潮流系"长期占据民进党秘书长的职位，对民进党中央的决策起过重要作用。2000年以后，"新潮流系"的吴乃仁曾经担任秘书长，这位"强势"的秘书长，对于党中央的决策有较大的发言权。不过自从吴乃仁退出这个职务后，固然留下一些"新潮流系"的骨干，但对民进党决策影响力已经减弱。在"政府"方面，"新潮流系"的邱义仁、刘世芳先后担任"行政院秘书长"，对行政的决策也有一定影响，但现在"新潮流"已失去这个职位，只占有几个不是关键性的职务，影响不大。在"总统府"方面，邱义仁曾经担任"国安会"秘书长和"总统府"秘书长，估计有机会参与某些决策。至于"立法院"，是由"立委"投票进行决策的，各政党需要通过该党的"立院党团"来影响决策。"新潮流系"长期未能取得民进党"立院党团"的领导职位,影响力也有限。有人认为到2002年,"新潮流已淡出府、院、党权力核心"。[10]

不过,应当说,目前台湾的重大决策集中在陈水扁一人身上,所以,对决策机构的影响力主要体现在对陈水扁的影响上。从这一点来看,"新潮流系"基本上未能直接进入决策核心,参与决策的机会不多。过去,陈水扁曾经抛开民进党主席(谢长廷)、中常委、"副总统"以及其他党政高层人士,而由他本人与一些贴心幕僚做出决策。号称最高层次的"9人小组"也不是决策机构,最多只能提供决策参考。在民进党内,"总统"是否兼任党主席问题,要兼不兼,都是陈水扁一个人说了算。在"大选"时,要谁当"副手",也是陈水扁一人决定,其他人的意见不起任何作用。"新潮流系"只能通过其主要领导人(邱义仁、吴乃仁)与陈水扁的接触,施加一定的影响,由于不同时期邱、吴二人所处的地位不同,对陈水扁的影响力就有很大的差别。因此,可以说,"新潮流"对主要决策者陈水扁的影响处在间接的、非制度化的、不稳定的状态。

其次,要看对决策过程的影响。在这个方面很难取得直接的资料,只能从侧面的间接的情况进行分析。从陈水扁上台以后的一些重大决策中,似乎可以隐约地看出"新潮流"的主张产生了一定的影响。例如:

1.巩固政权。多年前,包括"新潮流"领导在内的民进党骨干就议论过,上台以后首要的任务应当是"巩固政权",不要让辛辛苦苦夺取的政权轻易地丧失掉。为此,陈水扁上台以后,"新潮流系"雄心勃勃准备长期执政,他们估计陈水扁可以执政八年,认为八年以后国民党要从他们手中夺回政权就更困难了。他们策划从各个方面部署巩固政权的工作。例如,"行政院"系统,陈水扁刚上台时,不得不用唐飞以及一些国民党籍的"部会首长",不久以后,便由吴乃仁带头发难,把"石头"搬开,换上民进党人或亲民进党的官员,使民进党成为名副其实的"执政党"。"国安会"系统,由邱义仁亲自出任秘书长,把原来掌握在国民党手中、主要对付民进党的情治系统,收编在民进党的麾下。军队系统，利用任期届满进行整顿，换上一些"自己人"或对陈水扁"表忠"的人，使国民党在军队中的影响力大大削弱。此外，对公营事业系统、金融系统、新闻系统以及基层，甚至连宗教团体、各大寺庙（关系到争取选票）都想方设法加以控制。以金融系统为例，吴乃仁成为掌管台湾上市公司的证券交易所董事长，一上台就引进不少自己的人马。其他金融机构如"金监会""兆丰金控""第一金控""华南金控""台湾银行""合作金库""土地银行""中小企银"等等都已经掌握在民进党或泛绿手中，于是，有人指出，陈水扁实际上已经成为"超级金控"的董事长。

民进党在各个系统中安插"自己人"，不仅是像一些人所说的只是为了"酬庸"，其目的还在于打击对手，壮大自己。它要"斩断"国民党的根子（包括"政脉"和"金脉"），使民进党能够在各个领域扎根，以保"长治久安"。几年来，很多人批评民进党拿不出什么"政绩"，实际上他们把许多心思和精力放在巩固政权上。这样的谋略运用，估计脱不开"新潮流"的影响。

2. 研究对手，战胜对手。既要巩固政权，就需要研究对手与制定战胜对手的策略。实际上在陈水扁上台后不久，"新潮流"就着手准备2004年的"选战"，并且着重研究了自己的主要对手：国亲两党。他们认为连战"东山再起"的可能性不大，他与宋楚瑜合作有很大困难，即使连宋合作，民进党也有办法对付。至于国民党中生代也没有太大实力，可以"摆上桌面"的不外是"马立强"三人（即马英九、朱立伦、胡志强），2004年如果提出马英九来和陈水扁抗争，他们也研拟了对策。起初，他们认定宋楚瑜是头号对手，可是，"兴票案"使他难以招架，暴露了他处理问题的能力并不强；"组党"（指2000年选后组织"亲民党"）久拖不决，暴露了他的优柔寡断；组织"在野联盟"和"国亲合并"暴露了他患得患失，因而声望下跌；如此等等，经过多次的"考验"与"较量"，"新潮流"得出结论：这位被认定是"大内高手"的对手，存在自身的"软肋"，也不见得多么难以对付。

显然，类似的"敌情分析"，对于提高民进党的自信、制定战略决策肯定有相当的影响。在2004年选举过程中，民进党故意炒作"马立强"，目的是造成国民党内部存在外省籍精英"压倒"本土精英、"中生代卡位"的印象，既可以分化国民党，又可以煽起本省籍民众的不满情绪。这就是上述策略运用的一个实例。

3.研究大陆，对付大陆。"新潮流"对两岸关系是比较用心的。有人指出："新潮流在两岸关系上着墨甚深，除了邱义仁自己在对美、对日和两岸等国安领域下苦功，新系也刻意栽培颜万进（海基会副秘书长）、梁文杰、张国城（前民进党"中国事务部"副主任）等人朝中国事务精进，甚至由派系提供奖学金让年轻人出国进修，学成后再安排往党职、行政职发展。"邱义仁二度担任"国安会"秘书长的工作，两岸关系纳入他的管辖范围，即使他不担任这项职务，其对两岸关系决策的作用也不可低估。

早在1998年"民进党中国政策研讨会"时，邱义仁、吴乃仁就发表《迎向新世纪的挑战：建构平等、广泛、健康、互惠的台中双边关系》，立论的前提是："应以确立台中双方为国际体系下的两个国家为原则"。在"一边一国"的前提下，提出如下主要观点：（1）美国的台湾政策是"提升台湾国际地位"与"节制台湾激怒中国"；国际社会对两岸的要求是：维持现状、降低敌意、保持对话、发展关系。因而主张要建立和处理"两国之间"的平等、广泛、健康、互惠的正常化双边关系。（2）两岸展开对话和谈判，"谈判时最忌讳由对方设定议题，如此，我方将沦为被动的不利局面"，因此要主动提出议题，但要避开"敏感问题"，否则"既改变不了既存的现实，又无济于事"。（3）"发展中程飞弹，建立阻吓能力"，用以"维护台湾的主体性，确保国家整体利益"。（4）"以时间换取空间是现阶段台湾发展对中国经贸关系的重要策略原则"，要妥善利用以戒急用忍为代价换取时间，推动产业转型，提升"国家"竞争力。此外，林浊水提出：主权问题不能谈，因为"台湾早就是主权独立的国家"；"我们应当致力于双方和平架构的建立"；洪奇昌提出："最低限度要追求维持现状，在形势有利于台湾时，要追求国家自主性的极大化"等等。[11]这些观点体现了"新潮流系"对两岸关系的基本立场和态度。

事实证明，回避主权问题，把两岸关系说成是"两国"关系，避开一个中国原则，追求自主性的极大化，一面宣称建立"和平架构"，一面购买军事装备，以武拒统，以及戒急用忍，等等，几乎已经成为民进党内的共识。

陈水扁上台初期，邱义仁、吴乃仁就认为大陆不会相信陈水扁，两岸各自坚持自己的立场，一个中国原则短期内无法得到妥善处理。因此，在重大问题上难以解决，务实的态度只能是从具体事情做起，一步一步地推动。在对待大陆的态度上，邱义仁主张："既不示弱，也不挑衅"[12]，吴乃仁认为双方应当采取这样的态度：对方做不到的事，不要强求；对方在意的事，不要故意找麻烦。总之，他们企图在不认同一个中国原则下，维持两岸缓和的局面，以利于巩固他们在岛内的统治。

上述主张是否对陈水扁的决策发生影响，通过把它与现行政策相比较，可以看出，确实有一定的影响，但并非完全被接受。例如，这个时期，民进党的"中国事务部"与"陆委会"互相配合，"新潮流"对蔡英文没有提出多少批评，估计邱义仁在其中起了一定的作用。又如，在两岸关系上，一方面，陈水扁对台商表示：两岸之间"你不动我，我也不惹你"，似乎体现了"不挑衅"的态度，而另一方面则在实际行动上不断地进行挑衅，特别是向一个中国原则挑衅。大陆所在意的许多"台独"言行，他照做不误，从而造成两岸关系十分严峻的局面。

4.依靠美国，对付大陆。"新潮流系"的骨干如邱义仁、吴乃仁、林浊水、洪奇昌等人，对于美国在两岸关系中的地位与作用，有自己的共识，他们认为，美国一方面与中国大陆加强交往，另一方面又压制中国大陆动用武力，甚至把自己的"假想敌""隐然指向中国"；"美国无意压迫台湾与中共谈判"。他们主张"加强与美国、日本维系良好关系"，一旦台海有事，"依台湾关系法规定，美国必须予以援助"。他们极力争取与美国建立良好的互动关系。邱义仁提出的"台湾不抱美国的大腿行吗？"已经成为一句"名言"，它成为台湾当局的战略决策。有人称之为台湾当局的"唯一绝招"。与此同时，根据美国有"节制台湾激怒中国"的一面，主张尽量不要向大陆"挑衅"。可是，陈水扁并没有接纳这个建议，不时出现"脱轨"的言行，惹起麻烦，导致美国不断地给予"关切"和警告。

"新潮流系"不仅对美台关系的决策有一定的影响力，而且在执行过程也发挥了重要影响。邱义仁曾经担任民进党的驻美代表，后来多次"衔命"赴美进行斡旋活动，有关陈水扁 5·20 讲话、公投制宪、采购军火、过境安排等等，都由邱义仁出面进行沟通，以便"修补美台关系"。于是，台湾"官方"有人指出："邱义仁是台方与美国沟通最理想的管道"，据说，美方也认为他是最能接受的台湾官员，他实际上取代了"美国在台协会"和台湾所谓"外交部"的功能。难怪有人抨击说："邱义仁操持了对美外交大权"。正因为这样，美台关系发生问题，"新潮流"也是难以推脱责任的。

以上主要讲"新潮流系"对当局决策的影响，下面则分析"新潮流系"在决策上与陈水扁的冲突。几年来，"新潮流"从迫使唐飞下台、主张"少数政府"、反对"核四"复建、反对"统合论"、批评"新中间路线"、反对停止农渔会金融改革、主张强化中常会、反对指定党主席、反对吕秀莲担任副手、反对"土增税减半"，到反对"防御性公投"和"制宪公投"等等，竟然有这么多的问题与陈水扁发生分歧和冲突，其中有的经过协调互相妥协，有的只好服从陈水扁的决策。这一方面可以看出，"新潮流系"力图对陈水扁的决策发挥影响力，曾经一度造成"似乎凡是新潮流反对的事就无法推行"的印象。另一方面，在许多决策中，"新潮流"的主张是不被采纳的，这也说明了"新潮流"影响力的局限性。

以下专门以有关"公投"的决策为例进行讨论。

当陈水扁悍然决定在"大选"时进行"防御性公投"时，不仅受到岛内许多人士的反对，在民进党内以"新潮流"为代表的一些成员也提出了不同的主张。林浊水认为这种做法"混淆了代议政治与直接民权的分际，并不可取"；他还明确地指出，所谓"防御性公投"，实际上就是"统独公投"。李文忠、段宜康等批评"防御性公投""缺乏正当性与紧迫性"，认为需要"说服社会大众为何现在国家主权有改变之虞，否则防御性公投只成为方便推动公投的工具"。[13] 段宜康担心"防御性公投"遭到误用，"可能一次就用完了"。林浊水则警告：防御性公投是维护台湾安全的重要武器，"要等到危急时刻宝剑才能出鞘"，而现在还不是动用的时候。

针对陈水扁提出"宪改"和"催生新宪"，并且要在2006年实行"制宪公投"的主张，民进党内部杂音不断，许多人私下对陈水扁"屡屡不经过党内民主程序就做重大政策宣示"颇为不满。吴乃仁公开批评说："宪改"是最需要社会高度共识的议题，但台湾还没有这样的条件，现在社会对立严重，应当设法"与民生养"，不要因为坚持"宪改"而引发新的冲突。段宜康认为这种做法"显然是选举策略"。李文忠批评陈水扁不习惯党内民主，而且常说出自相矛盾或和政策相反的谈话。林浊水表示："如是制宪，则已超越法律规范。"他说："希望不要让外界认为是一党修宪、一人修宪"。

由于陈水扁坚持要举办"公投"，并决定派出"公投宣达团"前往美国等处游说，后来迫于形势又不得不"喊停"。对此，李文忠指出："国安外交体系一团混乱，必须有人负责。身为总统要为台美关系、国家安全、大选结果负终极责任。"李文忠、段宜康等还直接指名陈水扁"应为台美关系陷入谷底负责"。"新潮流系"甚至认为"公投牌"气数已尽，"等于宣布陈水扁败选"。

陈水扁提出"公投"处处受到"新潮流系"的抵制和反对，显然，"新潮流"企图影响和改变陈水扁的"公投"决策，但并没有成功。这一方面表明陈水扁有自己的目标和企图，他不愿意受到"新潮流系"的干扰，不让它有太大的影响力；另一方面表明了"新潮流"政治影响力有限，它既缺乏足够的实力，又与陈水扁的理念存在距离，在处于劣势的情况下，不可能发挥更大的作用。同时，还可以看出，在整个过程中，邱义仁处在"总统府"秘书长的地位，他表示坚决支持陈水扁的主张，极力为"公投"辩护，并且亲自出面说服，呼吁党内团结，成为名副其实的"保皇派"。他的言行不得不与"新潮流系"其他成员有所差别。而当邱义仁声称"现阶段不会更动国旗、国号、领土"时，却受到民进党内一些人的批评，认为陈水扁并没有这样的主张，邱义仁"反而把空间限死了"。这种情况说明，"新潮流系"内部不一致，使它的政治影响力受到了极大的限制。

总之，从以上陈水扁当局决策的过程可以看出，"新潮流"的精英确实产生了一定的影响力，至于作为派系的"新潮流"其影响力则是不很明显的，相当有限的。

对党内的影响力

对党内的影响力，本来主要应当从对进入政府内的党员的影响来考察，从而说明一个政党或一个派系对政府内外本党力量的影响力或控制力。由于作为一个派系，"新潮流"并没有成为执政的主要力量，因此对于"从政党员"的影响力是有限的。不过，上面已经说过，"新潮流"作为一个派系，它对民进党的路线、决策、人事安排直到夺取政权、上台执政等等都有重要的影响力，而且，"新潮流系"作为民进党内最有凝聚力的派系，如果没有"新潮流"的存在，民进党就会显得涣散无力。这是"新潮流"对党内影响力的主要方面。

此外，还可以考察它对党内各派系、对陈水扁的影响力。

首先，对党内派系。从正面来说，由于"新潮流系"具有团队精神、纪律严明、"计算"精密、务实低调、论述犀利、改革形象、实力强大、富有凝聚力和影响力、努力培养和提拔新生力量等特点，使他们人数虽少却能在党内拥有相当重要的地位。在民进党执政以后，"新潮流系""当官的比例大"，俨然成为民进党内一大派系。这种情况不能不让其他派系感到相当羡慕。据报道，党内其他派系如"正义连线"和"福利国"的成员都"不禁佩服"，还有人私下表示，"不如跳槽到新潮流去"。

但是，"新潮流"在党内更多的是负面的影响。有人指出，"新潮流""在派系利益至上的最高指导原则下"，为了竞选不惜与昔日盟友决裂。它的"冒尖"，更使它成为党内的众矢之的。其他派系往往称"新潮流"为"他们"，可见"我群""他群"的界限是相当分明的。各个派系对"新潮流""既爱且恨，又嫉妒又害怕"，2000年"大选"以后，党内各派系在"立法院"组成"主流联盟"，便是制衡"新潮流"的一个重要举措。洪奇昌表示，他感受到"新潮流系"处在"人人喊打"的困境。

各个派系为"新潮流"扣上如下的罪名："只为了抢夺党内资源，占了许多重要位子，让其他派系新生代无法出头"；"新系早已在各重要战略位置部署兵力，远远甩开其他派系的纠缠"；"民进党的长久执政计划，最后会不知不觉变成'新潮流永续执政'"；"以派系治国"；有人甚至指责新潮流是"癌细胞""红卫兵"。总之，他们所关心的是政治资源的分配问题。有人公开提出要"解散党内派系"，显然也是针对"新潮流"而来的。

其次，对陈水扁。有关"新潮流"对陈水扁决策的影响力已见上述。这里讨论双方关系出现问题而导致影响力的变化。"新潮流"虽然为帮助陈水扁上台立下"汗马功劳"，但是"功高震主"，他们之间的关系从来并不和谐、融洽。"新潮流"名为"保皇派"，而从陈水扁看来还不是一件"得心应手"的工具。更严重的是，陈水扁担心"新潮流"会利用他来壮大自己，最终成为他的心腹之患，因此他宁可扶植自己的"嫡系人马"与之抗衡。所以，有人指出，陈水扁过河拆桥，把"新潮流"拒在核心之外，"新潮流"只是陈水扁"又痛又爱的盟友"，"不稳定的盟友"。有人预言，"未来三年将是陈水扁与新系的斗争期"。当讨论解散派系时，陈水扁决定：一级主管退出派系运作，不得担任派系职务与参加派系活动。这对"新潮流"来说，可以算是一项"斩首行动"。

"新潮流"早已预计陈水扁上台以后，"不会看派系的脸色行事"。实际上，""新潮流"担忧的，陈水扁都做了；"新潮流"不满的，陈水扁按兵不动"。他们估计"新潮流"可能被视为"绊脚石"，成为被开刀的对象。现在台湾舆论普遍认为陈水扁是"一人决策"，对民进党（当然包括"新潮流"）"用完即弃"。面对这样的局面，邱义仁公然表示：陈水扁"是一个没有 vision（远见）、没有方向、眼中只有权力的人，但是我们能做什么呢？我们什么都不能做，也不能离开，我们能做的只有 damage control（控制损害）。"[14] "新潮流""政协会议"多数人认为，凡事与陈水扁对立，对双方都没有好处，所以，要与他维持一个"适当的改革距离"。这是一贯奉行"老二哲学"的"新潮流系""无奈心态"的表露。

双方采取戒备的态度，几乎没有什么互信可言。民进党执政几年来，"新潮流"无法扩大它的政治影响力,这应当是它的挫折和失败。今后,"新潮流"对陈水扁的影响力有极大的可能是:渐行渐远,每况愈下。

对政治动员的影响力

"新潮流"从群众运动起家,本来善于政治动员,善于通过大型"造势"活动,吸引民众支持民进党的主张。"吸引选民"是政治动员的重要内容之一,现在这个"看家本领"仍然在选举出得到充分的表现。除了选举以外,"新潮流"还在青年学生中开展工作,举办各种讲习营、培训营等等,吸引他们参与活动,有不少外省籍子弟成为"新潮流"的骨干力量。不过,在其他方面的政治动员方似乎有所削弱。

早期,"新潮流"标榜自己的理想:民进党应当是一个台湾的社会民主党,他们提出"三面大旗",一是"台湾独立",二是走组织化的群众路线,三是倾向中间偏"左"的社会民主主义。经过20年的变化,按照段宜康的说法:"如今除了台独,左派与群众路线都已渐行渐远。"

过去打着"社会民主主义"的旗号,从事劳工运动,得到一些支持,也得到一些选票。后来逐渐放弃了,特别是民进党上台以后,关心的是巩固政权,保住权位,不关心民众疾苦,脱离了广大群众。有人批评说:"台湾俗谚说:吃果子拜树头。今天我想问,民进党如果失去广大人民的支持,失去社会改革的活水,那民进党到底和国民党有何不同?弱势族群又为何要支持民进党?权力使人腐化,不仅是阿扁,连"新潮流"也腐蚀了创党理想。""台湾劳工阵线"也批判"新潮流""踏着劳工的血泪换取政治资源"。曾经是"新潮流流员"的简锡堦说:"新潮流"当年以体制外改革揭开台湾社会运动的发展,但现在却"汲汲于政治权位",看不到过去理想与坚持。

有人尖锐地批评说:"新系最大的道德瑕疵是对于社会运动团体的操弄,对于学运、工运、妇运、原运以及环保运动,甚至媒体,进行收编、渗透,或是干脆污名化,今天民间社会积弱不振,除了说民进党的执政外,"新潮流"的保险套用完即丢的手段厥功甚伟。"[15]有人干脆说,"新潮流"过去是激进的工农阶级立场,现在却压迫工农阶级,它已经"变质"了。

上述情况表明,"新潮流"由于脱离了群众,它在政治动员方面的影响力必然下降。可是,直到现在还没有看到他们对此有什么检讨。

影响力的评估与发展的瓶颈

从以上分析可以看出,"新潮流系"的政治影响力主要表现在以下几个方面:在选举方面,向来具有较大的影响力,今后仍然可能发挥相当大的影响,但现在已经有人提出质疑;在决策方面,也有一定的影响力,主要是通过对陈水扁的影响发挥作用,但在某些重大问题上无法对陈水扁产生牵制作用,从发展趋势来看,它的影响力正在下降;对党内在路线、决策、人事安排、夺取政权等都有相当大的影响,对于民进党的凝聚力有正面和负面作用,目前正在受到其他派系的围攻,处于相当孤立的境地;对政治动员的影响力,由于脱离了劳工群众,有相当大的衰退。总之,"新潮流"对当前台湾当局和台湾社会具有一定的政治影响力,但也受到很大的限制,不宜估计过高。

"新潮流"政治影响力的衰减影响到它的发展。在"新潮流"成立 20 周年时,人们主要关心的是两个问题:一是"缺乏思考与严肃讨论是当前'新潮流'最大危机";二是"希望未来能改善新系在民进党内人缘,不要受排挤"。后者涉及民进党内的相互关系问题,暂不讨论。前者则是政治理念问题,是"新潮流系"发展的瓶颈所在。

有人批评"新潮流"在执政后开始"向右转",洪奇昌答复说:"30 岁有30 岁人要做的事,50 岁有 50 岁人要做的事",以此解释"新潮流"政治、经济立场的冲突和转变。实际上,"新潮流"原来所标榜的"理念聚合、人才甄补与派系民主三大组织特性"[16]其中"理念聚合"似乎已经淡化了。有人指出,"新潮流"逐步丧失中心价值,应当"寻找新的方向"。那么,现在"新潮流"的政治理念还剩下什么呢?段宜康坦承除了"台独"以外,原来的理念几乎不存在了。因此,洪奇昌也表示,"新潮流"应当"思考未来和方向"。

其实,制约"新潮流"发展的瓶颈正是"台独"理念。本来,在民进党内部"台独"是"新潮流"的"专利",而当 1991 年通过"台独党纲"时,"新潮流系"意识到"台独"变成了民进党的"公共财",自己手中没有别的"王牌"。那时他们就应当"寻找新的方向",可是为了忙于向国民党夺取政权,并没有切实解决这个问题。

原来的"三面大旗",自己丢弃了两面(社会民主主义、群众路线),剩下的一面也被别人扛走了。现在,在"台独"的光谱中,"新潮流"的色彩既不如"台独联盟",也不如"建国党""台联党"、李登辉,推行"台独"的能力则不如陈水扁,"新潮流"失去了"台独"旗手的地位。有人指出:"新系早期高举台独巨擘,近年的言论则与其历年来批判的对象有所聚合,却未见往日周延的说服工作,也不免让民进党的忠诚支持者怀疑他们是否不顾政党立场、甚至于国家利益。"[17] 是的,那些"基本教义派"确实怀疑"新潮流"对"台独"的忠诚,"外独会"甚至公然指责"新潮流""背叛""内奸",扬言要"铲除'新潮流'"。李文忠也承认,新系被质疑在"台独"立场上转向,自打嘴巴。可见,对"新潮流"而言,"台独"已经成为"鸡肋",可是他们至今还抱住这个"神主牌",而舍不得丢掉。

原来"新潮流"是一个"理念—利益"的共同体,现在却没有自己独特的理念,照这样下去,正如他们自己所担心的,很可能"沦为只算计多少席立委、中常委或中执委等职位,工于政治谋略却失去中心价值的政治派系",即单纯的"利益共同体",或"公职人员俱乐部"。如果这样,"新潮流"未来的政治影响力也就可想而知了。

(《台湾研究集刊》2005 年第 1 期)

注释：

[1] 罗伯特·A·达尔：《现代政治分析》，上海译文出版社，1987年，37页。

[2] 参阅王长江：《现代政党执政规律研究》，上海人民出版社，2002年，第5章。

[3] 张俊雄、邱义仁等策划：《破晓——2000陈水扁胜选大策略》，时报出版社，2000年，48、193页。

[4] 同注[3]，171、177、193页。

[5] 张世嘉：《邱义仁兵法》，《新新闻》863期，2003年9月。

[6] 李濠仲：《扁式风格四年如一日》，《新新闻》881期，2004年2月。

[7] 杨舒媚：《昔日红卫兵，今之保皇党》，《新新闻》863期，2003年9月。

[8] 林莹秋：《新潮流永续执政？》，《财讯》，2004年7月。

[9] 杨舒楣：《新潮流被打入冷宫》，《新新闻》896期，2004年5月。

[10] 刘政平：《正义连线成阿扁御林军》，《财讯》，2002年2月。

[11] 以上均见"98民进党中国政策研讨会"相关资料。

[12] 张俊雄、邱义仁等策划：《破晓——2000陈水扁胜选大策略》，时报出版社，2000年，193页。

[13] 《"新潮流"有异议》，《中国时报》，2003年12月1日。

[14] 杨舒媚：《阿扁与"新潮流"相敬如冰》，《新新闻》726期，2001年2月。

[15] 施正锋：《新潮流老二哲学的背后》，《联合报》，2004年8月1日。

[16] 邱太三：《剖析新潮流的政治实践》，《中国时报》，2001年4月14日。

[17] 施正锋：《"总统"大选以来的民进党与泛绿阵营》，《台湾民主》第一卷第三期，2004年9月。

五、"读秒"中的民进党

台湾"立委选举"民进党惨败。如果不是"创党以来的最大惨败",陈水扁怎肯辞去党主席的职务?这场惨败,打得民进党趴倒在地。民进党人高喊要"送医急救",即使尚未达到如此不堪的境地,至少也像被猛击一拳而倒地的拳击手那样,正处在"读秒"阶段。

民进党能否在短期内,恢复可能恢复的体能,重新站立,奋力拼搏,面对"3·22大选",与对手决一死战?这是当前人们观察的重点。

是否不堪一击?

一般人都没有估计到民进党在"立委"选举中会败得这么惨。27席,这样低的席次,不仅是民进党自己,连他们的对手、各方面的观察家也没有想到。于是,人们都在分析民进党失败的原因,公说公有理,婆说婆有理。

有人说民进党失败有八大理由:执政无能、贪污腐败、深绿绑架、全党护扁、内部矛盾、专断独行、滥用资源、票房毒药(陈水扁的辅选)。

有的说是选民对陈水扁投不信任票;民进党选举的主轴错误;有的说"新三宝"(杜正胜、谢志伟、庄国荣)的失误是失败的主因;有的则认为民进党组织动员不力、初选提名制度错误。

有的说是马英儿 long stay 收到效果,他的光环吸引了选票;有的说国民党的两岸政策得到民众的支持。

有的说:单一选区两票制是国民党大胜的主因。有的说:"台独"才是民进党失败的主因。

众说纷纭,莫衷一是。

可能有几十个因素起作用，每一种因素都有它的作用，如果有一个因素的影响力达到1%，就有好几万票，因此各个因素都不可忽视。

但绝对不是每个因素都有同等的影响力，如果找不到主要因素，而把一切罪过归于"新三宝"，拿他们来"祭旗"，那对于民进党的起死回生也无济于事。

分析选举的结果，不能不看选举的性质，不同性质的选举，胜负的因素是不同的。"立委"选举是由各个选区的民众选出自己的民意代表，从实质上说，它属于"地方选举"，考虑的主要是地方利益。在地方上的实力如何，是取胜的关键所在。

"立委"选举的性质，决定了它不是一次"台独与反台独的对决"，也不是陈水扁所说的"选台湾还是选中国"的对决。否则就会得出这样的结论：此次"立委"选后，"台独"已经失败，"选台湾"也败给了"选中国"，那岂不是不必再"反台独"，也不能再"玩台独"了吗？

单一选区两票制对大党有利，对小党不利，这次选举已经得到证实；对国民党比较有利，对民进党比较不利，也已得到证实。其实，有些民进党人早已提出警告，可是很多人到了吃亏以后，才发现自己提出的改革方案，却让自己"上当"了。

这次"立委选举"，蓝营民众当然提给蓝的候选人，绿营民众大体上也投给绿的候选人，可是为什么会出现"立委"席次"一面倒"的现象呢？

据分析，绿营中有些人认为他所在的选区的绿营候选人肯定没有胜出的机会，因此不去投票；深绿的选民本来每逢选举都会努力"催票"，打上几十通电话，这次却因为民进党政绩不佳而扫兴，不积极催票了；还有一些浅绿的选民不投票，甚至投给蓝的候选人；中间选民多数不投给绿的而投给蓝的。如此等等，因而出现席次上的巨大差异。

但是，另一方面，国民党的政党票和区域"立委"的得票都只有51%或53%，民进党的得票分别为37%—38%，可见国民党并没有达到压倒优势。民进党的基本盘并没有"崩盘"。正因如此，国民党在"大胜"的同时一直保持低调，不开香槟庆祝，"只能高兴一个晚上"。胡志强还警告说：情势可能逆转，国民党不能轻松看待。

这次选举不及六成投票率，只有980多万人投票，而"大选"的投票率可以达到八成左右。2004年"大选"就有1300多万人投票，比这次"立委"选举多出300多万票。这次未投票的300多万选民可能在"大选"中出来投票。有人估计这部分选民中，绿的占多数，但多到什么程度还难说。

此外，根据《苹果日报》民调，有40.8%的民众支持马英九，只有16.2%的选民支持谢长廷，但是未决定的还有43%。许信良认为有这么多选民未决定投票去向，说明谢长廷还有机会，谢长廷对此也抱有希望。

总之，从"账面"上看，还有不少票尚未落入马英九的口袋，谢长廷还有可能争取。如果能够"追回"泛绿流失的票，争取一些中间选票，还不能说民进党已经不堪一击，倒地不起。就看在"读秒"阶段，民进党会有什么作为了。

能否逆中求胜？

尽管在"账面"上还有不少可以争取的选票，可是能否争取得到，却有很大的困难。显然，现在形势对马英九有利，国民党的气势高涨，民调居高不下，"大选"势在必得。相反地，谢长廷正处在政治生涯空前的逆境之中。

"总统选举"的性质，决定了需要从大环境、大原则以及"国家大事"等方面进行较量，在这些方面，陈水扁八年执政所留给民进党人和谢长廷的只能是"负债"而不是"财富"。现在是民进党最劣势、最低潮的时候，谢长廷的"生命美学"：逆中求胜，是否仍然可以发挥作用，"九命怪猫"是否还有一线生机，不能不令人怀疑。

2000年和2004年陈水扁竞选时，是以民进党全党的力量进行助选，还有民进党内最具有战斗力的"新潮流系"作为选战的主力，拼死卖命地为陈水扁出力（陈水扁取胜后，就把它一脚踢开）。可是这次"大选"，民进党内经过初选，各派人马，打得头破血流，苏贞昌能够答应作为谢长廷的副手已属不易，扁系、游系、新系还有谁愿意为谢长廷出力？落败的"立委"、遭受党内打击的"11寇",还有多少人愿意为谢长廷助选？此外，"深绿"对谢长廷主张中间路线以及缓和两岸关系深怀不满，他们只可能"含泪投票"，却很难由衷地为他极力辅选。谢长廷在实力上已大逊于当年的陈水扁。

前一段陈水扁完全主导了民进党的选战，由他决定选战主轴和路线，结果以失败告终。谢长廷如果继续陈水扁的路线必败无疑，如果完全与陈水扁切割，也有伤及基本盘的危险。他陷入"不切割不行，切割太厉害也不行"的困境，进退两难。

最近谢长廷终于提出"护台湾，救民主，两党共治，台湾进步"的竞选口号，一面安抚"基本教义派"，巩固基本盘；一面整合党内力量，团结对敌；一面争取中间选民，扩大票源。不过，这只是纸上的计划，在两个月的时间里，能够落实多少、取得多大成效，还有待观察。

这里可以提请大家留意的是，从2000年以来，民进党在选举中，只胜过四次，第一次是2000年"大选"，陈水扁获得39.3%选票；第二次是2002年的高雄市长选举，民进党获得50%选票；第三次是2004年"大选"，陈水扁获得50.11%选票；第四次是2006年高雄市长选举，民进党获得50.27%选票。这说明即使在民进党执政的条件下，民进党在选举中所取得的胜利都是"险胜"，比对方的得票率多不到千分之三。换句话说，如果谢长廷在这次选举中能超过对手千分之一，那就是奇迹，就是他的"造化"了。

如果马（谢）当选

这个问题本来不是现在需要讨论的，但却与选举有一定的关联，可以引发一些思考。

如果马当选，国民党既拥有"总统"的职位，又占有"立法院"多数席次，成为执政党，形成一党独大的局面。国民党表示这样很好，"府院一党，运作顺畅"，不会轻易受到反对党的抵制（杯葛），对台湾的稳定发展有利。但是，民进党却攻击他们，如果一党独大，就等于"台湾民主倒头走"，国民党可能滥用手中的权力，为所欲为，甚至还会出现黑金勾结，重回"威权时代"，令人感到不安。弱势的反对党如果无法监督执政党，台湾民众能够信赖、依靠、寄望于国民党人的自律吗？如果民进党作为反对党对当局进行强烈的杯葛，台湾社会又要不得安宁。

如果谢当选，民进党在"立法院"中只是少数党，国民党绝不允许民进党单独"组阁"，谢长廷早已提出"联合政府"的主张，但由民进党人当"总统"，组阁权也不会轻易地交给多数党。如果以国民党人为主组阁，民进党人又不服。这个过程的争执可能闹得不可开交。谢如果不与多数党妥协，将一事无成；如果愿意妥协，又会受到党内的抵制。他当"总统"日子也不好过。

再说，如果马英九取胜，陈水扁、谢长廷等人都退出政坛，只剩下 27 席"立委"的民进党，群龙无首，党员流失，是否会陷于瓦解？反之，如果马英九失败，国民党本土派是否会取而代之，王金平是否将成为国民党的领袖？这一切都有可能。

至于谁当选对于两岸关系将会发生怎样的影响，那可以作为另一个专题讨论。不过，我认为不管谁当选，在我方"牢牢把握两岸关系和平发展的主题"的影响下，大势所趋，马、谢二人都有可能表示愿意走和平发展的路。我方就会给予善意的回应，两岸关系就可能有所改善。总之，不管谁当选，至少会比陈水扁当权的时候好。这可能也是大家所希望的吧。

（《台海》杂志 2008 年 2 月）

六、如果民进党下台

还有 50 多天，台湾"大选"即将到来，国民党的"马萧配"与民进党的"谢苏配"正在展开最后的拼搏，谁胜谁负还难断言，我们尊重台湾民众的选择。

现在不妨把眼光放远一点，预估如果马萧当选或谢苏当选将会出现什么局面，对台湾政局与两岸关系会有什么影响，这可能才是我们需要观察的重点。

若马萧当选：台政局平稳，两岸仍有分歧

1 月 12 日的"立委"选举，国民党大胜，获得 81 席，民进党遭到惨败，只得到 27 席，要在"立法院"与国民党对抗，已经力不从心了。

如果马萧赢得"大选"，国民党就成为执政党，由国民党主导组成的"行政院"，就是"多数政府"，得到"立法院"多数的支持，可以彻底改变过去八年"朝小野大""少数政府"的乱象，出现相对平稳的政治局面。

在国民党胜选的情况下，当局如果能够顺从民意，谋求经济发展，改善两岸关系，应当是可以有所作为的。反之，如果依仗"一党独大"的优势，为所欲为，甚至重返专制统治的老路，尽管在野党无力制衡，也必然遭到广大民众的抵制。

若马萧大胜，国民党就可以理直气壮地主导政局，内部阻力较小。如果只是险胜，他们的日子也不好过，那时国民党内"最大"的人物不是马英九，而是"立法院"的龙头、国民党本土派的领袖王金平。

执政的国民党可能"快速本土化"，从被民进党定性的"外来政党"自行转变为"本土政党"。不仅强调"本土论述"："立足台湾""认同台湾"，甚至可能改名为"台湾国民党"，让本土势力成为国民党的主流，从而取得原来被

民进党独占的"本土政党""台湾本土意识"的优势地位,以争取占台湾人口绝大多数本省籍民众的支持。

上台之初由谁"组阁"?要不要让民进党和其他政党成员加入?党内"卡位"与党外"包容"之争,将是国民党胜选之后面对的第一个头痛的问题。事关刚刚夺取的政权能否巩固,容不得任何闪失。

至于民进党,它已经输了"立委"选举,如果在"大选"中再败就元气大伤。不过,如果谢苏还能获得40%以上的选票,说明"基本盘"还在,谢长廷有望成为民进党的领袖,重整旗鼓,作为在野党制衡执政党,可能还有一番作为。

如果民进党"大选"又遭惨败,可能一蹶不振。民进党的"地盘"只剩下"立法院"的27席和六个县市长。"四大天王"势必退出政治舞台,中生代"一个比一个大",你不服我,我不服你,谁能"出线"?谁来整合民进党?都成了问题。民进党"迈向执政之路"恐怕要从头做起。

马萧上台,政局可能相对平稳。发展前景如何,要看他们能否处理好党内关系以及与民进党的关系。

两岸关系方面,马英九的基本立场是:认同"九二共识",当然"一个中国"是指"中华民国";反对"台独",当然目的是"捍卫中华民国";反共,反对"共党专制";"不统,不独,不武"。(萧万长主张"不独,不武,不急统",似乎还没有马英九那么强硬)。

所谓"不统"是真的,他表示在他的任上不谈统一,甚至说,"也许我们这个时代看不到统一"。所谓"不独"是假的,他说"中华民国是主权独立的国家",近来更进一步说:"台湾在语意上等同于中华民国","不排斥以台湾名义重返联合国",这些说法与民进党已经趋同了;所谓"不武"是要大陆向他做出保证。

马英九向大陆提出:"中华民国在台湾"是一个民主政治实体,必须受到尊重;作为"一中"框架下的"政治伙伴的对等地位",必须获得承认。要让台湾参加国际社会,否则后果自负,不仅"台独"分子,"连我们这些人也会站出来反对"。"大陆不民主,台湾不谈判",等等。在这样的政治立场下,大陆有些人以为只要马英九上台，两岸就可以走向统一，那显然是缘木求鱼，一厢情愿。另一方面台湾有些人以为只要马英九上台，就会与大陆谈判，套上"一中"的绞索，葬送台湾民主的前程，同样是无稽之谈。

除了政治态度之外，马萧也会受到岛内其他势力以及国际力量的制约，他们在两岸关系上不可能走得太快。但马萧反对"台独"、主张缓和两岸关系、希望两岸能够和平发展，也曾主张两岸签订和平协议，他们认识到与大陆合作对台湾有利。从大方向来说，他们与大陆有一定的共识。

只要马萧上台以后能够表达上述意愿，相信大陆方面就会给予善意的回应，两岸关系会走上和平发展的道路。这是两岸人民共同的愿望。"三通"之类的经济性、事务性议题，前景看好。

总之，马萧上台，两岸关系可能和平稳定，但两岸涉及政治层次的分歧仍很大，不可能在短期内获得较大的进展。

若谢苏当选：台政局可能重现"乱象"，但两岸关系比扁时好

民进党如果赢得"大选"，哪怕是只获得 50.01% 的选票，必将喜出望外。这样就可以延续 12 年的"绿色政权"，甚至从此打得国民党"倒地不起"。

根据民进党内的"不成文法"："民选总统"最大。谢长廷毫无疑义地取代陈水扁，成为民进党的当然领袖。

不过，没有了多数党的地位，民进党不能单独执政，不能像陈水扁那样强行推出"少数政府"。谢长廷早就有组成"联合政府"的打算，但他原本是想由民进党与其他势力组成，而把国民党排除在外。现在他无法拼凑出一个没有国民党的"联合政府"。是否让多数党——国民党"组阁"？这是第一个考验。否则执政当局受到多数党的强力制衡，台湾政坛的"乱象"将更加严重。

如果谢长廷能够兑现"和解共生"的承诺，与国民党妥协，求得"朝野共治"，还有可能维持相对稳定的局面。而如要谢长廷像陈水扁那样，受到"基本教义派"的裹胁，强行推动"法理台独"，就等于自取灭亡。因为"立法院"中的四分之三席次足够否决他们任何"台独"的提案。

　　谢长廷说他自己是一个"务实的理想主义者"，所谓"理想主义"应当是指"台独"，所谓"务实"，就是能做到什么，就做到什么，做不到的不强求。如果这样，"台独"声浪可能削弱，台湾也可能出现比较平稳的局面。

　　至于国民党，如果输了这次"大选"，按照吴伯雄的话说，"要再站起来就不容易了"。这次选举是在陈水扁执政无能、贪污腐败、不得人心的情况下举行的，国民党明显处在优势，结果却又输了。国民党还能有什么话说？有人认为马英九在四年后可以再起，实际上，只要这次失败，国民党就不再需要马英九了。"立法院"成了国民党的主要据点，王金平成了国民党内"最大"的人物，国民党内本土派必然处在主导地位。他们可以与民进党互相较量、进行利益交换、演出一场复杂的本土政权争夺战。

　　如果谢苏上台，台湾政局可能平稳，也可能重现"乱象"，就看谢长廷的"和解共生"如何运作了。

　　至于两岸关系，谢长廷的长远目标是实现"台独"，近期目标是以"台湾前途决议文"为底线，维护"主权独立"，主张搁置政治争议，两岸和平繁荣，共生双赢。在保证民进党长期执政、增强台湾实力的基础上，谋求"台独"的实现。他说："两岸如何有办法和平，却又不改变主权独立现状？这需要更高智慧"。

　　另一方面，谢长廷也说过"要化解现有困境寻求突破，台湾只能选择与大陆直接对话"，"不与大陆合作，台湾没有前途""只有与大陆妥协，台湾才有出路"之类的话。他明确表示，上台以后要"先内后外"，先把精力用于谋求台湾内部团结，然后才处理两岸关系问题。此外，他还想把两岸关系"国际化"，让国际社会介入和干预两岸关系的对话，企图争取国际上的支持。

　　有人担心他会被"深绿"或"基本教义派"拉着走，但从他的言论上看，他一直与"急独"乃至与陈水扁都有所区隔。他已看到陈水扁的失败，难道他还要沿着陈水扁的死路走下去吗？当然这还是需要考察的一个问题。

　　总之，如果谢苏上台，首先关心的是如何站稳脚跟，不会急于处理两岸关系问题。他们的"台独"主张是发展两岸关系的最大障碍，不过，在短期内表示愿意与大陆维持和平稳定的关系则是可能的。我们乐观其成。"三通"之类能够争取台湾民心的事，他们也会去做。

综上所述，无论谁当选，两岸关系都不太可能比陈水扁时期更坏。

（《同舟共进》2008 年 3 月）

七、民进党如何"切割"陈水扁

其实，不少民进党人早就想与陈水扁切割了，可是他们一直不敢、不愿、也不能。事到如今，这一刀已经非切下去不可了，只是还不知道他们究竟会怎样切割。

2005年当陈水扁家庭及其亲信的种种弊案被揭发以后，不少民进党人就已经忧心忡忡，他们深知陈水扁不再是民进党的"资产"，而是民进党的"负债"了。在红衫军"倒扁"的过程中，许多人都看到如果民进党一直要与陈水扁绑在一起，可能会受到极大的伤害。于是，民进党内有人开始发出各种各样的警告。

民进党前主席林义雄曾经要求民进党"自上而下"进行检讨，矛头直指陈水扁。林在退党时表示：民进党的党魂已经丢失，陈水扁令人失望。

吕秀莲说："当家的、掌权的人太近视"。

王拓说：民进党执政五年，把"过去赚的形象都赔光了"。

林浊水说：陈水扁对不起被关、被杀的民主前辈。

李文忠要求陈水扁向民众道歉。

"南社"看到民进党涉及众多弊案感到灰心，要他们"改邪归正"，"否则，陈水扁不但不配称'台湾之子'，还将成为历史罪人"。

亲绿学者表示：陈水扁已经失去道德威信与民众信任，应当主动辞职。

绿营也发出"陈水扁不要再伤害绿营"的声浪，表示要与陈水扁切割。

但是，这一刀始终没有切下去。相反地，民进党以及绿营一再出现"护扁"的动作。他们为陈水扁及其家人涂脂抹粉，反对倒扁，反对罢免，反对倒阁，公开挺扁，叫喊"捍卫本土政权"。民进党全代会没有人敢于反扁，后来，面对几百万人反贪腐的"倒扁"运动,居然出现了全党"团结"一致挺扁的怪现象。

在陈水扁掌权的条件下,要与陈水扁切割,对民进党来说是太难了。即使到了2008年"立委"选举时,不少"立委"候选人已经认识到陈水扁的辅选对他们来说,可能成为"票房毒药",可是他们还无法与陈水扁切割,只是无可奈何地说:阿扁"最好不要来啦"。在"大选"时,许多人认为谢长廷不与陈水扁切割必败无疑,可是,谢长廷处境艰难,外有强敌,安内为上,如果径行切割,必然腹背受敌,"割不断,理还乱",他只能万般无奈地说:"总统下班时,欢迎来辅选",始终不敢大胆切割。

可见民进党人并非不想与陈水扁切割,但为什么却无法切割呢?

一是不敢。陈水扁在民进党内拥有最大的权位和实力,大权在握,许多人被陈水扁所绑架,不敢不服。谁得罪了他谁就倒霉,与扁切割,等同"犯上",必然引起全党共讨之,泛绿共诛之。所以,没有几个人敢于冒这样的风险。

二是不愿。陈水扁是民进党有史以来"最大"的人物,是民进党的旗帜,与扁切割,就等于自外于民进党,甚至导致本土势力的全面"崩盘"。陈水扁说:"我垮,党就完了"。那些受到陈水扁蒙骗而死忠于陈水扁和民进党的人是不愿意这样做的,甚至明知陈水扁贪腐,也要硬着头皮死保。

三是不能。有了陈水扁,民进党才有"执政"的地位,民进党人才能分享"执政"各种利益,陈水扁下台,对他们没有好处。那些"分到一杯羹"的人、拿到陈水扁的钱的人,以及所有的既得利益者都舍不得切割。有些人自己也不干净,甚至与陈水扁形成"共犯结构",他们怎么"切"得下去?要切割,岂不同归于尽?

四是怕吕秀莲上台。在当时的条件下,叫"陈水扁下台"等于喊"吕秀莲上台"。陈水扁说:"换吕秀莲上台会更好吗"?民进党内就没有声音了,因为许多人害怕吕秀莲,只好"忍受"陈水扁。当然,考虑的还是切身利益和民进党的政权。

五是怕被国民党捞到好处。只问蓝绿,不论是非。决不能"亲者痛,仇者快"。宁可包庇陈水扁的贪腐,也不能让国民党抓到攻击的把柄。

当然，民进党内并非没有"勇敢分子"，2006年李文忠、林浊水辞去"立委"，2007年沈富雄退党，都是与陈水扁切割的断然举措，但都没有得到民进党内的响应和支持。

现在陈水扁知法犯法已经落得可耻的下场，民进党要与陈水扁切割应该不会再有什么顾虑了，难道还不敢下手、彻底切割吗？应当说，现在对民进党来说，是一个难得的机遇，是他们与陈水扁彻底切割的最好时机。

怎么切割，现在民进党内有不同的看法：

（一）"切扁"："万方有罪，罪在朕躬"，把一切罪过归于陈水扁，把这个"毒瘤"摘掉，叫他"切腹"，"叫阿扁去死"，这是最简单的办法，也很痛快，但它既不合理，对民进党的重新上路又毫无用处。"切扁"只是断尾求生，陈水扁的"病毒"已经侵入民进党的肌体，不进行"全面体检"，是治不了病的。

（二）"清党"：有人主张以"清廉"之名进行清党，对那些有贪污嫌疑者进行清算，做出明快处理。有人主张不但要切掉陈水扁，还要把陈水扁的同伙、"狗腿"以及"扁记大佬"，连同党内所有"肮脏的垃圾"全部"扫地出门"。他们发现"扁系人马"多是这八年才"发"起来的。其实，你能知道民进党内有多少"肮脏的垃圾"吗？你能把他们全部扫除吗？即使清除了这一切，民进党就能走上正道、唤回民心吗？

（三）"弃党"：民进党已经被陈水扁"凌迟"了，支持者大失所望，有人主张干脆不要民进党，由蔡英文领头另行创建一个新的政党。不过，改一个名字就能把民进党的过失一笔勾销了吗？

（四）"全党检讨，承担责任"：蔡英文表示："民进党在过去执政的八年中太信赖陈水扁的权威与权力，放弃自己的思考与判断，才会让一个人的错误造成现在全党的危机，这是全体民进党员的责任，每个民进党员都该检讨"。这应当说是一个不错的主张，问题在于能不能做得下去。现在就有人说，民进党不必为一个党员的问题来"集体道歉"；还有人说，不能因为阿扁个人就代表整个党。民进党要不要检讨、有没有责任、该检讨的是什么呢？看来似乎还没有理出头绪。

究竟怎么切割，是民进党的家务事，结合"切割"分清是非似乎更加重要。

"大选"中失败以后，民进党开过检讨的会议，但是"该检讨的人都没有来"，检讨只是匆匆"走过场"，正确的意见与不正确的意见都分不清，党内更没有共识。蔡英文上台以来，也还没有时间进行全面检讨。现在应当利用这个机会认真地清理一番了。

为什么陈水扁能够长期"绑架"民进党？为什么陈水扁"一人决策"党内不敢提出反对？为什么贪腐的陈水扁能够得到全党的包庇与"捍卫"？为什么敢于说真话、敢于向陈水扁"呛声"的人被打成"11寇"，遭到党内无情打击？为什么党内主张"中间路线"的呼声会遭到封杀，而日益走向偏激的深绿路线？为什么民进党"执政"八年便令人失望、匆匆下台？为什么在当权的条件下，"基本盘"仍然无法扩大？

台湾政党政治发展到今天，蓝绿版图长期保持六比四，民进党仍然是第一大"在野党"。国民党与民进党是台湾政治舞台上的两个主角，少了任何一个主角，这场戏就无法演下去。

如果民进党在与陈水扁切割的时候，能够吸取选败的教训，改变陈水扁的深绿路线，还有可能走出困境，重新上路。如果目光只是盯着明年的县市长选举，那就"太近视"了。

（《凤凰周刊》2008 年第 25 期）

八、民进党深绿路线的困扰

民进党如果坚持深绿路线，就可能守住基本盘，延续"台独"的香火，继续充当泛绿的盟主，但也就可能"长不大"，八年执政被深绿"绑架"无法扩大社会基础，不能得到过半选民的支持。如今在国民党当权的条件下，民进党如果甘守深绿的基本盘，而不去争取中间选民，则可能沦为长久的反对党，难有再上台的机会。

如果放弃深绿路线，走"中间路线"，就有可能争取一部分中间选民的支持，增加一些选票，但他们却舍不得，怕会失去"核心价值"，失去深绿的基本盘。

民进党已经陷入两难的处境，对于深绿路线是弃是保，最终可能要做出抉择，但不是现在。

路线分歧一直存在

其实，民进党内早就存在路线的分歧，要不要走中间路线，一直是有争议的。到了 2008 年"大选"时，谢长廷曾经主张走中间路线，立即遭到陈水扁的打压。陈水扁说："没有中间路线"，他过去讲过"新中间路线"，但他所走的不是中间路线。他自己不走，也不让别人走。

"大选"失败以后，当时的党主席谢长廷表示要全面检讨，其中就涉及"党的路线"。可是那时"该检讨的都不来"，事情不了了之。

选举新的党主席时，有人把辜宽敏看做"反映深绿基本教义路线"的代言人，而蔡英文则是"朝着中间改革路线调整"的代言人，这次选举被视为党内"路线选择"的一次投票。因此，蔡英文的当选让人们有了路线改变的期待。

但是，蔡英文上台以后有许多头痛的事情要处理，还来不及对民进党的失败进行全面检讨。尽管蔡英文曾经表态"未来不走深绿路线"，但对深绿路线的检讨也还没有开始，甚至要不要讨论、要不要改变都还有不同看法：有的认为应当讨论，要放弃深绿路线，改走中间路线；有的认为路线不能改变，也不必讨论；有的则主张目前不必争论，要着眼于即将到来的选举。

"保派"气势汹汹

陈水扁是深绿路线的保卫者。他说："大选"选输，有人讲是深绿路线发生问题，"我持保留态度"，对的路还是要勇敢走下去。

当然，"独派"大佬以及那些要"抢夺深绿教主"的人，主张"正常国家决议文"的人，死心塌地坚持"台独基本教义"的人，投票给辜宽敏的人，都是深绿路线的保卫者。高调代表"保派"发言的是陈师孟，他表示强烈反对民进党向中间路线靠拢。他说：民进党败选绝不是因为路线问题，未来如果向中间靠拢，失去中心思想，他可能会放弃这个党。

还有人提出2004年"立委"选举失败后，民进党就是因为走向中间路线，抛弃"台湾路线""深绿路线"，致使深绿选民从含泪投票到含泪不投票，造成选举的失败。他们警告："民进党若轻视深绿选民，那就百分百败选"。

也有人警告蔡英文：如果走中间路线，等于是"弃台路线"，民进党就"死定了"，如果蔡英文坚持"一边一国的两国论"台湾主体路线，民进党重返执政指日可待。

还有人认为陈水扁不够"独"，"民进党执政八年欠缺建国的热情"。

这些"保派"死抱"台独"神主牌，固守"深绿路线"，横眉怒斥"中间路线"，必欲置之于死地而后快。

可是，这些"保派"多属"理念台独"的"基本教义派"，他们几乎"不食人间烟火"，很少参与民代或公职选举的实践，因而无法领会争取中间选民对于"选战"的重要性。

沈富雄曾经说过："民进党的两岸路线非修改不可"，他劝深绿的朋友想开一点。可是迄今为止，只见"基本教义派"绑架民进党，从来不见民进党去劝说自己的支持者务实地面对不断变化的客观现实。如果民进党无法说服"基本教义派"，就只能走陈水扁被深绿绑架的老路。

"弃派"准备不足

选举失败以后，民进党内有许多人都认为"深绿路线"已被证明是失败的，他们认为向深绿靠拢对民进党是有害的，陈水扁把民进党与深绿路线绑在一起，让台湾社会对民进党失望。

于是，"弃派"主张放弃"深绿路线"，改走中间路线。代表性人物有：许信良、沈富雄、李文忠等。

许信良指出："对民进党来讲，今天最严重的危机是把台独基本教义当作超过一切的最高价值"。"民进党如果想重新执政，就不能靠基本教义，必须走中间路线才能获得认同"。他还进而指出："全世界任何民主政党都必须走中间路线，这是常识"。

沈富雄也说：民进党的问题在于过度迷信深绿路线。

李文忠认为民进党上下都被深绿绑架，误以为自己的选票基础只有深绿。民进党"爱台湾"的论述被极端化处理，失去了中间选民的信赖。

但是，"弃派"对自己的政治主张准备不足，缺乏较强的论述能力。对于什么是中间路线，看法就不一致。有人说，民进党内是多元的，有深绿、"基本教义派"、温和派、极端派，中间路线才是最大公约数。这就是对党内各派采取中间调和的路线。此外还有各种各样的说法：不统不"独"的中间路线，经济中间路线，两岸和解共生的路线，不走极端的中间路线，只适用于选举时争夺中间选民的中间路线，中道路线，"中间路线等于稳健的台独路线"等等，不知陈水扁的"新中间路线"是否也可以包括在内？

此外，"弃派"多是已被民进党边缘化的人物，或是地方人士，他们的主张能否成为主流值得怀疑。

"兼容派"左右逢源

最聪明的人是"兼容派",他们都是投身选举的战将,既不放弃深绿路线,又要争取中间选票,左右逢源,鱼与熊掌兼得,何乐而不为?

他们说:民进党并未放弃台湾主体价值或深绿路线,向中间路线靠拢是为了更贴近民意。诉求中间选民和坚守党的基本路线并不会互斥,不是二选一。

有人指出,党的基本路线,维护"台湾主权独立",都没有问题,问题在于"执行的手段"。有人说得更加漂亮:深绿路线是战略目标,即独立建国;中间路线是策略手段,二者不但可以并容,而且应该配合,而不是你死我活。

看来他们一举解决了路线争议这一难题,怎不让人佩服?

许多人,包括一些民进党人,曾经把民进党改变深绿路线的希望寄托在蔡英文身上,因为蔡英文说过:"未来不走深绿路线","重新定义台湾的本土论述","重新建立新的中国论述"。但是,大家也注意到她后来的一系列表现:

她说:"民进党应强化台湾本土认同、扩大自身的基础才能壮大,这无关中间路线"。她所说的中间路线可能只是对党内各派采取中间调和的路线。她说:不会修改"台湾前途决议文",她与深绿"亲密无间",令人感到似乎已经被深绿"换了脑袋"。

她是否能够改变"深绿路线",不能不令人怀疑。如果聪明的蔡英文也成为"兼容派",那么民进党的路线问题就不必争了。何况新的一场选战:2009年的县市长选举即将开打,搁置党内路线争议,当然顺理成章。

(《联合早报》2008 年 9 月 23 日)

九、民进党可否"爱台西进"？

最近，蔡英文表示要展开"深刻、大规模的中国政策讨论"，这说明民进党人已经认识到如何正确面对中国大陆是一个必须解决的问题。

民进党现行的大陆政策是什么？

民进党指出，他们的大陆政策是：台湾是"主权独立的国家"，"台湾前途由2300万人共同决定"，这个大方向是没有歧异的。

蔡英文表示，民进党不反对两岸交流，只有反对设政治前提；民进党"不反对与中国交流"，而反对"政治大拜拜的统战大戏"；不反对两岸经贸，只是要求透明。

尽管民进党强调它的大陆政策并非"闭锁"，可是"社会整体认知民进党的大陆政策是闭锁的"。一般民众认为民进党一再回避"中国问题"，"把两岸关系变成禁忌"。经过陈水扁长期的"关闭政策"，"民进党的大陆政策是混乱的"。

对于民进党的大陆政策，民进党内部也有如下的看法：有人说，民进党的大陆政策给人以"反中锁国"的印象。有人指出，当前民进党的大陆政策有三大诉求：民主自决，反对开放，反制中国。还有人说，民进党对两岸关系只是提出反对，而没有对策。这些说法似乎比较十脆明白，但与蔡英文的表述就不一样了。难怪有一位民进党元老质问蔡英文："你的大陆政策究竟是什么？"

总之，在一般人眼中，民进党的大陆政策是"逢中必反"，或谓"闭锁"，简单的一句话就是"反中"，而且在民进党内也有不少人说不清楚。由此可见，民进党的所谓"中国政策"确实需要给全体党员与社会公众一个明白的交代了。

民进党的大陆政策应当怎么调整？

对于这个问题，民进党内存在一些不同的看法：

第一，有人认为就党纲与"台湾前途决议文"而言，"民进党中国政策不是问题"，只是在实际操作面与执行面不够完备、需要深入讨论。就是说，该调整的只是具体的细则，那就无关大局，也不会引起人们的关注。

第二，有人认为民进党的大陆政策不见得党内都赞成，例如承认大陆学籍、两岸学生交流，就有不同看法。就是说，只要调整某些具体的政策，这尽管有助于争取部分民众，但对两岸关系不会发生大的影响。

第三，有人则认为应当讨论的是民进党的"中国战略"方向。他们指出，外界一直认为民进党的中国政策、战略、路线是模糊的，哪些交流可以参加、哪些不可以，大的政策是什么，"连党员或从政同志都不见得完全清楚"。"何谓交流？何谓统战？"党中央要有明确的态度。这就涉及大的方针、战略问题，调整的难度很大，但对两岸关系的发展以及民进党的前途会有很大的影响。

实际上，如何面对中国大陆，对民进党来说，必须提高到战略高度来考量。

在民进党内，林浊水指出：民进党要提出"有吸引力且具体可行的中国战略"，"若合自己战略，虽遇统战也不必回避；若抵触，虽不是统战都应避免"。他还说：民进党应该深入了解对手（中国大陆）才能订出自己的因应方案。郭正亮也指出："中国政策仍是台湾的核心问题"，民进党已经面临全新的两岸形势，必须研究如何面对"中国崛起与东协加三的双重困境"。许信良说过：民进党必须转型，转型的关键就在两岸关系上。

吕秀莲说，民进党必须重新调整跟大陆的关系，不能停留在过去的思维。曾经是民进党骨干的陈芳明说：民进党要先摆脱反共、恐共思维。

学者林中斌也指出：民进党应当面对中国大陆存在、崛起的事实，应当看到台湾民众希望与大陆改善关系，不愿意看到两岸关系紧张。他认为北京政策的改变，将促成民进党的转变。民进党应当从过去"一边一国"的主张，"找到另外一条路"来调整两岸的定位。

以上各位的看法都是从战略方向考虑的，我认为这应当是民进党大陆政策调整的重点。

"反中闭锁"或"爱台西进"？

要理性、务实地面对两岸关系的新形势，摆脱过去反共、恐共的思维与"逢中必反"的成见，民进党将会遇到不少困难。

关键是要继续"反中闭锁"，还是要"爱台西进"？

民进党内有不少人认为陈水扁的大陆政策已经证明是失败的。他们指出：陈水扁对大陆"冲撞了八年"，筹码并没有增加。因此，"党内务实派"主张应当"更有弹性地看待中国的崛起，订定务实的中国政策"。还有人从全球观点考察两岸关系，认识到两岸关系将是影响台湾未来发展的关键。有人进而主张"大胆开放两岸经贸政策，台湾不应当单方面进行严格的限制"。其实，早在民进党执政时，就已经看到"和平与发展才是走向建设性的解决两岸问题的正途"。这些看法都是与"反中闭锁"完全不同的。

当然，要在民进党内取得战略共识是相当困难的。蔡英文说过："民进党的支持者必须成长"，这是完全必要的。要怎么成长呢？关键是民进党中央与务实派必须说服自己的党员与支持者，认清形势，转变观念，改变"全世界只有民进党不愿意面对中国大陆"的局面，认清"民进党不能自外于两岸关系的和平发展"，只有走与中国大陆和平发展的道路，才能符合世界的潮流，才能符合台湾民众的根本利益，才能摆脱民进党的困境。

1998年民进党曾经进行过一次大辩论，"大胆西进"与"强本西进"展开了激烈的争论，不管两派的观点有多大不同，但在"西进"这一点上是有共识的，可见11年前民进党人都认为"西进"是必要的，是对台湾有利的。应当指出，这是在当时中国大陆经济水平较低的情况下做出的判断，现在的局面发生了重大的变化，难道民进党还要从当年的"西进"立场倒退吗？为什么不把"爱台"与"西进"结合起来呢？

　　看来，在新形势下，"爱台"必须"西进"，只有"西进"才是真正"爱台"。走两岸关系和平发展的道路，是历史的必然。在这个历史关口上，要作为一个负责任的政党，民进党人就应当面对台湾人民明明白白地做出自己的选择。

　　　　　　　　　　　　　　　　　　（《联合早报》2009 年 8 月 13 日 ）

十、蔡英文面临的抉择

民进党中央在"5·17""呛马、反中"之后，却支持陈菊前来中国大陆，引起海内外各界人士的瞩目。对此，蔡英文表达了如下的态度：1.尊重陈菊的大陆行；2."民进党的支持者必须成长"。这是否意味着蔡英文赞同陈菊访问大陆，并且要民进党的支持者也赞同这一行动，要大家认识到与大陆接触的必要性，要改变以往"逢中必反"的旧思维，要务实地面对两岸关系。如果是这样，民进党的大陆政策就有可能出现新的变化。

其实，在蔡英文上台之前，在检讨民进党失败的原因时，她就表示要"建立新的中国论述"，换句话说，过去的两岸政策以及对待两岸关系的态度必须有所改变。我当时就认为她已经抓住了要害。可是一年来在这个方面却没有太大的进展。

当然原因是多方面的：她首先需要"重拾民心""团结全党"，保证民进党不分裂似乎成为她任内的第一要务，在这个方面她需要付出很多精力。此外，年底选举是她面临的第一次重大考验，如果选举失败，她就要鞠躬下台。面对民进党的财务困难，募款也是一件头痛的事。再加上"三不五时"还要举办一些"呛马、反中"的活动，这一切已经使她疲于奔命，因而就无法致力于建立"新的中国论述"了。既然没有新的论述，只好一直沿用旧的论述。

但是，形势的变化迫使她必须面对现实。由于马英九上台以来，彻底改变陈水扁八年来与大陆对抗的政策，两岸关系出现和平发展的局面，两岸关系缓和，开展交流、相互合作符合台湾民众的意愿，台湾社会也因此获得收益。马当局显然得分。马英九说："两岸交流一年来进展巨大，多数民意认同，民进党却上街头反对"。面对多数民意，蔡英文不可能不有所反思。

当然，民进党内对两岸关系的看法并不一致，蔡英文要获得全党的共识相当困难。但应当指出，民进党内有相当多的人士具有比较务实的态度。

早在民进党执政时期，就可以看到以下的言行：

吕秀莲说："两岸和平共存，不应有仇恨。应当合作，共存，共荣"。

谢长廷说："由两岸政策带动经济成长。要化解现有困境寻求突破，台湾只能选择同大陆直接协商对话"。又说："保持对话，避免冲突。两岸要和平，经济要发展"。2000年谢长廷以高雄市长的身份准备访问厦门，受到厦门市长朱亚衍的邀请，当时民进党内有人认为"能交流就是好事"，希望促成"党对党谈判"，可是却受到陈水扁的阻挠，"陆委会"则以"与现行法令不符"为由，不予放行（附带指出，当年的"陆委会"主委就是蔡英文）。

现在，吕秀莲表示有意访问大陆，提出民进党要"调整两岸关系"。许信良也提出民进党要"改变两岸关系的立场"。李文忠说："民进党是怎么面对主权与两岸经贸这些议题的？直到目前，台湾社会看到我们所做的，就是反对！"于是他主张"找回民进党两岸主张"，"鉴于中国在台湾对外经贸重要性，我们必须正面看待与中国的经贸往来。段宜康也表示，"民进党必须承认，台湾与大陆的交往已是无可回避"。从这些事实，使我相信许信良所说"民进党对两岸关系调整的想法和力量在积聚中"应当是一个客观存在的事实。但他认为调整的"时机未到"。

我认为陈菊访问大陆给蔡英文提供了一个机会，如果陈菊能够正确地传达她与大陆高层接触的感受，转达大陆方面对开展与民进党交流的诚意与善意。蔡英文就可能不必担心被"统战"，而能大胆地面对现实，致力于两岸关系的调整。

如果蔡英文敢于利用这个机会，在党内开展一次两岸政策大辩论，敢于说服支持者向正确的方向"成长"，认清当今的局势，正视台湾人民的利益，放弃过去对大陆的成见，树立"登陆""西进"不是"卖台"，两岸关系和平发展才符合台湾人民利益的观念，及时调整两岸政策，才有希望挽回民心。

蔡英文不久前表示，民进党对大陆的态度与关系没有"故步自封"。这是正确的态度。大陆方面一再表示愿意与民进党人沟通,陈菊来访就是一个例证,也是民进党调整两岸政策的一个时机。

当然,要建立"新的中国论述"需要时间,民进党内有许多对两岸关系有深入研究的人士可以在这个方面发挥积极的作用,"中国事务小组"完全可以承担这一重任。不过,在"论述"出台之前,调整两岸政策则是可以先做。在这个方面,蔡英文应当做出果断的抉择。

(《联合早报》2009 年 5 月 21 日)

听其言观其行

一、陈水扁的就职演说

"5·20 就职演说"发表以后，祖国大陆的几位学者作出不同的评价。有的认为，在一个中国原则上采取回避和模糊的立场，在"台独"问题上也采取模糊的立场,大陆是不会满意的;有的则认为是企图在漂亮的言辞下表达"台独"的立场，使两岸关系进入更不稳定的阶段；但也有人认为态度缓和，不挑战两岸关系,在"一个中国"问题上比以前有所进步,"对大陆展现了善意"。

究竟哪一种看法接近实际呢？我认为还要先看看陈水扁自己的评价。

陈水扁在"5·20"之前就说过，他的演说会使台湾民众接受、美国满意、国际社会肯定，而中国大陆不满意，但找不到借口。5 月 21 日，陈水扁又说，中国大陆肯定是不满意的，问题很复杂，如果问题简单早就解决了。

还应当借用邱义仁的说法。他估计"5·20"之后，两岸关系"仍续紧张"，但不致恶化，还可能有小小的缓和。这种说法有助于理解陈水扁上述言论的含义。

从陈水扁自己的评价可以看出，他认定"5·20"有关两岸关系的说法，首先会使美国满意，国际社会肯定，他的演说主要是给国际社会听的，所以要用许多缓和的语言进行"包装"，使那些不知道两岸关系症结的人们，只凭他的语言和态度，就会作出"缓和、理性"的评价，而看不到实质对抗的一面。其次，他认定大陆一定是不满意的，他也不想让大陆满意，只要求做到大陆"找不到借口"就行了，其目的是使两岸关系"不致恶化"，施展缓兵之计，求得目前的安宁。既不可能使大陆满意，又要做到不给"借口"，其办法只能是在实质问题上回避，而极力在语言表达上下功夫，给人以"确有善意"的感觉就够了。

阿扁自己都认定大陆不会满意，可是有人却说他"很有善意"，甚至可以给他打七八十分；阿扁的演说只是要求两岸关系"不致恶化"，估计不会达到消除紧张局势的效果，可是有人却认为从此两岸就会朝向缓和方向发展。大陆有人对"5·20"演说做出这样的肯定，所以台湾媒体高兴地把它列为"肯定说"，这样的评价恐怕连陈水扁本人也会认为是"过奖了"。

为什么陈水扁会认定"5·20"演说不能令大陆满意呢？

首先，他明明知道我们要他在一个中国原则上表示明确的态度，可是他却有意地采取了回避和模糊的立场。他把"一个中国"说成是未来的，而且还是一个问题，他知道这和我们的立场相违背，我们肯定不满意。

其次，他原来就说过"四不"，可是这次却在"四不"之前加上了一个前提，这当然是一个倒退，我们是不会满意的。

再次，他不说"统一"，也不说"中国人"，而四年前李登辉的就职演说却还提到过（至于李在心里想的是什么，大家是清楚的），阿扁明明知道，可是却连这样的话也说不出口，大陆肯定是不满意的。

更重要的是，他是软中带硬，绵里藏针，除了使关系"不致恶化"而不得不讲的话以外他的原有立场没有改变。这是他自知不能使大陆满意的根本原因。

有人说，阿扁有他的难处，他经受各方面的压力，需要照顾各方面的要求，不得不取一个"平衡点"，在岛内未有共识之前，不可能接受大陆的要求。当然，陈水扁刚刚上台，有很多事情要做，内部的协调、政策的调整、两岸的沟通都需要时间，因此，我们还希望台湾当局能够承诺一个中国原则，两岸重开对话之门。

陈水扁给他自己的演说中有关两岸关系部分已经评了分，那就是"不满意"（是否可以理解为"不及格"？）这已是定论了，不需再作讨论。现在，两岸人民共同观察的新焦点是：陈水扁是要有意使大陆满意，还是要存在心让大陆永远不满意？

（ASKlOO 网站，2000 年 5 月 25 日）

二、陈水扁的"元旦演说"

昨天，陈水扁的"元旦演说"，对两岸关系发表了一些新的说词，人们对此作出不同的解读。有人认为，"有模糊的进步新意"，"有善意"，"有利于统一"；有的则认为，"表面上有进步、有松动"，实际上是"老调重弹"，"回避一个中国原则"。在这里也想谈谈我个人的看法。

在这篇演说中，陈水扁用了以下这样的字句：20世纪初，两岸"可以说是一对患难的兄弟"；"依据中华民国宪法，'一个中国，原本并不是问题"；"两岸原是一家人"；"希望生活在同一屋檐下"；"寻求两岸永久和平、政治统合的新架构"等等。如果说这些都是老调，显然忽视了这些说法与以往的差异。但是要说它有很大"善意"，则还是回避一个中国原则，也没有明确回到"九二共识"，与大陆方面的要求还有很大距离。究竟应当怎样评价呢？我们还是就具体问题进行具体分析吧。

第一，两岸曾是"一对患难的兄弟"，"两岸原是一家人"。

这里讲的是"过去时"（pass tense），而不是"现代时"（present tense）。现在两岸是什么关系？阿扁并没有明确回答。

民进党有人认为，阿扁讲了"同在一个屋檐下"，就表示愿意以"屋顶理论"架构两岸关系，说明这种说法比"同是中国人""跨进一大步"。这种说法相当勉强：1."同是中国人"当然要比"原是一家人"的含义要明确，前者是政治的，后者则较模糊；2.是不是要运用"屋顶理论"，阿扁没有明说，即使是，也还是"两德模式"，与台湾问题差别很大，是否可以作为双方商谈的基础？如何"建构"相应的模式？都还需要研究、讨论。

但是，我认为尽管这些话含义不清，讲了总比不讲好。其实，阿扁在就职前就讲过"一家人",可惜在"5·20"演说上没有讲,当然,当时他也有压力,现在讲了,恐怕还有人会说三道四。

第二,"依据中华民国宪法,'一个中国'原本并不是问题"。

"一个中国"本来是两岸共同的主张,并不存在问题,后来为什么成为问题?为什么成为两岸关系中最大的问题呢?就是因为李登辉违背"宪法"、违背《国统纲领》,搞出"两国论",否定了台湾当局原本坚持的"海峡两岸均坚持一个中国之原则"的立场,把"一个中国"说成是"两个中国"。阿扁上台以后,没有改变李登辉的立场,这样,"一个中国"才成了问题。

大家知道,只有顺应台湾民意的要求,回归"宪法",回归《国统纲领》,回到"九二共识","一个中国"才真正"不是问题"。"元旦演说"虽然对此没有作出明确的回答,不过已经知道只有回归宪法才不会有问题,也有了"回归宪法"的意思,这比以前还是有些新意的,可惜讲得还相当模糊。既然说"并不是问题",我想,也不难作出进一步的阐述和诠释。对此,人们还需要继续观察。

第三,在跨党派小组"结论"的基础上,对"建立新机制或调整现有机制",将在最短时间内作出积极回应。

这里指的是对现有的"国统会"和"跨党派小组"作怎样的处置问题。有人主张废除"国统会",可是阿扁的"5·20"演说已经表示"没有废除"的问题,要废,就是自打嘴巴;有人主张"国统会"与跨党派小组合并,改一个名称,主要是除掉"统一"的字眼,这和上述主张有同样的问题;有人主张改称"国家统一与发展委员会",可是有些"独派"人士坚决反对出现"统一"的字样;有人则主张"国统会"与跨党派小组并存。

对于要不要废除"国统会"、要不要召开"国统会"、阿扁要不要就任"国统会主委"这些问题,台湾内部长期以来有不同的看法,对此,阿扁久拖不决。现在终于表示要尽快解决,不要再拖了,这应当说是有一点新意。

我们所关心的所观察的焦点是:阿扁对"国统会"采取什么态度。如果他不废除"国统会",并就任"国统会主委",就算有善意的表现。否则只能说明他所要废除和拒绝的就是"统一"了。

第四，"寻求两岸永久和平、政治统合的新架构"。

"政治统合"确是一个新的提法，在统、"独"的光谱中，加上"统合"这个区域，它应当是靠近"统"的，而不是靠近"独"的。不过"统合"的含义相当模糊，显然"统合"有别于统一，这是可以理解的。区别可以有两种，要看如何解释：如果"统合"是走向统一过程中的一个阶段，则是朝向"合"的方向；如果把"统合"和统一对立起来，只有统合，没有统一，那就是朝向"分"的方向。这是需要说清楚的。再说，"统合"是否就是"屋顶理论"？是两德模式，还是欧盟模式？或是采用台湾已经有人说过的"一中两国"（One China, Two Chinese Countries）以及"整个中国"（whole China）？这些问题也需要加以回答。

可是，阿扁在这些重要问题上都未加阐明，讲得相当模糊，关键是仍然极力回避一个中国原则。当然，这个问题相当复杂，不可能一下子就说得十分明确，也难"一步到位"，所以，他所说的"统合"究竟是什么意思，我们还需要观察。但愿他能顺着"合"的方向向前走，而不要倒退。

"元旦演说"提到大陆要尊重和体谅"台湾人民当家做主的意志"。这一点，江泽民主席在1995年1月30日的讲话中已经表示"要尊重台湾同胞的生活方式和当家做主的愿望"，可见大陆方面早已考虑到这个问题，并给予明确的表态。"演说"还提出"彼此不应该想要损害或消灭对方"，这说明台湾当局对大陆太不了解，存在太多的疑虑。"江八点"强调两岸是"骨肉同胞手足兄弟"，最近又说，"中国人民爱好和平，最不愿意看到同胞兄弟之间兵戎相见，我们有尽一切可能争取和平统一的最大诚意"，怎么会有"损害"、"消灭"台湾的想法呢？至于"生存空间"、"放弃武力"等等台湾方面所关心的问题，我们早就主张在一个中国原则下，通过对话、协商、谈判得到解决。

总之，"元旦演说"提出了一些有新意却又相当模糊的看法。也许目前只能做到这个地步。我个人认为，不求一步到位，只求有所进步，路是一步一步走的，只要有任何向前走的苗头，就应当受到鼓励。

在双方缺乏互信的情况下，对于对方的任何一个言行，都有可能从负面进行解读，这本来是正常的现象。我们在两岸关系发展的进程中，已经经历过许多。不过如果双方长期使用这种做法，很可能会丧失改善关系的有利时机。反之，如果双方多从正面的角度进行观察，能够发现对方的善意，自己也以善意来回应，情况就有可能好转。

阿扁话已经说了，但说得模糊，需要再进一步说清楚，这是一。第二，要看行动。总之，还要继续"听其言，观其行"。据说，在1月底，在江泽民主席讲话六周年的时候，台湾会有所回应。我们大家不妨给予等待，看看是否确有善意的释放，反正等待的时间并不长。在这里，我奉劝台湾当局领导人，要真正从台湾人民的福祉出发，做出果断的决策，回到"九二共识"，回到一个中国原则，而不要受制于他人。重大的决策需要符合人民的长远利益，而不需要得到"基本教义派"的批准。

（香港《海峡》2001年1月）

三、陈水扁的"统合论"

陈水扁提出"统合论"后，新党曾经举办"寻求两岸统合之路"座谈会，我应邀提交一篇短文，主要说明"统合"的含义相当模糊，如果统合是走向统一过程中的一个阶段，两岸学者是可以讨论的。现在看来有些问题需要加以明确，对两岸关系的发展才有实际意义。这里提出一些个人意见，供两岸学术界讨论。

统合的含义　一般认为，统合就是一种结合的行动或过程。或是由一个部分结合另一个（或一些）部分而成为一个整体；或统合，或一个国家内部的政治统合。此外，还有用于说明政治权力的统合，那是多元主义的一种理论，称为 integration theory，或译为整合理论，不是本文讨论的范围。　．

统合的性质　统合有国家与国家间的统合，也有一个国家内部的统合，二者是根本不同的。统合如果用于两岸关系，就需要明确它是一个国家内部的统合过程，是一个国家内部尚未统一的地区之间的统合过程，而不能等同于欧盟各国之间的关系。

统合的类型　统合可分为货币统合、经济统合、文化统合、社会统合、政治统合等等，两岸之间可以进行多种统合，但最重要的是政治统合。其他类型的统合都不能取代政治统合，没有政治统合就无法达成两岸关系最终的解决。

统合的目标　统合是形成一个完整的整体（an integral whole）进程中的一个阶段，它是一个过程，而不是最终目标。两岸经由各方面的统合，双方互相协调，互相适应，增进共识，增进互信，共同协商实现政治统合的方案，顺利达成国家统一。目标是要合，要统合成为一个和谐的整体，而不是要分，如果要分，就是假统合。民进党内就有人说统合论是"独中有统，统中有独"，可见如果没有终极目标，或认为统合是统合、统一是统一，二者没有必然联系，或是认为统合本身就是目标，或是以统合为名突显"台湾是主权独立的国家"，都是以统合之名行分裂之实的表现。

统合的前提　双方要有经过统合逐步走向统一的共同愿望，因此，一个中国原则是不容回避的。这是惟一的必不可少的前提。如果不认同一个中国原则，却要进行统合，其用意就不会是合，只能是分。如果套用欧盟的情况，一切比照欧盟的做法，那就是以"国家间"的关系作为前提，这就是预设了"两国论"的前提，大陆方面绝对不能接受，在国际上也不会得到支持。

统合的步骤　有人主张从两岸经贸与文化统合开始，进而寻求政治统合新架构。但有人认为经济统合不会必然促成政治统合，而政治统合可以促进经济统合。实际上多种统合是相互发生作用的，关键在于两岸要有走向合作、走向统合、走向明确的目标的共识。近年来，在政治上关系不顺畅的情况下，经济文化的交流与合作已在进行。当然，如果两岸能够通过政治协商，有计划有步骤地进入多种统合的过程，加强双方的合作，不难达到事半功倍的效果。所以，在步骤方面不会有太大的争议。

统合的模式　有人提出邦联、联邦、国协、共同体，也有人提出欧盟模式、两德模式、"一中两国"、"整个中国的多重整合"等；还有人主张共同市场、关税同盟、"大华国协"等等；也有人认为《国统纲领》就是一种统合模式，《国统纲领》的中程阶段就是统合，而远程阶段则可以是统一（unification）；还有人说"一国两制"也是一种统合模式。民进党内有人认为，陈水扁提出的统合论可以包括从"特殊的国与国"一端到"一国两制"的一端。显然，凡是属于国家间的模式都是不适合的，因为参加者都是主权国家。不少人强调欧盟模式，尽管欧盟的经验有可资借鉴之处，但它是国家间的关系，"分中有合，合中有分"，不适用于两岸，不宜套用欧盟模式。至于在一个国家内部采取哪一种模式最好，对两岸人民最有利，这是可以讨论的，也是可以辩论的，相信通过充分的协商，应当会找出大家可以接受的最好的模式。

"统合论"之所以引起学术界的讨论，是因为它毕竟提出了一种解决两岸关系可供研究的想法，这种想法过去有人写过专著，现在由陈水扁提出就令人重视了。但是，陈水扁的说法确实太模糊了，模糊到从"独"到"统"都可以任凭他人解读。还是沈富雄说得坦率："统合论是不敢独、不愿统的一个代表作"。也有人指出，"统合论"可以从统的方面解读，也可以从"独"的方面解读，因此"两面讨好"。有不少好心人相信它，并且对他表示肯定。但是它受到"台独基本教义派"的反对，他们批评陈水扁"明显违背其竞选政见中人民自决与维护台湾为主权国家的立场"。试想，如果有一天他对"基本教义派"说，他们之间并没有原则分歧，那时，不知道现在对他表示肯定的各界人士将如何自处。这就是我们在没有弄清他的真实含义之前，不能轻易给予肯定的原因。

有的大陆学者认为在未来一段时间，两岸关系有可能进入一个"过渡性阶段"，这是两岸最终走向统一所必须经过的一个阶段，也可以称之为"现代化阶段性的整合过程"，这种阶段性整合包括从经济上的整合到政治上的整合。所谓整合，应当是统合的同义语。在这方面，我们不会因为用语不同而刻意反对。

现在的关键是要把模糊的概念明确起来，更重要的是要看是否有经过统合走向统一的诚意，这就必须在行动上有所表示。如果没有实际行动，只是说些漂亮话，相信过不了多久，就没有人再对这种"统合论"感兴趣了。

（台湾《两岸双赢》2001年第4期）

四、陈水扁四次谈话的"解读"

2002 年的头十天，陈水扁发表了四次有关两岸关系的谈话，让我们仔细地"解读"一下，看看究竟"善意"何在。

合作还是对抗？

第一次是在"元旦祝词"中提出：以"建设性的合作"取代"排他性的对抗"，并表示"愿意以更积极的作为来推动两岸经贸迈向建设性的合作关系，为两岸人民谋求最大的利益和福祉"。看来比起去年元旦的讲话要平淡得多了，去年提出"统合论"，还让人们讨论过一阵子，这次"祝词"就没有什么好讨论的了。但是，毕竟提到"建设性的合作"，表示不要"排他性的对抗"。新年伊始，讲些好话，总比不说好，姑且当作口头上有一点"善意"的"苗头"，记下一笔，至于能否变为现实的行动，还有待验证。

第二次是 1 月 7 日提出"三多、三少、三平衡"，即两岸之间要"多经济、少政治，多接触、少误会，多信任、少打压"。两岸关系要追求"政治平衡、经济平衡、军事平衡"。从字面上看，是平等的，对双方的要求都一样。可是只要仔细解读，就会发现其中的奥妙。例如：

1. "少政治"指的是什么？明眼人一看便知，就是不讲"一个中国"，这个问题不解决，"多"什么都是空话。

2. "少打压"是什么意思？大家知道，在台湾，"打压"已经成为一个"专有名词"，专指中国大陆在政治上、在国际场合中"挤压"、"矮化"台湾，凡是说"台湾是中国的一部分"之类的话，都算"打压"，现在已经把"一个中国"也当作是"打压"的表现了。所以，"少打压"是完全针对大陆而言的。至于台湾方面如果对大陆进行种种"攻击"和"反击",他们从来就不觉得有什么"不是"。

3. 什么是"政治平衡"?按照陈水扁的说法,首先是指"不预设立场",这实际上是要求大陆不以"一个中国"为前提,要大陆在对话之前,先放弃一个中国原则,可见他是主张以放弃"一个中国"、反对以"一个中国"为预设立场,这怎么说是"不预设立场"呢?

4. 什么"经济平衡"?按他的说法就是以"积极开放、有效管理"取代"戒急用忍",以及"两岸经贸的互惠双赢"。前者是台湾方面的事,责任显然在台湾一边,做得到还是做不到,与大陆无关;后者是大陆方面一贯的主张,这次由他提出,似乎是他主动,而把没有做到"开放"、"双赢"归咎于大陆。

5. 什么是"军事平衡"?他指的是"不扩张军备、不武器竞赛、不武力威胁",并且说因为大陆没有放弃"武力犯台",所以"台湾必须拥有足够的防卫能力"。显然,在他看来,台湾要扩张军备、要进行武器竞赛都是理所当然的,而大陆则不行,大陆似乎不需要"拥有足够的防卫能力",不需要考虑国家安全,任何增强国防的努力都被看成是要"武力犯台"。在他看来中国的国家安全似乎只是面对台湾地区,这是什么样的逻辑呢?

可见,第二次谈话,他把当前两岸关系的责任推到大陆一边,并为美国对台军售制造舆论。同时,他所说的已经不是什么"多经济,少政治",也不是什么"建设性的合作",而是开始向大陆发动攻势了。

第三次在 10 日上午,他向美国大西洋理事会访问团提出"改善与提升两岸关系的五个关键点"。他用"反问中共"、"反问中国大陆"的口气,盛气凌人地提出了五个问题:大陆要落实"民主自由人权"吗?要尊重人民自由意志的选择吗?要承认"中华民国"在台湾的存在吗?要尊重台湾人民民主选择的"第十任总统"吗?要拒绝接触与对话吗?并且把"有害两岸关系的发展"归罪于大陆。

这哪里是"少政治",而是谈的全是政治了;这哪里是"建设性的合作",而是彻头彻尾的攻击对方,完全是"排他性对抗"了。

他采用"以攻为守"的手法,把两岸之间统一与分裂之争说成是制度之争,而有意回避了当前两岸关系的要害问题："一个中国"、"九二共识"。他还采用"转移视线"的手法,使人们忽视要害问题,现在就有人跟着他去争论什么"民主自由人权"、"主权独立的国家"、"票选总统"等等,那显然是上了他的当。

第四次是 10 日下午,他对美国众议员欧斯的谈话,说"香港特首并非由香港居民决定",而台湾的领导人却是由人民选出的,"两相比较,就可以想象台湾人民为何无法接受香港的'一国两制'模式,也拒绝与中国大陆统一的原因"。他还公然就"香港特首"问题污辱香港和北京。

这是公然采取"排他性的对抗"态度,用"无法接受"、"拒绝"的字眼,用公然污辱香港和北京的态度,明确地表示他对两岸关系的立场。过去他曾经说"统一不是惟一的选项",这次则表明"拒绝统一",这就意味着"统一已经不是选项了"。根据"独派"媒体的"解读",《民众日报》指出陈水扁"语气强硬",《自由时报》更以"抨击中国蓄意扩大歧见,伤害两岸关系发展"为标题,请问:在"强硬"、"抨击"之中会有善意吗?

四次谈话,朝着"建设性的合作"退了四步,朝着"排他性的对抗"进了四步。在这里是找不出任何善意的。这一次,蔡英文还能说我们是"错误的解读"吗?

"去异求同"还是求同存异?

陈水扁谈到"政治的平衡"时,主张"去异求同"。从他上述主张可以看出,他所谓"去异求同",就是要去除中国大陆与台湾之间的"异",而要大陆向台湾看齐,向台湾求"同"。

我们从来不否认两岸之间存在差异,这主要是由于社会制度不同而引起的。因此,首先必须尊重这个现实,尊重两岸各自所选择的社会制度。陈水扁不是口口声声说要"尊重人民自由意志的选择"吗?我们就是这样做的。正因为我们尊重台湾人民的选择,所以我们主张"求同存异",从不要求台湾的社会制度要改变得和大陆一样。可是,陈水扁却不尊重大陆人民的选择,他要大陆"去异求同",要大陆去除、改变、抛弃自己选择的社会制度、政治制度,要按照台湾的模式来改造大陆。究竟是谁"尊重人民的意志",不就很清楚了吗？

台湾人民愿意选择什么制度，我们乐观其成，从不干涉。我们已经选择了自己的制度，也希望能够按照这个道路走下去，不断改革，不断完善。所以，两岸之间应当互相尊重，求同存异。每种社会制度各有长短，两岸人民按照自己选择的制度生活，都不希望受到外界的干扰。如果有人在这个方面经常说三道四、指责对方，只会导致关系的紧张，对双方都没有好处。所以，我们从不这样做。这不是因为我们对台湾的制度没有看法，更不是因为我们认为台湾的制度比我们好而无话可说，只是因为我们秉承"求同存异"的原则，着眼于改善两岸关系，所以从不干预台湾内部事务。

如果要在制度上做文章，可以说的话就多了。我不想进行全面的评论，只是想告诉那些口口声声说台湾的制度比大陆好的人：不要自视过高，不要贬低他人。有些人津津乐道的是台湾的民主，实际上台湾媒体上有关这方面的评论俯拾即是，不胜枚举，当权者也无法给予解释。例如：

"我们的民主虽非'假货'，但却是'水货'，它的劣质已日渐显现。如果我们不能充实它、完善它，则这样的民主，将来也许会害了台湾。"（《远见杂志》）

"人民民主政治素养的普遍低落，造成所选出的民意代表素质严重参差不齐，政府官员亦普遍恋栈官位，欠缺担当，甚至有知法玩法者，进而使得人民对政府信任不足、公权力不彰、人民不守法，人民、政党、政府皆勤于提出批判，而怠于自我改革，形成一种恶性循环的状态，导致民主政治发展的改革动能无法累积。"（《联合报》）

"台湾的政治演变成为'假民主之名，行多数暴力之实'的'民粹式民主'。""在各级人员选举中当选的人，往往以为获得选民的支持，便成为人民的'精粹'，可以不受法律约束。"（《民粹亡台论》）

此外，人们还提出不少疑问，诸如：得票不及40%，而有60%以上不选他，为什么就能当选为台湾领导人？这是少数服从多数，还是多数服从少数？为什么2000年民进党在"立法院"只占少数却可以组成"少数政府"，而可以公然拒绝"联合政府"?2001年选举没有贿选吗?民进党没有买票或变相的买票吗?为什么公认的优秀"立委"选不上,而素质很差的人却选上了?为什么占人口大多数的工人、农民没有自己的"民意代表"?民主只是选举吗?决策民主吗?为什么会出现"一人决策"的情况?等等。这说明台湾距离真正的民主还有相当长的路要走,不要过分自我膨胀了。　.

　　所以,还是不要在制度上做文章为好,用自己的制度去衡量别人的制度,总有不同的看法。采取什么制度,是两岸人民各自的选择,只要对方自己愿意,就要乐观其成,而不要去指手画脚,就应当"存异",而不能"去异"。"异"是不容易"去"的,与其花费精力去寻找双方的差异,寻找去除差异的艰难途径,不如务实一些,多花些时间和精力去"求同",这样才能使两岸越走越近,才是寻求"建设性的合作"的态度,如果一味寻找对方制度上的问题,横加指责,只能越走越远,只能导致"排他性的对抗"。

（《海峡导报》2002 年 1 月 21 日）

五、陈水扁兼任党主席

3月5日，民进党内达成共识，主张由"总统"兼任党主席，这意味着陈水扁可能"双肩挑"，既当"总统"又当民进党的主席。这件事民进党内还有不同意见，台湾各界也有不同的议论。

为什么会提出"兼任"党主席的主张？

从民进党角度来看，2000年陈水扁当选"总统"以后，民进党名义上已经是执政党，但是，至今他们并没有真正执政。陈水扁的意志决定一切，重大决策都出自陈水扁；要谁当官，也由他一个人说了算。虽然有一个由党政高层参加的9人小组，但那并不是决策机构，而只是"政策会报"。同时，9人小组不属于党的体制，也不是法定机构，它的决议没有法律拘束力。至今民进党人没有参与决策的机会，民进党人感到"诸事都被排除在决策之外"，相当不满。所以，现在只能说是陈水扁执政，而不能说是民进党执政。

从民进党主席来看，陈水扁有许多决策连民进党主席都不知道。可是，"扁政府"搞不好，人家要怪执政党。民进党的主席"有责无权"，不但没有任何决策权，连参与决策也做不到，可是却要为陈水扁的政策"背书"。我曾经问过谢长廷："9人小组恐怕不是决策机构吧？"谢说："对。不是决策机构，只是给决策提供参考"。又说："9人小组主席是'总统'"。我又问："当时决定停建'核四'，我认为你们没有参加决策，对不对？"谢说："根据党纲，反对新建核电，'核四'是已建的，是不是要反对，党纲没有明确规定"。尽管他没有直接回答我的问题，但可以看出，民进党主席确实没有参与某些重大决策。最近,他明白地指出:他在9人小组中说过很多话，但最后的裁决仍是"总统"，"有些决策党主席和秘书长都不知情"。谢的处境相当尴尬。所以，他提出由陈水扁自己兼主席，言下之意可能是："无论谁当主席都很难当，你都不会满意，只好你自己当了"。

从民进党与陈水扁的关系来看，也很难确定是陈水扁领导党，还是党领导陈水扁？是党大，还是"总统"大？党的纲领、决议能不能要求陈水扁贯彻？现在看来陈水扁已经比谁都大了，党都要迁就他。谢长廷说，处理党政关系，只有"靠主席个人自我节制"才不至于破裂；如果"执政党"也去反对"政府"（唐飞在台上时，经常受到民进党的炮轰，陈水扁曾批评部分派系人士"不体谅政府执政的困难"），问题就大了。他如果要加强党的功能，必然触犯到陈水扁，他如果一切听从陈水扁，那么还要党干什么？

从陈水扁来看，民进党帮他打天下，当上了"总统"，但民进党也成为他扩大社会基础的障碍。因为民进党有一个"台独党纲"，使中间群众望而却步，选票一直无法增加，这对他下一任的竞选是不利的。但他又抛不开民进党，否则连基本群众也没有，选票就更成问题了。所以，民进党是他最重要的政治资源，他要紧抓不放。现在谢长廷当主席，表面上与他没有太大冲突，实际上他总"提防"着谢，因为谢有可能成为他潜在的下一任"总统"的竞选对手。陈水扁不想让谢长廷连任主席，所以公然替谢宣布竞选高雄市长。如果换一个主席，谁来当？现在有野心的姚嘉文、颜锦福等人，都不是扁满意的人，他不放心；他自己的派系"正义连线"中还没有可以当党主席的人选；他想让张俊雄当，张却没有意愿。在这种情况下，与其让别人当，不如自己来当。"党政合一""党政一把抓"，他才能得心应手。

总之，民进党的"党政不合一"的现状已经很难维持，党主席不由陈水扁来兼，谁也无法做到让大家满意，"兼任"之路是迫不得已。当然，民进党内还有不同的声音，反对者主要是他的竞争者。"总不能一切好处你一个人独吞"。党内分赃不均，就会引发派系斗争。所以，至今陈水扁还不敢表态接任"党主席"这个位子。

如果"兼任"将出现什么局面？

现在民进党发明了一个新概念："党政同步"，既不是"党政合一"，也不是"党政分离"，用了一种"模糊"的手法。据说这是陈水扁的"分身"陈师孟提出的，可是看来倒像是陈水扁本人惯用的手法，在这个方面，他在民进党内是首屈一指的。好几次党的"决议文"遇到争议，都由他修改、润色，终于得到大家的认同。

"党政同步"基本上已经定案，由陈水扁兼任党主席的可能性极大。当然，也有蔡同荣、林浊水、颜锦福、姚嘉文、李文忠等少数人提出反对，吕秀莲也警告：不要"陷陈水扁于不义"，不要把"民主进步党"变成"民主退步党"。不过，在台湾当前政党竞争十分激烈的情况下，搞"党政分离"，把民进党只变成"选举机器"、"柔性政党"的可能性是不大的。把党变成"选举机器"等于"自废武功"，新党就是前车之鉴。

提出"党政同步"，只是一个粗略的设想，并未有全盘的设计。到底是"以党领政"还是"以政领党"，是由中常委决策，还是以"总统"为核心，要贯彻党纲，还是要按"总统"选举时提出的"政纲"办事？都有待解决。

如果是"以党领政"，这是过去国民党的做法，是民进党人批判过的，现在又把它捡起来，已经让国民党人笑话了。吕秀莲说"民主退步党"，就是指民进党退到"以党领政"，退到党主席不直选，而现在国民党则改为"党主席直选"。此外，台湾一向有一种说法，国民党和共产党都是"列宁党"，由党领导政府，所以，民进党更不敢承认自己要"以党领政"，或是"党政不分"。实际上，陈水扁也不会让党来"领"他。因为"以党领政"，就要由中常会决策，党要参与行政决策，陈水扁就要受到中常会的制约，实际上等于削除了他的权力，这是他所不愿意的。"以党领政"还要贯彻党纲，而党纲的某些规定与他的竞选纲领有抵触，"台独党纲"与他的"新中间路线"有抵触，他难道要放弃政纲、服从党纲？

如果"以政领党"又怕党内反弹，把民进党变成"一人党"。权力全部集中于陈水扁一人手中，"党政一把抓"，民进党和民进党的"立院党团"变成"扁团队"，这样，各派系是难以接受的。"立院党团"内部已经出现"反扁"的动向，对扁的"嫡系"构成威胁，如果形成一人大权独揽，反弹更加难免。

陈水扁用"党政同步"的说法，可以游走于上述二者之间，怎样对他有利，他就怎样做，而且都可以做出"合理"的解释。总的说来，陈水扁主导台湾政局，主导民进党，已经成为定局。陈水扁在民进党内的势力将会扩大，对台湾政局的影响力将会增强，有可能朝向"强人"或"准强人"的方向发展。是好是坏？需要研究。

对两岸关系将产生什么影响？

如果陈水扁兼任党主席，对两岸关系的影响有三种可能：

他的自信心增强，为了连任，为了争取中间选票，有可能摆脱党内"基本教义派"的影响，走理性、务实的路线。

在经济方面，可能满足企业界的要求，更加开放。最近，台湾工商协进会理事长辜濂松认为，"陈水扁若能够兼任党主席，使他更有权力，会有助于两岸与'国家'经济的发展"。

在政治方面，民进党"正义连线"中就有人主张，以政纲作为党的路线，取代党纲，认为"最大的价值并非台独党纲，而是经济议题的处理，面对全球化、知识经济来临，调整党对经济政策的思维"。

在两岸关系方面，陈其迈认为涉及党纲的修正问题，"应该思考党纲存废问题，确定党的核心价值，以总统重大决策取代党纲"。

总之，如果陈水扁兼任主席，有可能提出修改"台独党纲"的问题，这是陈水扁的一个机会，他可以借口为了实现竞选时的承诺，为了不违背"四不一没有"，为了争取广大中间群众，必须走"新中间路线"，暂时把"台独党纲""搁置"起来。由"总统兼任党主席"提出这个主张是顺理成章的事，必然会得到党内务实派的支持，估计多数民进党人也不会反对。如果出现这种局面，显然对两岸关系的发展具有正面意义。

陈水扁错估了客观形势，认为自己更有权力，可以为所欲为，坚持贯彻

"台独党纲"，致使两岸关系急剧恶化。不过，这样做，对他的连任没有好处，只会使选票减少，使自己更加孤立。从陈水扁的个性来看，他不会"走极端"，所以，这种可能性较小。

继续走"边缘路线"，不愿统，不敢"独"，维持现状，不接受一个中国原则，以拖待变。这种可能性最大。

上述三种可能性中，第二种即两岸关系更加恶化的可能性不大，而如果出现第一、第三两种局面，就有进步，至少是不进不退。

（写于 2002 年 3 月 9 日）

六、陈水扁"两岸谈话"剖析

陈水扁上台快两年了，他表示在两周年不会刻意安排什么活动，看来也不会有重要的讲话。不过，5月9—10日两天，他先后来到金门的大胆岛（即厦门附近的大担岛）、屏东县的小垦丁、台东县的初鹿牧场与媒体主管座谈，谈到有关两岸关系的主张。他在大担岛上眺望厦门，看到"一国两制,统一中国"的标语牌，随后，发表了一通"感性的谈话"，后来又有所补充，听起来似乎颇有一些新意。陈水扁的"两岸谈话"引起了两岸的一阵议论，有肯定的，有怀疑的，有保留的，有反对的。他讲的是什么？究竟是什么意思？现在我们来加以剖析。

口头的善意

陈水扁这次讲话，表面上确有善意。例如，他说："两岸近在咫尺，只要用肉眼就可以看到对岸，大家其实就像是好邻居一样，都可以相互邀请对方来家里坐一坐、喝喝茶，这其实也就是现在两岸民间交往的最佳写照。所以，如果中共领导人愿意，阿扁也愿意邀请他们到神泉茶坊来喝茶、谈天。"——说大陆是"好邻居"（尽管可以有不同的解读，例如，是邻居就不是一家人了）、邀请"喝茶、谈天"，与以往的态度确有不同，有些新意，从语气上看，也有一些好意。

又如，当天晚上他在屏东县小垦丁与媒体主管座谈时说：这阵子以来，对岸非常的积极，我相信有很多的民进党人都到过中国大陆，有些人从来没去过的，他们也去了。中国也有消息，说对岸希望能够请邀民进党什么样的人士也能够有机会前往，"个人宁愿解读，这也是一种善意的表现。"——能够承认大陆方面的善意，与以往有所不同，也可以看成是善意的表现。

更重要的是他大胆提出有关两岸关系的三点主张：

第一，两岸关系的正常化是台海永久和平的基础，两岸关系的正常化必须是从经贸关系正常化开始做起，两岸政治统合的第一步必须从经贸及文化的统合开始着手。

第二，两岸必须重启协商的大门，8月1日以后，将推动民进党"中国事务部主任"率团访问中国大陆，"以促进彼此的了解与政党的和解。"

第三，两岸"三通"是必走的一条路，要研究、规划一定人员中转金门，适度开放农产品进口金马地区，而不再被视为是犯罪和走私。

这三点，第一点是老话，这次也没有提出具体内容，至于什么是"两岸关系正常化"，则需要加以澄清。从我们看来，两岸处在分离状态是不正常的，一个中国才是正常的，只有承认"九二共识"才有可能走向正常化。

第二点表示民进党愿意来交流，愿意与"中共"来往，这是有新意的，但为什么要由民进党"中国事务部"主任率团前来，则有必要加以分析。如果要大陆接受没有放弃"台独党纲"的民进党、接受"中国事务部"的名义，正如大陆学者范希周所说的，这是"明知不可为而为之"。

第三点公开表示了"两岸'三通'是必走的一条路"，这是相当明确的说法，并且打算扩大金门的中转作用，适度开放大陆农产品进入金门，总算有了一些具体内容，也有新意。在台东，他还补充说，台港航线的模式可以参考，但未必能够完全适用于"三通"议题的谈判。"在政府的主导之下，我们可以透过民间，委托民间来从事。"按照"陆委会"的解释是"委托或透过民间来协助'三通'。"

总之，这次讲话表示要改善两岸关系，有些新意，并且有了一些具体想法。我个人也"宁愿解读这是一种善意的表现"。现在的关键是能不能从口头上的善意，变成行动上的善意，而不再成为一张空头支票。

不同的看法

对于陈水扁的讲话，向来有不同的解读，这次也不例外。对他有关两岸关系讲话，海峡两岸存在各种看法，归纳起来基本上有下列四种：

（一）持肯定态度。民进党的王拓认为"在八月后推动访问大陆"的说法，说明陈水扁在接任党主席后，"非常希望与中国大陆进行健康、正面、积极的接触，接触与交流是双方建立互信的重要步骤，如果没有经常性交流，很难建立互信"。"陆委会"高层官员则表示"乐见个别政党与大陆进行良性的沟通"。

（二）基本肯定，但有保留和疑问。国民党的章孝严表示，这次谈话内容充实、方向正确、目标具前瞻性，但希望要落实，言行一致，不要"只闻楼梯响不见人下来"，不要"雷声大雨点小"。吴敦义也表示肯定，但他指出，"经发会"的共识受到"行政院"和"民进党团"百般阻挠，使得陈水扁"说十丈，做不到一寸"，所以，对这次讲话能否落实，还有怀疑。连战认为，营造两岸善意总是好事，但是，他指出除了派遣代表访问大陆，还应解决更实际的问题。亲民党的李庆安指出，任何有助于两岸和平互动的主张，亲民党都乐观其成，但希望能够言行如一，说到做到。

（三）持反对态度。"台联党"的萧贯誉"教训"陈水扁："台湾的'国家领导人'对两岸的立场要坚定，对'中国'谈两岸议题尤其要谨慎，不能让台湾受到委屈"。他对这次讲话加以全面反对，逐条批驳：第一条，应以两岸的政治和解为优先，反对从经贸、文化开始；第二条，两岸间是"国家与国家"的关系，不是政党与政党的关系，应当优先处理"政治和解"而不是"政党和解"；第三条，在"一个中国"争议未排除前，让两岸"三通"，只会对大陆有利。罗志明表面上赞成，实际上反对，他提出"中国"要放弃武力犯台，"两国"在和平对等的基础上进行谈判。陈建铭公然警告阿扁："不要再笨了"，叫嚣"台湾要勇敢站出来正名"。亲民党主席宋楚瑜明确表示反对由民进党与大陆来谈，他指出："两岸不能以党对党谈，而应是政府与政府的立场谈"。

（四）怀疑讲话的动机。国民党的苏起认为，这是故意"炒作新闻"，让民众认为他有诚意改善两岸关系，但这都是"假动作"，是做给不懂两岸关系互动的民众看。到最后不能达成时，他就会说"我有做，但他们不要"，再次推卸责任。苏起指出，8月是中共十六大开会前内部最忙的时候，接受民进党派人访问的可能性根本不大，如果了解这个情况，还故意提这样的建议，那就是没有诚意。郭素春认为，陈水扁是在玩"两手策略"，不承认或接受"九二共识"，"大陆根本不可能同意民进党的代表团踏入大陆一步"。亲民党的陈进兴则指出，两岸政策其实卡在"一中"与"台独"问题上，不从决策面上解决，想突破并不容易。

他认为阿扁邀请大陆高层来访，是"骗台湾老百姓，骗不了对岸"。吕秀莲则坦白地为阿扁的"假动作"作证，她说，不要只看到阿扁在大胆讲话，还要看到他随后又去观看军事演习，"如果江泽民可以过来喝茶、聊天，今天就不需要军事演习。"

大陆学者范希周指出，在民进党当局放弃"台独"立场以前，两岸不可能恢复官方或政党之间的正式关系。陈水扁此举是"明知不可为而为"，政治上的表态大于实质意义，大陆政策并没有调整。牛军认为，陈水扁此次谈话只是选票考量，同时也是说给美国人听的，只是要向美国证明自己并非麻烦制造者。

民进党表面上表示支持，实际上不见得看法一致。有人问：民进党内"基本教义派"的态度如何，王拓却否认"基本教义派"的存在。国民党、亲民党不得不表示不同程度的肯定态度，因为要改善两岸关系是台湾广大民众的意愿，陈水扁说了这些"感性"、"温和"、"善意"的话，不管是真是假，国民党、亲民党都不好反对，否则就会脱离民众的大多数。当然，他们还是有保留的，有怀疑的，这也有助于使台湾民众仔细观察事态的发展，不要只听一时的好话就信以为真。至于"台联党"的看法，则显然是从"台独"立场出发的，他们顽固坚持"两国论"主张，唯恐陈水扁的说法会动摇了"独派"阵营的信念。

解读的方法

至于怀疑陈水扁讲话动机的看法，当然是有根据的。这是因为人们从陈水扁长期以来的言行，得出如下的印象：

第一、他经常言行不一。人们听到他的"口头善意"已经很多，可是几乎都没有变成行动，相反的，他们的所作所为则是极力向"独"的方向走。

第二，他经常提出一些做不到的主张。例如，在没有放弃"台独"党纲之前，要以民进党"中国事务部"的名义前来大陆访问；提出要"不预设前提"进行两岸高层对话；提出要承认"台湾是一个主权独立的国家"等等，都直接否定了一个中国的原则。

第三，他经常反复无常，"变来变去"。他今天说了一些好听的话，说不定过不了几天又会说出相反的话。在他发表"善意言论"的同时，他总不忘记提出一些不善意的言论。例如，在这次讲话中，他就说，美国总统布什说了"台湾共和国"，就是欢迎"两个国家"加入WTO，"这两个国家，其中一个是中国，一个是台湾。"又说，他对"台湾正名运动"表示衷心祝福。实际上，在这次讲话的前一天，他就发表了一些对中国大陆进行攻击的言论。

正因为如此，人们对他缺乏信赖感。对他的言论往往不相信，至少有怀疑，做这样的解读也是对的。那么，是不是他的话完全不可信呢，是不是每当他发表言论的时候，我们都要给予否定呢？是不是要"逢扁必反"、"批字当头"呢？我想，答案没有这么简单。

每当他有新的言论发表时，我们要与他先前说过的话做比较，看看有没有新意。新意不等于是善意，但也可能存在某种善意，不要先有成见而给予抹煞，因为他不能以主观愿望主导一切。例如，"三通"是台湾民众的普遍要求，他不得不说出"两岸'三通'是必走的一条路"，由于民意的强烈要求，他还可能不得不提出一些有利于"三通"的措施。所以，一概否定的态度，有可能忽视了对方反映民意的一面，这对改善两岸关系是不利的。当然，对于他的言论都要做具体分析，才能有正确的理解。但不能要求他的言论完全符合我们的原则和政策，因为他们也有他们的原则和政策，也有他们的坚持。

据我看，台湾当局目前在两岸关系上走的是一条"边缘路线"，即以"四不一没有"为"下线"，以不接受一个中国原则为"上线"，只要不突破这两条线，就要极力靠着"下线"的边缘走。

因为他"不愿统"，所以不接受一个中国原则，也不承认"九二共识"，在这种情况下，要"改善两岸关系"当然是困难的。最近陈水扁说："短时间内难以期待两岸关系会有进一步的改善"，他很清楚这是由于他们的边缘路线所决定的。他所能表达的"善意"，只能以不突破一个中国原则为界限。

另一方面，他也不敢离开"四不一没有"的下线，即不宣布独立、不更改"国号"、不进行统一或独立的公民投票、不推动"两国论"入"宪"和没有废除"国统纲领"的问题。这次讲话他重申："个人有诚意与善意，就像个人在两年前的'5·20'就职所说的'四不一没有'，到目前为止没有改变，在个人担任总统期间也不可能改变。"他们懂得自己的处境，现在还"不敢独"，所以不敢突破"四不一没有"这条线，因为他们很清楚"突破"意味着什么。

所以，台湾当局现在只能在这条"边缘路线"上走，两岸关系的僵局短期内无法打破，解决台湾问题还需要时间，还需要我们做许多工作。急躁、冲动无助于问题的解决，反而不利于两岸关系的改善。最近江泽民主席强调指出：我们将尽一切可能以"和平统一，一国两制"的方式来和平解决台湾问题。这是我们的信念，也是我们的诚意和信心的表现。

（《海峡导报》2002 年 5 月 12 日）

七、"一边一国"的真实含义

"一边一国"的真实含义是什么？很简单，就是一边一个国家，两边两个国家，分得清清楚楚，这是货真价实的"两国论"。这本来是大家都听得懂的、毫无疑义的。可是，陈水扁和台湾当局却出来辩解，说大家都没有听懂，他讲的不是这个意思。那么，他到底讲的是什么意思呢？

一种说法是，他讲的只是"事实描述"。他们说，"两岸一边一国"是"现阶段两岸客观事实"。这完全不符合客观事实。两岸的现状是两岸同属一个中国，或者说是一个中国尚未统一，全世界公认只有一个中国，哪里来的"一边一国"、"两边两国"呢？

另一种说法则把问题说得很轻松。他们说，"一边一国"的说法是民进党内部"很平常的讲法"，不值得大惊小怪；或者说，这是乡下孩子常说的"你一国，我一国"，就是我不归你管的意思，"没有政治上的正式意涵"。前者道出了一些实情，那就是民进党内一贯把两岸当成"两国"，这是他们的理念，也是他们的梦想。过去在"内部"常常这样讲，习惯了，无所谓，这次不是在内部讲，而是在公开场合讲，而听众则主要是他们的"自己人"，即主张"台独"的外国籍台湾乡亲，对他们来说，也听得很习惯，很"爽"。可是，对于不是他们自己人来说，听起来则大不以为然，当然要对这种公然主张分裂的说法"大惊小怪"了。后者则是低劣的辩解，什么"没有政治意涵"，作为政治人物，在通篇显示政治立场的讲话中，难道说的不是政治语言，而只是乡下孩子在玩"过家家"的游戏吗？

可是，上述说法都不够"权威"，可以不理它，最重要的要看陈水扁自己的解释。他在 8 月 6 日民进党中常会上说，他讲的"一边一国"是"主权对等论"。好极了，终于上升为"理论"了。这是陈水扁"独家"的新发明。可惜它缺乏理论依据和事实依据。他既无法论证他是怎样否定了"主权不可分割"理论的，也无法论证为什么主权可以共享或分享。他不能正视因为不拥有主权而不能加入联合国的现实，也不去检讨"建交国"越来越少的根本原因，而只能把它归于他人的"打压"。

不过，陈水扁的讲话有一点倒是真的，那就是他说："民进党创党 16 年来坚持的理想从来没有改变"。这一句话足够说明一切了。16 年来在"一边一国"方面"坚持"的是什么呢？请看：

"中华人民共和国继承中华民国，成为中国唯一合法政府"。"台湾主权既不属于中华人民共和国，亦不属于中华民国"。（注意：他们一向是不要"中华民国"的）"台湾是台湾，中国是中国"。"一中一台"。"两国两府"。"两岸相互承认为主权独立国家"。"建立主权独立的台湾共和国，由台湾全体住民以公民投票方式选择决定"。"推动以'台湾'名义加入联合国"。"中国只有一个，由中华人民共和国代表，台湾是一个已经独立的国家。""两个华人国家"。（以上都没有"中华民国"）

1999 年 11 月陈水扁发表的《跨世纪中国政策白皮书》提出："台湾与中华人民共和国是两个互不隶属、互不统治、互不管辖的国家"。以"两个国家的特殊关系"界定台湾海峡的现况。

够了。16 年来所坚持的就是"一边一国"，明明就是"两个国家"，而且原本从来不讲"中华民国"，只讲台湾。后来却改为"台湾是一个主权国家，依目前宪法称为中华民国"。

由此可见，说"一边一国"绝不是什么"擦枪走火"，也不是什么"事实描述"，而是"台独"的"理想"。陈水扁刚上台时不敢讲，而用"四不一没有"来欺骗民众，现在他认为时候已到，干脆地讲出来了。只不过这次他用"依目前宪法称为中华民国"来取代露骨的"台湾国"。所以对台湾民众有一定的欺骗性和煽动性，这一点是值得人们留意的。

（《两岸关系》2002 年 9 月）

八、陈水扁"包装"决议文

自从 1991 年 10 月 13 日民进党通过"建立主权独立自主的台湾共和国"基本纲领（即"台独党纲"）以后，它就等于向世人宣告自己是一个"台独党"。后来的实践证明，"台独党纲"并没有给民进党带来什么好处，相反地，却引起台湾民众的很大疑虑和恐惧，显然对于他们争取选票不利，同时，这也使得他们无法与大陆方面接触、沟通，以至在两岸关系上难有作为。这时，民进党内的一些务实派就主张要修改"台独党纲"，但是，碍于"基本教义派"的阻挠，修改党纲不容易通过。于是，有些人则提出"把台独党纲'供'起来"，不要付诸实施。有些前来大陆的民进党人也向我们游说：不必在意"台独党纲"，它不过是一个"历史文献"而已。可是，这样的说法并没有让台湾民众放心，人们不敢轻易把选票投给他们；这也无法说服大陆，大家很难和"台独党"来往。

这种情况对于民进党参与 2000 年的"大选"显然是不利的，因而迫使它不得不在 1999 年 5 月举行的八届二次全会上通过"台湾前途决议文"，对"台独党纲"作了"处理"。最主要的"处理"有两点：

第一，把"台独党纲"所主张的"建立主权独立自主的台湾共和国及制定新宪法的主张，应交由台湾全体住民以公民投票方式选择决定。"改为"台湾是一主权独立国家，任何有关独立现状的更动，必须经由台湾全体住民以公民投票方式决定。"通俗的说法就是把"台独公投"改为"统一公投"。

第二，间接承认了"中华民国"的"国号"。即台湾"依目前宪法称为中华民国"。

经过这样的"处理"，他们把"台独"两个字暂时"收起来"了。对外可以欺骗一般民众：民进党已经不讲"台独"了，已经认同"中华民国"了，你们可以放心。实际上,在通过"决议文"的当天,当时的党主席林义雄就明确指出:"台湾的独立,是民主进步党长期坚持的目标"。由此可见,"决议文"完全是掩人耳目的权宜之计,民进党的"台独"本质丝毫没有变化。

2000 年民进党上台以后,发现"台独党纲"仍然是争取民心的最大阻碍,也是发展两岸关系的最大障碍。2001 年 10 月在民进党九届二次全会上,通过谢长廷的提案:"提升全代会决议文位阶案",把"台湾前途决议文"提升到与"台独党纲"同等的地位。谢长廷还解释说:"新法优于旧法",企图说明"决议文"已经取代了"台独党纲",可是这并不是党内的共识。这是党主席谢长廷主导的对"台独党纲"又一次的再包装,换汤不换药,人们从民进党的所作所为都无法得出"台独党纲"已被"搁置"的结论。

现在陈水扁又提出"以'台湾前途决议文'作为处理两岸问题的最高原则","用'台湾前途决议文'直接、间接处理了'台独党纲'"。他说:"大家很清楚,'台独党纲'和'台湾前途决议文'是有很大的不同。"

不同在哪里?是本质的不同,还是策略的不同、用词的不同、包装的不同?

我们来看一看他究竟是怎样"处理"的:

第一,他用"统一公投"把"台独公投"包装起来、掩盖起来。实际上,可以进行"统一公投",就等于有权进行"不统一"的公投,也就是"台独公投"。可见,只是换一种说法,而却把"台独"暂时包起来了,可是它还在里头,仍然是主张"统独公投""台独公投",本质不变。

第二,他用"维持现状""把"反对统一"掩盖起来。他把台湾的现状歪曲为已经是"一个主权独立的国家",这样,"独立"被说成是维持现状,而"任何有关现状的变动"(显然主要是指统一)则要"由台湾全体人民来共同决定",用这样的包装来反对统一。

第三,他用"民主""住民自决""台湾民意"来包装"公民投票"。实际上,按照国际法和联合国的有关决议和规定,通过"公民投票"决定主权归属,只适用于殖民地、托管地、非自治地区,以及那些被其他民族国家兼并而本来是独立的民族国家。台湾主权属于中国,这是毫无争议的,所以,台湾不能进行公民投票来决定统一还是独立。用这一层包装，不仅要掩盖"台独"的本质，而且暴露出在主权问题上企图煽动民众进行对抗的图谋。

第四，他用"中华民国"的"外壳"包装和掩盖"台独"的本质。民进党本来十分讨厌"中华民国"这个符号，可是现在认为还有利用的价值。"台湾是主权独立的国家，目前她的国号叫做中华民国"，这是陈水扁当前最常利用的一句话。它可以左右逢源，"台独"分子不能反对，反对"台独"、认同"中华民国"的人也不能反对。暂时借用"中华民国"的招牌，过后完全可以随时把它扔掉。君不见"正名"之声正甚嚣尘上，陈水扁不是表示要"尊重"它吗？

现在看得很清楚了，他的所谓"处理"，是用四层厚厚的包装纸，把"台独党纲"包起来，暂时掩人耳目，外行人以为他真的不说"台独"了。可是，有人看了"台湾前途决议文"以后，却说它和"台独党纲"完全没有差别。民进党人对此大为不满，他们认为民进党已经表示出"善意"，是大陆没有善意回应。老实说，说它"完全没有差别"并不符合事实，它毕竟有文字上的不同，有策略上的不同，但如果说"没有本质差别"，则完全符合事实。陈水扁"处理""台独党纲"，只是把它暂时包装起来而已，并没有"搁置"，更没有"废除"，"台独党纲"原封不动，本质不变，还在推行，时候一到，他还会公然把它抬出来的。

还应当看到，他的"处理"不是单纯的"退缩"或"防御"，而是一种进攻，因为"处理"的目的在于推出"一边一国"。拆开了包装，就可以理解他所说的"以'台湾前途决议文'作为处理两岸问题的最高原则"是什么意思了，还是用他自己的话来回答："要分清楚，海峡两岸就是一边一国"，这才是要害所在。

（《两岸关系》2002 年 11 月）

九、陈水扁的"国庆演说"

今天，陈水扁发表双十节"国庆演说"，讲到台湾内部的事，也讲到两岸关系，提出"和平之门""合作之门"以及两岸的"全新局面"等等，似乎有些"新意"。台湾记者问我有什么评论，我谈了以后，也想把这些想法提供大陆同胞参考。

我认为这是陈水扁一篇比较正式的文稿，是一次公开演说，是讲给大家听的，同时还有外国的听众，所以，不能像平时那样随便乱说，要讲得"正规"一点、"平稳"一点，因为他想从多方面"受益"。为此，这篇演说力图做到以下几点：

（一）要极力"推销自我"，吹嘘民进党执政的"成就"。既讲"经贸实力"，又讲"民主自由的根基"，并且公然提出："经济景气的回春已经有目共睹""最苦的日子我们已经渡过"，似乎"拼经济""大改革"已经取得重大成果。当然，事实并非如此，尽管陈水扁把"拼经济"的口号挂在嘴上，但收效甚微，经济的困境远未摆脱，不景气仍然困扰着台湾民众，大家对此自有亲身的感受。

（二）要稳住他的基本票源，让那些"基本教义派"听得满意。强调"捍卫主权"，反对"一个中国"，攻击中国大陆，挖苦泛蓝阵营，这一切都会使"基本教义派"兴奋不已。这样，陈水扁就不必担心会失去这部分选票。当然，在这个场合，他还不能完全附和"基本教义派"的主张，还不便提出"正名"，试想，如果要"正名"，他还选不选"中华民国总统"？

（三）要争取中间票源，讲一些老百姓爱听的话。除了经济好转、"拼经济的脚步不敢松懈"之外，还讲了大家关心的影响经济发展的两岸关系问题，他表示"全力促进两岸经贸关系正常化"，"两岸直航的一个目标、三个阶段"，还说"两岸之间永远存在'合作之门'、'和平之门'",特别提到明年选举之后,"两岸经贸的发展必然能够迈入一个全新的局面"。似乎如果阿扁当选,"三通"就可以实现,就会给台湾经济前景带来希望,就可以达到"繁荣富强,安居乐业"。此外,他最后还喊了一句"中华民国万岁"。这样,至今尚未表态的那些中间选民,难道不应该把票投给他吗?

(四)要攻击大陆,把发展两岸关系的障碍归罪于大陆。所谓"合作之门""和平之门",说得好听,实际上都是向大陆方面发起攻击。你想合作吗?按陈水扁的说法"就应该放下所谓'一个中国''一国两制'的政治框架";你想和平吗?按他的说法"更应该放弃对台湾人民的武力威胁和国际打压"。他公开反对"一个中国"的原则,却把我们反对"台独"的斗争说成是"武力威胁和国际打压",以此煽起台湾民众对大陆的反感,同时又"突显"他自己"和平""合作"的"诚意"。他还说:"有人说:接受'一个中国',台湾可以换来更大的国际空间。事实上,如果放弃对主权的坚持、放弃民主自由的根基,台湾不但没有身份加入国际组织,在国际社会也将无立足之地。"在这里,他充分表明了反对"一个中国"的立场,表明了在主权问题上的分裂主义立场,还想加入国际上只有主权国家才能加入的国际组织,与"一个中国"相对抗。台湾不是一个主权国家,这是世界上公认的。可是,陈水扁把我们反对"台湾是主权国家",说成同时要他们"放弃民主自由的根基"。他用这种"偷天换日"以及"打击别人,抬高自己"的手法欺骗台湾民众,近期的目的就是争取选票。

(五)要抹黑泛蓝阵营,不让"中间票"流失。民进党当局在经济上的无能和失误,令台湾民众相当不满,这也是泛蓝阵营对付民进党当局的一项"资产",陈水扁对此耿耿于怀,借机进行反击。他强调现在台湾经济已经开始复苏,"没有理由再听信少数的人唱衰台湾"。更严重的一招是,他把愿意发展两岸关系、认同一个中国原则的人,说成是"对自己没信心、对台湾没信心的人",是"趋附霸权、委屈求和",给予抹黑和打击,不让中间选民倒向敌对阵营。

总之,这篇文稿是经过精心策划的,近期的目的是争取选票。尽管他再次显示反对一个中国原则的分裂主义立场，但因为是在比较"正式"的场合，还要用发展两岸关系作掩护。将来，在选举的过程中，将会有更多的"选举语言"，更加"出格"的言论，有的甚至是故意制造挑衅，激起两岸敌对情绪，用此类策略争取选票。我个人认为，对于陈水扁等人的种种表演，我们不妨静观其变，让各种各样的言论和行动都表露出来，情况和问题就会更加明朗。

实际上，据我看，再变也变不到哪里去，一切可以等待选后再说，时间在广大人民这一边。

（人民网 2003 年 10 月 10 日）

十、陈水扁的"公投"

两种"公投"

"公投"是通过公民直接投票的方式，决定、批准一些重要的法律、制度、公共政策，直至国家领土、主权的归属问题。它可以分为两种：

一种是"公民复决"（referendum），是针对法律、公共政策等的"公投"。例如，美国一个州的法律规定，本州不许发行彩票，但州长认为该州教育经费缺乏，发行彩票可以用于支持教育，有人支持，有人反对，结果通过"公投"，多数意见同意发行，于是修改了法律，发行了彩票。又如，去年10月，美国加利福尼亚州通过"公投"，把原来的州长罢免了，改选电影明星施瓦辛格为州长。这类"公投"是人民的民主权利，许多国家都采用了。

一种是"公民自决"（plebiscite），是针对领土、主权进行的"公投"。这种"公投"是有限制性的，不是任何地方都有权进行这种"公投"。只有原来的殖民地、托管地独立以后，有权通过"公投"决定领土主权的归属，要独立，还是要归并到其他国家。例如，东帝汶原来是葡萄牙的殖民地，独立以后，曾经被归并到印度尼西亚，但当地人民不愿意，1999年通过"公投"78%的人选择独立，得到联合国的支持。又如，波罗的海三国，1940年苏军进入时，曾经通过"公投"归并到苏联，1989年苏联瓦解，这三国议会立即宣布独立，并通过"公投"确认了独立的合法性。上面两个例子，一个原来是殖民地，一个原来都是独立国家，它们有权进行"公投"。

台湾原来是殖民地，1945年归还中国，就不是殖民地了。它的主权属于中国，台湾是中国领土的一部分，这是世界公认的。台湾从来不是一个独立的国家。因此，它无权进行"公民自决"的"公投"。

本来，台湾要搞"公民复决"的"公投"，例如，"核四公投"，这是人民的民主权利，我们不能反对，也不应当反对，否则他们就会说我们反对民主，要剥夺台湾人民的民主权利。问题是陈水扁当局把两种"公投"混为一谈，他们企图告诉人们，台湾有权搞第一种"公投"，也有权搞第二种"公投"。他们的目的在于"下一步"，即走向"台独"的"公投"，所以我们才强烈反对。

有一种说法：台湾无权对台湾前途进行"公投"，如果要"公投"，也要由全国13亿人一起来投。这种说法貌似对我们有利，其实不然。这里有两个问题：一是为台湾前途的"公投"开了一个后门，说明它本来并非不可以投的，这样，就无法以国际法和联合国宪章来论证台湾无权进行"公投"了；二是会造成台湾民众的反感，他们问道："为什么台湾的前途不能由住在台湾的2300万人来决定，却要由不住在台湾的13亿人来决定？这不是以大欺小、以势压人吗？"

所以，第一，我们在宣传时，要以法律为依据，不要"想当然"，否则是站不住脚的；第二，应当强调我们尊重台湾人民当家作主的民主权利，尽量避免对涉及"公共政策"的"公投"进行批判，避免说出伤害两岸同胞感情的话；第三，要大造舆论，明确表示反对"台独公投"，说明这是违反国际法和联合国宪章的，要讲清道理，让他们懂得台湾为什么没有这个权利。

陈水扁发动"公投"的目的

一为"台独"，二为选举。

为"台独"：通过"公投"实现"台独"是民进党的一贯主张和梦想。早在1991年他们就通过"台独党纲"，指出："建立主权独立的台湾共和国……应交由台湾全体住民以公民投票方式选择决定"，这叫做"台独公投"。1999年他们通过"台湾前途决议文"不讲"台独公投"了，而主张"台湾是一主权独立国家"，"任何有关独立现状的更动，必须经由台湾全体住民以公民投票方式决定"，这叫做"统一公投"。就是说，"台独"不必"公投"，统一才需要"公投",这是为统一设置障碍。2002 年陈水扁叫嚣"一边一国"的同时,也叫嚣"公投",他的目的是"叫对岸死心",就是要用"一边一国"对抗"一个中国"。所以,在他们看来,"公投"是"台独建国"必走之路。

为选举:陈水扁打出"公投牌"目的是在选举中争取主动,看国民党怎么回应,如果国民党同意,那就只好跟着民进党走;如果不同意,他就会说国民党反对台湾人民的民主权利,陷国民党于被动。提出"公投",首先要巩固"基本教义派"的票源,保住他的基本选票;其次是要争取中间选民,有人认为"公投"是陈水扁为民众争取到的民主权利而投票给他;第三是向中国大陆挑衅,刺激我们,如果大陆强烈反对,他们就会煽起民众的"悲情",争取更多的选票;第四是试探美国的底线,看看他们向大陆挑衅美国采取什么态度,希望得到美国支持。不过这只是他的如意算盘,结果台湾学者指出,这是"低估了中共,错估了美国,高估了自己","公投"遭到国际社会的"关切"和反对,给他自己造成很大压力。

所以,陈水扁发动"公投"是为了拉抬选票,但又不单纯为了选举,最终目的是为了"台独"。

美国对这次"公投"的态度

美国向来对海峡两岸采取模糊的态度,美国讲"一个中国政策",大家很高兴,以为这和我们讲的一个中国原则是一样的,其实不然。美国从来没有讲一个中国原则,它从来都是讲一个中国政策,它包括两个方面,一方面,承认和我们签订的"三个公报",另一方面,一定要讲"与台湾关系法",就是说,如果台湾受到攻击,美国要"协防台湾"。这才是美国的政策。他们从来不会只讲"三个公报",而不讲"与台湾关系法"。我们的媒体有时搞不清这个道理,竟然说美国表示遵守一个中国原则,也不提"与台湾关系法",这样对受众形成误导,无法正确了解美国的态度。

温总理访美时,布什当面表示:"美国反对任何旨在单方面改变台海现状的行动。无论这种行动来自中国或台湾。"请注意,这是对两方面讲的,意即大陆不要动武，台湾不要"台独"。接下去，布什警告陈水扁："台湾领导人的言论或行动，显示他可能有意片面决定，去改变现状，这是我们反对的。"显然，这个讲话重点是针对台湾当局的。美国学者来我们研究所表示，布什是自己认为一定要讲后面这一句，而他旁边的人都不希望他讲，因为这样似乎偏袒了中国大陆。美国当局后来还讲了不少反对"台独公投"的话，特别强调美国担心的是"公投"之后的"下一步"。

陈水扁提出"公投"议题时，美国国务卿鲍威尔表示"要非常小心研究它的文字"。当时我就写了文章（1月18日，人民网）《陈水扁"公投题目"的用意何在？》，认为美国确实需要去研究，研究以后才会知道他的意图。陈水扁玩弄文字游戏，关键在"下一步"，他自己已经说了，那就是"捍卫"他所认定的"一边一国"的"现状"，然后通过"制宪"走向"台独"。

鲍威尔经过研究，看懂了陈水扁的意图，他表示：这次看不出有必要"公投"；"但台湾是一个民主的地方，如果他们选择举行'公投'，那就可以'公投'"（美国一定要说这一句，这是他们的价值观所决定的）；反对单方面改变现状；对两个"公投"的议题都不表示支持。由此可见，美国并没有反对台湾进行任何"公投"，对"必要的公投"是不会反对的，只是反对走向"台独"的"公投"。

美国为什么会反对"台独公投"呢？有人说是因为我们表示了强硬的态度，美国认识到问题的严重性；有人说是因为台湾对美国的"关切"置之不理，陈水扁"惹怒"了布什；这都是相关因素，但不是根本原因。根本原因在于美国的国家利益。维持较好的中美关系是符合美国国家利益的，因为双方在经济上有共同利益，投资、贸易双方都得到好处；国际上有合作需要，反恐、朝核等等美国都需要中国的配合和支持，布热津斯基说，"美国如果不和中国合作，将会更加孤立"；在台湾海峡维持"不统、不独、不战"的局面对美国有好处。所以，他们不是认同中国的主张而反对"台独公投"，美国人关心的是"利"而不是"义"。

同时，要知道并非美国人都同一个调子，并非都是支持我们反对"台独"的。有些人是反华的，他们认为"布什听信北京，误判形势"，甚至叫嚷"不承认中国对台湾拥有主权","战争意味着台独"等等。从许多美国人看来,"台湾是一个民主的国家",因为台湾采取类似美国的政治制度,他们对台湾"亲",对我们不"亲",这是美国人的价值观所决定的。因此,可以利用美国对台湾施压,也取得一定的效果,但我们不能期望过高,更不能依赖美国,更不能让它来干涉中国的内政。

有的学者认为美国有能力阻止台湾"公投"前提是中国要向美国施压,表示要打,这样,美国才会做出"危机防止"。我认为这是一厢情愿的想法,"公投"是不会被阻止的。美国不会按照我们的意愿办事,他们对台湾施压只能做到这个地步,绝不会因为我们要动武而支持我们。美国学者葛来仪来我们研究所谈到:"过去台湾不民主,美国就不让对台动武,现在台湾民主了,就更不可能了"。我们如果要动武,美国一定要"奉陪到底",这是他们的既定政策,也是他们的"标准答案",你问任何一个美国人,他都会这样回答。至于陈水扁,他也不可能因为美国施压而放弃"公投",因为他早已骑虎难下了。放弃"公投"等于宣告选举失败,他不会干,只好勉强投个样子,企图显示自己的主张得到台湾民众广泛的支持。

"公投"的结果与未来的走向

陈水扁这次"公投"是一退再退,从防御性到防卫性,再到"和平公投";在议题方面也从涉及主权的"公投",到针对我们的"撤除飞弹",再到针对台湾内部的如果大陆不撤除飞弹台湾要不要买反飞弹装置。他已经无路可退,无论如何也要硬着头皮投下去,不投就等于宣告自己的失败。

在"公投"之前,大家已经在议论,如果台湾实行"公投",我们怎么办?有人认为我们已经表示坚决反对,他居然置之不理,公然向我们挑衅,如果不打,"台独"气焰会更加嚣张,不打,就是容忍"台独",非打不可。我当时提出,陈水扁确实向我们挑衅,他是有罪的,但还不是"死罪",他还不敢进行"台独公投",所以"罪不当诛",现在还不能打,因为出师无名。所以,我提出,要用建国初期我们对付美国的"严重警告"的方式,显示我们的宽容大度，一则可以争取国际舆论，二则可以争取台湾民心，三则为自己此后的动作创造有利的条件。现在他们"公投"失败了，事先议论的种种对策已经不完全适用了，需要根据新的情况，做出新的对策，甚至可以不把它当做一回事。

"公投"之前，陈水扁估计"公投"一定胜利，一定"过半"，所以他才敢说"公投的失败是中国的胜利"，他没有想到自己会失败。但是，民进党内有人早已担心会失败，邱义仁说："公投若没有过，将导致中共解读成台湾民众拒绝独立"；郭正亮说，如果"公投"失败，将要面对"美国质疑、国际轻视、中国嚣张"；谢长廷说，"公投"不通过，就代表台湾民心分裂、没有共识、没有信心，就会被中共看不起，被中共打压或孤立，国际友人会对台湾失望。

"公投"结果表明只有45%的人领了票，其中还有反对票和废票，所以这是一次"无效公投"，多数人否决了陈水扁的主张，这次"公投"彻底失败。它表明多数人认为"反飞弹"不能成立，"台独"不可行，要维持现状。仅此而已，不能估计过高。不能认为"公投"已经完全失败、台湾民众不会再接受"公投"、民进党从此不再玩"公投"了，这是一厢情愿的看法。

"公投"是在我们反对下，在国际社会（特别是美国）的"关切"和反对下，在台湾多数民众的抵制下遭到失败的。但应当看到，尽管"公投"失败，陈水扁还达到两个目的，"一为选举"，"公投"为它拉抬了选票；"二为台独"，"公投"向"台独"走出了所谓"第一步"，尽管是失败的一步，但今后他还要走下去。

未来的走向有几点已经显现出来：

（一）陈水扁不承认这次"公投"的失败，他竟然说"不算失败"，他想把"无效公投"说成"有效公投"，表示"政府将遵照人民直接的决定"去做。汤曜明表示，"公投"不过，反飞弹装置照买。

（二）按照"台独时间表"一步步走下去："公投""制宪""建国"。在这个过程中，将不断地推出各种"公投"。

（三）将来可能进行的"公投"有两类，一类是"公共政策"的"公投"，如"核四公投";一类是涉及主权的"公投",如参加WHO（世界卫生组织）,参加联合国,这些机构的章程都规定只有主权国家才有资格加入,台湾不是主权国家,所以至今不能加入。但是,尽管如此,他们还要顽固地一再进行"公投",直到要进行"台独公投"。因此,反对"公投"的斗争还要延续下去。

为了及早防止台湾进行"台独公投",我们应当组织法学界人士,大造反对"台独公投"的舆论,从法理上讲清楚台湾无权进行"台独公投"的道理,从而遏止和粉碎"台独"分子利用"公投"欺骗民众的图谋。

目前台湾政治处在势均力敌的状态,陈水扁要想通过"制宪公投",也没有那么容易,"台独公投"就更难了。应当指出,即使他们要搞"台独公投",也必然失败。第一,我们不允许,"台湾意味着战争",他们是懂得的；第二,国际上不支持,绝大多数国家认同"一个中国",他们自己说要"台独"也没有用。

（写于 2004 年 3 月 29 日）

十一、陈水扁仍有可能胜出

"我们台湾研究所一直在跟踪大选的情况,到目前为止我们观察的结论是,估计泛蓝会胜出 3% 到 4% 左右。"不过,四年前"大选",陈水扁当选出乎意料,这次会不会发生类似的意外?厦门大学台湾研究所前所长陈孔立认为,这种可能性不能排除。有一种预测就是,陈水扁可能以微弱优势当选。因为现在双方都在造势,还有人担心会不会有人在动选票的手脚,暗箱操作,以往的选举就曾出现"做票"的情况。现在这些无法估计的因素的存在,导致台湾"大选"到最后一刻仍有很多变数存在。就连天气都可能成为一大变数,据说投票当天可能会变天,因此来投票的老头老太人数就少,投票率低对国民党就不利。像这些因素就是比较难估计的。

陈孔立说,台湾岛内有人认为,泛绿如果赢了,陈水扁可能当尼克松,即当初最反共反华的,最后反过来积极改善关系。但从陈水扁的情况来看,可能性非常非常小。他较大的可能性是越来越"独",按照他的"台独时间表"来行进。他现在口头说如果他当选不会搞"台独",要建立两岸和平协商的架构,这是没有基础的,完全是为了选票打的幌子。我们已经"听其言,观其行"四年了,得出的结论是,这个人是不可信赖的。他自己经常变,而且目标明确地在"台独"问题上越走越远。

陈孔立表示,如果陈水扁连任,两岸的僵局是绝对无法打破的。如果他仍一意孤行,一定要走向"台独",而且突破底线,那么战争就很难避免。所以有人预测,如果陈水扁上台,两岸摊牌的可能性很大,甚至两岸战争的可能性很大。

陈孔立说,如果泛蓝胜出,两岸关系会相对缓和一些,但是也很难有大的改善。一方面因为民进党在"立法院"还是第一大党，对泛蓝会起到一定的制约作用；更重要的是，"执政"以后泛蓝内部并不会接受一个中国的原则。

陈孔立表示，连战已经表态，对统一的问题要搁置，不要这么快来谈。所以，由于两岸对发展前景没有达成共识，两岸关系不大可能有大的改善，政治上的僵局还要持续一段时间，但是在经济方面的合作还是会发展，两岸的交流也还会继续扩大。

他表示，台湾同胞的生活环境与我们不同，所以有不同的观点是可以理解的，我们要充分理解台湾同胞，我们可以等待。经过两岸的交流，逐渐化解敌意，增进理解，增进共识，增进互信，这样两岸关系将得到改善和发展，这需要一个过程，需要时间，目前大家都希望两岸关系能够缓和并逐步发展，如果泛蓝当选，这个前景就值得期待。

四个关键观察点审视当选者

陈孔立说，无论是谁当选，从 3 月 20 日投票到 5 月 20 日就职这段时间，我们还有四个关键的观察点，看看新的政权走向何处。

（一）看当选以后的表态。如果有善意的表态，表达改善两岸关系的意愿的话，就比较好。反过来说，如果还挑战两岸关系或者制造麻烦，那么问题就比较严重。

（二）看上台以后是否愿意和祖国大陆进行正面的沟通。有人说，如果当选，他自己会到大陆来，有的说要派人到大陆来。不管怎样，这样愿意沟通的态度还是好的；如果不愿意沟通而且制造障碍，那么就是另外一回事了。

（三）通过两岸的沟通能不能达成一定的共识或者默契。如果两岸在 5 月 20 日之前能够取得两岸发展的一些共识，那么新政府就任以后两岸关系的发展就比较乐观。

（四）就职演说。这是一个观察的重点，这是一个正式的文告，表明正式的态度，要看看有没有改善两岸关系的承诺。尽管以前陈水扁曾用"四不一没有"欺骗了国际舆论，但是不管怎样，口头的承诺还是必要的，就职演说里如果能有改善两岸关系的承诺，也应看作是一件好事。当然不仅仅是看口头上的，更重要地是看行动。

如果从"3·20"到"5·20"期间，台湾当局有改善两岸关系的意愿的表示，那么两岸关系就有可能有比较好的前景。（特约记者格美）

（《国际先驱导报》2004 年 3 月 19 日）

十二、陈水扁会被"倒"下台吗？

陈水扁不会提前下台

有人认为陈水扁已经快完蛋了，我们应当帮助泛蓝把他"打死"，逼他下台。这是一厢情愿的想法。主要原因在于：不懂得台湾政党政治的游戏规则。

尽管台湾的"政治民主"很不成熟，出现许多乱象，但是，大家对"程序性民主"还是遵守的。要让陈水扁下台，必须通过既定的程序，不能靠群众运动，不能用"革命"的手段把他赶下台。按照相关法律规定，要"总统"下台，只有两种办法：一是"罢免"，二是"弹劾"。只要无法证明他犯了罪，就不能弹劾。只要泛蓝在"立法院"无法取得三分之二的票数，就无法罢免他。

从目前看来，尽管陈水扁的声望已经十分低落，但是，民进党人还要保住陈水扁这块"神主牌"，如果陈水扁下台，受到伤害的不仅是陈水扁个人，整个民进党都会受到严重伤害。因此，民进党人决定"稳固领导中心"，没有"立委"敢于投票罢免他。

可以预估，陈水扁会按照"中华民国宪法"的保护，当"总统"到2008年5月19日为止，他自己不会主动下台，在野党也无法让他提前下台。

陈水扁无法推行"法理台独"

陈水扁在台上还有650多天，在这段时间中，他会有什么动作？有人说，他会"破罐子破摔"，一定会搞"法理台独"。这也是"想当然"的。他们以为陈水扁没有任何约束，可以为所欲为。这也是不懂得台湾政党政治的游戏规则，同时，不懂得有多种因素对台湾政局发生制衡作用，绝对不是取决于个人。

他要搞"法理台独"，只有两种办法：

一是通过"立法院"进行"修宪"，按规定：只要有四分之一"立委"（56—57票）反对，就不能立案。现在泛蓝明确表示反对"修宪"，民进党企图通过他们的"修宪"版本，降低"修宪"的门槛，无法达到。

二是自下而上发动"公投修宪"，这就需要"总统"选举人数千分之五（约8万人）提案，百分之五（约80万人）连署，然后经过50%以上的人投票，投票者50%以上赞成才能通过。这是一项巨大的工程，本来陈水扁说要举办一万场说明会，可是没有人去办。现在更不可能了。

关键是有许多因素对台湾政局发生制衡作用。民进党内部很多人已经没有这个兴趣了；泛蓝反对；美国对"修宪"做出警告；我们的"反分裂法"更是最有力的武器。不看到这些因素，以为陈水扁可以不顾一切，蛮干到底。这种想法显然是错误的，也是对自己没有信心的表现。

当然陈水扁还会讲一些我们不喜欢听的话，还会有一些"小动作"，但无伤大局。

陈水扁还要留在台上

有人担心陈水扁在台上对我们不利，这个担心是多余的，因为他还在台上，你无法改变这个现状，即使陈水扁下台，谁会上台呢？按法律规定，只能是"副总统"。没有经过2008年"总统选举"，泛蓝的任何人，包括马英九都不可能上台。

如果吕秀莲上台，会比陈水扁好吗？有这个可能，但更大的可能则是"更独"。因为第一，从她的一贯表现来看，"台独"理念根深蒂固；第二，陈水扁已经"受伤"，他要推动"法理台独"已经有心无力了，而吕秀莲则没有受到任何伤害，还是比较"干净"的，她有"本钱"硬干。我们何必期待一个摸不透的人上台呢？

因此，相对来说，陈水扁现在已经弊案缠身，遍体鳞伤，他不敢再搞什么"大动作"了，即使要搞，也要考虑按照目前他的声望，会有多少人支持？所以说，受到重伤的陈水扁在台上，他要推动"法理台独"的可能性相对下降了。

这完全符合我们的要求。陈水扁在台上不敢搞"台独"，也搞不成"法理台独"。他也不敢制造两岸紧张局势，两岸就可能出现相对稳定的局面，有利于保持两岸和平与发展。最近陈水扁表示"罢免案"结束以后，要考虑"两岸和谈"，这不是真的，这是为了争取中间民众。但可以看出，他已经认识到改善两岸关系可能是他的出路之一。他为了争取民心，不排除会采取一些事务性、经济性的措施，改善与缓和两岸关系。

所以，从遏制"台独"与保持两岸和平稳定考虑，陈水扁还要留在台上。

应当鼓励合作

中央表示不会因为岛内局势发生变化，而改变我们的对台政策。我们仍然高举"和平与发展"的旗帜。当前台湾当局不可能接受"九二共识"和一个中国原则，"和谈"完全不可能。有人担心，这个时候陈水扁要和我们对话，是要摆脱困境，如果和他们来往，就会让他们得分。因而主张只要陈水扁在台上，就不要与他们来往。

要"取"就要"予"，想自己得分，就不要担心对方得分。实践已经证明，我们采取一些对台湾同胞有利的措施，固然台湾当局得到一些"分"，例如说"包机""开放旅游"是他们的功劳，但我们自己则得到更多的"分"，我们的做法得到台湾民众的好评，"和平与发展"的主张得到台湾民众的广泛支持。

因此，我们仍然要鼓励对方与我们合作，即使在一些小事上（如包机、旅游等），也要给予鼓励。要让他们发现只有与我们合作，才是对他们最有利的，而采取不合作的态度则对他们不利。我们坚持以鼓励为主。当他们采取"不合作"的态度时，我们可以给予适当的警告，有时不必针锋相对，重申我们的政策即可。

这样，两岸关系的主导权牢牢地掌握在我们手中。即使民进党在台上，也有可能不出现台海紧张局势，而保持相对和平稳定的局面，这对两岸关系的发展、对争取台湾民心都是有利的。

（写于 2006 年 7 月 2 日）

十三、"倒扁"三问

陈水扁会不会下台？

前些时候，台湾"名嘴"胡忠信来厦门大学台湾研究院，声称："在中秋节前，陈水扁一定下台"。当时我就提出："你们没有本事拉他下台"。

现在中秋已过，证明他的预测是错误的。什么原因呢？因为他的论断建立在台湾"民气"的基础上，似乎只要人多势众就能迫使陈水扁下台，而不是从政治制度上进行考察。

台湾处在政党政治体制下，只能按照政党政治的游戏规则办事。按照现有"法律"，要让陈水扁下台，只能有两个途径：

第一个是罢免，那需要三分之二"立委"（即147席）通过才行。现在泛蓝的"立委"只有112席，加上无党籍的9席，还差26票。上一次通不过，明天（13日）也肯定通不过，因为民进党"立委"不参加投票，会场上所有的票都达不到147张。

第二个是弹劾，同样需要147票，而且需经"大法官"通过，民众无权参与。

很多人认为"倒阁"比"罢免"容易，只要二分之一通过就行。其实，"倒阁"只能倒"行政院长"，而不能"倒扁"。倒了"阁"，陈水扁还在台上，他还可以任命新的"行政院长"，他还有权宣布解散"立法院"，让所有的"立委"下台。你想，要"立委"去"倒阁"，结果倒掉的不是陈水扁，而是"立委"自己，这是多么难堪的事。所以，马英九、国民党都不愿意提出倒阁。

可见，通过体制内的法律程序肯定无法迫使陈水扁下台。

那么，和平的群众运动能把阿扁拉下台吗？其实发动几十万乃至上百万人参加"倒扁运动"，也无济于事，陈水扁赖着不走，不顾"道德的正当性"，再多的人也倒不了他，因为"于法无据"。

除非群众运动发展为暴力革命，那又是另一回事了。不过，我对台湾学者说，在你们的体制下没有这个条件，你们的在野党没有掌握武装，不懂得"枪杆子出政权"，没有人会闹革命。像泰国那样的军事政变，台湾不会出现，菲律宾的马科斯、韩国的李承晚，都经过流血事件才被迫下台，你们也办不到。

有人希望台湾出现一位"高华德"（即戈德华特），登高一呼，陈水扁就非下台不可。他们用美国的例子，把尼克松下台归功于戈德华特一人，那是误解。实际上，当时尼克松已经被弹劾，他问了戈德华特，看来共和党在议会中已经挡不住了，他知道过不了关，才不得不辞职下台。这还是通过法律途径。

还有人说，台湾需要一次"颜色革命"，即所谓"街头非暴力革命"。我看几次"颜色革命"有两个共同点：一是有人出来与现任的当权者争夺政权；二是有外力介入。街头运动助长了夺权者的声势，终于罢黜了现任的领导人。

按照台湾现有的政治体制，除了吕秀莲，没有人有资格出来与陈水扁争夺领导人的地位。马英九以及其他任何人都要到2008年选上以后才行。吕秀莲现在大概还不会公开出面夺权，外来势力大概也不愿意在这个时候介入，去淌那一滩混水。因此，台湾出现"颜色革命"的可能性很小。

至于群众运动会不会"擦枪走火"，造成动乱，或流血事件，迫使陈水扁下台？这种可能性不能排除，但恐怕大家都没有把"阿扁下台"的希望寄托在这样的结局上。

"倒扁运动"将如何收场？

现在台湾都在谈论"退场机制"。这场运动是没完没了地拖下去？还是到了"适可而止"的时候了？

陈水扁不下台，施明德不退场。他们要斗个你死我活。

陈水扁已经表示不会自动下台，因此，他的结局只有两种可能：

（一）拖到2008年5月"任期届满"。

（二）中途出现某种原因，使他不得不下台。"某种原因"是难以预料的，例如，或是检察官认定陈水扁涉及贪污案，民进党与他进行"切割"，从党内逼迫他下台；或是陈水扁挡不住"红色风暴"连番、持续的冲击，导致精神崩溃；或是出现类似"3·19"事件；或是他主动出击，提出让大多数人无法接受的主张，甚至激怒了国际社会；最严重的是踩到我们所划的"红线"，迫使我们动用"非和平方式"，等等。

群众运动方面，结局则有三种：

（一）按照目前民意有一半以上主张"见好就收"，多数人不再上街，运动逐渐淡化、消失。因为长期抗争，花费社会成本太大，影响人民的正常生活。这样的结局，尽管没能迫使陈水扁下台，但已显示了"倒扁"的民意，对台湾当局造成巨大压力。

（二）继续发动，适时聚集，制造更大的声势，从静坐、"散步"，升级为罢工、示威，如果群众受到激怒，还可能出现动乱，发生流血事件，"悲剧结尾"。

（三）多数人退出运动，只有少数人坚持下去，甚至一直到 2008 年。

看来这场不是由政党发起和组织的民间自发的群众运动，自发地选择第一种结局的可能性比较大。

陈水扁会不会铤而走险？

有不少人看到陈水扁已经四面楚歌，认为他为了摆脱困境，一定会"铤而走险"，"玩火自焚"，"狗急跳墙"，"破罐子破摔"，"什么事都干得出来"。

他们的根据是：陈水扁最近提出"修宪"，公然冲击领土主权；还提出以"台湾"名义加入联合国；"双十讲话"还向我方进行攻击，等等。

我个人认为，陈水扁没有这么大的能耐，他已经无法推行"法理台独"了。理由如下：

陈水扁最近发表"台独"言论只是企图转移"倒扁"视线的一种手法。大家都已经看透他，他的阴谋是无法得逞的。

通过"修宪"，推行"法理台独"，现在不是时候。民进党内许多人都不赞成。

国民党更不会上他的当。在当前的局势下，有谁愿意讨论"修宪"问题？

他一提到涉及领土主权的问题，就受到美国方面的"教训"，民进党不得不"缩回去"。

最重要的是"修宪"是比"罢免"更困难的事。罢免需要三分之二"立委"同意，而"修宪"则需要四分之三同意。按照民进党现有的"立委"人数，即使加上"台联党"还差很远。此外，在"立法院"通过以后，半年后才举行公民复决，需要"有效同意票过选举人总额之半数"才可以通过。短期内是办不成的。

国民党不会支持陈水扁"修宪"，如果要修，也要等到他们自己上台以后才修。

"修宪"需要做许多准备工作，即使从现在开始，要形成民间比较满意的版本，也需要很长时间。

所以，当前他们要通过"修宪"，推行"法理台独"是办不到的。陈水扁的行动要受到台湾现行制度的限制，他不能为所欲为，不要误认为他什么事都干得出来，什么事都干得成。他现在要搞"法理台独"，已经有心无力了。对他的能量不要估计过高。

不过，陈水扁、台湾当局一定会不断地叫嚷"法理台独"，会不断地进行挑衅。一方面是想转移视线，一方面是想激怒我们。一旦我们强硬表态，他们就会把矛盾转移到"中国人欺侮台湾人"的方向上去，让他们可以从"倒扁"的困境下脱身。

建议：如果他们提出涉及领土主权的"修宪"，我们当然要重申自己坚定的立场；如果他们的"修宪"不涉及领土主权问题，可以不要理它。因为他们已经修过七次了，再多一次又何妨？

（写于 2006 年 10 月 12 日）

十四、"倒扁"政治学

最近，一位外国学者和我谈论台湾的"倒扁"运动，以下是谈话纪要。

直接民主的演练

外：陈教授。最近台湾发生"倒扁"运动，请你从政治学角度做出评论。

陈：台湾实行"代议制"的间接民主制度，重大政策要由"立法院"做出决定。按照"中华民国宪法"第六次增修条文的规定，"总统"罢免案要由"立法院"提出，经人民投票同意通过。现在"立法院"无法通过罢免案，引起要求"倒扁"的群众不满，既然间接民主不能满足民众的要求，他们就尝试直接民主，或者说，以直接民主作为间接民主的补充，因而自发地发起街头非暴力的群众运动。所以，这次"倒扁"运动可以说是一场直接民主的演练，民主政治的实践。

"倒扁"运动不是由政党发动，居然能够动员几十万人参加，已经持续了一个多月，表明反对贪腐，要求陈水扁下台是广大民众的强烈要求。参加运动的民众相当理性，遵守秩序，体现了公民意识的崛起和政治参与的意愿，这是值得肯定的。

至于运动的结局将会怎样，现在还难以预料。我们要观察全过程，才能做出恰当的评价。我想，台湾民众的民主素养如何？台湾民主政治的成熟程度如何？台湾政党政治制度是否需要改进？在这次运动中都将受到检验。

法律程序和"颜色革命"

外：这场声势浩大的运动能不能把陈水扁拉下台？

陈：台湾处在政党政治体制下，只能按照政党政治的游戏规则办事。按照"法律"，要陈水扁下台，只能有两个途径：一个是罢免，那需要三分之二"立委"（即147席）通过才行。现在泛蓝的"立委"只有112席，加上无党籍的9席，还差26票。上一次通不过，第二次也肯定通不过。第二个是弹劾，同样需要147票，而且需经"大法官"通过，民众无权参与。所以，通过体制内的法律程序肯定无法迫使陈水扁下台。

至于很多人主张"倒阁"，其实倒的是"行政院长"，而不能"倒扁"。倒了"阁"，陈水扁还在台上，他还可以任命新的"行政院长"，他还有权宣布解散"立法院"，让所有的"立委"下台。你想，要"立委"去"倒阁"，结果倒掉的不是陈水扁，而是"立委"自己，这是多么难堪的事。

直接民主要在间接民主的基础上实行，就是说，要在"立法院"通过罢免案以后，才由公民直接投票决定是否同意罢免，达到一半以上才算有效。没有经过上述法律程序，几十万乃至上百万人上街，也无济于事，因为"于法无据"。

和平的群众运动，发动的人再多，陈水扁也无动于衷。除非群众运动发展为暴力革命，那可能是另一种结局了。不过，我对台湾学者说，在你们的体制下没有这个条件，你们的在野党没有掌握武装，不懂得"枪杆子出政权"，没有人会闹革命。像泰国那样的军事政变也不会出现。菲律宾的马科斯、韩国的李承晚，都经过流血事件才被迫下台。

外：国际上有不少通过街头非暴力运动罢黜总统的事例，台湾是否也有这种可能？

陈：最近台湾有人指出，如果台湾能够出现如美国的高华德（即戈德华特）那样的有权威的人物，登高一呼，陈水扁就会下台。他们用美国的例子，把尼克松下台归功于戈德华特一人，那是误解。实际上，当时尼克松已经被弹劾，他问了戈德华特，看来共和党在议会中已经挡不住了，他知道过不了关，才不得不辞职下台。

至于所谓"颜色革命"，号称"街头非暴力革命"。我看有两个共同点：

一是有人出来与现任的当权者争夺政权；二是有外力介入。街头运动助长了夺权者的声势，终于罢黜了现任的领导人。按照台湾现有的政治体制，除了吕秀莲，没有人有资格出来与陈水扁争夺领导人的地位。马英九以及其他任何人都要到 2008 年选上以后才行。吕秀莲现在大概还不会公开出面夺权，外来势力大概也不愿意在这个时候介入，去趟那一滩混水。因此，台湾出现"颜色革命"的可能性很小。

当然，群众运动会不会"擦枪走火"，造成动乱，这种可能性不能排除，这也是我们观察和评价这次运动的焦点之一。

只有吕秀莲，只有一年半

外：如果陈水扁终于下台，其结果将会怎样？对大陆会有什么影响？

陈：按照"中华民国宪法"规定，"总统缺位时，由副总统继任，到总统任期届满为止"。陈水扁下台，只能是吕秀莲上台。现在几十万人高喊"陈水扁下台"，他们可能没有想到，他们实际上等于在喊"吕秀莲上台"。不过，如果真的换成这个口号，恐怕就没有多少人要喊了。

如果陈水扁下台，除了吕秀莲，任何人都不能上台，这是当前台湾政治制度所决定的。民进党中有人就是因为担心吕秀莲上台，才要出来"保扁"。这是因为吕秀莲在党内没有"人缘"，而且上台后将会做出什么样的事，是否对民进党有利，谁也不敢保证。

有人认为大陆会担心吕秀莲上台，因为她可能做出陈水扁所没有完成的"法理台独"，甚至玩火自焚，在所不惜。所以他们说，大陆最希望陈水扁不下台。其实，台湾地区内部的事我们不介入。我们认真观察，静待其变。

你问如果吕秀莲上台，大陆会怎么样？我相信对于台湾局势的发展，我们已经做好了各种准备。对于吕秀莲，我个人的看法是：

（一）并不担心。我在 20 年前就认识吕秀莲，知道她的"台独"理念十分强烈，也看到她敢于表达自己的独到见解，曾说过一些比较务实的话。她如果上台，任期只有一年半，在目前情况下，要极力推行"法理台独"是不得人心的，也会遭到岛内外各方势力的反对，是无法得逞的。她要受到许多牵制，并非可以为所欲为。陈水扁曾经说："李登辉 12 年办不到的事，我也办不到"。吕秀莲也可以说："陈水扁六年半办不到的事，我一年半怎么办得到？"

（二）予以期待。希望她把握一年半的时间，做一些有利于台湾人民的事，有利于两岸关系的事，给自己在历史上留下一笔。

（三）万一。万一出现大家所不希望的局面，那就是两岸人民的不幸了。但愿不会有这样的"万一"。

"和平发展是两岸关系的主题"。不管谁在台上，只要有利于两岸和平稳定与发展，我们都表示欢迎。

不同的政治制度也能互相影响

外："倒扁"运动体现了台湾民众的公民意识，它会不会让大陆人民起来"仿效"？台湾有陈水扁，大陆有陈良宇，台湾的民主对大陆会有影响吗？

陈：外国学者、记者经常问到这个问题。我认为现在是国际化、全球化的时代，信息传播无远弗届，全世界各地的互相影响不断加强。两岸中国人之间的互相影响必然存在。近 20 年来，互相学习经验，吸取教训，早已进行，在这个方面我们向来采取开放的态度。

台湾地区采取政党政治制度，我们的基本态度是：一尊重，就是尊重台湾人民的选择；二乐观其成，希望它更加成熟，更加完善，更加让民众满意。

我们的政治制度与台湾地区不一样，我们有自己的道路。因此，希望台湾同胞采取相似的态度对待我们：尊重我们的选择，希望我们的制度不断完善。

我们也在进行民主法治的建设，胡总书记指出："没有民主就没有现代化"。各个国家和地区的民主建设经验，都可供借鉴，台湾也不例外，包括这次群众运动的经验和教训。

你问，大陆人民会不会仿效台湾群众运动的做法。我想，这里有一个根本的区别。陈水扁贪腐，陈水扁自己不肯认错，台湾当局保护他，民进党保护他，他不"倒",引起人民的强烈不满,所以才要"倒扁"。陈良宇也贪腐,可是大陆已经把他"倒"掉了,人民就没有必要起来"倒"他了。

大规模群众运动往往是矛盾激化的产物,如何防止矛盾激化,如何对待群众运动,如何处理政府与公民之间的互相关系,如何处理不同派别民众之间的互相关系,如何进行政治沟通,如何进行危机处理等等,从原则到具体,从运行机制到工作方法,都有许多可以互相学习、互相借鉴的地方。

把两岸人民的智慧变成共同的财富,使两岸各自在民主法治的道路上,走得更加顺当,更加完善,更加令人满意,这应当是两岸人民之福。

（《台海》杂志 2006 年 11 月）

关注两岸

两岸大局

一、和平统一的十大好处

和平统一有什么好处？这是台湾同胞经常问的一个问题，国务院台湾事务办公室主任陈云林主编的《中国台湾问题》一书作了原则性的答复："用和平方式实现统一，有利于祖国大陆的改革开放和现代化建设，有利于两岸同胞感情的融合，有利于统一后台湾的长期繁荣稳定，也有利于维护亚太地区的和平稳定。"据我个人研究，和平统一可以比较具体地概括为如下十大好处。

第一，两岸同胞感情融洽　用和平方式通过两岸平等协商和谈判，共同维护中国主权和领土的完整，完成祖国统一的历史使命，实行"一国两制"。这样，"不是我吃掉你，也不是你吃掉我"，不必诉诸武力，两岸不用打仗，台湾人民免除生灵涂炭之难。两岸社会经济和人民生活不受任何伤害，两岸同胞感情融洽，和睦相处。实现和平统一，两岸人民是最大的受益者。相反地，如果出现《一个中国的原则与台湾问题》白皮书指出的"三个如果"的情况，也就是如果台湾分裂势力执意要挑起战争，导致两岸兵戎相见，骨肉相残，势必严重伤害两岸人民的感情，使两岸人民成为最大的受害者、牺牲者。

第二，安全安定共享太平　统一以后两岸有了和平相处、安全安定的环境，全国人民可以共享太平。台湾民众最关心的安全问题就有了保证，不必担心再度出现紧张局势和动武的可能，台湾内部的统"独"之争也得到解决，有助于社会的安定。

相反地，如果两岸不能走上和平统一的轨道，台湾的地位是不稳定的，想长期"维持现状"则是不可靠的、不稳定的，因为出现任何企图分裂领土主权的言行，都必然引发两岸之间的紧张局势，安全和安定就没有保障。

第三，当家作主共享尊严　统一以后台湾同胞可以与祖国大陆同胞一道，共享中国作为世界大国的荣誉和尊严，可以在全国范围内当家作主。全国人民代表大会、中国人民政治协商会议都有台湾的代表和委员，台湾人士可以成为中央政府的领导成员。

台湾民众可以参与国家大事，与大陆人民一道共同建设自己的祖国。在台湾，则由台湾人民实行高度自治，实行台湾人民自己选择的政治制度和社会经济制度，"台湾的党、政、军等系统，都由台湾自己来管"，不受任何人的干预。

第四，经济合作互补互利　在经济上两岸合作的领域将不断扩大，并且将向高层次、更密切的方向发展，直到实现区域整合。那时，海峡两岸以及香港、澳门等地将成为东亚地区庞大的经济实体，全国人民都将成为这个经济实体长期繁荣发展的受益者。

对台湾来说，清除了人为的、体制的、政策的障碍，可以真正按照市场经济的规律发展两岸经贸合作。如果实现"三通"，一年至少可为台湾带来数十亿美元的收益。

大陆的广阔市场更为台商提供了发展的机会，投资的产业将增加、规模将扩大；有了大陆为腹地，对于台湾的产业升级和提高国际竞争力都具有正面的作用。面临知识经济时代到来之际，两岸更可以加强合作，共同制定可持续发展的战略，互补互利，共同发展。如果因为人为因素而延误了时机，对两岸人民都是一个巨大的损失。

第五，健全法制保障权益　在法律上两岸人民将共享宪法和法律所赋予的各种权利。在来往、居留、就业、投资、贸易、就学、婚姻等各方面的合法权益，都将获得法律保护。

对台湾同胞来说，大陆现有的一些涉台法规、条例、办法，目前只能单方面制定，将来可以更多地听取台湾方面的意见，进一步加以完善，或制定相关的法律给予明确的规定，更好地保障合法的权益。

第六，国际地位空前提高　统一后的中国综合实力将进一步增强，国际地位不断提高。中国将与全世界几乎所有的国家建立外交关系，参加世界上几乎所有的国际组织。那时，台湾活动空间问题将迎刃而解，台湾人民参加对外交往的空间将更为广阔。我个人认为，统一后，台湾人士可以参加与其身份相适应的国际组织和中国驻联合国团，共享伟大祖国的荣誉和尊严，共同维护中国的主权和领土完整，共同发展对外友好关系。

那时，台湾人民在对外交往中不再遭受他国的"勒索"，更不必仰赖某些强国，而是持有中国护照、拥有强大祖国作为后盾，可以昂首阔步地出入世界上各个地方，不会再受到外人的任何歧视。台湾在对外事务上遇到的问题，都可以得到完满的解决。

相反地，如果没有走上统一的轨道，台湾所谓"国际空间"问题，是永远无法解决的，这并不是因为大陆的"打压"，而是因为一个中国的原则是世界公认的。同时，只要一日不统一，台湾的地位就不稳定，国外帝国主义势力对台湾一直怀有野心，虎视眈眈。

第七，共保国防节省军费　在军事上，解除了两岸动武的可能性，两岸的军事力量可以互相合作，共同保卫祖国。同时，两岸都可以节省不少军费开支，投入经济建设。目前台湾地区的军费开支每年多达 100 多亿美元，只要结束了两岸敌对状态，台湾便可以节省庞大的军费开支，用于社会福利等更加需要的项目上，这显然是对台湾人民有利的。

第八，科技合作优势互补　大陆提出"科教兴国"的战略，台湾也有"科技岛"的计划，共同的利益和发展目标，提供了合作的基础。大陆的基础科技、科技人才和科技成果，台湾的应用科技、管理技术、开拓市场的能力和经验，是各自的优势，如果能够促进两岸企业之间的合作，互相利用对方的优势，必将收到互蒙其利的功效。

第九，文教交流提高素质　在 21 世纪，智力和人才是最大的资源，是国家发展的关键因素。两岸在文化教育上互相合作，对于开发智力和人才资源、提高全民族的文化素质和振兴中华文化具有决定性的意义。两岸在文化教育上各有长处，近年来的相互交流已经富有成效，将来清除了各种障碍，合作前景更为美好。青年学生可以通过考试到自己喜爱的大学就学，双方的学历得到认证。两岸在培养和引进专门人才方面，互相合作，优势互补，将使两岸都得到好处。

第十，亚太地区和平稳定　用和平方式实现祖国统一，对亚太地区而言，有利于保持和平稳定的局面。这是亚太地区各国以及全世界爱好和平的人们所乐见的。

从以上分析，可以看出，仅军事、外交等项经费的节约和"三通"带来的成本降低，就可以带来相当巨大的效益，至于两岸合作潜力的发挥，政治上、国际关系上、文化教育上及其他方面的无形资产，更是无法计量的。总之，和平统一对大陆有好处，对台湾更有好处。邓小平说："我们要共同奋斗，实现祖国统一和民族振兴。"他是把祖国统一和民族振兴联系起来的。可以说，统一的最大的好处就在于：两岸共同发展，增强全中国的综合实力，实现振兴中华的伟大理想。

两岸共同的利益和共同的发展前景，是推动统一的巨大动力。如果有人宁愿充当"小国寡民"，坚持分裂，拒绝统一，那么，他们就会挑起战争，给两岸人民尤其是台湾人民带来巨大灾难，使上述的好处无法变为现实，这显然是违背两岸人民共同利益的。可见，和平统一需要两岸的良性互动和共同努力，而不在于一方"给予"另一方多少好处。所以，我常问台湾同胞："你们认为应当有什么好处？"希望你们能够主动提出，中国政府一定会倾听台湾人民的意见，尊重并照顾台湾人民的意愿和利益。只要提出的是合理的意见，在一个中国原则下，有什么不可以商量的呢？

我相信，和平统一，利国利民，功在千秋。它的好处是无可估量的，将来会一一呈现出来。不论你和我，目前恐怕都还无法讲得完全，而这正是和平统一的魅力所在。

（《人民日报》2000 年 5 月 30 日）

二、和平统一战略与策略的研究

这是两岸关系研究中有一个重要课题。可以包括和平统一与武力统一在内的不同的思路、不同的方案。这里，我只想谈谈有关和平统一战略与策略的一些思考。

和平统一战略应当服从于、服务于国家发展战略，而国家发展战略则着眼于提高综合国力，实现国家的富强、民主、文明。换句话说，和平统一战略要考虑怎样对国家发展有利，是尽快统一有利，还是慢一些统一有利，这就涉及战略思维。

中共十六大报告指出："21世纪头20年，对我国来说，是一个必须紧紧抓住并且可以大有作为的重要战略机遇期。""我们要在本世纪头20年，集中力量，全面建设惠及十几亿人口的更高水平的小康社会。"总之，"聚精会神搞建设，一心一意谋发展"，"发展是执政兴国的第一要务"，这就是国家发展战略，即"大战略"。实现两岸统一的任务，必须服从于、服务于这个大战略，即要把解决台湾问题放在国家发展战略中来考虑。国家发展战略的实现也为和平统一提供最有利的条件。

谋求两岸统一，需要有正确的战略思维。战略是一种宏观的决策，它是立足在自我认知和对客观形势正确判断的基础上，做出的一步到位的决策，战略决策制定以后是不会轻易改变的。它是关系到国家发展，民族振兴、社会进步以及子孙后代长远利益的大事，必须慎重对待。

（一）关于战略目标

我们的战略目标不仅仅是"统一"，而且必须是"和平统一"。这是因为第一，当年邓小平是把"祖国统一"和"民族振兴"联系起来的，要做到这一点，用和平方式实现统一，是一个重要的前提，如果使用武力，"全面建设小康社会""民族振兴"就会受到挫折和延误；第二，当年邓小平承诺"我不吃掉你，你不吃掉我"，显然只有"和平统一"才能做到，使用武力毫无疑问就是"吃掉"，至于为什么要承诺"我不吃掉你"，显然出自伟大的战略思维：统一要为国家发展服务，要为振兴中华服务。

和平统一，不是只对我们有利，或只是为了"完成伟大事业"，也不是只对台湾有利，而必须是对双方都有利。所以，不能只讲"民族大义"，而且要强调"共同利益"，包括国家安全利益、国际地位、政治经济利益，直至台湾民众最关心的个人切身利益。

和平统一的方针是可行的，这是因为第一，用和平方式，而不是用武力方式解决问题，不必兵戎相见、骨肉相残，统一以后，两岸同胞感情融洽，和睦相处，这是符合两岸人民共同愿望的；第二，用和平方式，两岸社会经济免受任何伤害，为振兴中华提供良好的基础；第三，尽管目前台湾方面主流民意要维持现状，不要求统一，但是经过我们的努力，有可能争取广大台湾民众走上和平统一的道路。

邓小平早就预见到有人会对和平方针产生动摇，他指出："用和平的方式解决台湾问题，对国家、对民族都比较有利，不要为一时动荡的局势影响，动摇我们和平统一的方针。"由此可见，只要"三个如果"的情况没有出现，就没有必要改变和平统一的方针。

总之，和平统一战略可以概括为：寄望台湾人民，打击分裂势力，争取和平统一，准备被迫动武。

（二）台湾方面的战略与策略

在战略方面，台湾当局的最低目标是：保持"主权独立国家"的身份，保持"国"的架构。最高目标是：长久分裂，不要统一，争取"独立"。在这个方面，国、亲、民三党基本上是一致的，差别在于是否保留"中华民国"

的国号。总之，台湾方面的战略是16个字，即：死守"国"界，和而不统，保持距离，拖以待变。

死守"国"界：就是强调"中华民国是主权国家"，不是地方政府，不接受"一国两制"；和而不统：就是要保持和平局面，不突破"四不一没有"的界限，避免给予大陆进行武力解决的借口；保持距离：就是避免与大陆走得太近，产生"过热"的情况，包括经济往来在内，担心过分依赖于大陆；拖以待变：争取在统一之前，做好不能统一、长期分裂的准备，争取大陆对台政策的改变，争取对台湾最有利的结局（实现其战略目标）。

总之，从民进党当局来看，其战略是：不接受"一个中国"，不放弃"台独"，争取有利于"台独"的前景。

在策略方面。一是进攻性的策略：争取国际支持，扩大国际生存空间，重返联合国；"一个中国是中华民国"，"台湾不是中共的一个地方政府"，要承认"中华民国"存在的现实（国民党、亲民党）；不承认一个中国原则、一个中国是中华人民共和国，要承认"中华民国独立存在的事实"，"去中国化"或"渐进性台独"（民进党）；"中华民国是主权独立国家，任何改变现状的决定须经台湾人民同意"（三党共识）。二是防御性的策略：不主张"台独"，不政治谈判，搁置主权争议，拖以待变（国民党、亲民党）；"四不一没有"，不接受一个中国原则，把"一个中国"作为议题，"渐进式台独"（民进党）。总之，当前台湾当局的策略走的是一条"边缘路线"，上线是"不承认一个中国原则"，下线是"四不一没有"，只要两线不突破，便可保持两岸稳定局面。也可以用16个字表述，即：不即不离，冲击主权，争取民意，诉诸国际。

不即不离：就是不和大陆过分靠近（不愿统），但也不要做出实现分裂的动作（不敢"独"），目前就是要守住"四不一没有"这条底线；换句话说，就是既不承认"一个中国"又不敢放弃和摆脱"中国"的名义。冲击主权：即不承认一个中国原则，不承认台湾主权属于中国，强调台湾（或"中华民国"）是主权独立国家，强调中华人民共和国没有统治过台湾，强调"互不隶属"。推行"渐进式台独"，主动向中国的主权进行冲击。力图在政治上、法律上（即主权上）和大陆割断关系。争取民意：即利用当权的机会，向民众灌输"台湾（或中华民国）主权独立"的观念，争取多数人的认同，目前实际上已经成为各政党的共识，成为统一的巨大思想障碍。诉诸国际：即把台湾问题国际化，死抱美国，依赖国际社会的帮助，争取国际同情，争取军事援助，扩大国际影响，极力突破当前在国际上的困境。

了解对方的战略与策略，是为了知己知彼，根据对方的情况采取相应的对策。

（三）当前统一的主要障碍与实现统一的条件

"台独"是统一的敌对力量，目前还没有成为台湾的主导力量，但它却可能逐渐被台湾社会多数人所接受。"台独"势力的存在已经是现实，我们的批判、斗争并不能把它消灭，关键在于它在台湾存在一定的社会基础。要缩小"台独"的影响力，就必须从根本上削弱它的社会基础。

目前台湾主流民意要维持现状，没有尽快统一的意愿。主要原因在于他们没有感受到统一的必要性，看不出统一对他们有什么好处，担心统一将使他们失去自主的地位，不认为国家统一事关民族大义、是一项神圣的使命，更不认为统一是一项紧迫的任务必须早日完成。占台湾社会大多数的"维持现状"的思想，实际上就是"不愿统"的政治立场的反映。在台湾缺乏一股"推力"，把他们推向统一。和平统一的主张之所以还不能为他们所接受，关键在于我们的综合国力还没有强大到对他们具有无比的吸引力。"统一"的主张还不能形成一股"拉力"，把台湾同胞拉过来。此外，国际上存在阻挠统一的势力。主要是美国，美国要维持台海"不统，不独，不战"的局面，认为这才符合他们的国家利益。要消除上述障碍，需要做很多工作，也就是说，要在短期内创造出统一的条件是不可能的。

实现统一的主要条件是：1. 我们的综合国力增强到对台湾民众有无比强大的吸引力，使他们看到统一有极大好处，对他们形成一股巨大的"拉力"，拉向统一。2. 台湾内部消除了对统一的顾虑，认识统一对他们的好处，两岸不统一则将失去发展的机会，基于"台湾利益"和两岸共同利益的考虑，在台湾内部形成一股"推力"，同时在大陆方面强大拉力的配合下，推向统一。3. 出现相对有利于统一的、较好的国际环境和时机。这三方面都要进行工作，都需要时间，要想不花力气，一蹴而就，是违背现实的。必须克服急躁冒进或无所作为的情绪，坚决贯彻和平统一的方针，做好各项对台工作。实现统一归根结底要看双方的实力对比，所以，"关键是把我们自己的事情办好"（邓小平语）。

（四）实现统一所需的时间

实现统一是"长期的、复杂的、艰苦的过程"。两岸已经隔离几十年，社会制度不同，政治制度不同，意识形态不同，要从原来的敌对状态走向统一，不是只要判定谁是谁非就可以解决的。要统一无疑是正确的，要分裂无疑是错误的，问题是台湾多数民众目前没有统一的意愿，又不能逼着他们立刻进行"统一谈判"，这就需要相当长的相互沟通、相互了解、相互尊重、相互理解，进而达到增进共识、增进互信的过程，在敌对状态下，在台湾民众缺乏统一意愿的情况下，是不可能实现统一的。

为此，首先要克服思想上、感情上的敌对状态，一方面要向台湾民众进行工作，改善两岸关系，逐步消除敌意，增进相互了解，这是从现在到统一之前，对台工作的中心任务。另一方面，更重要的是要从我们自己做起，要让广大大陆同胞建立对台湾民众的"同胞意识"，这是做好对台工作的关键之一。解决台湾问题不是一帆风顺的、没有曲折的，还需要相当长的时间。我们强调"以最大的诚意、尽最大的努力争取和平统一的前景"，它本身就具有作长期打算、做耐心细致的转化工作的含义，而不是只要他们不接受我们的主张就要立即改变基本方针。

时间对谁有利？有人担心时间长了，"台独"力量会进一步发展、台湾会进一步"去中国化"、台湾年轻一代对中国没有感情，统一更加困难。有人主张"水到渠成"或"细水长流"，时间对我们有利。如果能够早日统一，当然对国家发展有利，如果不能早日统一，却硬要早日统一，付出成本则会更多，统一以后还会留下很多麻烦。一方面加紧进行国家建设，增强综合国力，另一方面，"细水长流"地做好对台工作，逐渐化解两岸分歧，为统一创造充分的条件。由于中国的强大，国际环境对我们也会越来越有利，应当有这样的自信。

（五）阶段性的目标

第一阶段的目标是政治谈判：和平统一的战略目标需要分阶段实施，认为可以"一步到位"，立即举行政治谈判，或立即进行和平统一谈判，尽快解决问题，是不切实际的，也是急躁情绪的表现。1993年"汪辜会谈"，只是事务性商谈的开始，距离政治谈判还很远。后来的实践证明，两岸要实现政治谈判，需要相当长的过程。从目前情况来看，两岸要实现政治谈判不是容易的事，因为台湾当局认为一旦进入"政治谈判"，就有可能成为导入"统一谈判"的前奏，而他们现在并不想确定两岸统一作为必然的前景，从这个意义上说，他们对政治谈判要"拖"是必然的，不经过相当长时间的沟通、对话，他们就不可能走上政治谈判桌。所以，我们的第一阶段的目标（5—10年）应当是实现两岸的政治谈判，这是实现和平统一战略目标的第一步。

和平统一只能通过两岸谈判来解决，而从现在到实现两岸"统一谈判"，还需要经历相当长的过程，需要分阶段进行。第一阶段的目标是政治谈判，只有开始谈判，才算有了突破，才是实现第一阶段目标的标志性成果。

第一步，先就两岸交流、交往相关的问题进行谈判，不涉及政治，甚至不涉及"一个中国"的政治含义。例如，"三通"。第二步，"合作谈判"，在统一前实现两岸良性互动与经贸、文教等多方面的合作，包括两岸经贸合作机制等。第三步，在增进共识与互信的基础上，进入两岸关系的"政治谈判"。

"三通"不是阶段性战略目标。"三通"有助于两岸关系的发展，但它毕竟不是一个政治性的标志，实现"三通"固然是两岸关系的一大突破，但它不是政治性的突破，不要估计过高。只有实现政治谈判，才可以说两岸关系发生了本质性的变化。"三通"不是战略目标，但可以作为实现阶段性目标的一种手段。

促成两岸的对话和非政治性谈判。凡是有利于促成对话、谈判的事都要尽力去做，以便为政治谈判打下基础、准备条件。现阶段对台工作要以经济文化交流为重点，加强对话、沟通，促进交往、交流，不急于解决政治分歧。当前衡量对台工作的成绩，不是看台湾当局是不是承认一个中国原则，或对"一国两制"的支持度有没有上升，而是看广大台湾民众对我们的态度有没有进步和改善，两岸实质关系有没有更加发展。

关于促成谈判有两种不同的方案。一种方案是"立竿见影"，通过对话和谈判，不能只限于事务性、经济性谈判，而且要立即进行政治性谈判，目标是结束敌对状态，走向统一；另一种方案是"水到渠成"，通过对话和长期进行有关经济合作的谈判，通过长期的积累，等到条件成熟再进行政治谈判。当初，在辜汪会谈时，也从事务性、经济性谈起，只是由于对方有意"夹带"政治性的议题，后来又违背了一个中国原则，我们才强调要进行政治性谈判。现在回过头来看，如果一开始就谈政治性议题，估计很难谈成，不如回到经济性议题，逐步发展，如果对方提出政治性议题，我们也积极面对，绝不回避。加强两岸经贸合作，不会必然导致统一，但经贸合作对于促进统一的重要意义是不能低估的。

（六）实现目标的途径和策略

实现终极目标的途径是寄希望于台湾人民，争取台湾同胞认同和平统一的方针，这应当应贯穿于实现统一的全过程。和平统一不是我们去"统"他们，而是要台湾同胞和我们一道去努力争取。台湾同胞是"发展两岸关系的重要力量"，没有台湾人民的积极参与，和平统一无法实现。在解决香港问题时，提出"面向港人，依靠港人"的口号，解决台湾问题最终还需要"依靠台人"。十六大报告中提出："我们相信，通过全体中华儿女共同努力，两岸的和平统一就一定能够早日实现，其中当然包括台湾人民在内。

所以，和平统一，工作的对象不是我们的敌人，而是我们的同胞。没有"同胞意识"就不能谈和平统一。"对抗意识"、"你死我活"的思维已经不适用了。可是，目前在大陆人民中有不少人由于对台湾缺乏了解，与台湾民众对抗的情绪相当严重，这对于开展对台工作是不利的。因此，在大陆内部开展对台工作的教育是十分必要的，只有大家都能正确了解台湾、认识台湾，才能做好争取台湾民众的工作。

当然，对台工作的复杂性在于我们面对的不单纯是台湾同胞，还面对着执行"渐进台独"政策的台湾当局，对他们的态度应当如何，是一个值得研究的问题。反对"台独"，反对分裂，才能遏制"台独"，这是一个原则问题。立场应当鲜明，但分寸如何拿捏，却需要十分小心。"投鼠忌器"，有时打击了"台独"，也可能伤及一般民众，特别是如果对于什么是"台独"把握不准，把不是"台独"的东西当作"台独"来批，伤害就更大了。台湾民众感受到大陆的压力，认为他们的一举一动大陆都要管，大陆对台湾的任何举动都不满意、都要反对，大陆对他们失去了亲和力，使他们在感情上无法亲近。从某种意义上说，在台湾问题上，存在着两种不同性质的矛盾，不能把二者混淆起来，忽视任何一面都是不对的，应当如何区别对待，也是一个需要研究的课题。

对台工作的重点对象应当是占台湾人口绝大多数的本省籍民众。本省民众中主张独立的还是少数，多数人主张维持现状。台湾"本土化"的进程仍在继续，本省籍已经在台湾社会中起主导作用，将来的作用会越来越大。绝对不能放弃对本土民众的工作。过去我们与他们交往较少，他们对大陆很不了解，工作的任务相当艰巨。有人担心台湾年轻一代，对"祖国"的感情会更加淡薄，时间拖得越久对统一越不利。实际上，青年一代更关心的是切身利益和发展前景，两岸共同的利益和共同发展的前景是推进统一的强大动力，如果统一对他们有利、独立对他们不利，他们就存在不选择独立而选择统一的可能性。当然，这要靠我们做大量的工作。

以上只是就几个问题提出个人初步的看法，供大家讨论参考。此外，在战略和策略方面要研究的问题还有很多，例如，对待台湾当局的策略、对待台湾各个政党的策略、如何看待"反独"与"促统"的关系、谈判的策略和统一的代价、统一的时间表和"台独"的时间表、如何面对台湾问题的国际因素、中美关系与美台关系等等，目前已经存在不同的看法，如果能够开展专题研究，提出几个不同的可操作的方案，对于决策就更有参考价值了。

（注："三个如果"是指：如果出现台湾以任何名义从中国分割出去的重大事变，如果出现外国侵占台湾，如果台湾当局无限期地拒绝通过和平解决两岸统一问题。）

（《台湾学导论》2004 年，台湾博扬文化出版社）

三、对台战略的理论创新

胡锦涛主席 3 月 4 日发表的对台工作的重要讲话，是新时期对台工作的基本框架，是在继承第二代、第三代领导集体的方针政策的基础上，进一步的理论创新，因而引起海内外广泛的重视和积极的评价。

我个人认为对台战略的理论创新，主要表现在以下几个方面：

第一，"四点意见"是一个完整的架构，"一个中国"是基本原则，和平统一是战略目标，寄希望于台湾人民是长期的任务，遏制"台独"分裂是当前紧迫的任务。四个"决不"体现了政策原则的坚定性，缺一不可，互相配合，共同形成实现和平统一战略目标的可靠保证。因此，"四点意见"既是相当时期内对台工作的政策架构，也是新领导集体提出的对台战略新的理论架构。

《反分裂国家法》就是在这一新的理论架构指导下的具体实践，体现了理论对工作实际的指导意义。今后出台的任何对台政策和具体措施，都一定不会脱离这个理论架构。

第二，它是从全球战略的高度来考虑对台工作的。理论架构建立在国际观、全球战略的基础上。和平解决台湾问题，符合当今世界和平与发展的潮流。因此，和平统一的方针有利于亚太地区的和平稳定，必然得到国际社会的普遍认同和支持。

第三，它是从十六大制定的国家发展战略的高度来考虑对台工作的。对台战略必须服从于、服务于国家总体战略，和平统一战略有利于两岸共谋发展，有利于中华民族的伟大振兴，符合两岸同胞的根本利益，也符合中华民族的根本利益。

只有从战略高度认识对台方针政策，才可以看出我们始终坚持和平统一方针的根本原因、重大意义和真诚的意愿。如果有人要问：中国大陆为什么至今仍然坚持和平统一的方针？最简单的回答是：因为它符合世界潮流、符合两岸人民的根本利益。这也就明白了为什么"只要和平统一还有一线希望，我们就会进行百倍的努力"。可见，大陆和平统一的诚意和善意，是建立在总体发展战略这个坚实基础上的，绝不是什么"权宜之计"或"统战手法"。

第四，对台湾方面采取更加灵活务实的态度，气度更大，胸襟更宽，诚意善意更加具体地落实到各项政策和行动上。

在两岸现状的定位上，提出"一个中国尚未统一""两岸同属一个中国"，许多媒体认为这种说法更加务实，有可能得到台湾各界的广泛认同。

提出对有利于维护和平、发展两岸关系、促进和平统一的意见和建议，"都愿意做出正面回应"；提出"寻求接触、交往的新途径"，这都是前所未有的。在两岸出现政治僵局时，"正面回应"是十分重要的，只要对方有一点"积极因素"，有一点善意，有一点"缓和迹象"，有一点向"九二共识"靠拢的倾向，都应当给予正面的回应。这样做有助于促进双方的良性、善意的互动，可以鼓励那些愿意改善关系的人士，朝向有利于合作、对话的方向发展。"寻求新途径"是更加开放的思路，不囿于原有的框架，鼓励创新，发挥两岸同胞的聪明才智，只要有利于两岸关系的发展都会受到欢迎。

最突出的是对台湾当局做出的承诺：无论什么人，只要承认"九二共识"，无论什么问题，都可以立即恢复对话和商谈。这一点已经得到广泛的好评。

面对大陆灵活务实的态度，如果台湾当局真有改善两岸关系的意愿，相信不难找到一些可能"交集"或突破的"点"。我们期待着台湾政界理性、务实的人士能够做出正面的回应。

第五，对台湾同胞做出新的定位："是发展两岸关系的重要力量，也是遏制'台独'分裂活动的重要力量"。"寄希望于台湾人民"的方针就是建立在这种认识的基础上的。

新的理论提出两个"庄严承诺"，第一，对于台湾同胞，"无论在什么情况下，我们都要尊重他们，信赖他们，依靠他们"；第二，"只要是对台湾同胞有利的事情，只要是对促进两岸交流有利的事情，只要是对维护台海地区和平有利的事情，只要是对祖国和平统一有利的事情，我们都会尽最大努力去做，并一定努力做好"。

尊重、信赖、依靠台湾同胞，这个看法十分深刻。即使目前台湾同胞在某些重大问题上的认识与我们还有分歧，他们多数希望暂时维持现状，而我们"无论在什么情况下"都要尊重、信赖、依靠他们。这既是对台湾同胞的庄严承诺，也是对大陆同胞的严格要求。只要大家做到这一点，相信台湾同胞最终会和我们一道，共同发展两岸关系，维护两岸同胞的根本利益。

四个"只要是"，更是指导具体实践的庄严承诺，我们已经并且正在不断地在这个方面做工作，把它落到实处。特别是第一点：只要是对台湾同胞有利的事情，大陆有没有努力去做，这是大家随时都可以检验的。

新理论特别明显地体现出两岸骨肉同胞的深切情谊，这既是"以最大的诚意，尽最大努力"促进和平统一的真正动力，也是"寄希望于台湾人民"方针的思想基础。

第五，遏制"台独"是当前紧迫的任务，这是建立在"维护国家主权领土完整，是国家的核心利益"这一原则基础上的认识。"台独"分裂已经成为两岸关系发展的最大障碍、台海和平的最大威胁，因此，反对"台独"分裂决不妥协，不会有丝毫犹豫、含糊和退让。

遏制"台独"可以采用多种手段，而且是以和平方式为主的。政治的、外交的、法律的手段，都可以起到遏制的作用。最近台湾当局重申"四不一没有"的承诺和不进行"台湾法理独立"的承诺，可以看成是遏制"台独"的初步成果，当然任务还十分艰巨。同时，还要有动用"非和平方式"的准备，当然那不是我们所希望看到的。

既然把遏制"台独"作为当前的紧迫任务，这说明促进统一不是当前的紧迫任务，二者不能混为一谈；同时也说明统一需要一个相当的过程，需要耐心和等待。

在遏制"台独"的同时，一定要把"台独"势力与台湾人民区别开来，要尽力使台湾同胞这一支"遏制台独的重要力量"发挥应有的作用。

　　总之,通过学习,使我对新时期的对台战略有了更进一步的认识,认识到这是一次理论创新。通过创新,我们的决策机关更加牢固地掌握了两岸关系的主导权,更加宽容,更加务实,更加自信,更加果断。

　　以上只是个人的体会,希望大家能够更加深入地学习新时期的对台战略,领会和发掘它的丰富的内涵。

（《两岸关系》2005 年 4 月 ）

四、对台战略的十大关系

有关对台战略涉及政治、经济、军事、外交、国际关系等诸多方面，本文仅就政治方面提出"十大关系"，提供讨论参考。

对台战略与总体战略

党的十六届六中全会公报指出："新世纪新阶段，我们党要带领人民抓住机遇、应对挑战，把中国特色社会主义伟大事业推向前进，必须坚持以经济建设为中心，把构建社会主义和谐社会摆在更加突出的地位"。"构建社会主义和谐社会，是我们党以马克思列宁主义、毛泽东思想、邓小平理论和'三个代表'重要思想为指导，全面贯彻落实科学发展观，从中国特色社会主义事业总体布局和全面建设小康社会全局出发提出的重大战略任务，反映了建设富强民主文明和谐的社会主义现代化国家的内在要求，体现了全党全国各族人民的共同愿望"。构建社会主义和谐社会、全面建设小康社会、建成现代化国家是我们的国家发展战略，这是国家的根本任务，在国家利益和国家战略中居于最高层次，其他的战略都要服从于服务于这个总体战略。

对台战略尽管十分重要，但与国家发展战略相比则是居于从属地位，与其他领域一样，对台战略必须服从于和服务于总体战略。这就是说，对台战略必须有利于实现国家发展战略，必须与国家发展战略"保持一致"，而不能影响或妨碍国家发展战略的实现。

全面建设小康社会，构建社会主义和谐社会，需要有一个和平稳定的环境。对外寻求和平，对内寻求和谐，对海峡两岸寻求和解，这是实现总体战略的要求，而不是什么权宜之计。

胡总书记指出："争取和平统一的努力决不放弃。只要和平统一还有一线希望，我们就会进行百倍努力"。这是我们向台湾同胞和国际社会庄重的承诺，理由在于："和平解决台湾问题、实现祖国和平统一，符合两岸同胞的根本利益，符合中华民族的根本利益，也符合当今世界和平与发展的潮流。这是我们始终坚持为实现和平统一而不懈努力的根本原因"。

和平统一的对台战略是建立在国家、人民根本利益的基础上，是符合国家发展战略需要的，同时也顺应世界潮流。坚持和平统一的对台战略，就能使我们得到国际上的支持，这种"世界语"是国际社会"听得懂"的，"听得进去"的，得道多助，可以使我们立于不败之地。

但是，在对台战略方面，存在一些不同的看法：

（一）有人提出："和平统一是基本方针，武力统一也是基本方针"。这种说法是没有依据的，在领导人讲话或文件中都没有"武力统一是基本方针"的说法。

（二）有人主张："军事打击在前，和平手段在后"。他们认为台湾问题阻碍了国家发展战略的实现，应当先用武力解决台湾问题，然后才能聚精会神搞建设。或是主张，先用武力打击"台独"，后用和平手段实现统一。甚至提出："只有在台海决一死战，才能让中国自强于世界之林"。还有人指出："一旦台湾当局造成台独重大事变，危及中国最核心的利益，大陆一定会停下所有经济建设的脚步，不让法理台独成为事实"。

这些看法有一定的代表性，有的是似是而非或夸大其词的，它对于实现国家发展战略、贯彻党的和平统一方针是不利的。

邓小平讲过："绝不能轻易使用武力，因为我们的精力要花在经济建设上，统一问题晚一些解决无伤大局"。有的学者指出："因统一而动武，因而放弃发展，不但会造成经济的倒退与崩溃，更会造成社会的动荡和政权的不稳。""其结局，极可能是中国20多年来改革开放的成果烟消云散"（《南风窗》，2004年11月16日）。这种担心并不是多余的。

任何放弃和平统一的主张都是违背国家发展战略的，违背两岸人民利益的，也是不符合世界潮流的，它必将受到国际社会的抵制或反对。

在对台工作中，必须毫不动摇地贯彻执行"争取和平统一的努力决不放弃"的方针。对于怀疑和平统一方针的人，应当进行教育；对于那些在网络上公开发表反对和平统一方针言论的人，应当给予有效的约束，不能让他们任意毒害他人。

"反独"与"促统"

遏制"台独"与促进统一是事物的两面，都是实现和平统一过程中所必须开展的工作，它贯穿于整个和平统一的进程。和平统一是"反独"取得最终胜利的结果，也是"促统"取得巨大成效的结果。但它毕竟是两项不同的任务，在当前条件下，"反独"的任务显得十分突出和紧迫。"促统"相对来说，并非当前紧迫的任务。

在"反独""促统"方面，存在一些不同的看法：

（一）有人说"反独"与"促统"是两个阶段，目前阶段是"反独"，第二阶段是"促统"。这样，把二者割裂开来，是一种一厢情愿的设想，也低估了反对"台独"任务的艰巨性。只要产生"台独"意识的条件还在，就必然存在"反独"的任务，甚至在统一以后也不可能完全排除"台独"分子的存在。想把"台独"彻底清除，然后才进行"促统"的工作，那是不切实际的。

（二）有人说"反独"阶段只能使用武力，"促统"阶段才使用和平方式。因此，在强调遏制"台独"的时期，容易出现动用武力或动用武力威胁的言行，主张军事演习、部署导弹、发表强硬的谈话等等。这样做，一方面固然可能发生"威慑作用"，另一方面则可能加深彼此的敌意，特别是部分台湾民众出于对武力威胁的反感，而加深了对我方的敌意，这对争取台湾民心、促进两岸统一绝不可能产生正面的效果。

所以，"反独"与"促统"固然相反相成，但有时却有矛盾。"反独"并不必然导致"促统"，甚至可能导致"独派"的"反弹"，"台独"情绪更加严重；也可能导致部分民众的"反弹"，认为我们一直"打压"他们，而不利于我们争取民心。

有人认为"现在遏制台独是首要任务，不必顾虑将来和平统一时台湾岛内的政治条件是否有利"。按照这种说法，现阶段只要能够遏制"台独"，就可以不计后果，更不必争取台湾民心，即使遭到多数人反对也在所不惜。这种观点与主张对台动武的论调："给我狠狠地打，打它个稀巴烂，打烂了再重建"如出一辙。归根结蒂就是没有树立"以人为本"的观念，没有把台湾同胞当"人"看待，更没有"同胞情谊"，而是不管他们的死活，不管他们的感受。只要台湾这块土地，而不要台湾人民。只要达到目的，可以不择手段。只求眼前的利益，而把严重的后果留给后人。

我们认为在"反独"的过程中，应当注意将"台独"分子与台湾民众区别对待。例如，"台独"分子企图通过"入联公投"实现分裂祖国的阴谋，而占人口60%—70%的民众表示支持"入联公投"，则是为了要获得作为"国际上一分子"的身份和地位，他们看到一些小国有权参加联合国，而他们则不能，因而感到十分屈辱。因此在反对"台独"的时候，应当注意"投鼠忌器"，力图做到不伤害广大民众的感情。

至于"促统"，主要是要让台湾民众认识和平统一的好处，特别是对台湾民众切身利益所带来的好处。这既要讲道理，更要重实际。现在我们已经这样做了，还需要加大力度。做好这项工作，对遏制"台独"具有重大的意义。

和平统一与和平发展

和平统一是解决台湾问题的基本方针。和平发展是当前两岸关系的主题。二者的关系应当是：通过和平发展达到和平统一。换言之，和平发展是实现和平统一之前对台工作的中心任务，通过两岸的和平发展，为两岸和平统一创造条件。也就是说，当前的任务是要求做到两岸和平发展，而不是立即实现和平统一，和平统一并非紧迫的任务。

和平发展对台湾有利，对两岸有利，不仅是台湾民众、企业界，甚至许多台湾政客也认识到这一点。和平发展已经成为两岸关系的主题，这是任何人无法阻挡的。

但在这个问题上，也有不同的看法：

（一）有人认为我们应当尽最大的努力争取早日实现祖统一，否则夜长梦多，统一更加困难。"早日实现祖国统一"是广大人民的强烈的要求和美好的愿望，但不等于说立刻可以办到，或是越快越好。实现和平统一，解决台湾问题，是一个长期的、复杂的、艰苦的过程。这是过去提出的论点，至今没有过时，仍然适用。任何急于求成、急躁冒进的思想，都是不切实际的，也是有害的。

（二）有人认为"和平发展"可能导致"和平分裂""和平独立"，在遏制"台独"之前，强调和平发展只会有利于"台独"分裂。实际上，强调两岸和平发展，强调"凡是对台湾同胞有利的事，我们都要努力去做"，加强两岸之间的交往，加深两岸人民的相互了解，强化两岸共同利益的架构与机制，既有利于争取台湾民心，也有利于遏制"台独"。和平发展是遏制"台独"的重要手段之一。

（三）有人认为目前两岸处于敌对状态，在民进党执政的条件下，不应当强调和平发展，否则只会对台湾当局有利，让民进党得分。其实，和平发展是对整个台湾而言的，主要对象是台湾人民，不论什么政党执政，只要对台湾人民有利，我们都要去做。和平发展有利于维护台湾海峡和平稳定的环境，有利于实现国家发展战略，同时也有利于台湾人民，从而有利于争取台湾民心。至于在民进党执政的条件下，达成包机直航之类的成果，可能让民进党当局得了一些"分"，但相对于和平稳定、争取民心这些"大分"来说，台湾当局得到的只是"小分"。

邓小平指出："和平共处的原则不仅在处理国际关系问题上，而且在一个国家处理自己内政问题上，也是一个好办法"。（《邓小平文选》第三卷，第97页）这个原则如何应用于台湾，是一个需要研究的重要课题。现在我们在与邻国交往中，提出"与邻为善，以邻为伴"的原则，台湾当然不是"邻国"，但这个原则应当适用于台湾。如果大陆与台湾之间无法做到"与邻为善，以邻为伴"，其他国家怎么可能相信我们一定会做到这一点呢？

"一个中国"与"一边一国"

两岸关系的要害在于主权问题。我们强调一个中国原则,台湾属于中国。这是国际公认的。

国民党强调"一个中国是中华民国",他们提出:"中华民国在台湾"是一个民主政治实体,必须获得尊重。"作为一中架构下的政治伙伴的对等地位,必须获得承认"。这实质上就是"一边一国"。

民进党主张"台湾是一个主权独立的国家,现在的名称是中华民国",还要推动"正名制宪",成为"台湾共和国"。也是"一边一国"。

马英九要我们选择,究竟要"中华民国"还是要"台湾共和国"。台湾多数民众也认为他们是"一个国家",因此要求加入联合国。

我们坚持一个中国原则决不动摇。现在的问题是如何面对台湾方面"一边一国"政治态度。"台湾共和国"还是纸上谈兵,不必理它。关键是如何对待"中华民国"?

对此,有几种不同的看法:

(一)有人认为1949年中华人民共和国成立以后,"中华民国"已经不存在,不必讨论如何对待"中华民国"的问题。

(二)有人提出两岸的现状是:"在一个主权、领土统一的国家内部,存在两个互不隶属的法政系统"。不能忽视"台湾的民选公权力机构"。这意味着承认两岸存在"两个政府",即"中华民国政府"仍然存在。

与此相似,有人提出:中国才是国名,而"中华民国"与"中华人民共和国"都是国号。"历史上的、现实中的国号仅仅是特定时期政府为中国所起用的国号;在政治、法律和国度意义上,中国只有一个"。这意味着承认"中华民国"是中国在"特定时期"出现的一个政府。

有人主张"中华民国"与中华人民共和国是"一个中国下的两个地区"。或"中华民国"与中华人民共和国是在中国的"政府继承"过程中的"两个政治实体"。或是在国际层面,不允许"中华民国"的存在,而在两岸关系上则可以把"中华民国"作为历史遗留的问题加以处理。

过去国民党当局曾经提出"一国两府""一国两区"的主张,我们都没有接受。由于我们一贯坚持一个中国原则,台湾方面认识到"国际公认的一个中国是中华人民共和国",因此,现在他们不敢再提"一国两府"和"一国两区"了。

看来在和平统一过程中,不可避免地要面对"中华民国"问题,因此,坚持第一种看法是不能解决问题的。第二种看法提供了一些思路和解决方案,其中也有不少问题,需要继续解决,但可供研究和决策的参考。

不过,无论有什么样好的方案,都不宜过早提出,最好在两岸谈判过程中,根据形势的发展和对方提出的方案,适时地将我们可以接受的一个方案提出来讨论,这样才有可能取得预期的效果。

主权国家与国际空间

台湾或"中华民国"不是主权国家,因此不能参加以主权国家资格参加的国际组织,如联合国、世界卫生组织等等。在我们看来,这是天经地义的,他们想参加是毫无道理的。但是,台湾所有的政党和绝大多数民众都要求"扩大国际活动空间",特别是要参加联合国。

陈水扁叫嚣要以"台湾"名义加入联合国,并且发动"公投"。马英九之所以不敢反对,反而要跟着提出"返联公投",就是不敢违逆民意,以免导致选举的失败。

不仅民进党在煽动民众,说中国大陆在国际上"打压"台湾,国民党也一样,马英九甚至去美国、英国"告洋状",并且说出这样的"重话":如果大陆不让台湾扩大国际空间,"后果自负",不但是"台独"分子,连他自己也要"站出来反对"。

"国际空间"问题是台湾民众对我方最不能谅解的一大原因。有些对我们比较友好的人士,也劝告我们在这个问题上要"大度"一些,要以"大哥"的姿态,带着"小弟"(台湾)一同到国际上活动,也可以取得台湾民众的好感。

2008年不管是谁上台,这个问题必然是两岸关系的焦点之一。对于他们的情绪置之不理,把这个问题拖延下去,不利于争取民心。

这是一个难题，对两岸关系已经造成一定的伤害，应当及早研究对策。有关方面领导已经提出，在统一以后，台湾的代表可以参加中国的"联合国团"，但台湾方面认为这是遥远的事，他们希望在统一之前，大陆就能"给予"台湾一定的"好处"。这个问题需要专业人员进行研究，提出可行的方案。

到目前为止，在这方面，我们的所作所为都是正确的、合理的、合法的，得到国际社会支持的，但对台湾民众来说，不是判断"谁是谁非"就能解决问题的，关键在于感情问题。他们不能参加联合国，在国际上没有地位，在感情上就认为"低人一等"，而且把原因归结为大陆的"打压"。要争取台湾民心，就不能不考虑、处理、解决这种感情问题。

"台湾人"与"中国人"

台湾本省人占总人口约 90%，而外省人只占 10% 多一点。

本来台湾多数人认为自己是中国人，可是近年来认同"中国人"的比例下降，而认同"台湾人"的比例上升。主要原因是：究竟谁才算是"中国人"，发生了问题。因为国际上所承认的中国人，就是中华人民共和国的人，而台湾人（不管是本省人或外省人）则不是中华人民共和国的人。于是台湾居民中有一部分人是"不能"说自己是中国人，因为他们不是中华人民共和国的公民；另一部分人则"不愿"说自己是中国人，因为他们不认同中华人民共和国。这说明认同"中国人"的比例下降是有原因的，并非都是由于"台独"。

认同"台湾人"与"本土化"的趋势有关。由于台湾历史的不幸遭遇，台湾民众强烈要求当家作主，从而形成所谓"台湾主体意识"，这种要求具有合理性的一面，但容易被利用、诱导向"台独"的倾向发展。因此"本土化""台湾主体意识"都具有两重性。不能反对"本土化"及"台湾主体意识"，因为它们反映了台湾多数民众的意愿，而要反对从"本土化""台湾主体意识"导致"台独"的倾向。因此，在这个问题上，原则的掌握与分寸的"拿捏"都需要十分到位。

对于这个问题，也有一些不同的看法：

（一）有人说："我们承诺：'中国人不打中国人'，现在台湾人不承认是中国人，这种承诺就不适用了"。言下之意是："只要你不承认是中国人，我就可以打你"。有人把不说是"中国人"的人一律视为"忘本"或"数典忘祖"。台湾民众认为这是以"民族大义"来打压他们。这些言论加深了两岸间的敌意。

（二）有人把台湾本省人称为"台独本土势力"。这是错误的判断。在台湾主张"台独"的只占20%左右，而台湾本省人约占90%，其中多数主张维持现状，少数主张统一或"独立"，这种言论把大多数人推向"台独"一边，是一个严重的错误。

（三）有一位对台研究专家说："寄希望于台湾人民是一个根本性的战略失误"。那是"大陆政府的热脸贴在台湾的冷屁股上"，结果台湾提升了国际竞争力，增加了"台独"的本钱，"台湾人从心底看不起大陆，想要吸引台湾回归，我看只是一厢情愿"。他主张"要让台湾人长点记性，唯一的办法就是让他付出惨痛的代价"。这就是要战争。

这是把"台湾人"当作敌对势力来看待，没有认识到"台湾同胞是发展两岸关系的重要力量"，更没有认识到祖国统一需要台湾同胞的合作。

这个事实说明，即使是专家对"贯彻寄希望于台湾人民的方针决不改变"也有抱着怀疑态度的。

（四）有一位对台研究专家提出："只要民进党当局承认'台湾人也是中国人'，就可以视为已承认'一个中国'原则，两岸商谈也可以随之恢复"。这显然没有理解上文所说的不少台湾民众之所以"不能"或"不愿"说是"中国人"的原因，因此这个建议是不切实际的，也是不可行的。至于要求民进党当局承认这一点，那更是缘木求鱼，一厢情愿，未免太不了解他们了。

在统一以前，没有必要要求台湾民众都承认自己是"中国人"，那样就是自找麻烦，增加了一项不切实际的统一前提和条件。两岸统一是政治问题、法律问题，而不是个人的身份认同问题。"台独"分子有意炒作"台湾人"与"中国人"的问题，我们不要随之起舞，以免纠缠不清。

泛蓝阵营与泛绿阵营

泛蓝和泛绿是台湾民众政治倾向的两大派系，它首先是立足于台湾内部，是以认同和支持某一政党作为划分标准的。泛蓝支持国民党、亲民党和新党，认同"中华民国"；泛绿支持民进党、"台联党"，基本上不认同"中华民国"。

蓝、绿之分不是统"独"之分。

把泛蓝归为"统派"，那是一个误会，也是一厢情愿。以马英九为代表的国民党人，反对"台独"，目的是"捍卫中华民国"，而不是主张统一。泛蓝中有统派，但人数不多，多数主张维持现状。

泛绿反对国民党，支持民进党，但不等于全部支持"台独"。泛绿中有"独派"，人数也不多，多数主张维持现状。

反对"台独"不等于"统派"，提出"打倒陈水扁"的"红衫军"也不都是"统派"，把他们全部看成"统派"，也是一厢情愿。

泛蓝反对"台独"（为了捍卫"中华民国"），认同"九二共识"（一个中国是"中华民国"），与我们有一定的共同点，可以作为争取的对象。但是，他们与我们的分歧也是明显的，关键在于他们主张"中华民国是一个主权独立的国家"。他们对我们的社会制度和各项政策有许多不满。因此，泛蓝是我们的团结对象，但并非亲密无间，不能让人形成我们"亲国民党"或"国共一家亲"的印象。

泛绿支持民进党，不认同"中华民国"，但并非都是"台独"。他们占台湾人口40%以上，不应当把他们当做打击对象。根据党的统战思想，要团结大多数，泛绿民众也应当成为我们争取、团结的对象。对泛绿不能排斥，也不应放弃对他们的工作。当然要做他们的工作十分困难，在这个方面，我们的工作进展相当缓慢，收效不彰。

对于民进党人，要求他们表示认同"九二共识"，主张"废除台独党纲"，我们才能与他们交往，这样的要求未免过高，等于"封杀"了与民进党人交往的途径。如果2008年，民进党仍然是执政党，掌握着"公权力"，不与他们打交道，什么问题都无法解决。因此，主动与民进党人交流交往，也是对台工作的一项重要任务。

政治僵局与突破之道

两岸政治僵局已经持续多年，对两岸关系的和平稳定发展产生一定的障碍。2008年"大选"之后可能出现的新局面，我们应当努力争取在两岸关系上有所突破。

目前打破僵局的主导权在我方手中。由于近年来大陆的高速发展，国际地位日益提高，台湾各界人士都已经认识到只有与大陆合作，台湾才能摆脱困境。我方提出"和平发展是两岸关系的主题"，深得台湾各界的认同。在这种情况下，2008年，不管是马英九还是谢长廷上台，都不得不考虑与我方改善关系，陈水扁时期的政策有可能改变，双方都有可能产生打破政治僵局的意愿。2008年打破两岸僵局的可能性是存在的。

关键是看2008年5月20日新官上任的政治表态。如果他们表示出与"和平发展"相应的态度，我们应当给予正面的回应，诱导他们与我们合作。这是一次机遇，双方都会十分重视。如果失去机会，对两岸关系的发展必将造成遗憾。我们准备得越充分，效果就会越好。

如果谢长廷上台，可能从具体事务着手，只要有所突破，双方就可能出现"彼此一再善意回应"的局面，有助于进一步打破僵局。

如果马英九上台，除了事务性课题以外，很可能要求签订和平协议，用什么名义签？有哪些具体项目？如何做到"双赢"？这是一件大事，做得好，两岸关系会有重大突破和进展，因此，需要及早准备对策。

汪老曾经指出：所有的台湾问题、两岸问题，最后都是法律问题。我们应当尽快组织法学界人士参与上述各项工作，争取主动，主导谈判。

对抗思维与融合思维

两岸关系存在对抗性矛盾与非对抗性矛盾，前者主要是"法理台独"以及在台湾政治定位、国际活动空间方面的分歧，而在经济、文化和民间交往上并不存在对抗性矛盾。

两岸要走向统一，必须逐步消除对抗性矛盾。和平统一方针要求用和平方式转化、处理、解决对抗性矛盾，而不是用消灭对方的办法。"不是我吃掉你，也不是你吃掉我"。因此，除了发生"台独"分裂以外，其他问题，包括台湾的政治定位、"国际活动空间"等重大分歧问题，都可以运用融合思维，坐下来谈，通过协商的办法求得最佳的解决方案。

总之，解决台湾问题的出发点是"和"，而不是"抗"。汪老说过："两岸之道唯和与合"。胡总书记说，对台湾同胞，"无论在什么情况下，我们都要尊重他们、信赖他们、依靠他们"。用上述思想指导对台工作，就要建构融合思维。

因此，在处理两岸关系问题上，不应当采用对抗思维，因为它无助于两岸的和解，事事对抗，"批"字当头，就会造成感情上的对立，反而增添了两岸的敌意。

融合思维或和谐思维不是不讲立场、不讲原则，我们强调和平发展，强调"和为贵"，强调和谐、融合，就是要双方在互相尊重的前提下，通过了解对方的立场和主张，坦诚开展讨论或辩论，求同存异，达到相互理解，从而增进共识，增进互信，找出双方可能接受的解决途径。

只有融合思维或和谐思维才能使两岸越走越近，越走越亲。

互相尊重是两岸交流取得成功的前提，互相信赖是两岸关系获得突破的基础，互相依靠是最终解决两岸之间存在的问题、达到祖国和平统一的必要条件。

零和博弈与双赢策略

对台工作的策略是依据和平统一的战略来确定的。和平统一的过程是"共议统一""合作双赢""共同缔造一个中国"的过程。这个过程必须通过谈判，而谈判的过程则是讨价还价的过程。谈判要取得成效，必然需要互相让步和互相妥协。要对方完全接受我方案，就等于要对方投降，谈判必然失败。因此两岸之间不存在"零和博弈"，即不会出现"全赢"和"全输"的情况。

要采取怎样的双赢策略？我认为博弈论的"一报还一报"策略，是可供我们采用的一个策略。这个策略的目标是："不是打击对方，消灭对方"，而是"引导对方与自己合作"。其要点如下：

（一）不论对方对我方表达什么态度，包括"合作"与"背叛"，我方都要做出回应，而不能置之不理，或不置可否，否则对方就不知道我方的态度。

他们如果有"善意"的表示，受到我方的"冷落"，他们就不会往与我方合作的方向走；他们如果有"恶意"的表示，我方不予回应，就会让人以为我方宽恕了对方，对方也就可能走得更远。

（二）对方释出一次善意，我方也回报以一次善意，这就能促使对方与我方合作。对方表示一次恶意，我方回报以一次强硬的态度，这就使得对方认识我方的政策。即采取"一对一"的策略。

但是，如果我方对于对方的恶意表示给予"加倍"的惩罚，或"不止一次"的报复，那就有可能使冲突升级。因此"一报还一报"策略要求保持"惩罚"与"宽恕"的平衡，"不要以多于一次背叛来回应对方的背叛"，即"不要占对方便宜"，否则会引起更多的问题，形成长期敌对，对我方并不利。因此，要求采取"比一报还一报多一点宽恕"的策略。

（三）要使对方认识到应付我们的最好办法是与我们合作。"鼓励合作""促进合作"应当是我方对台策略中的重点。

（四）只要自己能够"得分"，不要担心对方"得分"。对方在与我方合作中必然"得分"，这也为我方"得分"提供了前提。如果对方不能"得分"，就不可能走上与我方合作的道路。

实际上，我方目前所采取的策略，与"一报还一报"策略基本吻合。因此有必要深入研究这一策略，并把它细化、规范化。例如，在双方交往的过程中，是否不宜过早亮出"底牌"？是否要"送大礼"，或"一次送个够"？在民进党执政的条件下，如何做到"鼓励合作"？等等。

　　和平统一是一个"渐进统一"的过程，而"一报还一报"策略则是适应于这样过程的可行策略。

（写于 2007 年 8 月）

五、构建和平发展的理论框架

今年是我国实行改革开放 30 周年，各个方面都在进行系统的回顾和总结。对 30 年来两岸关系的发展和对台工作的实践，既需要从宏观的角度、理论的高度加以总结和提升，又需要从微观的角度，对方针的贯彻、政策的执行等具体实践加以回顾和评判。

3 月 4 日胡总书记就发展两岸关系提出重要意见，其核心内容是"牢牢把握两岸关系和平发展的主题"，并且围绕这一主题提出一系列相关论述。有些海外媒体认为这主要是针对台湾"大选"和"入联公投"而提出的对策和争取民心的柔性诉求，其实不然。固然政策的提出往往具有针对性和时效性，但如果仅仅从近处着眼，就看不出其深层的意义。作者认为，上述论述是在回顾、总结 30 年来两岸关系发展进程的基础上提出的，并且为构建和平发展的理论框架奠定了坚实的基础，这应当是人们观察的焦点。

和平发展理论框架提出的依据

（一）思想基础：改革开放初期，中共中央就提出和平统一的主张，从"叶九条""邓六条""江八点"，直至 2005 年 3 月 4 日胡总书记对两岸关系发表的重要意见（"胡四点"），都贯穿了推动祖国和平统一进程的思想和诚意，体现了对台方针的一贯性、延续性以及在新形势下的创新与发展。和平发展的理论框架就是在这种思想基础上提出、形成和发展出来的。

（二）实践经验：两岸关系的发展与对台工作的实践，可以总结出许多经验，但从宏观角度看来，最重要的经验是胡总书记这次讲话所提出的这一观点："两岸关系和平发展，有利于两岸发展和稳定，必定造福两岸同胞；'台独'

分裂活动,有害于两岸发展和稳定,必定贻误两岸同胞"。他强调"事实已经并将继续证明"以上观点。"和平发展"的对立面是"台独分裂"。实践证明,实现两岸关系和平发展是两岸同胞的共同利益所系。

(三)国家发展战略:为确保到 2020 年实现全面建成小康社会,需要和平发展的国内环境与国际环境。和平与发展仍然是时代主题,走和平发展的道路,是中国政府和人民根据时代潮流作出的战略抉择。两岸关系和对台工作也必须服从于和服务于国家发展战略。这就是说,两岸关系的和平发展、谋求台海地区的和平稳定,是国家发展战略的要求,是实现国家利益、维护中华民族根本利益的需要,绝不是什么权宜之计。

和平发展的含义

和平发展的含义应当是十分清晰的。它指的是双方(或多方)通过和平与合作的途径,求得各自的发展,并在和平的条件下促进各方相互关系的发展。

中国大陆提出两岸关系的和平发展的含义,就是要在和平的条件下,推动两岸的交流与合作,促进双方的发展,并且在和平的条件下,促进两岸关系的良性互动和向前发展。

胡总书记指出:"和平发展是两岸关系的主题"。这意味着,在相当长的时间里,两岸需要保持相对稳定的现状,共同创造、维护、推动两岸关系的和平发展。

和平发展是大陆对台工作的指导思想,是对台政策的基调和核心。

一个中国原则、和平统一、寄希望于台湾人民、反对"台独"分裂活动,是和平发展理论框架的组成部分。

应当着重指出:和平发展的对立面,或和平发展的阻力,在于"台独"分裂活动。

胡总书记的讲话对"台独"分裂活动的危害性以"三个最大"做出明确的概括:对国家主权领土完整的最大祸害;对两岸关系发展的最大障碍;对台海地区和平的最大威胁。只有坚决遏制"台独"分裂活动,才能实现两岸关系和平发展的前景。换句话说，如果不能遏制"台独"分裂活动，就无法实现和平发展的前景。

由此可见，遏制"台独"是和平发展的题中应有之义。要坚定不移地推动两岸关系的和平发展，就要决不妥协地遏制"台独"分裂活动。

和平发展的基础、目的、途径

（一）基础：坚持一个中国原则。两岸关系建立在一个中国原则的基础上。一个中国，一个国家，而不能是两个中国，两个国家，那样就没有和平发展的基础了。

对于这个原则，胡总书记有这样的表述："只要承认两岸同属一个中国，我们都愿意同他们交流对话、协商谈判"。

我们不妨看看台湾政界的某些说法，例如，"大陆与台湾均是中国的领土"（国统纲领）；"一个分治的中国"；"九二共识"；"一中各表"；"九二香港会谈所获得的成果"；"两岸一中"；"宪法一中"等等。当然双方的看法并不一致，但却有某些相似之处。我们相信，只要有和平发展的意愿，在这个方面，就有可能给予弹性的处理，求同存异，未尝不能找到一些交集点和突破口。

（二）目的：为两岸同胞谋福祉。和平符合两岸民意，发展也符合两岸民意。和平发展的提出是从两岸人民根本利益和切身利益出发的。这里不需要什么高调，只要两岸能够出现和平发展的局面，就能实实在在地造福两岸同胞。为此，我们还向台湾同胞做出承诺：关心台湾同胞，关注他们的愿望和要求，维护他们的正当权益，凡是对台湾同胞有利的事都要努力去做，并且出台一系列惠民的政策等等，这些承诺不因受到干扰而改变。这种诚意可以经受实践的考验和时间的考验。

（三）途径：深化互利双赢的交流合作。包括人员往来、经济文化交流、"三通"，直至协商谈判，达成和平协议等等，不断地拓展领域，提高层次，感情更融洽，合作更深化。

总之，这次讲话对和平发展的基础、目的、途径做了明确的论述，构成两岸关系和平发展理论框架的重要组成部分，从中也体现出我方的善意和诚意。

实现和平发展的依靠力量

实现和平发展要依靠两岸同胞的共同努力，这也是两岸同胞的共同责任。

过去，依靠两岸同胞的长期共同努力，已经具有"更为坚实的基础，更为强劲的动力，更为有利的条件"，今后要依靠两岸同胞的共同努力，共同开创两岸关系和平发展的新局面。

在两岸关系和平发展的进程中，两岸同胞都是参与者、合作者，形成了血脉相连的命运共同体，中国是两岸同胞的共同家园。任何涉及中国主权和领土完整的问题，必须由包括台湾同胞在内的全中国人民共同决定。

台湾同胞是我们的骨肉兄弟，是发展两岸关系的重要力量，也是遏制"台独"分裂的重要力量。"无论在什么情况下，我们都要尊重他们、信赖他们、依靠他们"，这也是对台湾同胞做出的庄严承诺。

我们要更加广泛地紧密地团结台湾同胞，团结的人越多越好。不论是泛蓝、泛绿的民众，都是我们的同胞，都是我们团结的对象。

胡总书记指出：对于那些"对'台独'抱有幻想、主张过'台独'甚至人事过'台独'活动的人"，也要努力争取团结。条件是："只要他们回到促进两岸关系和平发展的正确道路，我们都将热情欢迎，以诚相待"。这说明，除了个别极端顽固的"台独"分子外，都是我们争取团结的对象。

这个主张引起海内外媒体的普遍重视，有人说"大为意外""令人吃惊"，甚至有人用"震撼性"来形容。有人说这是"调整对泛绿阵营的政策"，是"180度政策大转弯"，"展现了软硬两手的'胡氏兵法'"。

其实，这并不是什么政策大转弯，而是延续过去的政策，但有新的发展。早在2001年钱其琛副总理就指出："那些鼓吹过、从事过、追随过'台独'的人，只要他们放弃分裂立场，我们也愿意与他们共同探讨与推动两岸关系的发展"。2002年他又指出："广大民进党成员与极少数顽固的'台独'分子是有区别的。我们欢迎他们以适当身份前来参观、访问，增进了解"。值得注意的是，这次讲话明确提出一个最起码的条件:"回到促进两岸关系和平发展的道路",这就更加务实、更加包容、更加自信、更能获得公众的支持。

胡总书记把上述主张提到:"只有实现大团结,才能促进两岸关系大发展"的高度来论述,这说明把团结大多数台湾同胞,看做是实现两岸关系和平发展的必要条件。显然,这种主张不是暂时性的策略性的调整,而是和平发展理论框架中不可或缺的组成部分。

和平发展框架的近期设想

近期设想是构建两岸关系和平发展的具体框架,就是在构建和平发展的理论框架的同时,期待双方共同努力,创造条件,进行协商谈判,共同构建和平发展的具体框架。

谈判的原则:第一,地位是平等的。1993年的汪辜会谈已经提供了成功的范例。当年连座次的安排、签署的日期之类的细节,双方都能互相尊重,取得满意的解决。今后凡事通过沟通、协商,总要做到双方满意才行。第二,议题是开放的。过去提出若干"可以谈"的项目,现在则"什么都可以谈",涉及政治、经济、军事、文化、对外关系等等领域。愿意谈的就谈,暂时不愿意谈的就不谈。有些问题台湾各政党意见不一,需要先行内部整合,我们可以等待。

我方提出的建议是:协商结束敌对状态,达成和平协议,构建两岸关系和平发展框架,开创两岸关系和平发展新局面。

提出建议不等于立即可以进行协商谈判,这里涉及许多复杂的问题,具体的内容、事项以及可能构建的框架,诸如已经有人提出的两岸热线、军事预警制度等等,都需要双方进行充分的准备,拟定可操作的方案,才能进行协商。但是提出建议毕竟有助于双方对未来两岸关系的发展进行思考、研究和规划,同时也表现出我们对两岸关系和平发展的热诚期待。

总之,胡总书记3月4日的讲话为构建和平发展的理论框架奠定了坚实的基础,有助于指导构建和平发展框架的实践,同时,这一框架必将在实践的过程中不断地充实和完善。

这是一项系统工程,需要两岸同胞的共同努力。我们期待这个以"为两岸同胞谋福祉"为目的的"两岸关系和平发展框架"能够顺利建成。

(《两岸关系》2008 年第 3 期)

六、构建两岸互动的游戏规则

面对两岸新形势需要采用新的游戏规则

现在两岸关系迎来了重大转机，展现出和平发展的前景，这是两岸双方都应当加以呵护和珍惜的。面对新形势，两岸不断地互相释放出善意，也不断地得到对方的善意回应，这是一个可喜的现象。

但是，现在两岸在政治上、军事上、涉外事务上都存在一些矛盾和分歧，这是在两岸政治对立尚未结束之前必然存在的问题，其中包括历史遗留下的问题，也包括在新形势下互相交往中可能出现的新问题。台湾方面提出："正视现实，开创未来，搁置争议，追求双赢"，大陆方面提出："建立互信，搁置争议，求同存异，共创双赢"，提法虽有不同，但"搁置争议，共创双赢"则是共识。与此同时，双方都表示要以务实的态度，面对存在的问题，通过平等协商，妥善地加以处理。并且双方已经同意采取"先易后难，先经济后政治，循序渐进，稳步扎实"的思路，推进两岸的协商。

这就为两岸关系提出了一种新思维，即以合作取代对抗。只有合作才能进入两岸关系和平发展的轨道，才能在这个轨道上顺利地运行。

为了让两岸关系能够在和平发展的轨道上顺利运行，还需要制定一些"游戏规则"。如果这些规则得到双方认可，在相互关系上就有了一定的规范、约束，社会公众就有了评判的标准，可以看出谁遵守这些规则，谁违背这些规则，能遵守规则的应当得到鼓励，不能遵守规则的就应当及时予以改进，就不会"公说公有理，婆说婆有理"。这对于增进两岸的合作只有好处，没有坏处。

那么，什么是适合于新形势下两岸关系的游戏规则呢？我想推荐"合作博弈"的规则。

采用合作博弈的必要性与可能性

在博弈的类型中,有合作博弈,也有非合作博弈。后者在博弈中双方采取不合作的态度,目的是要让自己取得最大的收益,即要战胜对方。而前者则是采取合作的方式,亦即妥协的方式,使得博弈双方的利益都有所增加。二者的重要区别在于合作博弈要有一个具有约束力的协议,而非合作博弈则没有这样的协议。

历史证明,过去两岸采取非合作博弈,造成台海的紧张局势,已经给两岸人民造成巨大的损失。现在双方都表示愿意共同走上和平发展的轨道,和平、和解、合作、双赢成为两岸同胞的共识。在这种条件下,采取非合作博弈已经不合时宜。两岸采取合作博弈的必要性是不容置疑的了。

那么,目前两岸是否具备采用合作博弈的可能性呢?

实践已经证明,两岸之间的经贸合作能够使两岸人民共同获得利益。关键在政治方面,是否可能通过合作博弈获得双赢的效果。

我们可以从两岸各自的政治利益进行分析。

从大陆方面来说,最大的利益目标在于:推动两岸关系和平发展,实现中华民族伟大复兴。而要实现这一目标,不可能靠大陆单方面来"推动"、"实现",必须由两岸"携手推动"、"同心实现"。胡总书记强调:实现中华民族伟大复兴要靠两岸同胞共同奋斗,两岸关系和平发展新局面要靠两岸同胞共同开创,两岸关系和平发展的成果由两岸同胞共同享有。由此可见,大陆方面的利益目标决定了必须采取合作博弈,而拒绝非合作博弈。

从台湾方面来说,最大的利益目标,可以概括地为:要安全,要繁荣,要尊严。要实现这一目标,涉及两岸能否建立军事安全互信机制,能否签定综合性经济合作协议,能否妥善处理台湾参与国际活动问题,这一切都需要与大陆合作。因此,台湾方面也应当选择合作博弈,而不是非合作博弈。

两岸各自的利益目标都需要通过两岸的良性互动才能实现。因此,为了长远利益，为了共同利益，为了获得双赢的效果，在两岸关系和平发展的进程中，有必要选择合作博弈，拒绝非合作博弈。

两岸合作博弈需要建立游戏规则

虽然两岸都有开展合作博弈的意愿，但是，应当看到，两岸目前仍然处于尚未结束政治对立的状态，在政治问题上仍然存在不少分歧，在新形势下也还会出现一些新问题，如何面对这些分歧、解决有关争议，在两岸互动中就需要建立一些必要的新的游戏规则。

如上所述两岸已经认同"建立互信，搁置争议，求同存异，共创双赢"；"平等协商，善意沟通，积累共识，务实进取"；"先易后难，循序渐进"，等等。但这些都是两岸相处必要秉承的"精神"和"原则"，双方的承诺还是属于道德层面的表态。由于没有一定的具体标准，更没有形成协议，是否遵守无法衡量。因此，两岸通过协商取得共识，共同制定若干游戏规则，然后用协议的形式加以确认，这才有利于两岸关系的良性互动。

我建议双方采用博弈论中的"一报还一报"策略。这个策略已经证明是一个非常成功的策略，它的主要精神在于：自己的成功要以对方的成功为基础，也就是说，不是要打击对方、消灭对方，而是要引导对方与自己合作。

从两岸关系的现实出发，建议两岸在以下几个方面谋求共识：

（一）要建立持久的互动关系：两岸关系和平发展是一个相当长的过程，在整个过程中都要进行合作，而不是"一锤子买卖"，只合作一次。这次合作，下一次仍要合作，长久地合作下去。两岸之间的问题相当复杂，不可能"一揽子解决"，需要分步走，一个个地解决，这就需要双方维持持久的合作关系。只有这样，双方才有继续合作的意愿，才会收到合作的效益。

（二）要互相给予回应：不论一方表达什么态度（包括"合作"与"背叛"），另一方都要给予回应，表明态度，而不能置之不理，或不置可否。

如果一方有"合作""善意"的表示，另一方也给予善意的回应，就会鼓励对方继续合作；如果一方的善意受到另一方的冷落，就可能导致对方不再愿意走向合作。

如果一方有"不合作""恶意"的表示，另一方不予回应，就可能导致对方在不合作的方向上走得更远；反之，如果另一方给予同样"恶意"的回应，则可能导致恶意循环，破坏了相互关系。

这就要求：第一，任何一方都不要首先"背叛"，因为"背叛"将对双方不利；第二，要求双方从共同利益出发，采取"比一报还一报多一点宽容"的策略。就是说，不必立刻针锋相对地提出"反击"，可以暂时忍让，但不能无限制地忍让，而应当适时地表明态度，否则也不利于双方的继续合作。

目前两岸更多地给予对方善意的回应，这显然有助于两岸关系的和平发展，这种做法应当得到鼓励。但是两岸之间的政治分歧已经一再出现，双方应对的办法主要是重申各自的坚持，而较少进行正面的"交锋"。这表明，双方已经采取了"比一报还一报多一点宽容"的策略。但是，如果总要一方忍让，而另一方却不断地"出击"，忍让的一方终将会无法接受，其结果将对双方没有好处。

在互动过程中，及时的沟通是十分必要的，以免发生任何误解和误判，造成不必要的伤害。

（三）要自己得分也要让对方得分。"不嫉妒对方的成功"是一报还一报策略题中应有之义。让对方得分，甚至得到高分，自己也得分，做到对双方有好处。把对方的成功当做自己成功的前提。因此，妥协、让步、宽容都是必需的。在双方互动中，不要耍小聪明，不要搞小动作，不要占对方的便宜，诸如提出新的可能引起争议的议题，制造对方已经接受己方观点或政策的舆论，隔空放话向对方施加压力等等，这对于推动双方的合作是没有好处的。比较高明的做法是：自己的得分不超过对方，最多是打成平手，但双方的总分却是最高的。

以上只是提出一些游戏规则的要点，希望两岸在合作博弈中能够共同遵守游戏规则，取得"利益最大化，损失最小化"的功效。当然这些要点还需要在两岸协商的过程中，把它具体化、条文化，形成公平、公正、有效率、可操作的协议，共同遵守实行，以此来规范与维护两岸关系的良性互动。

还应当指出，在遵守游戏规则的基础上，在良性互动的过程中，任何一方都有可能从大局出发，主动地释放更大的善意，或做出重大的让步，而不附带任何条件，不索取任何回报。这是应当给予鼓励的，理应得到对方的善意回应。

当前两岸关系已经走上和平发展的轨道，双方正在共同构建两岸关系和平发展的框架，两岸互动的游戏规则似乎可以作为这一框架的组成部分加以考虑。现在提出以上不成熟的看法，希望能够收到抛砖引玉的效果。

（《凤凰周刊》2009 年 3 月）

七、现阶段两岸关系的性质与相处的原则

当前两岸关系究竟是敌对的还是非敌对的？如说是敌对的，两岸交往却十分热络，同胞情谊，互相通婚，双方握手干杯，这将如何解释？如说是非敌对的，为什么"三不"政策还不能放弃、"三通"还不能实现？可见两岸关系的性质问题还值得加以探讨。明确了性质以后，两岸相处的原则就比较清楚了。

从敌对到非敌对的过渡

过去两岸长期处在敌对状态，一方要"解放台湾"，一方要"反攻大陆"，这种状态到了 1979 年 1 月 1 日全国人大常委会发表《告台湾同胞书》开始出现了变化。《告台湾同胞书》宣告了中国政府和平解决台湾问题的大政方针，呼吁两岸就结束军事对峙状态进行商谈。这是单方面的企图改变敌对状态的表现。1987 年 11 月台湾当局有限制地开放台湾民众到大陆探亲，接着，两岸经贸关系逐步得到发展，敌对情绪有所缓和。但是，国民党当局仍然坚持"三不"政策，敌对情绪未有改变。用李登辉自己的话说，"决定将终止动员戡乱时期，这是一个很重要的降低两方面敌意的第一步工作"[1]。直到此时，总算有了第一步。这表明，两岸关系正从敌对性质向非敌对性质转化或过渡。

不过，这种过渡能否顺利进行，还有待于双方的努力。从目前看来，敌对的一面还不易消除。台湾高层人士表示"政府反共立场没变"，认为"两岸目前在政治、经济、军事各方面所做的恶性竞争，成为你死我活的局面"，一些"立委"也认为当前两岸仍处在"敌对的形势下"。这种心态表明他们对大陆仍怀有敌意，在这种心态下，要转化为非敌对状态，还有相当长的距离。

当然，从敌对到非敌对是一个量变到质变的过程。经过几年的交往，两岸在很多方面逐渐消除了敌意，经济上的互补，学术上的交流与合作，海协与海基会之间的会谈与联系，都有助于这个进程的发展。但是，这毕竟需要一个过程，现在两岸仍然存在敌对的一面，这是不能不看到的，也是过渡时期的必然现象，不足为奇。当然，敌对是不能达到统一的，要实现统一，就必须消除敌对，这就是过渡时期的任务。

因此，可以说，现在两岸关系正处在从敌对到非敌对的过渡阶段，换句话说，现在两岸关系的性质是对抗性与非对抗性并存，或者说是对抗性与非对抗性矛盾的交叉。

对抗性的主要表现

台湾方面认为，现在两岸敌对的状态表现在多方面，连战指出，"两岸目前在政治、经济、军事各方面所做的恶性竞争，成为你死我活的局面"。所谓政治上，主要是指"国际活为空间"和"对等政治实体"。他们认为大陆一直在国际上"挤压"他们，连战指出，中共"在国际间孤立打压我们"，"使我方难以开展国际活动空间"[2]。李登辉也说，"中共先是限制我们的国际活动，扼杀中华民国的存在，但是最近的变化，慢慢地进入到'一国两制'，在国际上排挤中华民国的存在"[3]。至于"政治实体"问题，台湾方面一再指出，这是一个关键。李登辉说，"三通的关键在于中共是否承认我方为对等政治实体"[4]。他强调，中共要"尊重我为对等政治实体"，"反观今天中共对台政策，却抱持着'以大对小''以中央对地方'的立场"[5]。"大陆……一直有'我是爸爸，你是儿子'之类的观念"[6]。这两点可以说是台湾方面认为大陆敌对态度的主要表现。于是，李登辉把大陆定性为"具有敌意的政治实体"，"我们国家安全上的最大威胁"，"坏邻居"等等。基于这种认识，李登辉认为，"四十多年的敌视、猜疑、疏离，不是短时间就可以完全消除的"，所以，他仍然把大陆视为敌对力量，他说，"我与中共的敌对状况并未完全消失。仍须加强敌我意识与敌情警觉，以防止敌人的渗透与突破"[7]。

大陆方面认为，台湾当局虽对两岸关系作出了某些松动，但其大陆政策有碍于两岸关系的发展，这主要表现在，"口头上声称中国必须统一，行动上却总是背离一个中国的原则"以及岛内"台独"活动与台湾当局推行的"双重承认"和"两个中国"的政策。

大陆的"一个中国"政策与台湾方面的"两个中国"政策，显然是对抗的。两岸分歧的关键在于主权问题。大陆方面明确表示："每个国家的主权是完整的，既不能分割，也不能分享。""一个主权国家只能有一个中央政府代表这个国家。""中华人民共和国政府作为中国的唯一合法政府，有权利也有义务在国际组织中行使国家主权，代表整个中国。"这一点已经得到联合国及世界各国的普遍承认。然而台湾方面却认为：主权是可以分割的，他们说："中华民国在台湾是中国分裂中的国家，……处于分裂分治的情况"[8]。"我们的基本政策是中国只有一个。但这个中国今天是分裂的，中华民国成立于1912年，是一个主权国家，但今天的政权只是在台澎金马"[9]。有时甚至指称"中华民国应当代表整个中国"，而大陆的主权是被中共霸占的，"这就像老祖宗给我们一块地，我们理当拥有这块地的主权，即使中间遭人霸占，我们的主权仍不容置疑"[10]。

总之，两岸的对抗性主要表现在台湾所谓"对等政治实体"和"国际活动空间"这两个问题上，其关键在于是"一个中国"还是"两个中国"问题，即主权问题。除此以外，台湾方面还对大陆的政治体制、大陆的政权抱有敌对态度，这就使得两岸关系问题更加复杂了。

当然，除了对抗性的表现以外，两岸关系在许多领域中都表现为非对抗性。在政治上，两岸都主张国家统一，在经济上，两岸都主张开展交流与合作，在文化、学术、体育、新闻等等方面，双方的交流也很热络。正因为两岸存在非对抗性的一面，才有可能维持和发展相互的关系。

非零和竞赛

如上所述，两岸关系既有对抗的一面，又有非对抗的一面，所以在敌对状态下的一方企图完全战胜、吃掉另一方的竞赛规则已经不适用了。当前两岸关系应当采用什么样的竞赛规则，我们可以从对策论（或称博弈论 game theory）中得到启发。

对策论原是运用抽象模型描述和研究带有对抗性的竞赛态势，并给竞赛各方提供对策的数学方法，也称竞赛理论。当然纯对策论要求绝对的数学解法，不能完全运用于解释复杂的社会现象，但是它有助于人们理解社会问题，把复杂的问题简单化，以便抓住其根本特征。

这个理论指出，有如下几种竞赛类型：

（一）零和（zero-sum）竞赛：一方所得正是另一方的所失，竞赛双方正负相抵，其和为零。即双方是你死我活的斗争。过去国民党要"反攻大陆"，共产党要"解放台湾"，以及"打倒帝国主义""消灭共产主义"之类都是零和竞赛。要求一方全胜，另一方全输，但不一定涉及生存与灭亡，也是属于这一类。

（二）非零和（non-zero-sum）竞赛：双方均可得分，多得者领先，其和不是零。一方之所得并非对方之所失，双方可能取得不同程度的收益。

（三）合作性竞赛：互相合作，互相妥协，共同获利。允许竞赛者直接交谈，并把各自的意向提前通知对方。

（四）非合作性竞赛：双方保持冲突状态，不进行合作，不允许进行公开交谈。

零和竞赛是要消灭对方，或要对方全输，完全是对抗的。现在的两岸关系既有对抗的一面，又有非对抗的一面，可以称为"有限敌对关系"（limited adversary relationship），因而不应当是零和竞赛，而应当是非零和竞赛。1983年邓小平指出，两岸关系"不是我吃掉你，也不是你吃掉我"，这是符合非零和竞赛的原则的。不过，还应当指出，在当前两岸关系中，既然存在对抗性的一面，在一定的条件下，还可能出现零和对策。这种情况已经出现，这是我们所不愿意看到的。明确了两岸关系属于非零和竞赛，就需要改变过去的零和竞赛的规则和观念，否则就会出现嘴里说"排斥零和"、心里却想全赢的状况，这种言行不一的状况说明了非零和竞赛的规则并未被接受。

两岸相处的若干原则

我们说现阶段两岸关系正处在从对抗性到非对抗性的过渡阶段，其前提是两岸都承认只有一个中国，将来要实现和平统一。如果否定这个前提，就会倒退到敌对状态。因此，一个中国、和平统一是两岸关系的大前提、大原则。在这个大原则下，根据非零和竞赛的规则，结合两岸关系的现状，有以下一些原则可供参考。

（一）鼓励兼容性原则：如果你要对方有善意的回应，就应当采取鼓励对方接受你的意见的办法，至少让他不反对，认为可以接受，甚至接受了对他有好处。反之，如果对方觉得对他不利，他就不可能接受。这就是说，有所失才有所得，不能不作任何让步，不能只要求对方让步而自己不让步。台湾某报社论指出，不宜"要求对方非接受我方的看法不可"，这是符合非零和竞赛的原则的。实际上以往海协和海基会的商谈，双方都有一定程度的让步，可是在1993年台北事务性商谈中，有人一定要对方接受政治性的"司法管辖权"，并且强调自己的底线不可能放弃，这是不了解"非零和"的含义的一种表现。

根据这个原则，在非零和竞赛中，让步是不可少的。让步实际上就是妥协。在马克思主义的词汇中，有妥协这个词，列宁在签订布列斯特和约时，就是向德国作了妥协，接受了苛刻的条件。这是在敌对状态下的妥协。在非零和状态下，妥协是双边关系中应有之义。在这种情况下，妥协和让步是一回事。有人不提让步，而说是"调整"，其实"调整"就是让步。没有妥协和让步，双边关系只能停留在原地，僵持不下，不可能有进展，甚至还会倒退。因此，鼓励兼容性原则是打破僵局、发展关系所必须遵循的原则，不想让步、不想妥协那是零和状态下的心态。

让步是讨价还价的过程。在所有的谈判中，各方总想得到最大限度的利益，而把损失减少到最低程度。所以让步总要要求对方的回应，使自己显得不那么吃亏。甚至希望自己只作不重要的让步，而取得对方更大的让步。为了避免自己吃亏，往往怀疑对方不让步，而使自己也采取不让步的策略。有时一方作出让步，被对方视为善意，也作出善意的回应，给予相应的让步；但是也可能一方作了让步，而对方却得寸进尺，不仅不让步，反而提出更高的价码，这样，双边关系的发展就出现了障碍。在让步问题上，有时认为不让步是坚持原则，有时则认为在本来坚持的地方作出让步是一种开明的、有气度的表现。以上种种讨价还价的思维过程是不足为奇的，一方的选择可能引起另一方改变已有的选择，是好是坏，关键还在于双方的互信问题。因此，培养双方的信任感是能否达到通过让步使双方都能获利的前提条件，所谓"缺乏信赖感"绝不是单方面的。

（二）"劣势战略"原则：这是相对于"优势战略"而言的。所谓优势战略是采用对自己最有利的方案，如果双方都采用这种战略，就无法打破僵局，商谈就会一事无成。因此，在非零和状态下，双边关系要取得进展就不能采取优势战略，而只能采取劣势战略。

在非零和对策中，有一个著名的例子，即"囚犯两难推理"（prisoner's dilemma）。有两个共犯被抓起来，如果一方坦白，另一方不坦白，则坦白者免予起诉，不坦白者被判重刑；如果二人都坦白，则二人都只判轻刑。在这种情况下，囚犯往往选择坦白的道路，即选择"劣势战略"。这就是说，只有双方都不坚持对自己最有利的方案才有可能取得进展。这样，双方都要有所让步，不是一方全胜，另一方全败，而是双方都有所得。所以在非零和状态下的协议，只能是"虽不满意，但可接受"，不能要求达到完全满意。因此在不能达到双方都完全满意的情况下，双方都要降低自己原有的目标，坚持达到最高目标是"优势战略"的表现。

可是在两岸交往中，企图全赢的思想经常出现，例如，在事务性商谈中企图引入政治、法律的问题，所谓司法管辖权、己方人民不遣返、海域等等就是坚持最高目标的表现，其目的是企图通过商谈确定对等政治实体的目的。为此，在商谈尚未结束前就迫不及待地表态说，"由于对方无视我方的司法管辖权，我对这次会谈表示不满意"。原来邀请对方访台也因此而毁约。正如台湾有的学者所说，"我方企图透过协议的达成，达到隐含对等政治实体的目的，也是会谈陷入僵局最大的盲点"。还有的学者指出，在两岸商谈中不要挟带政治目的，不要试图解决外交上的问题。这些意见都是相当理性的。

（三）求同存异原则：中共在处理双边关系时，一贯强调这个原则，这其实是从以上两个原则引申出来的，是适用于非零和竞赛的一个原则，而不是什么权宜之计。这意味着不强求对方接受我方的意见，让对方保留自己的意见；特别是不把自己的政治主张强加给对方，"能谈的先谈，不能谈的先搁下来"，一时无法解决的问题不急于解决，有的可以等到双方都认为可以解决时再解决，有的可以长期不解决。例如，不同社会制度就可以长期共存。我们认为这是通情达理的，不是什么吓人的谋略。求同存异有时是可以经过双方商定的，例如，两会会谈限定在事务性、功能性、经济性、民间性的层次，这本来是双方都同意的。显然政治、法律不包括在内。但是由于这种限定没有明确的识别依据，双方各自有不同的解释，因而发生了一些问题，诸如，"三通"究竟是经济问题还是政治问题？"司法管辖权"问题是否可以列入两会会谈？等等。其实，两会的授权可以随着实际的需要而改变，现在不是已经议论到"政治性对话"的问题了吗？

求同存异的原则也与能否达成协议有关。如果在某个问题上，双方都有早日达成协议的共同要求，或者说，达成协议的愿望超过了中断谈判的要求，那就可能取得成效。反之，如果一方"对签署协议并没有急切心态，也没有非达成协议不可的压力"，那就很难达成协议了。在这种情况下，把谈不成的责任推给对方，显然不是诚恳的态度。

（四）关于"双赢"：这个概念适用于非零和竞赛与合作性竞赛中，关键在于双方要采取合作性的对策，即互相合作，互相妥协，共同得利。这样，双方都有可能赢，可能取得不同程度的收益。这是两岸人民的共同心愿，但要达到这一步还有许多路要走。1994年2月北京会谈后有人认为"会谈圆满成功，达到双赢结果"，这是把目前双方的合作性估计得过高，而把双赢的目标订得太低了。怀疑对方没有诚意，自己也不可能有足够的诚意。在这种情况下，甚至用"共同新闻稿"发表的"共识"也会被推翻。要使对方相信自己的承诺是可信的，说话是算数的，对方才可能采用合作的策略。这样一种互动关系目前还没有达到。不过我想，只要双方真正从全民族的长远利益出发，在今后的交往中，多一些诚意，少一些谋略，就有可能在互信互谅的基础上逐步转变为合作性竞赛，最终达到双赢的目标。

应然与实然

把对策论用于社会生活的研究往往只是粗略的表述，它把复杂的情况简单化，以便抓住它的根本特征。但是，社会生活十分复杂，实际的决策往往与对策论并不一致。这是因为对策论只是表明一个理性的决策者应当采取什么策略，说明应然，而经验对策则是为实际决策提供经验依据，说明实然。

社会生活是复杂的，而对策论只能把它简单化，这是对策论本身的局限性。除此之外，应然与实然之所以不同，还有一些原因。第一，对策论是以理性行为做假设的，而对于非理性的（诸如情绪性的）行为则无法预测。一般情况下，决策者会遵守理性的原则，但并不能排除非理性的存在。一旦出现非理性的因素，对策论就无能为力了。第二，理性的决策并非一定是上策，当面对威胁或面对不讲理的对手时，把自己限制在理性决策的框架中，等于作茧自缚。第三，现阶段两岸关系的性质既非纯敌对的，又非纯合作的，双方都可能随着形势的变化，强调或更多地考虑某一方面的因素。

尽管如此，对策论还是有一定的参考价值的。它告诉我们，在非零和状态下一般的竞赛规则，它和两岸关系的实际情况有某些相似之处，有助于认识双方行为的关联性，可供双方决策的参考，也可供我们研究和评论两岸关系的借鉴。应当指出，学者研究理论，更多是研究应然，他们可以为决策者提供理论上的参考，这是他们的长处。决策者除了要了解理论以外，还要掌握许多实际情况，这些实际往往对决策有很大的影响。而这些实际情况是学者们所不可能了解、或不需要了解的。正因为如此，研究者与决策者、学者与政治家乃至决策者与执行者之间的看法就可能不一样，这是他们各自的角色不同所造成的。

（《台湾研究集刊》1994 年第 3 期）

注释：

[1] 台湾《联合报》，1990 年 5 月 23 日。

[2] 台湾《联合报》，1994 年 1 月 25 日。

[3] 台湾《中央日报》，1993 年 5 月 21 日。

[4] 台湾《联合报》，1992 年 10 月 20 日。

[5] 台湾《中国时报》，1991 年 8 月 24 日。

[6] 台湾《中国时报》，1994 年 2 月 17 日。

[7] 台湾《中央日报》，1991 年 3 月 17 日。

[8] 台湾《中国时报》，1994 年 2 月 17 日。

[9] 台湾《联合报》. 1991 年 1 月 30 日。

[10] 台湾《中央日报》，1991 年 6 月 2 日。

[11]《邓小平文选》，第 3 卷 30 页。

八、两岸关系回头看

——纪念"叶九条"发表 20 周年

1981 年 9 月 30 日，当时的全国人大常委会委员长叶剑英提出台湾回归祖国、实现和平统一的九条方针政策，至今已经整整 20 年了。经过 20 年的发展，我们有必要回过头来看看：两岸关系的形势究竟比以前好，还是比以前坏？统一是更近了，还是更远了？和平统一是否很渺茫，这个方针是否到了需要修正的时候了？

为什么要提出这样的问题呢？因为当前对上述问题的看法不很一致。有人公然提出"和平统一的前提正在失去"，"和平统一的前途渺茫"，"和平统一是不可能实现的任务"。有的作者认为：第一，国际形势发生变化，美国已经公开与中国为敌，"公开站在台独一边"，支持陈水扁，向我施加压力，"美国政府和日本政府承认一个中国这个和平统一的前提和基础也可能正在失去"。第二，台湾形势发生变化，"台独"上台，不认同一个中国原则，不承认自己是中国人，他们推行"实质台独"、"和平台独"，统一的基础已不存在。第三，国民党、亲民党不大可能在下次"大选"中获胜，即使取胜，也不大可能与大陆实现和平统一，"无论谁上台，台湾都不大可能甘心情愿地与大陆实现统一。""（台湾）没有一个政党是赞成'一国两制'的"。其结论是："在可预见的时间里，台湾都不大可能会接受'和平统一、一国两制'。所以，台湾与祖国实现'和平统一'的前提正在失去。"

另一作者也认为"大陆几十年来致力于和平统一的结果是什么呢？是台湾岛内分裂主义势力上升"，台湾当权者不仅不愿意两岸统一反而倒向"台湾独立"，台湾与大陆母体的"分裂"倾向越来越明显，这种结局使不少人怀疑和平统一的方式能否真正解决台湾问题，因此，尽管大陆还在倡导和平统一，但在许多人看来两岸和平统一的希望已经越来越渺茫，更有人认为和平统一政策应该检讨，许多人认为"要对不愿统一甚至执意闹独立的人寻找和使用另外且更有效的途径。"其结论是："既然和平方式难以达成国家统一，那就只有战争一途了。"

上述观点显然是与和平统一方针针锋相对的，这是在对台工作中出现的不协调的声音，它不仅影响到一部分人执行党的和平统一方针的坚定性，而且在内部形成了一股阻力，在社会上产生不良的影响，不能不引起我们的重视。

20 年来国际形势的变化

20 年前，提出"和平统一、一国两制"方针的国际背景是："中美关系实现了正常化，从而为提出并确立和平解决台湾问题的方针创造了新的有利条件。"[1] 但那时冷战时代还没有结束，美、苏两国称霸世界，中国"文革"刚刚结束，经济正处于崩溃的边缘，中国虽为大国，在国际上没有实力，也没有地位可言。80 年代，对中国来说，"可以说是非常动荡、充满危机的年代。"[2] 那时，美国人认为"中国很弱很穷，无足轻重"，"中国现在有求于美国，而美国无求于中国"，美国如果在台湾问题上采取强硬政策，"中国可以吞下去"，还认为中国政府信奉的意识形态"旨在摧毁美国这样的政府"。当时战争的因素在增长，但制止战争的因素也在增长。后来，苏联和东欧发生剧变，冷战结束，可是"一些国家对中国实行制裁"，所以在 90 年代前期，中国的国际环境还是相当恶劣的。在这种情况下，邓小平强调对国际形势"不能看成一片漆黑，不能认为形势恶化到多么严重的地步，不能把我们说成是处在多么不利的地位。"强调"我们并不着急，也不悲观，泰然处之。"[3]

显然，现在的国际环境对我们来说要比当年有利得多。冷战以后，世界上出现了多极化的局面，而且正在持续发展。美国保持唯一超级大国的实力和主导作用，而欧盟、俄国、日本、中国的实力和作用也正在增强。大国之间的摩擦和合作都在发展，但发生全面对抗的可能性并不大，基本上不存在发生世界大战的危险。世界出现总体缓和、局部动荡的状态。当年邓小平提出的"和平与发展是当代世界的两大主题",仍然存在。江泽民总书记指出:"世界要和平,人民要合作,国家要发展,社会要进步,是时代的潮流"。"和平与发展是时代的主题"。这意味着当年提出"和平统一"方针的国际大环境,至今没有发生根本的变化,而且对我们越来越有利。

就中美关系来说,当年我们是在中美建交后提出和平统一方针的。可是,美国的当权人士从未放弃搞"两个中国"或"一个半中国"。台湾问题一直是中美关系中最敏感的问题,也是影响中美关系发展的主要障碍。美国有人要以台湾作筹码,促成中国外交、内政政策彻底改变。李登辉访美、美国派遣航空母舰干涉中国军事演习、售给台湾地区武器装备、美日强化军事同盟等等,都对两岸关系的发展产生负面影响。但是,另一方面,克林顿政府也表示坚持一个中国原则,宣布对台湾"三不支持"政策。总之,中美关系处在又合作又摩擦的状态。布什政府上台以后,中美关系经历了一段困难,撞机、军售、TMD、协防台湾等等,但是,应当看到两国都表示愿意改善关系,并已采取具体步骤促使关系明显好转。中美双方存在分歧,但也存在很多共同利益。共同点大于分歧。美国历届政府均坚持一个中国原则,只要美国政府言行一致就能妥善处理台湾问题,搞好中美关系。近日美国国务卿鲍威尔访华,表达了美国不寻求与中国为敌、美国与中国有许多重要的共同利益、美国希望与中国建立建设性的合作关系等立场。

布什政府对中国究竟采取接触政策,还是遏制政策,或是既接触又遏制,这类问题还需要深入考察和探讨,但近来中美关系的发展,可以证明二者之间存在既竞争又合作的关系,现在就认定中美关系已经恶化、美国已经放弃一个中国政策并不符合客观实际,也不符合21世纪初世界格局的发展趋势。所以,就当前中美关系来说,不能认为"和平统一的前提正在失去"。

20 年来两岸关系的变化

当年提出"和平统一,一国两制"方针的国内背景是:"1978 年 12 月,中国共产党十一届三中全会以后,实现了党和国家工作重心的战略转移,即以经济建设为中心。"[4]《告台湾同胞书》指出"台湾当局一贯坚持一个中国的立场,反对台湾独立。这就是我们的共同立场,合作的基础。"但是,应当看到,当时国民党并没有接受我们的呼吁,也没有接受上述"共同的立场,合作的基础",当时他们的大陆政策仍然是"汉贼不两立","三不政策(不接触、不妥协、不谈判)","三民主义统一中国"。这种"反共拒和"的立场,直到蒋经国去世仍无根本的改变。

祖国大陆为发展两岸关系做出了极大努力。在这种情况下,在各方面的压力下,台湾当局于 1987 年 11 月开放台湾民众前来大陆探亲。从此以后,两岸关系逐渐发生了深刻而巨大的变化。到了 1999 年初,国台办主任陈云林在回顾 20 年来两岸关系的变化时,指出了如下几个方面的进展:两岸近 38 年的隔绝状态被打破、两岸民间交流取得了重大进展、两岸经济互补互利的局面初步形成、两岸接触与谈判逐步从事务性向政治对话方向发展、沉重地打击了岛内分裂和"台独"势力,"使两岸关系的大局重公一新趋向稳定,为世纪之交对台工作的推展创造了更好的条件。"[5]另一方面,也指出了阻力的所在:"国际反华势力仍在继续阻挠我国统一,台湾当局仍在继续企图以拖待变,长期拒绝统一并对两岸关系发展设置障碍。'台独'势力仍在继续活动,图谋把台湾从祖国分割出去。"[6]

以上事实表明,20 年来两岸关系不仅在经贸合作、文化学术以及其他方面的交流上有重大的进展,在政治领域也有所进展,但阻力始终存在。可是,自从李登辉提出"两国论"以后,形势发生了重大变化。民进党上台,不认同一个中国原则,不承认"九二共识",两岸关系趋向稳定的局面受到破坏。在这种情况下,是不是可以说,两岸在政治上"渐行渐远",一个中国原则已被抛弃,"和平统一和前提正在失去"?

"一个中国"走了曲折的路

要回答上述问题，关键在于准确地把握台湾当局"一个中国"的含义，应当看出不同时期有不同的含义，才能做出正确的判断。

两蒋时期的一个中国，其含义如下：（1）一个中国是"中华民国"。（2）一个中国不是中华人民共和国。（3）"中华民国"是主权国家。（4）中华人民共和国不是主权国家。

"两国论"提出之前台湾当局的一个中国，其含义有了变化：（1）一个中国不能说是"中华民国"（因为国际上不承认）。（2）一个中国也不能说是中华人民共和国（他们认为如果接受一个中国是中华人民共和国，"中华民国"就被"口头吞并"了）。（3）"中华民国"是主权国家。（4）中华人民共和国也是主权国家。（代表中国大陆，不包括台湾）。

由此可见，两蒋时期确实讲了"一个中国"，但它指的是"中华民国"，两蒋不承认中华人民共和国的存在，把大陆称为"匪区"，所以，两蒋的"一个中国"是不符合实际的，是对大陆充满敌意的。他们"仍然是坚持反共立场和'中华民国'的招牌，妄想由国民党重返大陆进行统治，而并不是通过国共谈判，实现统一。"[7]他们无意与我们合作，也无意把"一个中国"作为两岸合作的基础。因此，两蒋的"一个中国"和我们主张的"一个中国"存在 180 度的距离，当时两岸的距离实际上是很远的。认为当时两岸关系比后来更"近"，那是对两蒋的"一个中国"只从字面上看，而对其含义缺乏分析所致。

两蒋以后，两岸通过交流，双方发现本来存在分歧的"一个中国"的看法，是一个相当复杂的问题，双方都进行了深入的研究，站在各自的立场上，重新加以解释，并且根据形势的变化，对"一个中国"的看法也有所调整，这是两岸在取得共识过程中出现的分歧，也是取得共识所必经的阶段。台湾方面提出的上述看法正是在新形势下，站在台湾立场，对"一个中国"所作的新解释。应当说，它在某些方面比两蒋时期更加务实，至少他们已经认识到说"一个中国"是"中华民国"在国际上不会有人认同，认识到不能再说中华人民共和国不是国家。当然，他们是站在台湾立场上看"一个中国"的，我们不能认同。不过，应当指出，实际上，我们也在调整对"一个中国"的看法，例如，"一个中国是包括大陆和台湾在内的一个中国"，"一个中国尚未统一"，这些务实的说法，已经得到愈来愈多的台湾同胞的认同。

李登辉提出"两国论"，陈水扁拒不接受一个中国原则，使两岸关系"跌入谷底"，再跌下去就是"台独"，就是分裂。两岸关系出现紧张、倒退，走上一段曲折的路程。这种严重的局势，使愈来愈多的人认识到一个中国原则对两岸关系有多么重大的意义。现在，台湾的一些"在野党"纷纷表示要回到"一个中国"、"九二共识"上来，学术界、企业界以及其他各界人士都发表了类似看法，海外华人华侨也表达了反对"台独"、促进统一的意愿。最近，台湾14位"国策顾问"联名提出"国是建言书"，主张由当局表示"愿在中华民国宪法架构下的一个中国"认知基础上，开启两岸接触对话。虽然马上有人提出反对，但这已经表明，台湾有愈来愈多的人认识到一个中国原则的重要性，正在促使当局改变政策。

此外，还有一些个人或政党提出两岸"整合"、"统合"乃至"统一"的方案，尽管见解不同、问题很多，但毕竟都是围绕着"一个中国"而提出的思考。可以相信,经过一段曲折的过程,"一个中国"必将获得更多的人的认同，和平统一方针没有必要修改，而且必须坚定不移地贯彻执行。两岸共同努力，寻求一个中国的共识，但不是回到两蒋时期的原点，只有这样，和平统一才有坚实的基础。

（《台湾研究》2001 年第 3 期）

注释：

[1] 《中国台湾问题》，第 66 页。

[2] 《邓小平文选》，第 2 卷 241 页。

[3] 《邓小平文选》，第 3 卷 359 页。

[4] 《中国台湾问题》，第 66 页。

[5] 中新社 3 月 29 日电（1999 年）。

[6] 《两岸关系》杂志，1999 年第 1 期。

[7] 《中国台湾问题》，第 105 页。

九、析"最后""不得已""被迫"

《一个中国的原则与台湾问题》白皮书指出："采用武力的方式，将是最后不得已而被迫作出的选择"。这是什么意思呢？

首先，正如白皮书所说"采用和平的方式，有利于两岸社会的共同发展，有利于两岸同胞感情的融合和团结，是最好的方式"。我们真诚地努力争取实现和平统一。"和平统一，一国两制"的方针充分体现了我方的诚意。其次，我们不能承诺放弃使用武力，因为有人企图制造"台湾独立"，有的外国势力企图干涉中国的统一。必要时，还可能动用武力。再次，什么情况下，才会动用武力呢？这就是在"最后""不得已""被迫"的情况下才会动用。什么情况可以说是"最后""不得已""被迫"呢？白皮书讲了"三个如果"，就是"如果出现台湾被以任何名义从中国分割出去的重大事变，如果出现外国侵占台湾，如果台湾当局无限期地拒绝通过谈判和平解决两岸统一问题"，出现上述任何情况，就有可能使用武力。

有人提出，是否可以说明出现"三个如果"有哪些具体"标志"，让大家都可以清楚地进行判断呢？我想，以下几个明显的标志可以提供识别的参考：

第一，公开宣布"台独"。不论是以"台湾共和国"还是用"中华民国"，或其他的名义，公然宣告独立，分裂祖国。

第二，更改现有的"国号"。现有的"中华民国""国号"是中国内战历史遗留的问题，表明两岸仍是一国，如果更改了，就出现另外一国，就是公开分裂。

第三，修改"中华民国宪法"。该"宪法"规定："中华民国"的版图包括中国大陆连同台、澎、金、马，还加上"外蒙古"。如果修改了，版图只限于台、澎、金、马，那就是另立一国了。

第四，制订"基本法"。不修改"宪法"，而另订"基本法"，把"版图"定为只包括台、澎、金、马，也是另立一国。

第五，制订"公民投票法"。以此来决定台湾的政治地位，决定要统一，还是要独立。这是不行的。因为台湾的政治地位早已决定，台湾是中国领土，台湾主权属于中国，这是具有事实和法理基础的，也是全世界公认的，不能再由台湾省民众通过投票来决定。

第六，公开向祖国宣战。这是在外国势力支持下，或有外国势力直接介入，出现的叛国罪行。

第七，在外国势力支持下进入联合国。联合国是主权国家才有资格加入的，台湾如果加入，就是另立一国了。

第八，久拖不决。到底什么叫"久拖不决"，什么叫"无限期"？主动权掌握在我们手中。如果我们发现台湾当局有意用拖延的手段，拒绝和我们进行和平统一的谈判，我想，我们可以给他们提出警告，指出他们已经有意拖延了，要他们在规定期限内作出回应，否则后果自负。如果他们对我方的警告不予理会，那么谁是谁非，国际社会自有公论，那时我们要采取任何行动，都会有充分的理由了。

总之，所谓"最后"，是指对方已经到达我方的"底线"，和平统一已经不可能了，我们已经到了不能不改变对台方针的时候了。而在此之前，我们仍然希望通过和平方式解决两岸统一问题，"不到最后一刻决不轻言放弃和平"，充分体现我们的诚意。所谓"不得已"，就是"被迫"，是因为对方已经公然分裂祖国，我们为了维护祖国领土主权的完整，被迫做出采用武力方式解决的选择。这意味着我们不会轻易地或主动地改变和平统一的方针，如果要改变，就是因为台湾当局迫使我们这样做。

我想，白皮书已经向台湾当局和国际社会传递了上述信息，充分表达了我方对和平统一的诚意，就看台湾当局怎么回应了。

（写于 2000 年 2 月）

十、僵局下的思考

2000年陈水扁上台以后，我们决定采取"听其言，观其行"的态度，我个人做了跟踪观察。到他发表"一边一国"的论调以后，这个观察就基本上结束了，于是把观察过程汇集成《观察台湾》一书（2003年出版）。此后，两岸陷入僵局，两岸学者都进行思考，寻求打破僵局、争取双赢的途径。现在把这个时期我在报纸、刊物、电视、网络等媒体上发表的评论文章、专访报道、访谈纪录等汇编成书，以便留下时代的痕迹，并且在此基础上进行深一层的思考。

对台政策：包容，创新

从对台政策来说，这个时期正值十六大召开，提出一些新的主张，我有幸参与了"解读"的工作。在前面一组文字中，可以看出，我特别强调的是十六大报告中"尊重"、"同胞情谊"、"诚意善意"这些要点，强调采取"包容"和"宽容"的态度。台湾同胞是我们的"手足兄弟"，是"发展两岸关系的重要力量"，我们充分尊重台湾同胞当家作主的愿望，这是我们对台湾同胞的基本态度，首先强调的是"尊重"两字。有关"大陆和台湾同属一个中国"的提法，也是接纳台湾同胞意见、尊重台湾民意的体现。"三个可以谈"涉及两岸关系的最敏感、最关键的问题，一旦双方能够开始谈判这些议题，两岸僵局就可能出现重大的突破。这些政策主张反复说明我们"以最大的诚意、尽最大的努力争取和平统一的前景"的意愿和决心。

2005年3月4日胡锦涛主席发表《新形势下发展两岸关系四点意见》，我当即写出《对台战略的理论创新》一文，认为这是对台工作的基本框架，"更加牢固地掌握了两岸关系的主导权，更加宽容，更加务实，更加自信，更加果断"。事实证明，正是在这种新思维的指导下，2005年对台工作取得了令人瞩目的巨大的进展。

紧接着，人大通过了《反分裂国家法》，在相关的文字中，我强调这个法律要维护一个中国原则，即维护"一个中国、尚未统一、不许分裂"的事实，同时体现了要尽一切可能和最大努力来争取和平统一的诚意和善意。《反分裂法》是在"胡四点"精神的指导下制定的，相信通过对台工作的实践，这种善意和诚意将会得到台湾同胞和国际社会的理解。

在两岸关系陷入僵局、陈水扁提出"台独时间表"以后，有些人对党的"和平统一"方针产生怀疑，甚至认为"和平统一方针已经过时"，鼓吹动用武力。"和平统一"方针面临挑战，在当时的气氛下，坚持"和平统一"似乎不合潮流，但我深信这个方针是完全正确的，因此，写出一些文字，针对一些误解和曲解，进行辩驳，迎接"挑战"。

"争取和平统一的努力绝不放弃"这是至理名言，不到"最后""不得已""被迫"的严重关头，绝不可轻言动用武力。

台湾政局：蓝绿较量

这一组文字主要是针对台湾当局和"在野党"的动态进行评论。有一些个人的观点，与一般言论有所不同。例如，2002年底的台北、高雄市长选举，许多人认为是"2004年大选的前哨战"，是"蓝绿对决"，我反对这些看法；有人认为陈水扁上台以后在政治上无所作为，我则指出不可小看他们在"巩固政权"方面所下的功夫；2004年"大选"前，多数人估计泛蓝会取得胜利，我在选前一天发表了"陈水扁仍有微弱胜出可能"的看法，不幸言中；在谈论民进党在"三合一"选举中失利时，我认为，根本问题在于直至今天台湾还是"少数政府"，这是当前台湾政治病根之所在；2003年年底，国民党副主席王金平提出"不提一中，不反台独，维持现状"，我认为不是他个人的意见，而是"国民党的转向"，并且认为把国民党归入"统派"是一种误解；马英九当选国民党主席,许多人对他寄予厚望,甚至希望他与大陆共同推进统一大业,我认为马英九有他的立场,也有他的难处,不能期待过高。

任何看法是否正确都需要通过实践的检验,但有了不同的声音,可以从另一个角度进行思考,甚至开展辩论和交锋。我想,这对于研究的深化应当是有帮助的。

对于台湾的"公投",我从头到尾进行了观察和评论,并且前往泰国做了一场演讲,事后还回答了"台湾有没有权利进行'台独公投'"的问题。显然,台湾当局发动"公投"的要害在于要通过煽动民众的情绪,达到分裂主义的目的。根据国际法和联合国有关决议的规定,台湾的主权归属于中国,"公投自决"不适用于台湾,在主权问题上台湾是不能举行"公投"的。台湾当局企图通过"公投"走向分裂,不仅是对全体中国人民的挑战,也是对认同一个中国原则的国际社会的挑战。这个道理需要向台湾民众和国际社会讲清楚。

总之,对于台湾政局,我们采取"给予关注,适当评论,但不介入"的态度,而当他们涉及一个中国原则问题时,不论泛蓝、泛绿,都应当给予必要的反应和澄清,这是毫不含糊的。

两岸关系:僵局,互动

这几年两岸关系陷入政治僵局,在陈水扁当权的条件下,要打破僵局是十分困难的。有一段时间,双方你来我往,针锋相对,几乎陷于恶性循环,特别在陈水扁提出"台独时间表"以后,"台独"危险十分严重,两岸关系达到剑拔弩张的程度。

当然,即使在僵局的情况下,两岸之间的互动仍然存在。大陆方面一再主动表达善意,诸如,提出"一个中国"的"新三句",并把它载入十六大的文件中;提出搁置争议,恢复对话和谈判,以及"三个可以谈"的建议;欢迎民进党人以适当身份来访等等。台湾当局也曾表示:"任何有助改善和稳定两岸关系的谈话和做法,我们都表示欢迎";"两岸三通是必走的一条路"等等,可是,却往往自食其言,不时出现一些挑衅性的言行,不是要和平统一,而是要"和平分裂",堵住了两岸良性互动的路。

2005年以来,在"胡四点"的指导下,大陆的对台工作出现了积极主动的局面,主动邀请连宋来访,开始了两岸政党之间的政治对话,这是一个重大的突破。更重要的是让台湾民众直接看到广大大陆同胞对台湾人民的同胞情谊,"和平,和解,合作,双赢"成为两岸的主流民意。大陆主动提出,"只要有利于台湾同胞的事,我们就要努力去做",而且把它落实在行动上,促进了两岸关系朝向和平稳定的方向发展。

包容是自信的表现,是推进两岸关系良性互动的强大动力。尊重、信赖、依靠台湾人民,寄希望于台湾人民,在政治僵局下,两岸关系仍然存在良性互动的广阔空间。

民间交往:同情理解

两岸交流已经近20年了,大家认识到由于两岸的社会制度、政治制度不同,双方存在不少差异。对台湾历史的认识,两岸也不相同。例如,对于日本统治、台湾光复甚至对于荷兰殖民统治时期的历史,都有不同的解释。对于两岸之间的政治问题,在认知上的差异就更大了。至于什么是台湾主流民意,往往存在不同的解读,因此提出"台湾主流民意两重性"的观点,供大家研究参考。

在目前条件下,要一方完全认同另一方是完全不可能的,因此,"求同存异"应当是两岸交流、交往的基本原则。而要做到这一点,还必须有一个前提,那就是双方应当抱持"同情的理解"的态度。先要了解对方的看法、心态,了解对方和我方有什么不同,然后要设身处地、将心比心,理解对方之所以产生这样的心态的客观原因。显然,同情的理解不等于同意,双方都有各自的立场和各自的坚持,这是不会轻易改变的。但有了同情的理解,就能以谅解的态度来互相对待,进而化解歧见,达成和解,其目的在于增进共识、增进互信,这样,两岸民间交流交往才能渐入佳境。

我希望"同情的理解"这个概念能够受到两岸各界的广泛重视,希望它对两岸民间的交往与互动能够产生积极的效应。

当前两岸仍然处在政治僵局之中，僵局应当怎样打破？这是许多学者共同关心和正在研究的问题。照理说，应当有许多道路可走。不过，我认为首先应当摒弃"对抗思维"。如果双方互不相让，只能导致矛盾和冲突的加深。最近，陈水扁提出"废统论"，大陆不随他起舞，从容不迫，泰然处之，只是重申既有的政策，表示不会因而改变对台湾人民的庄严承诺，这是充满自信的表现，得到国际舆论的好评。我个人认为这种做法与博弈论中的"一报还一报"的策略相吻合，也就是说，"一报还一报"策略可以作为打破两岸僵局的方法之一。这个想法是否可行，也希望能够得到相关的反应和讨论。

（写于 2006 年 2 月 11 日）

十一、2005 年实现统一？

近日，日本学者大前研一在台湾出版一本题名为《中华联邦》的书，他公然预言：2005 年两岸将以"中华联邦"形式实现和平统一。

大前研一是一位未来学家，并号称"管理大师"，曾经被鼓吹全球化的《经济学人》杂志选为当代最有远见的四位学者之一。他曾经在日经股价指数上涨的情况下预言日本经济泡沫；1990 年预言苏联即将瓦解；但他预言韩国经济将"无法站起来"，则没有实现。

从经济角度立论

这次他根据什么来预言，而且还明确地提出了时间表呢？

他主要从经济角度立论，他认为"受到经济浪潮强力的推移"，会形成"一股莫可抵挡的经济旋风"，把大陆、香港、台湾等结合起来。

他认为台湾经济的成长，2001 年突然滑落，2002 年也没有复苏，而且还没有滑到谷底，其衰退的理由和大陆有关。"因为台湾的生产基地，急速的迁往大陆"，"人才严重流失"。中国大陆经济的成长率在 7% 以上，而台湾相对的是负成长。台湾地区的电子产业，2002 年在中国生产的比率，远胜过在台湾生产。宏基电脑、广达电脑、鸿海精密、英业达、台达电子等有力的计算机制造商，几乎都到了中国的长江、珠江三角洲设厂。台商正在持续地挺进大陆。

大前研一根据两岸日益密切的经济整合形势，提出他的看法："如果中国经济发展下去，五年之后就不会把台湾放在眼里，台湾会变成无足轻重，最后为了经济发展，台湾将不得不加入中华联邦"、"如果台湾没办法自由掌握在中国发展的机会，就无法生存下去"。

他说，他在 10 多年前，就提出"中华联邦说"的概念，其中包含了"把台湾视为区域性国家"、"把香港视为区域性国家"，将中国划分成几个区域性国家，以北京为盟主，将这个构想向台湾的政府提出建言。他还认为"像英国的联邦、澳大利亚和加拿大等国，也都是采取英联邦制的形式来进行整合"。所以，有人指出，他所说的"联邦"，不是人们通常所说的联邦，而是具有"联邦""邦联""国协"等多层含义在内。

他分析了中国"企业人"、军人、地方政府的情况，认为"企业人基本上都欢迎外国人。不管是哪一国人，他们几乎都来者不拒。"他居然认为中国军人已经成为"贸易商"，所以无意与台湾作战。地方政府注意吸引台资，所以"以地方政府的立场，他们是绝对不会考虑舍弃台湾的。"至于大陆人民，他认为"随着经贸交流的频繁，到中国访问的台湾人也越来越多。对中国人来说，台湾人好像整年都在他们身边晃来晃去，所以敌视台湾的人已急速递减。"于是，他主观地认为："以'中华联邦'的方式进行祖国统一，绝大部分的中国国民应该是不会反对的。中国国民走现实路线，接受'维持现状'的台湾，一点心理障碍都没有。"

关于时间问题，他说："至于中国统一的时间，我觉得，比较乐观的推定是在 2008 年北京奥运前后，所以把目标时间设在 2008 年前的某个中间点，应是比较有可能实现的。因此，我预测，此一目标时间会是 2005 年。"但他并没有说明具体的理由。

在台湾引起的震荡

大前研一的言论引起台湾方面某些人的紧张，有些人把这种言论与"亲中政客""统派"的言论联系起来，认为这会"助长当前台湾内部已然严重的失败主义氛围。""一厢情愿认为既然台湾对中国的经济依赖度日益提高，台湾人民就可以接受两岸统一"，认为"其对台湾民心以及国际舆论所造成的误导与冲击，却不可轻忽。"

　　于是，陈水扁连续两天亲自出马进行反驳。先是说在他的任内"不能让台湾被并吞"，接着又说："2005年台湾仍是台湾"，"中华联邦比一国两制更糟"。吕秀莲则说，大前研一只是"以经济观点预言统一"，而"忽略了中国欺压台湾"，她表示要拒绝统一，并且说，对于大前的言论可以视为"善意的警告"，"台湾不要过分紧张"。他们唯恐大前的"预言"扰乱了台湾的民心、军心。

　　民进党人也纷纷指责大前研一的观点是"脱离现实""空中楼阁""一厢情愿""无稽之谈"，是"大胆而荒谬、幼稚的预言"，是以区域经济整合直接推论政治事整合，没有事实根据。林浊水指出，"大前研一是从经济的角度来看，不可否认台湾现在与中国在经济上非常密切，可以说没有哪两个'国家'的经济关系像台、中一样，不过经济上的高度统合，是否需要再进一步统一，是令人质疑的。"

　　有的舆论认为，提出诸如此类的预言并不少见，以前有人写了《1995闰8月》预言会发生战争，过后就成为笑话。这次《中华联邦》的预言也不外如此，它实际上是一种"中国威胁论"的翻版，"流露出日本人的恐惧和焦虑"。这样的言论并不少见，这一次为什么需要领导阶层一再出面批判、否定呢？

　　一般评论多认为只从经济角度看问题是不够的，政治问题要复杂得多，不可能在2005年解决问题。至于说时间表，那几乎接近于"算命"，从台湾实际来看也不可能，因为2004年刚刚选出"总统"，谁敢冒这个风险去谈统一？而关于"中华联邦"，不但台湾不能接受，大陆也不会接受。

　　连战也认为大前研一的说法"太偏离事实"，他说，"两岸关系是政治问题，而非可量化的经济问题"，两岸关系绝无法一步到位，所以，大前研一的观察"相当有问题"。

　　不过，也有人注意到以下情况：（一）"大前研一的许多经济分析，据说颇有参考价值。"（二）"大前研一对台湾有相当程度的了解，像这样的一位学者为什么会预言两岸将在2005年合组'中华联邦'？值得台湾好好探究原因并有所警惕。"（三）大前的某些看法是具有洞察力的，例如，他指出"产业西进"不会使台湾产业空洞化，反而可以促使母公司转型为研发与训练中心；

解决失业的办法不是死守制造业不放，而是要推动产业转型等等。

在讨论中，有人把大前的观点归咎于台商，认为"台商趋之若鹜的西进，是误导大前研一对两岸未来预测很重要的原因。当前台湾产业，不只是传统产业，连高科技业也都一窝蜂地转往大陆投资，大前研一以台商西进的情况预言两岸，当然会有偏差。"

还有人提出"对于经济逐渐偏向中国大陆，对台湾是好是坏"，"台湾经济的'中国化'会不会使台湾'边缘化'"？需要重新研究，并且提出主张："依附或掌握大陆经济，应该会加速台湾的经济成长，甚至促成'台湾平台'的'核心化'或'运筹中心化'。"

台湾民间则把注意力放在大前所说的经济方面，他们认为台湾如果不在经济上加紧与大陆结合，台湾目前的困境将很难摆脱。

看来，尽管大前研一引起的讨论已经逐渐"退烧"，但它所引起的震荡还在持续。

预言需要依据

大前研一预言 2005 年统一，无独有偶，几乎同时从美国军方情报系统传出一个信息：解放军准备在辛亥革命 100 周年时，即 2011 年实现两岸统一。这又是一个预言，其真实性值得怀疑，因为从美国方面传出有关"中国要动武"的信息已经不少，可是没有一次得到证实。

作为专业的研究人员对于某些重要问题可能进行预测，也可能根据他们预测的结果做出某种预言。这是常见的事。但是，如果预言不是建立在充分事实依据的基础上，就会成为毫无根据的"臆测"，如果经过标新立异、危言耸听的"推销"，可能在一时间引起一种"轰动效应"，他的文章或书籍得到畅销，成为人们谈论的中心，但是时间一过，烟消云散，这个预言就变为笑话了。

大前的预言主要从经济角度来看，显然他对两岸之间的政治问题了解不多。否则不会认为"中华联邦"的建议可能为双方所接受；也不会把时间定在距离现在这么近的 2005 年。他对中国大陆的观察有不少是错误的，但也有一些观察则比较接近现实，例如，两岸经济的日益密切的关系，以及他说："现在中国的国民，已经不像从前那般敌视台湾。""这几年，北京有权势的政治家已不再敌视台湾，只是考虑对某些希望台湾脱离中国走向独立的人加以制裁。"但是，只靠这些因素是不足以实现统一的。

美国军方的信息则是从军事角度来考察，它同样也是片面的。台湾方面有人指出，美国军方对两岸军力逐渐失去稳定平衡感到忧虑，如果台湾对美采购先进防卫性武器受阻，或是"立法院"不支持"国防部"购买军备预算，台湾原可能在 2005 年前维持台海优势的地位"恐将不保"。所以，所谓"辛亥百年，两岸统一"可能是为了推动台湾购买美国武器而提出的"预言"。

祖国统一是一项伟大的事业，它涉及诸多复杂的因素，需要从总体战略高度才能做出正确的判断。至于统一的时间这种具体的问题，更应当从大陆、台湾、国际等方面的实际，从政治、经济、社会、军事等因素进行综合的研究，才能有一个总体的、大体的把握。对于比较复杂的问题，一般的预测只能预见到 3—5 年的事，所以，至今郑重的学者都不愿提出具体的时间表。可见，如果只是从某个局部、某个方面来观察，是不可能得出正确的结论的，如果有人敢于提出"哪一年"统一，那多半属于"瞎猜"。

党的十六大报告指出："21 世纪头 20 年，对我国来说，是一个必须紧紧抓住并且可以大有作为的重要战略机遇期。""我们要在本世纪头 20 年，集中力量，全面建设惠及十几亿人口的更高水平的小康社会。""聚精会神搞建设，一心一意谋发展""发展是执政兴国的第一要务"，这就是国家发展战略，即"大战略"。实现祖国统一的任务，必须服从于、服务于这个大战略，即要把解决台湾问题放在国家发展战略中来考虑。我们应当根据十六大的基本方针，开展扎扎实实的工作，不要为种种不切实际的"预言"所干扰。

（《海峡导报》2003 年 1 月 30 日）

十二、"第三次国共合作"解读

自从 2005 年连战访问大陆，《胡锦涛与连战会谈新闻公报》发表以后，大陆民间盛传"第三次国共合作"即将到来。到了 2008 年吴伯雄访问大陆后，更有人认为"第三次国共合作""呼之欲出"、"第三次国共合作"的态势已经成形，甚至有人欢呼"第三次国共合作已经开始了！"

在网络上发表意见已达 10 多万条，用的都是"期待"、"呼吁"、"祈愿"、"见证"、"促成"、"预祝"、"真诚希望""第三次国共合作"成功的字眼，急迫的心情跃然纸上。与此同时，也发表了一些论文，认为"第三次国共合作"具有必要性，是"历史的必然"，现在已经有了"实质性的进展"，并且对于实现祖国统一、民族复兴具有重大意义。甚至有人把胡连会公报"解读"为"实现国共两党第三次合作是中华民族根本利益的体现"。

当然，也有人对此表示怀疑，他们提出：国民党真的愿意并能够与共产党合作解决台湾问题、实现祖国统一吗？

国民党一再强调，绝无"第三次国共合作"。当有人把连战、吴伯雄、江丙坤来大陆说成是"第三次国共合作"时，国民党马上给予澄清，强调这与"国共合作"毫无关系。2005 年 3 月江丙坤前来大陆访问，台湾就有"第三次国共合作"的说法。中国国民党发言人张荣恭立即指出：国民党由副主席江丙坤率领的大陆参访团，定位是"缅怀之旅和经贸之旅"，与所谓"国共合作"毫无关系，希望外界不要误解或刻意歪曲。他还强调，纵使国民党主席连战未来访问大陆，也是基于台湾优先的原则，绝无所谓"国共合作"。与此同时，国民党主席连战在前往日本时在机场表示，"讲'国共合作'这种话是侮辱绝大多数台湾人民"。

值得注意的是，共产党现在也不提"第三次国共合作"。

这是什么原因呢？应当怎样看待"第三次国共合作"呢？

国民党的历史记忆：不敢

大家知道，在当代历史上出现过两次"国共合作"，第一次在1924—1927年，国共合作打败了北洋军阀；第二次在1937—1945年，国共合作打败了日本侵略者。许多人都从正面意义上看待这两个历史事件。当然，两次合作都以破裂而告终，可见国共合作中的问题也是相当严重的。由于国民党在大陆遭到失败，他们到台湾以后，曾经认真地总结过失败的教训。总的来说，他们认为两次合作，国民党都吃了亏。

1956年蒋介石在《苏俄在中国》一书中总结了国共关系的历史教训，他说："我政府对共党谈判和对共党收编乃是政策和战略上的一个根本错误"。"我们在共匪的战争威胁之下，自陷于动摇与恐怖之中，接受他的和谈，而以为从此可以获致和平，这才是百分之百的失败。"

他把"收编共军"和"与共党和谈"作为导致失败的根本原因，[1] 也就从根本上否定了两次"国共合作"。

正因如此，1949年以后国民党一贯拒绝与共产党谈判，直至把"不接触，不妥协，不谈判"作为基本的政策，同时从不再提"国共合作"，也始终拒绝"第三次国共合作"的建议。1981年蒋经国明确表示反对"第三次国共合作"，他说：近来中共"要搞什么'第三次合作'。实则在近六十年的历程中，只有两次共匪是以伪装输诚的姿态，渗入国民革命行列，而终于窃发坐大的事实，根本就没有所谓两党'合作'之可言"。第一次，"共党延用时机制造暴动"。第二次"一分抗日，两分应付，七分发展"，扩张坐大，结果整个大陆沦于共党。第三次国共合作是要"内部分化，外部孤立"。因此，他的结论是："与共匪谈判，无异自取灭亡"。[2]

1984年宋美龄断然拒绝"第三次国共合作"。她说："第一次我总理宽大容共，遂使原不过五十余人之共产党徒，经中国国民党襁褓鞠育后造成骚乱，凡十四年。及再次容共，乃当中日战争国家存亡关头，先总裁不咎既往，诚恕相待，原望其回心转意，以抵御外侮为重，岂知共党以怨报德，趁火打劫，铸成大陆之沉沦"。她的结论是："二次惨痛，殷鉴昭昭，一而再之为已甚，其可三乎？"[3]

以上不仅是蒋宋二人的看法，实际上国民党败退台湾以后，就针对导致丧失政权的原因进行全面的检讨，总结历史教训。对于两次国共合作，他们提出了以下看法：

（一）第一次国共合作时期，"清党"具有重大意义，否则国民党早就失败了。黄季陆说："民国十六年（1927年）的清党运动是十分成功的，否则中国的共祸或将提早20多年，不必待至民国三十八年（1949）的大陆沦陷。"[4]

（二）第二次国共合作导致中共的扩张。关中说："中共事实上利用日本之侵华，全力进行扩张。由于中共之扩张多是由袭击国军或抢夺政府地区而来，故双方不时发生冲突。"[5]

项乃光说：中共提出抗日民族统一战线的目的是"一以瓦解剿共战争，挽救其偏处陕北之灭亡命运；二以推动抗日运动，促进中日战争，牵制日本北进；三则利用抗战以发展势力，为扩大赤化运动、夺取政权创造条件。"[6]

（三）要吸取失败的惨痛教训。黄季陆说："抗战初期，中共可使它自己投降，这是它最弱的时候，后来他们渐渐成长起来，它就要争平等，得到平等之后，便使用各种手段方法来孤立你、打倒你，这是共产党策略的使用。"[7] 沈云龙说：1945年重庆谈判后，"毛返延安不到一个月，所有协议及其他诺言都被各地共军的实际行动彻底破坏无余了"，严重的教训是：中共"得陇望蜀，得步进步，不达目的不休；而且它的诺言便是谎言，如果相信它，很容易步步坠入它的陷阱，愈陷愈深。"[8]

蒋经国总结沉痛的历史经验，把"不与中共谈判"作为"基本国策"。他说："我们不会忘记过去上当的经验，因为在大陆时我们也曾同中共谈判过，结果多谈一次便多失败一次。因此，即使在最困难的情况下，我们也不会再和中共谈判。这是中华民国最基本的国策"。[9]

在相当长的时间里，国民党一直留下这样的历史记忆："绝对不能与中共谈判，否则只要一坐上谈判桌，你就输定了。"一提"国共合作"就触到它的痛处。应当指出：前两次国共合作是在国民党占据主导地位的条件下进行的，可是他们总认为"吃了亏"。现在面对处于优势的共产党，国民党一直对两岸关系的发展存在种种猜疑，在这样的条件下，在双方尚未建立互信之前，国民党怎么可能对"国共合作"有信心，而不产生任何担心、顾虑和犹豫？他们岂能轻易地忘记党内前辈所总结的"历史教训"，而敢于做"第三次"的尝试呢？

台湾的政治体制：不能

在两蒋时代，处在威权主义的"党国体制"下，国民党"一党独大""以党领政"，政权掌握在它的手中，它可以代表台湾当局作出重大决策，其他政治势力无法干预。那时候，国民党可以支配台湾当局，要解决台湾问题，只能找执政的国民党谈。如果国民党或两蒋同意，通过"国共合作"，实现"和平解放""和平统一"的可能性是存在的。但是，实践证明，国民党最终拒绝了"第三次国共合作"的建议。

上个世纪80年代后期台湾政治体制发生变化，政党政治逐渐成形，"政党支配政府""以党领政"甚至"以党代政"的局面不复存在。在现行政治体制中，按照实权大小的排列，第一是"府"（即所谓"总统府"）、第二是"院"（即所谓"立法院"）、第三才是党。党中央不是权力中心，不可能对"立法院"以及由"总统"领导的"政府"发号施令，也不能介入政府的行政运作。这就决定了国民党已经不能代表台湾当局，即使作为"执政党"他们也不敢代表台湾来与大陆谈判解决台湾问题。因为按照台湾现行的体制，政党没有这样的权力，而必须由"政府"出面才行。换言之，不论是国民党执政还是民进党执政，由共产党与台湾任何一个"执政党"谈判解决台湾问题的时代已经过去了。

2005年国民党还处在在野党的地位，既没有掌握公权力，又不可能得到台湾当局的授权，要通过"国共合作"解决台湾问题，是完全不可能的，甚至大陆要把熊猫送给台湾，国民党也无权接受。所以当时连战办公室的人员声称："连战非常清楚自己的角色与定位，没有公权力或授权，能签什么？"

现在尽管国民党重新成为"执政党"，它仍然无权与共产党谈判解决台湾问题。近来国民党内出现是"以党领政"还是"以党辅政"、是"党政分离"还是"党政分际"的争议。大家认为"以党领政"的时代已经过去，马英九与吴伯雄都声称不会再走"以党领政"的老路。[10]吴伯雄提出"以党辅政"的说法，似乎没有得到马英九的认同，所以马英九办公室曾经传出："党政分离"的说法，引起国民党内极端不满，以致要由马英九亲自表态："党政分离违背政党政治的理念"。最后经过党政协商提出"党政分际"的说法，[11]算是初步化解了内部的争议。由此可见，从国民党的立场来看，"以党领政"已经不可能存在了，也就是说，国民党不能代替台湾当局做出任何涉及"公权力"的事。

国民党不仅不能代表台湾当局，而且它还要为"国民党执政团队"即"政府"的一切作为负责。马英九怎么做，国民党只好"认了"，他们"别无选择"。最近吴伯雄表示："对国民党来说，全面执政就得全面负责，在政党政治下国民党无法推卸责任，执政同志表现的好坏都由国民党概括承受，国民党没有别的选择，只有全力支持马英九，全力支持从政同志在岗位上有好的表现。"[12]

正因为这样，马英九表示，国民党过去三年来，与中共建立了许多党与党的联系沟通，未来他会将工作焦点，由加强党与党之间的联系，转为推动更多两岸之间的官方沟通。又说，"国共平台"只是两岸沟通的第二轨道，而海基会与海协会才是"两岸正式协商管道"。[13]这意味着两会是经过"政府"授权的，是"正式"的管道，而"国共平台"只是政党之间的沟通管道，是未经"政府"授权的、"非正式"的管道，因而不能签订任何涉及"公权力"的协议。

由此可见，大权掌握在"执政团队"手中，国民党不能以党的名义与共产党合作解决台湾问题。

国民党的转型：不愿

2000 年国民党丧失政权以后，国民党加速了"本土化"的进程，党内逐渐出现"不提一中,不反台独,维持现状""不否认'一边一国',不排除'台独'选项""现在不谈统一，未来也不谈统一""不反对变更国旗、国号""中华民国领土只限于台澎金马""把'中国国民党'改名为'台湾国民党'"之类的声浪。

2007 年国民党修改党章的过程，是国民党转型与"本土化"的集中体现。在修改过程中，曾经提出要在党章的"信念"部分加入"以台湾为主，对人民有利"的字句，要在党员目标条次中删除"统一"字眼，改以"和平发展"代替。根据国民党人的解释：写上"以台湾为主，对人民有利"，是为了突显国民党"捍卫台湾、并以苍生为念的信念"；删除"统一"文字，也透露国民党并不将"统一"预设为两岸最终目标。[14] 国民党文传会负责人表示："立足台湾，强化台湾，是国民党适应时代需要的大方向。"后来由于党内有人质疑这样做是把"中国国民党"改变为"台湾国民党"。因此在党章中虽然没有出现"以台湾为主，对人民有利"的字句，但在总纲第一条中仍然写上"建设台湾为人本、安全、优质的社会"，体现了国民党力图立足台湾本土的精神。而"以台湾为主,对人民有利"仍然作为国民党的信念，以致马英九在"5·20"就职演说时，还把它作为"施政原则"加以强调。

以上事实表明，国民党已经成为台湾"本土化"的政党，他们关心的是在台湾的政治竞争中，战胜主要对手民进党，以便取得并巩固其执政地位，而并不关心两岸统一问题。国民党极力摆脱"统派"的帽子，极力抹去曾经有过的"终极统一"的说法，不将"统一"设定为两岸关系的目标，都足以说明这一点。

马英九上台以后，把"不统、不独、不武"作为基本理念与政策，明确提出：在他的任内不谈统一，四年乃至八年不谈统一。两岸统一在"我们这一生"不太可能发生。"我觉得，统不统一，可能有生之年都看不到，也不必为这着急。""绝不会给大陆任何统一上的幻觉。"这充分表明,他是不愿意谈统一的。

最近一个事例从另一个侧面说明这个问题：据媒体报道，国民党副主席关中曾经说过："国民党长期执政，统一水到渠成"。这件事在台湾引起轩然大波。"独派"群起而攻之。国民党内部也有人提出质问。马英九立即向关中查证，并要他亲自出面澄清这种说法。马英九、王金平随即表示"不统、不独、不武"的"三不纲领"不会改变。后来，马英九还通过外国媒体公开表态："如果台湾人民对与中国在政治上统一不感兴趣，没有任何政治人物能够强迫他们。"[15] 由此可见，国民党人对于"统一"多么"在意"，生怕与它"沾边"。马英九看到民进党基本盘的存在对他是巨大的威胁，他力图争取泛绿民众的选票，极力避免因与大陆靠近而被扣上"卖台"的危险。香港《文汇报》的一篇评论文章指出：国民党和马英九回避统一问题，不敢谈及统一问题，一是害怕民进党和"台独"势力的攻讦，害怕因此失去选票；二是害怕一论及统一"台湾就会被矮化"，就会"被大陆吃掉"。在这两个问题上，他们有巨大的心理障碍和挥之不去的"恐惧感"。[16] 此外，马英九一再表示："台湾前途要由台湾 2300 万人民决定"，有时还加上"不容中共干预"。

可见，国民党不愿与共产党就台湾前途问题进行党对党的谈判。

总之，由于上述三个原因，国民党既不敢、又不能、更不愿与大陆商谈统一问题，因此，在马英九执政的条件下，要想通过"第三次国共合作"走向统一的可能性并不存在。

台湾社会：不让

不仅国民党不敢、不能、不愿实现"第三次国共合作"，台湾社会内部也存在反对"第三次国共合作"的势力，主要是民进党。

民进党成立以后，一贯主张"台湾前途应由台湾全体住民决定"，"反对国共和谈"。1988 年民进党通过的"台湾独立决议案"（即"四一七决议文"）就有"四个如果"的说法，其中提出"如果国共片面和谈"，民进党则主张"台湾应该独立"。1992 年民进党"国大"党团发表"反对国共对谈"的声明。同年，民进党通过的"现阶段两岸关系与对中国政策"提出："反对任何形式之党对党的两岸谈判。主张两岸间之谈判，只能在政府对政府之对等形式，或在政府与国会授权、监督下的中介团体对中介团体之对等形式下进行"。1993 年"汪辜会谈"时,民进党组成"反对国共统一会谈宣达团"前往新加坡示威。总之,民进党强烈反对两岸之间政党与政党的谈判,这个主张对国民党起了一种制衡的作用。

当 2005 年江丙坤、连战先后访问大陆时,便引起民进党的高度重视,他们担心"国共合作"即将实现,因此提出强烈抨击。民进党提出:"两岸任何协商与谈判都要获得政府授权,被授权的代表必须有公信力。""国民党私自与中共商谈两岸整体事项,违反民主宪政运作的常轨。"并且暗示国民党有触犯"两岸关系条例"甚至刑法 113 条的嫌疑。4 月 16 日陈水扁指出:"60 年前国共和谈已失掉中国,现在难道还要再失掉台湾?"[17]

2008 年 1 月在马英九上台之前,吕秀莲便警告说:如果马英九当选,国民党将"开启第三度国共合作的机会",她请马英九"好好读一下历史文件,检视过去两度国共合作失败的教训,不要重蹈覆辙。"[18]

马英九胜选之后,萧万长、连战、吴伯雄、江丙坤先后访问大陆,民进党把它视为"第三次国共合作"已经启动,更加强烈地提出反对。他们攻击国民党"朝贡""卖台""矮化""俯首称臣"。民进党"立院党团"公开指控国民党与中共高层去年在泰国曼谷签订"秘密协定",还说,所谓"第三次国共合作"有三部曲:第一,国民党主席连战将亲访大陆,并与中共总书记举行高峰会;第二,国共组成"国家统一委员会"并互设办事处;第三,推动三通并签订和平协定。民进党"立委"提出质疑:第三次国共合作会不会把台湾卖掉?[19] 民进党人把"第三次国共合作"看做是一个"陷阱",指出:从历史上来看,之前两次国共合作,不管是孙中山的联俄容共,还是蒋介石的共同抗日,最后都让共产党以小搏大,使国民党丢掉整个中国,第三次的国共合作,中国已经设下一个中国的陷阱,国民党居然还要走进去。"[20] 民进党"立院党团"曾经召开记者会,公开提出"反对以党领政的国共合作或会谈"。他们还担心"国共平台"会"掏空国家主权",强调"政党不宜担任接受政府授权从事两岸协商的角色",并且质问说:"国民党的两岸事务,难道只要党对党谈，而不要政府对政府谈？""将来国共两党的结论，马英九要不要买单？"[21]

泛绿媒体也极力攻击"第三次国共合作"，例如："前两次国共合作时，中共才是弱势的一方，尚且可以吃定国民党……此次国共均时移势转，主客易位，马政府处处有求于中共，已是弱势的一方，中共更可好整以暇，布下天罗地网，等着国民党掉入陷阱，加以宰割"。"前两次国共合作，均是以悲剧收场，国民党可谓吃尽苦头，终以中华民国灭亡作为代价，历史殷鉴不远，第三次国共合作是否会导致台湾主权与利益的沦丧，亦令人忧心如焚"。[22]

时事评论员胡忠信对"第三次国共合作"也持有怀疑的态度，他认为出现"国共第三次合作"，就会让北京"有更大的回旋空间操作台湾内部政局"。[23]

至于一般民众对第三次国共合作的态度如何？现在还没有民调资料可以参考。但有两项指标可以表明他们的基本态度。一是对统一、"独立"、维持现状的态度，一般民调显示，主张维持现状的占60%左右，主张统一和"独立"的都占少数；二是多达87%以上的民众主张"台湾前途要由2300万台湾人民决定"。这就是说，多数民众不愿意由国民党与共产党谈判决定自己的命运，多数民众现在还不想统一。马英九最近指出："民调显示，大多数台湾民众主张维持现状，不赞成独立或统一。"[24] 总之，台湾主流民意是"维持现状"，通过"第三次国共合作"解决台湾问题的主张，不可能得到多数民众的支持。

台湾社会的"不让"，使得国民党更加不敢、不能、不愿为了共同"解决台湾问题、实现祖国统一"与共产党实行"第三次国共合作"。

共产党的态度：现在不适宜

共产党对两次国共合作的历史记忆，与国民党有所不同。由于共产党是最终的胜利者，所以更多的是给予正面的评价。周恩来指出："国民党和共产党合作过两次，第一次合作有国民革命军北伐的成功，第二次合作有抗日战争的胜利，这都是事实。为什么不可以第三次合作呢？"[25]。他把两次国共合作中的许多矛盾和冲突，诸如"清党""三次反共高潮""撕毁焦点协定"

等等都当作次要问题，轻轻放过。邓小平说：北伐的胜利、抗日战争的胜利，"符合国家利益、民族利益、人民利益，也符合两党利益"，"合作后来破裂，破裂的责任，我们不去算老账了，实际上两次破裂的责任都在国民党方面。他们又讲两次他们都吃亏，这不对。我们不去算这个账，要从长远的观点，从民族的利益、人民的利益着眼，也要从世界和平和安全来想，去看待第三次合作的需要。"[26]

本着这种态度，早在上个世纪的 50 年代，共产党就试图推动"第三次国共合作"。1956 年 1 月 25 日，毛泽东在第六次最高国务会议上宣布："国共已经合作了两次，我们还准备进行第三次合作"。[27] 此后周恩来等领导人还曾经通过章士钊、曹聚仁、费彝民等人与国民党方面接触，商谈合作的事。直到 60 年代仍然继续进行这个方面的工作，但是始终未能实现。

到了 80 年代，邓小平继续推动"第三次国共合作"，1979 年他说："现在可以提第三次国共合作"。[28] 1982 年廖承志在致蒋经国函中写道："国共两度合作，均对国家民族作出巨大贡献。首次合作，孙先生领导，吾辈虽幼，亦知一二。再次合作，老先生主其事，吾辈身在其中，应知梗概。事虽经纬万端，但纵观全局，合则对国家有利，分则必伤民族元气。今日吾弟在台主政，三次合作，大责难谢"。[29] 1983 年邓小平再次提出："我们建议举行两党平等会谈，实行第三次合作"，并且说："如果国共两党能共同完成这件事（指统一事业），蒋氏父子他们的历史都会写得好一些"。[30] 此后，双方也曾有所接触。

蒋经国去世后，特别是 90 年代两岸关系发生重大变化后，共产党就不再提"第三次国共合作"了。

2005 年连战访问大陆以来，尽管民间兴起"第三次国共合作热"，可是，共产党从来不提"第三次国共合作"，这是什么道理呢？

中共中央台办副主任王在希指出：国共两党在历史上有过多次合作，但是这次连战率中国国民党参访团赴大陆访问，"和我们就共同关心的有关两岸关系的问题交换意见或看法"，"应该说是属于两党之间的交流和对话，因为'合作'还有赖于具体的内容和形式，而这次主要是就两岸关系发展中必须解决的问题进行磋商。连战访问大陆是为推动两党交流、对话而来，并非'国共合作'"。[31]另一位副主任孙亚夫进一步解释说："正如外界注意到的那样，国共两党当前都没有提到第三次国共合作。但这不意味着这个提法不对。事实上，中共过去有过这个主张。只是现在不适宜提这个主张或口号"。[32]

显然这个说法与过去通过"第三次国共合作"完成统一大业的主张有根本区别，这是正视客观现实，根据新的历史条件、台湾政治体制的变化、国民党的政治转型、台湾主流民意的现状以及当前中共的对台政策等等因素而做出的正确判断。

胡总书记在与国民党高层谈话时指出：对于台湾同胞存在的一些误解和疑虑，我们会"基于同胞情谊予以理解"；"在商谈中双方要平等相待，不把自己的意志强加于对方。"[33]现在不提"第三次国共合作"，正是不给对方施加压力，不勉强对方接受不愿意接受的做法，这是充分理解国民党的处境与立场、充分尊重台湾民众意愿的表现。

"国共合作"的新意

上述情况表明，通过"第三次国共合作"解决台湾问题、实现祖国统一的可能性已经不存在。希望出现"第三次国共合作"可能是一种美好的愿望，但却是"一厢情愿"的，不切实际的。面对新形势和新问题，应当要有新的思维，寻求新的方法。旧的思维与模式不仅不能适应现实的需要，反而可能成为一种阻力，抑制了创新思维的萌发。

如果不提"第三次国共合作"，不把解决台湾问题作为两党合作的目标，则"国共合作"还可以有重大的作为。

现在共产党与国民党都希望两岸关系改善，都提出两岸关系和平发展的愿景，这就是两党合作的政治基础。就以最近两岸高层的表态来看，这个共识是十分明确的、坚定的。

马英九在"5·20就职演说"中说道："我深信，以世界之大、中华民族智慧之高，台湾与大陆一定可以找到和平共荣之道。"希望大陆"为两岸关系的长远和平发展，创造双赢的历史条件"。

5月28日胡锦涛在会见吴伯雄时提出："继续依循并切实落实'两岸和平发展共同愿景'，以富有成效的努力，扎扎实实推动两岸关系不断取得实际进展，增强广大台湾同胞对两岸关系和平发展的信心。"吴伯雄则回应说："国民党已经将2005年4月国共两党领导人共同发布的'两岸和平发展共同愿景'正式列入党的政纲，这不仅是对台湾民众而且是对两岸同胞作出的承诺。"[34]

由此可见，如果把"国共合作"的近期目标确定为"共同创建两岸关系和平发展的新局面"，那完全是可能实现的，也是国共两党对两岸同胞做出的巨大贡献。

台湾学界也有类似的看法，杨开煌指出："这一次国共合作是一次真正相互需要、平等合作，而他们的合作真正目的也和过去二次合作不同，已往的合作是被逼的，是以打倒共同敌人为目的，所以敌人一旦消灭，内斗必然开始；此次的合作是从双方需要出发，而且是以建构两岸的和平为目的，此一目的，是一个长远的目标，其终点是更和平而不是斗争。"[35] 他还强调国共平台应当"发挥超前沟通的功能，以供政府决策"，共产党也必须"理解台湾党政分际的现实"，才能使国共平台发挥两岸和解的功能。[36]《中华日报》也以《和平发展才是维系两岸关系的基石》为题发表社论。[37]

以"两岸关系和平发展"为目标的"国共合作"之所以可行，是因为：

第一，共同推动两岸关系的和平发展，是符合两岸人民的意愿的，谁也不敢反对。对国民党没有任何害处，不必担心。

第二，国共两党经过充分协商，在某些重大问题上获得一定的共识，可以提交双方当局作为决策参考，再由双方授权的代表进行协商直至签订协议。国共两党通过合作达成这样的贡献，是应当得到两岸人民鼓励的。只要不违背双方政治体制的相关规定，就不怕任何人说三道四。国民党完全能够这样做，不怕别人反对。

第三，通过国共平台的交往，双方逐渐建立互信，有助于为两岸关系和平发展创造有利的条件，也符合台湾利益，国民党不会不愿意。

总之，这样的"国共合作"对两党、对两岸人民只有好处，没有坏处，不存在什么"不敢""不能""不愿"的问题。

当然，我们并非只愿意与国民党合作，而排斥其他任何政党。胡总书记指出：不管什么人，"只要他们回到促进两岸关系和平发展的正确道路上来，我们都将热情欢迎，以诚相待。"

总之，时代在变化，两岸的局势在变化，旧的思维与模式已经不适应现实的需要。因此，我赞成现在不适宜提"第三次国共合作"的口号，但对于国共合作共同推进两岸关系和平发展的前景，仍然抱有很高的期待。

（《台湾研究集刊》2008年第4期）

注释：

[1] 蒋中正：《苏俄在中国》，黎明文化事业公司，1985年，第193页，199页。

[2] 《蒋经国表示与中共谈判无异自取灭亡》（1981年10月7日），《一个中国论述史料汇编史料文件（一）》，"国史馆"印行，2000年，第440页。

[3] 《宋美龄致邓颖超公开信》（1984年2月16日），《一个中国论述史料汇编史料文件（一）》，"国史馆"印行，2000年，第457页。

[4] 黄季陆：《清党运动始末及其历史意义》，《中国现代史专题研究报告》（第七辑），"中华民国史料研究中心"，1976年，第102页。

[5] 关中：《抗战期间国共和谈的再认识》，《中国现代史专题研究报告》（第五辑），"中华民国史料研究中心"，1976年，第280页。

[6] 项乃光：《中共对抗日战争之利用及其势力之发展》，《中国现代史专题研究报告》（第七辑），"中华民国史料研究中心"，1976年，第209页。

[7] 黄季陆综合评论《中国现代史专题研究报告》（第五辑），"中华民国史料研究中心"，1976年，第330页。

[8] 沈云龙：《民国史事及人物论丛》，传记文学出版社，1981年，第401页。

[9] 蒋经国：《中华民国政府绝不与中共政权谈判》，《台海两岸关系实录（1979—1997)》（下），蒋经国大陆政策言论集，"国家建设文教基金会"台海两岸关系研究中心，1998 年，第 2 页。

[10]《联合报》，2008 年 7 月 1 日。

[11]《中国时报》，2008 年 6 月 28 日。

[12]《联合报》，2008 年 7 月 18 日。

[13]《联合报》，2008 年 4 月 26 日。

[14]《联合报》，2007 年 5 月 26 日。

[15]《联合报》，2008 年 7 月 15 日。

[16] 华正茂：《国民党畏闻统一，其胆缩小乎》，香港《文汇报》，2008 年 7 月 18 日。

[17]《联合报》，2005 年 4 月 17 日。

[18] 吕秀莲：《马英九应研究国共合作失败教训》，台湾"中央社"，2008 年 1 月 13 日。

[19]《侨报》，2008 年 5 月 28 日。

[20]《联合报》，2008 年 5 月 27 日。

[21]《自由时报》，2008 年 5 月 27 日。

[22]《自由时报》，社论，2008 年 5 月 26 日。

[23] 胡忠信：《国共第三次合作？》，新加坡《联合早报》，2005 年 4 月 2 日。

[24]《联合报》，2008 年 7 日 15 日。

[25]《周恩来年谱》，中央文献出版社，1957 年 7 月 16 日。

[26]《邓小平思想年谱》，中央文献出版社，1998 年，第 203—204 页。

[27] 中共中央台办：《中国台湾问题》，九洲图书出版社，1998 年，第 63 页。

[28] 邓小平：《新时期统一战线是社会主义劳动者与爱国者的联盟》（1979 年 9 月 1 日），《邓小平论统一战线》，中央文献出版社，1991 年 10 月第 1 版，第 158 页。

[29] 转引自《一个中国论述史料汇编史料文件（一）》，台北，"国史馆"印行，2000 年，第 445—446 页。

[30] 邓小平：《中国和台湾和平统一的设想》（1983 年 6 月 26 日），《邓小平文选》第三卷，1993 年，第 31 页。

[31] 新华网，2005 年 4 月 17 日。

[32] 香港《文汇报》，2005 年 5 月 27 日。

[33] 中共中央总书记胡锦涛与中国国民党主席吴伯雄会谈，新华网，2008 年 5 月 28

日；胡锦涛总书记会见台湾海基会董事长江丙坤，新华网，2008 年 6 月 13 日。

[34]《吴主席与中共中央胡总书记会谈讲话全文》，国民党全球资讯网，http://www. kmt. org. tw/category-3/category3-1-n. asp?sn=668。

[35] 杨开煌：《连宋登陆后之两岸关系》，《海峡评论》，2005 年 6 月。

[36] 杨开煌：《国共续前缘，党政要厘清》，《联合报》，2008 年 5 月 29 日

[37]《和平发展才是维系两岸关系的基石》，《中华日报》社论，2008 年 7 月 24 日。

政治难题

一、从"主权未定"到"主权独立"

——台湾当局修改历史教科书的政治目的

2004 年 11 月 9 日台湾教育部门公布《普通高级中学历史科课程纲要草案》（下简称《纲要草案》）[1]，把《旧金山和约》及所谓《中日和约》引入教科书，引发一场涉及"主权"问题的争议。当前台湾当局修改教科书的政治目的何在？《纲要草案》的要害何在？这是本文所要讨论的问题。

《开罗宣言》的法律效力不容置疑

台湾的教科书向来有这样的表述：1943 年"中、美、英三国领袖发表《开罗宣言》，宣示战后日本应将中国东北、台湾、澎湖等归还中华民国"，连 1997 年台湾当局"去中国化"的《认识台湾（历史篇）》也不敢否认。可是，现在台湾当局却企图翻案，他们在《纲要草案》中引进《旧金山和约》与所谓《中日和约》，具体表述如下：

"中华民国接收台湾的依据与争议，应该说明过去所谓'开罗宣言'（实际上为 Statement）、波茨坦宣言之实质效力的检讨、联军最高统帅第一号命令的意义。""旧金山和约（含条约对领土处分的效力）、'中日和约'及失去联合国'中国'代表权。"

如果只从以上字面来看，似乎只是提供"检讨"之用，并没有下结论。可是，当局的意图是十分明确的，台湾教育部门负责人杜正胜表示："开罗宣言只是新闻公报（Statement），和旧金山和约比较，法律位阶高下已很清楚。当然是签署的法律（旧金山和约）高于一切。"如果说《纲要草案》还在遮遮掩掩，那么杜正胜的讲话则是明目张胆地否定"开罗宣言"的法律效力、否定当年台湾、澎湖主权已经归还中国的事实。

《开罗宣言》具有法律效力的依据如下：

1.在国际法上，国际条约是一个广义的概念，其是否具有法律效力，是取决于相关国家是否予以遵守，而不是取决于其具体名称。因此，国际条约的具体名称是五花八门的，有公报、协议、协定、规约、条约、宣言、公告、联合声明、声明、备忘录、公约、议定书、章程、盟约、换文等等，不一而足。甚至单方的文电，只要为相关国家所遵守，也可以具有法律效力，也是国际条约。

《开罗宣言》明确指出："三国之宗旨在剥夺日本自1914年第一次世界大战开始以后在太平洋所夺得或占领之一切岛屿，在使日本所窃取于中国之领土，例如满洲、台湾、澎湖列岛等，归还中华民国。日本亦将被逐出于其以暴力或贪欲所攫取之所有土地，我三大盟国轸念朝鲜人民所受之奴役待遇，决定在相当期间，使朝鲜自由独立。"《开罗宣言》发表后，中国、美国和英国三国政府都严格遵守上述内容；日本在投降后，也遵照上述内容的安排，归还了所有掠夺来的土地；朝鲜也因此而获得独立。《开罗宣言》的上述内容得到遵守和执行，其自然不容置疑地具有法律效力，理所当然是国际条约。

2.有人借口《开罗宣言》未经当事国代表的签字，从而企图抹杀其法律效力。《开罗宣言》虽然未经签字，但是它仍然是当时中、美、英三国的真实意思表示：宣言发表之后，三国中没有任何一国矢口否认该宣言；一年多后，三国首脑在《波茨坦公告》当中再次确认《开罗宣言》,公告第八条明确指出："开罗宣言之条件必将实施"。《波茨坦公告》是中、美、英三国签署、以后苏联也加入的国际条约，是战后处理日本问题的主要法律依据。《波茨坦公告》的第八条清楚地表明，《开罗宣言》是《波茨坦公告》不可或缺的组成部分。离开《开罗宣言》,《波茨坦公告》在处理被日本侵占的土地方面就没有实质性的内容。日本在1945年签署的《日本投降书》上也明确宣布，日本接受《波茨坦公告》的条款，并承允忠实履行《波茨坦公告》的条款。这说明，日本也通过接受《波茨坦公告》的条款的方式，从而承认《开罗宣言》具有法律效力。

3. 依照《开罗宣言》的规定，中国接收了东北、台湾和澎湖。

1945 年 10 月，陈仪代表中国"接受台湾、澎湖列岛地区日本陆海空军及其辅助部队之投降，并接受台湾、澎湖列岛之领土、人民、统治权、军政设施及资产"；并且代表中国政府声明："台湾及澎湖列岛已正式重入中国版图，所有一切土地、人民、政事皆以至于中华民国国民政府主权之下。"当时世界各国（包括美国和日本）都没有任何异议。1972 年中日建交时，日本外长大平正芳表示："开罗宣言规定台湾归还中国，而日本接受了上述宣言的波茨坦公告，其中有第八条'开罗宣言之条件必将实施'，鉴于这一原委，日本政府坚持遵循波茨坦公告的立场是理所当然的"。可见，日本政府再次承诺遵循《开罗宣言》和《波茨坦公告》的规定。

以上事实证明相关国家都遵守《开罗宣言》《波茨坦公告》，从而证明了它具有法律效力。

《旧金山和约》是无效的、非法的

1.《旧金山和约》首先违反了 1942 年 1 月的《联合国家宣言》。《联合国家宣言》是美、英、苏、中等众多国家签署的国际条约，其第 2 条明确宣告："每一政府各自保证与本宣言签字国政府合作，并不与敌人缔结单独停战协定或和约。"《旧金山和约》的拟制、谈判和签字过程，都排斥中国政府参加。中国是最早遭受日本侵略的国家之一，又是远东抗击日本帝国主义的主要国家，中国在对日战争中所处的重要地位和所做出的重大贡献，决定了中国在对日和约的签订过程当中应当具有重要的发言权。排斥中国政府参与该和约的整个过程，自然是属于《联合国家宣言》所反对的"单独与日签约"行为，因而是非法的、无效的。

2. 没有中国政府参加，其所涉及中国的内容自然无效，对中国不产生约束力。关于国际条约，国际法上有两项原则：一，条约只对缔约国有约束力，而对其他国家不发生约束力；二，禁止为第三国设定义务，就是说，条约不得给第三国造成损益。如果当事国没有参加而且事后没有同意，任何损害当事国权利的条约都被视为无效的，当事国有权拒绝该条约，拒绝承认该条约具有法律效力。《旧金山和约》涉及被日本侵占的中国领土的问题，却排斥中国政府参与，显然是有损中国的权利，违背了国际法的上述原则。

1951 年 8 月，周恩来外长就代表中华人民共和国政府声明："对日和约的准备、拟制和签订，如果没有中华人民共和国的参加，无论其内容和结果如何，中央人民政府一概认为是非法的，因而也是无效的。"由于中国、苏联、印度这三个主要参战国都拒绝签字，一些东欧国家也没有加入签署，所以，《旧金山和约》不足以视为对日和约，它对中国是没有法律效力的，不能作为台湾法律地位的依据。

应当指出，当年的台湾当局也是反对《旧金山和约》的。早在签订之前，当时台湾当局的"驻美大使"顾维钧就表示："台湾等领土，于波茨坦宣言（公告）中早已明确表示，其所属权本来无须日本一一追认"。"外交部长"叶公超代表"政府"声称："兹经政府决定，杜勒斯所提办法对我显示歧视，我不予接受"。[2]1951 年 6 月 18 日蒋介石发表声明指出："对日和约如无中国参加，不独对中国为不公，且使对日和约丧失其真实性"，"在法律上及道义上丧失其力量"，"中华民国政府仅能以平等地位参加对日和约，任何含有歧视性之签约条件，均不接受。"在当年台湾出版的《中央日报》上可以看到"立法院"、"监察院"、社会各界、劳工及民众团体、台湾大学教授以及海外侨胞等纷纷表示愤慨，提出严重抗议。"行政院长"陈诚、"外交部长"叶公超还曾经为此提出"引咎辞职"。这一段历史可能台湾有许多人不知道，或是有意"失忆"了。总之，当年海峡两岸的中国人都反对《旧金山和约》，因而该和约是违法和无效的。

3.《旧金山和约》制造"台湾地位未定论"的企图并没有得逞。《旧金山和约》第 2 章第 2 条写道："日本放弃对于台湾及澎湖列岛的一切权利、权利根据与要求"。与《开罗宣言》将台湾、澎湖列岛"归还中国"的要求相比,《旧金山和约》则只说日本"放弃",有严重的倒退。这是为当时美国所鼓吹的"台湾地位未定论"效劳的。

战后的五年时间内,美国政府一直是对台湾、澎湖"属于中国"这一法律地位持肯定态度的。1950年杜勒斯还说:"过去4年来,美国及其他盟国亦承认中国对该岛(台湾)行使权力"。但是,随着中华人民共和国政府有效控制中国大陆之后,美国政府担心中华人民共和国政府会继而乘势控制台湾、澎湖,因而违背国际法上的禁止反言原则,抛出了"台湾地位未定论",试图以此来阻碍中国政府统一中国的行为。《旧金山和约》就是其遏制中国政府的一个战略措施。

实际上该和约并不能够导致"台湾地位未定"的结论:第一,该和约的目的是结束对日战争状态,使日本重新成为"主权的平等国家",解决交战国之间"尚未解决的问题"(和约第一段)。在该和约产生之前,台湾、澎湖的归属问题已经通过《开罗宣言》、《波茨坦公告》和《日本投降书》等法律文件得到解决,该和约本身就不是确定台湾法律地位或归属的文件,不能作为台湾地位的依据。第二,和约的第2章"领土"部分,使用了"排除法",并未直接列出日本领土的范围,而只是注明日本所"放弃"的土地;日本在该和约中讲"放弃",就是表明日本对所涉土地没有主权;而在先前的《日本投降书》中讲"归还",就是把所侵占的土地归还给主权国。该和约对所"放弃"的土地归属问题没有作出规定,因为"归属问题"在先前的《开罗宣言》等国际条约中已经解决了,不属于"尚未解决的问题",也就不属于该和约的范畴。所以,该和约无法推翻《开罗宣言》、《波茨坦公告》等国际条约,因而也无法导致"台湾地位未定"的结论。至于对美国本身来说,到了1972年也不得不放弃"台湾地位未定论",所以台湾知名人士马英九指出:"'台湾地位未定论'的寿命只有22年,起于韩战(1950)终于上海公报(1972)。"[3]

4.日本政府和美国政府在后来也否定了《旧金山和约》只讲"放弃"不讲"归还"的政治立场。1972年中日建交时的"联合声明"第三条表明:"日本国政府坚持遵守《波茨坦公告》第八条立场"。同年,中美《上海公报》写道:"在台湾海峡两岸的所有中国人都认为只有一个中国,台湾是中国的一部分,美国对这一立场不提出异议"。1979年中美建交时,美国表示:"美利坚合众国政府承认中国的立场,即只有一个中国,台湾是中国的一部分"。这说明美日两国已经否定了"旧金山和约"只讲"放弃"不讲"归还"的立场。

5. 所谓"中日和约"也不具有法律效力。从法律的角度讲,当时中国的合法代表已经是中华人民共和国政府,日本政府应当与中华人民共和国政府签订和约才是有效的,否则就是无效的。所谓"中日和约"(即"日蒋和约"),是美国政府施压于台湾当局的产物。当时中华人民共和国政府就发表声明指出:中国人民"不能承认单独对日和约,坚决反对日蒋和约"。到了1972年在中日建交谈判时,中国政府提出:"日蒋和约"是非法的、无效的,应予废除。中日两国建交后的第二天,日本外长大平正芳代表日本明确宣布,废除所谓的"中日和约"。

台湾对中国的归属关系是无法割断的

教科书的要害还在于有意割断台湾与中国的关系,即"去中国化"。

《纲要草案》把高中历史课分为三个部分,一是台湾史,二是中国史,三是世界史。如果只从这样的划分来看,既讲当地,又讲全国和世界,并没有什么问题。要害是台湾当局的目的在于把台湾史看成"本国史",而把中国史看成是"外国史"。当然,《纲要草案》还不敢公然做出这样的表述,但是陈水扁和一些官员的语言却是毫不隐晦的,其政治目的是十分明确的。

陈水扁明白地表示:"台湾的'本国'史地本不该包括中国和蒙古在内"。又说:"本国史就是台湾历史,中华人民共和国、蒙古人民共和国是另一国、外国,不是台湾本国。""中国不是本国"。台湾当局考试部门的负责人姚嘉文说:"孙中山是外国人",另一官员林玉体也声称:"本国"史地命题范围"百分之百与台湾有关","本国只及于台湾,不包括中国""中国不但是外国,而且是敌国"。一些"台独"团体也公然叫嚷分裂中国,"台联党"提出:"教科书中将台湾史列为本国史，中国史列为外国史，本来就是理所当然的事。""南社"也表示："中国史不是本国史的一部分。"

由此可见，台湾当局修改教科书的政治目的是把台湾与中国分开来，向青年学生灌输："中国是中国，台湾是台湾"、"一边一国"的分裂主义理念，极力推行"去中国化"政策。

他们的政治目的必然要贯穿在课程计划中，如果把现在的《纲要草案》与1997年经过初步"去中国化"处理的《认识台湾（历史篇）》比较，就可以看出，这次修改加速了"去中国化"的步伐，在分裂主义道路上越走越远了。请看以下事实：

1.最重要的是：《纲要草案》的"台湾史"部分从来不提"归属中国"。《认识台湾》已经"省略"了台湾与中国大陆的许多历史关系，但还提到"元朝在澎湖设立巡检司"、"澎湖为明朝的版图"、"郑成功建立台湾历史上第一个汉人政权"、"清朝设台湾府隶属福建省"、"1885年正式宣布台湾改设行省"等等涉及领土主权归属的内容。而《纲要草案》则完全没有上述内容。在日本占领以前，从来不提台湾的归属，目的何在，不是很明白了吗？

2.再看《纲要草案》的结构，全书一共4个单元（章）12个主题（节），其中从郑成功到清朝200多年的历史只占"单元1 主题3"的一节，而日本50年的统治却占了整整一章（共3节），另外两章都是战后的。从这样的结构比例，不难看出，这次修改历史教科书就是要极力压缩、淡化、掩盖、抹煞直至否定台湾作为中国领土的历史事实，其分裂主义的政治图谋是十分明显的。

3.以下仅就"单元1 主题2—3"提出一些问题，供大家分析：

（1）单元1 主题2提出："本节讲述16世纪以来，外来者与台湾之间的关系。分成两个部分，将来自大陆的事件与其他人群分开处理。"他们竟然把"来自大陆"的台湾人的祖先看成是和"其他人群"一样的"外来者"，这是什么意思呢？

（2）《纲要草案》中没有"郑氏政权""清朝"的字眼，似乎在200多年间，台湾根本不受任何政权机构的管辖，既没有涉及任何政治机构，也不讲任何政治事件。这200多年间只讲"产业与贸易"和"社会与文化",而不讲政治。《认识台湾》中把"郑氏治台时期"作为一章,"清领时代前期""清领时代后期"分别成为两章,讲到"郑成功将荷兰人逐出台湾","郑氏在台湾建立政治制度","清代台湾府厅县建置沿革","清廷治台政策的改变","台湾建省"等等,可是,《纲要草案》却删除了上述全部的内容,这是什么道理呢?

（3）单元1主题3讲"产业与贸易",似乎是就台湾讲台湾,而要摆脱与中国大陆的关系,这是割断历史的做法。《认识台湾》讲荷兰人在台湾的经济活动,还提到"其贸易的主要对象是中国大陆、日本和东南亚";讲郑氏时期的贸易,还有一段"与中国大陆贸易";说清代台湾的贸易"与中国大陆贸易最为兴盛";讲通商口岸的开放,还以英法联军清朝战败为背景,说明台湾的港口是清廷被迫向外国开放的;讲清廷治台政策的改变,还讲到日本侵犯台湾危害海防安全,使清廷认识到"要巩固海防必先确保台湾,欲确保台湾应先建设台湾"等等,这说明台湾是中国的一部分,讲台湾的历史脱离不开整个中国历史的大背景,可是,《纲要草案》却企图把这一切都加以掩盖,似乎台湾的历史与中国大陆毫无关系。

《纲要草案》台湾史部分的主题1单元2和3的说明只有600多字,就出现以上这么多问题,概括起来,其要害在于:编写这种教材的宗旨是要极力割断台湾历史与全国历史的关系,特别是要割断政治关系,主权归属关系。为此,他们不惜歪曲历史、伪造历史、阉割历史,有意制造历史的失忆,用被他们"剪辑"的历史来蒙骗、毒害不明真相的青年一代,为其分裂主义的"国家认同"效力,这种卑劣的政治目的必须予以揭穿。

由此可见,《纲要草案》在"去中国化"的道路上比《认识台湾》走得更远,但是,它还只是走向"台独史"的又一个步骤,而对于"独派"来说,他们仍然是不满意的。他们认为"我们还没有完成台独史",因而有人主张编写"海洋文化立国宗旨"的台湾史,有人叫嚷"应当把中国史放在世界史中的亚洲史部分,和日本等亚洲国家并列"。[4]这可能是暴露了他们修改教科书的下一步计划,人们不妨拭目以待。

“台湾主权独立”是没有法律依据的

1.《纲要草案》否定《开罗宣言》的目的，在于否定中国对台湾的主权，从而为“台湾主权独立”制造舆论。众所周知，中国对台湾、澎湖拥有主权，这不仅是历史事实和现状，而且是受到中国法律和国际法的确认和保障的。而这一点，正好是“台独”活动无法获得正当性和合法性的要害所在。因此，他们力图否定《开罗宣言》的法律效力，并且重新抬出《旧金山和约》和已经被废除的所谓《中日和约》，妄图以此证明“台湾地位未定论”。

《纲要草案》还提出要检讨“联军最高统帅第一号令”的意义，企图说明，当年中国政府只是根据联军最高统帅的命令代为接收，妄图把中国政府主权管辖之下的台湾、澎湖称为“托管地”，因此台湾可以拥有托管地的“自决权”。可是，根据《联合国宪章》的第77条以及《联合国关于日本受委统治各岛屿领土托管协定》的规定，台湾、澎湖根本就不在“托管”之列；《联合国宪章》第78条专门强调：“凡领土已成为联合国之会员国者，不适用托管制度”。显然，所谓“托管”之说，是不能成立的。

总之，台湾当局在《纲要草案》当中否定《开罗宣言》的法律效力，并不是所谓“学术之争”，而是要否定“中国对台湾、澎湖拥有主权”这一定论，妄图通过制造“台湾地位未定论”来为“台湾主权独立”制造舆论。

2.《纲要草案》极力掩盖和否定台湾主权归属于中国的事实，也是为“台湾主权独立”制造舆论。从表面上看，鼓吹“台湾主权未定论”，是和陈水扁一贯叫嚷的“台湾是主权独立国家”的论调互相矛盾的，其实，他们是互相配合的。

目前陈水扁正在与台湾考试部门配合，制造“去中国化”。台湾大学石之瑜教授写道：陈水扁“警告台湾人不要误把敌国当祖国，又指责在野党与中共里应外合，还申明‘本国非中国’以配合考试委员在‘国家考试’中的去中国化政策。”[5] 显然，考试部门要与教育部门修改教科书相配合。他们的做法是分两步走：

第一步，先强调“主权未定”。他们以《旧金山和约》与“台湾主权未定论"来否定"中华民国"对台湾拥有主权。有人写道："台湾被中华民国治权接管，并不意味根据国际法台湾主权回归中国（中华民国），因此台湾主权归属未定应是国际法的正确历史事实和认知。""中华民国在台湾的主权统治也没有国际法的法理根据。"[6]然后，再用"推论"的办法来否定中华人民共和国对台湾拥有主权。有人说："1949年共产党打败国民党，建立中华人民共和国，统治中国，中华民国退据台湾，中华人民共和国取代中华民国统治中国的主权根本不及于台湾。"《自由时报》社论也说："中华民国并未拥有台湾主权，则继中华民国而起的中华人民共和国，自然不能宣称拥有台湾主权了。"[7]从以上既不属于"中华民国"也不属于中华人民共和国，便"推论"出"台湾主权不属于中国，绝对有国际法的坚强根据"的结论。

第二步，从"主权未定"引向"主权独立"。他们知道重提"台湾地位未定论"对民进党当局并不有利，陈水扁不得不驳斥了"台湾主权未定论"的说法。表面上，"台独基本教义派"主张"台湾主权未定论"，而陈水扁则反对"未定论"，实际上他们演的是"双簧"，彼此互相配合，力图把"主权未定"引向"主权独立"。

为此，他们提出了以下三种"理由"：

"四大要素说"。陈水扁说："作为国家四大要素，不管是人民、土地、政府、主权，我们全部都齐备，我们的国家地位未定，台湾的主权未定，那我们怎么能够成为一个国家。"[8]

"主权在民说"。高英茂说："从现实观点,中华民国在台湾或台湾主权问题,目前建立在另一种法律与法理基础上，就是主权在民的原则上。"[9]杜正胜说："国家的主权在民，也就是应该由住民来决定国家主权归属"。[10]《自由时报》社论也说：主张"主权未定论"的目的，"当然不在于否定当前台湾是一个独立国家的事实，而是突显今天台湾主权还给人民的可贵。"

"有效统治说"。有人说："中华民国有效统治台湾50年，拥有有效国家条件"。有人说："依据国际法有关领土'先占'法理，台湾领土主权自是'已定'，是属于全体台湾人民所有。"

上面已经论证"台湾主权未定论"是站不住脚的,已经为历史所否定。至于"台湾主权独立"的三种论调也都是站不住脚的:所谓"四大要素说",台湾或"中华民国"所没有的就是"主权"这一根本要素,正因为如此,他们至今(而且永远)无法加入以主权国家身份参加的国际组织。这一点他们是很清楚的,可是却自欺欺人地一再强调他们拥有"主权"。美国国务卿鲍威尔指出:"台湾不享有作为国家的主权",这正好刺到台湾当局的痛处。所谓"主权在民说",指的是一个国家的主权归全体该国国民所有,台湾属于中国,主权归属于包括台湾人民在内的全体中国人民,而不只是在2300万台湾人民手中。早些时候,鲍威尔还说:解决台湾问题的条件,"必须让两岸都能接受",这也给了那些主张"台湾前途要由台湾人民决定"的人当头一棒。可见曲解"主权在民",在国际社会是没有市场的。所谓"有效统治说",那是把"治权"混同于"主权",几十年来台湾当局统治台湾,但却从未拥有主权;至于把"先占"原则用于台湾,那是不懂法律常识的表现,台湾向来属于中国,从来不是什么"无主之地",所谓"先占"原则是根本用不上的。

从以上论调可以看出,他们企图通过"主权未定",否定台湾主权归属中国,《自由时报》社论坦承:"台湾地位未定论相关史料列入教科书,便可戳破长期以来成为台湾人左右为难梦魇的'一个中国'神话。"可见,修改教科书正是替陈水扁反对一个中国原则的论调"造势"。当然,他们最终的目的不是"主权未定",而是企图借助"主权未定"导向"主权独立",并且千方百计地为"主权独立"寻找法律依据。如果他们把这种主张编入教科书,对青年学生必将造成极大的毒害。

但是,法律是无情的,"台湾主权独立"既无国内法的依据,也找不到国际法的依据,要想在法律意义上为"台独"制造舆论是永远无法得逞的。

(《台湾研究》2005年第1期,本文与陈动合作)

注释：

［1］http://www.edu.tw/edu-web/web/high-school/index.htm, 2004, 11, 9。

［2］《顾维钧回忆录》，第九分册，中华书局，1989 年，98 页。

［3］《联合报》，2004 年 11 月 18 日。

［4］http://tw.news.yahoo.com/041110/43/15c

［5］http://www.zaobao.com/yl/tx502-191104.html。

［6］《台湾日报》，2004 年 11 月 14 日。

［7］《自由时报》，2004 年 11 月 13 日。

［8］TVBS 新闻，2004 年 11 月 11 日。

［9］《台湾日报》，2004 年 11 月 11 日。

［10］中广新闻网，2004 年 11 月 13 日。

二、"中华民国"的政治定位

两岸关系的关键问题是主权问题。这个问题又与对"中华民国"的看法分不开。"中华民国"是什么？至今是否存在？是不是一个主权独立的国家？应当如何"定位"？"中华民国"与中华人民共和国之间的关系如何？应当怎样妥善处理这个关键性的问题？对于这些问题，两岸之间看法不同，台湾内部看法也不一致，出现多种不同的、甚至是相反的看法。在现实的两岸关系中，处处涉及"中华民国"这一难题，它成为两岸关系和平发展的一道障碍。

"中华民国"问题是无法"绕开"的

"中华民国"问题之所以成为难题，根子就在"台湾问题的由来"。

1949 年国民党势力从大陆撤到台湾，"继续维持一个所谓'代表全中国'的反共政治架构"，这就是台湾问题的由来。这就是说，从 1949 年以来，台湾不是作为一个"省"级单位，而是一直维持着一个"国"的架构，即"中华民国"。台湾问题、两岸关系就因此而显得复杂。

既然是一个"国"的架构，凡是一个"国"所应当有的东西，它都要有（总统、政府、议会、军队、宪法等等）；凡是一个"国"所该做的事，它都要做、都想做（"选举总统、加入联合国、参与国际组织、国防、外交"），力图体现它拥有"国家主权"、是一个"主权国家"，因此，它的所作所为必然与一个中国原则相抵触。

台湾同胞长期生活在与我们不同的政治环境中，有不同的政治归属感。他们几十年来，认同的对象就是"中华民国"，一贯以"中华民国"作为"国家"的符号。台湾多数民众都认为"中华民国"仍然是一个"国"。他们可以选自己"国家"的总统,可以选他们的"中央民意代表",他们来大陆称为"出国"。"中华民国"是台湾许多人"与生俱来的国家认同感"之所在,他们所填写的国籍就是"中华民国",身份证、护照、驾照等等上面都写着"中华民国",并且以"中华民国国民"自豪。我们认同中华人民共和国是爱国的表现,他们认同"中华民国"也是他们爱国的表现。只要他们认同"中华民国",就不会割断与中国相连的脐带。

"中华民国"目前是台湾的"最大公约数",即大多数台湾民众接受它,不承认"中华民国"就得不到台湾民众的认同。如果说它不是一个国家,他们就感到失去尊严,因而十分反感。近来美国官员说:"台湾或中华民国在当前国际社会都不是国家",就使得台湾民众十分不满,据民调,有37%的人对美国表示"不信任"。

多年来,台湾民众一直处于"十分屈辱"的状态下,我们说他们不是国家,不能参加联合国,不能参加WHO,我们不承认"中华民国"的存在,在两岸相处的场合,不允许他们的"国旗""国歌"出现。在所谓"国际活动空间"方面,他们处处感受到大陆的"打压"。当他们看到像瑙鲁这样不及万人的小国都能参加联合国,而台湾则是"外汇存底的第3大国","对外投资的第7大国","第16大贸易国","第18大经济体"却不能参加,他们认为自己已经沦为"国际孤儿",因而感到很委屈。这是广大台湾民众的共识。

台湾多数民众并不知道"国际法"、"联合国宪章"的相关规定,不知道台湾为什么不能加入联合国。他们只知道他们一向有一个"国","中华民国"一直存在,可是现在受到中国大陆的排挤,连"国"都快没有了。

不仅是"入联""返联",将来要商谈"国际空间""台湾政治地位"等重大问题,都无法摆脱"国的架构",即无法摆脱"中华民国"。只要没有妥当处理"中华民国"问题,两岸之间的任何重大政治问题就无法解决。马英九在这个问题上是十分坚持的,他一再强调"中华民国当然是一个主权国家",强调联合国宪章第23条、第110条上还写着"中华民国"。

现在未给"中华民国"定位,已经出现不少麻烦。例如,我们说"中华民国已经不存在"，李登辉、陈水扁也说"中华民国不存在"，似乎二者的看法相同，一般民众无法区别。又如，在台湾，我们可以容忍"中华民国国号、国旗、宪法"的存在，要他们坚持"四不一没有"不让他们更改，反对"台湾正名运动"，这实际上"保护"了"中华民国"，使它不受"台独"的颠覆；而在两岸交往中，我们只能以"台湾""台胞"相称，而不准说"中华民国"；在国际场合，我们既不让他们称为"中华民国"，也不让他们把"中华民国"改为"台湾"，有时他们用"中华民国"受到我们的阻挠，而改为"台湾"却似乎可以接受。

在台湾有些人坚持"中华民国"是为了反对"台独"；另一些人反对"中华民国"则是为了支持"台独"。

另一方面，如果允许"中华民国"的存在，就成为"两个中国"，违背了一个中国原则；如果不允许"中华民国"存在，或让台湾自动去除"中华民国"的国号，那就会切断"中华民国"与中华人民共和国的关系，就很难说明"台湾和大陆同属一个中国"。

在台湾，认同"中华民国"似乎比认同"台湾共和国"要好一些。如果把认同"中华民国"者，当作"台独"或"独台"看待，就会"打击一大片"。

总之，如何面对"中华民国"，如何做出妥善的处理，是一个无法回避、需要解决的问题。焦仁和在担任海基会秘书长时说："我们是在极端屈辱的情况下和你们谈判的，因为我们代表什么东西都不明确，是国家？是政府？你们连实体（entity）都不承认，这怎么谈？"所以，将来在两岸走上谈判桌时，在进入政治谈判时，在最终解决台湾问题时，"中华民国"始终是一个无法回避的问题，迟早总要认真面对。

因此有必要对这个问题进行"过细"的研究，在诸多分歧中寻找可能的交集，探索化解的途径。作为第一步，我们要把各种各样的看法如实地罗列出来，然后再进行分析、研究。以下就几个方面加以"细说"。

"中华民国"是什么?

一、各种看法

(一)国民党:

1."中华民国"是一个主权独立的国家。"创立于1912年的中华民国,本来就是而且至今仍是主权国家"。"其主权及于整个中国,但目前之治权则仅及于台澎金马"。"坚持中华民国国家定位"。马英九说:"就实质而言,中华民国的现状原本就是独立的,没有一个国家需要宣布独立两次。"

2."中华民国"就是台湾。近来马英九声称"台湾就是中华民国","台湾在语义上等于中华民国"。萧万长则说:"中华民国就是台湾","今天的中华民国已经和台湾合为一体"。

(二)民进党:

1."中华民国"就是台湾。"台湾是一个主权独立国家,依目前宪法称为中华民国"。

2."中华民国"是一个非正常国家。

(三)李登辉:

1."中华民国"为一主权独立国家。

2."中华民国"不是台湾,台湾也不是"中华民国"。说"中华民国就是台湾"或者"台湾就是中华民国",是自己欺骗自己,也欺骗别人。

(四)陈水扁:

1."中华民国是台湾"。1912—1949年"中华民国在大陆",1949年后"中华民国到台湾",李登辉时代"中华民国在台湾",2000年后"中华民国是台湾"。"中华民国"最好的简称是"台湾"。

2."中华民国"不是一个正常国家或完整国家。

3."中华民国是什么碗糕"?(闽南语,意即"什么东西""什么玩意儿"。)

(五)台湾"建国党":"中华民国"是中国内战而被驱赶的"流亡政府"。

(六)中国大陆:

1.中华民国的历史已经结束。"一九四九年十月一日,中华人民共和国中央人民政府宣告成立，取代中华民国政府成为全中国的唯一合法政府和在国际上的唯一合法代表，中华民国从此结束了它的历史地位。这是在同一国际法主体没有发生变化的情况下新政权取代旧政权，中国的主权和固有领土疆域并未由此而改变，中华人民共和国政府理所当然地完全享有和行使中国的主权，其中包括对台湾的主权。""中华民国的法统到 1949 年 10 月 1 是已经终结"。"中华民国早已成为历史名词"。

2. "中华民国政府"是中国领土上的一个地方当局。在台湾"虽然其政权继续使用'中华民国'和'中华民国政府'的名称，但它早已完全无权代表中国行使国家主权，实际上始终只是中国领土上的一个地方当局"。

（七）国际社会：

"中华民国"不是主权国家。依据联合国1971年10月25日2758号决议，"中华民国"已经不存在于国际社会，不能参加以主权国家身份参加的国际组织。

近来，美国政府明确指出："台湾或中华民国此刻在国际社会中，都不是一个国家"。

二、对上述看法的不同意见

（一）不认同"中华民国是一个主权独立的国家"的说法。

因为"中华民国"早已被中华人民共和国所取代，1971 年联合国 2758 号决议以后，"中华民国"已经不存在于国际社会，已经不是一个国家了。国际公认中华人民共和国政府代表中国，目前已经有 170 个国家与中华人民共和国建交。

有人说，"中华民国"仍然拥有领土、人民和政权，应当是一个"独立"的国家。但是，国家的根本属性在于国家主权，任何国家在国际法上只能拥有一个主权，一个国家只能有一个政府代表国家行使主权。中华人民共和国对台湾享有行使领土主权的权利，台湾作为中国领土的一部分，早已处在中国主权之下。自称"中华民国"却无权代表中国行使国家主权，因此"中华民国"不是主权国家。

（二）"中华民国是台湾"的说法不符合事实。

在"中华民国"存在之日，它从来不等同于台湾。按照《中华民国宪法》的规定，它的领土也不只限于台湾。但是，现在自称为"中华民国"的台湾当局所管辖的范围确实只限于台、澎、金、马，它当然不是一个国家。

（三）"中华民国是一个非正常的国家"自相矛盾。

《奥本海国际法》指出："在同一领土上只能存在一个完全的主权国家"。所谓"中华民国"是一个"非正常的国家"或"不完整的国家"，就是因为它没有国家主权。既然没有国家主权，根本就不是国家。因此，这种说明自相矛盾，因为既非正常，就不是国家，没有什么"不正常""不完整"的国家可言。

（四）"中华民国的历史地位已经结束"的说法，如何解释当今"中华民国"在台湾的存在？

有人提出："中华民国"从1912年成立以来一直存在，"至今已经97年"；"中华民国政府"至今仍然"有效"管辖台湾地区；仍有22个国家承认"中华民国"，并与之"建交"。这一现实是无法否认的。

（五）"中华民国政府是中国领土上的一个地方当局"，这种说法台湾方面很难接受。有人指出："中华民国"就是一个国家架构，从来不是一个地方当局。现在也不是属于中华人民共和国的地方政府。"中华民国"与中华人民共和国是互不隶属的。

以上事实表明，不管是哪一种看法，都无法得到大家的一致认同。于是，"中华民国"是什么？至今仍然是两岸关系中的一大难题。

对"中华民国"是什么、不是什么的一些归纳

考查了不同意见以后，本文试图归纳一些客观事实的表述，也是可能得到多数人认同的看法。

（一）"中华民国"是什么？

1912—1949年是一个主权独立国家。

1949年以后是被中国人民革命所驱逐的残余政权，却长期维持一个"代表全中国"的政治架构，现在是仍然统治着中国一部分领土（台湾）的政权

所使用的政治符号。

1949—1971 年中华人民共和国成立后，"中华民国"仍然是联合国常任理事国，被联合国认定是代表中国的合法政府。（中华人民共和国政府称之为"窃据常任理事国的地位"）。

现在是中国一小部分民众（即台湾部分民众）"国家认同"的对象。

现在是被 20 多个国家承认的"主权国家"（有 170 个国家不承认其为国家）。

现在是尚未统一于中国的中国领土上一个政治实体所使用的名称。

现在是未由中华人民共和国管辖的中国领土上的政治实体所使用的名称。

现在是在台湾拥有事实上的治权的政治实体所使用的名称。

（二）"中华民国"不是什么？

现在不是一个主权国家，也不是"国名"，不能代表中国。

不是一个流亡政权，因为它仍然留在中国领土上，没有流亡到外国。

不是一个"地方当局"，因为它原来在名义上仍然保留着"代表全中国"的政治架构，现在仍保留着从"中央"到"地方"的政治架构，而不是一个"省"级机构。

不是中华人民共和国中央政府管辖下的地方政府或特区政府。

不是联合国的成员，不能参加以国家身份加入的国际组织。

不是与中华人民共和国对等的政治实体。

以上各种看法都可以作为给予"中华民国"政治定位的参考。

"中华民国"还存在吗？

一、各种看法

（一）中国大陆：

1949 年 10 月 1 日中华人民共和国中央人民政府成立，取代中华民国政府成为中国的合法政府，"中华民国"的历史地位已经结束。意即"中华民国"已经不是一个主权国家的名称，它作为国家已经不存在了。

1949 年之后，"中华民国政府"在国内法上已经丧失了国家政权的地位；

1971 年以后，"中华民国政府"在国际法上也丧失了国家代表的地位。

（二）国民党：

"中华民国从 1912 年以来，就是主权独立的国家，1949 年两岸分治后，中华民国仍然屹立于世，它是所有国民的效忠对象"。大陆"不能睁着眼假装'中华民国已被消灭'"。"中华民国的存在乃是不可否认的事实"。

马英九说，联合国宪章的第 23 条、第 110 条，都还写着"中华民国"，"中华民国"没有消失，"中华民国"还在联合国。

但是，蒋介石 1950 年 3 月却曾经说过："中华民国到去年年终，就随大陆沦陷而几乎等于灭亡了。我们今天都已成了亡国之民"。

（三）民进党：

"台湾是一个主权独立的国家，依目前宪法称为中华民国"。

（四）陈水扁：

1. 存在："以前中华民国在大陆，后来中华民国到台湾，现在中华民国是台湾"。"没有台湾就没有中华民国现在的存在事实"。

2. 不存在："中华民国"在 1950 年 3 月 13 日蒋介石复行视事之际，以及 1971 年退出联合国时，已经死了两次，难道会活起来吗？"中华民国"已覆亡是蒋介石说的。蒋介石曾说过："中华民国"已随着大陆沦陷而覆亡。"中华民国"走不出去是铁的事实，不能窜改历史。如今是在台湾"借壳上市"，借了几十年也够了吧。

（五）李登辉：

1. 存在："中华民国的存在，是一个不容不论的事实"。

2. 名存实亡："中华民国"已经名存实亡，现在的"中华民国"根本不是一个正常的"国家"。他当了 12 年"总统"，最了解台湾困境就来自"中华民国"这个名字。

3. 不存在：其实"中华民国"在 1949 年后已经没有了。"中华民国"只是借住在台湾这个地方，随时可赶出去。连国家都没有了，要"中华民国"国号何用？"中华民国已被中华人民共和国取代"。

（六）台湾民众：

1. 存在：认同"中华民国"的民众认为"中华民国"仍然存在，依据"中华民国宪法"他们是"中华民国国民"，所以才要选举"中华民国总统"

2. 不存在：不认同"中华民国"的民众指出，自从中华人民共和国成立以后，"中华民国"就已经不存在，台湾应当与中华人民共和国和平共处，不应当以"中华民国"名义申请加入联合国。

二、对上述看法的不同意见：

（一）不同意"存在"的说法：

1. 1949 年 10 月 1 日以后，"中华民国"已经被"中华人民共和国"所取代；

2. 1971 年 10 月以后，"中华民国"已经不为联合国所承认，不为国际社会所承认；

3. "中华民国"不是主权国家，因而不能加入联合国。

（二）不同意"不存在"的说法：

1. "中华民国"存在至今已经 97 年，"法统"未曾中断；

2. 世界上仍有 20 多个国家承认"中华民国"是"主权独立的国家"；

3. "中华民国"主权及于整个中国，但"目前之治权仅及于台澎金马"；

4. "中华民国"不是"中华人民共和国"的一部分，而是"两个互不隶属、互不统治、互不管辖的国家"，或"两个并存的政治实体"。

5. "中华民国政府"不是"中华人民共和国"的地方政府。

总之，对于"中华民国"是否存在，大陆与台湾的看法不同，台湾内部的看法也有不同。

不难看出，大陆认为"中华民国"已不存在，而不认同"中华民国"的台湾人士（包括民进党）也认为"中华民国"已不存在，因此，站在"捍卫中华民国"立场的马英九认为：民进党与大陆"联手消灭、打击中华民国"。

应当指出：大陆与台湾"独派"的看法是有根本分歧的。大陆认为"中华民国"已不存在，中华人民共和国是代表中国的唯一合法政府，台湾是中国领土的一部分；而台湾"独派"则认为"中华民国"已不存在，中华人民共和国代表中国，但"不包括台湾"。

因此，对于"中华民国"是否存在，两岸之间没有共识。有关"中华民国"的定位就有分歧，这是两岸关系的难题之一。

如何定位"中华民国"？

所谓"中华民国的定位"，实际上指的是"台湾政治定位"，或"两岸关系定位"。必须从大陆与台湾的关系，来确定台湾的政治地位，从中华人民共和国与"中华民国"的关系，来确定"中华民国"的政治地位。

两种对立的定位：

两岸之间究竟是什么关系？是国家与国家的关系，还是特殊的国与国关系，或中央与地方的关系，或一个国家中特殊的地区与地区之间的关系？进而有人提出，是父子关系还是兄弟关系？甚至是"中心"与"边陲"、"天朝"与"藩属"的关系，等等。关键在于二者是不是对等的关系？

台湾方面认为"中华民国"是主权国家，他们以此为立足点对"中华民国"进行定位。早期国民党当局坚持"汉贼不两立"的立场，蒋介石指出："中华民国是一个独立的主权国"。"毛共匪帮是中华民国的一个叛乱集团"。蒋经国指出："中华民国政府永远决不放弃对于整个中国大陆的主权，共匪伪政权是破坏宪法、祸国殃民的叛乱集团，绝不能代表中国，更不能代表中国国民"。李登辉说："一个中国就是中华民国"。马英九提出："要尊重中华民国在台湾的民主政治实体的地位"、"一中框架下对等的政治伙伴地位"，就是建立在"中华民国"作为一个国家来定位的基础上的。

因此，台湾方面曾经提出如下的定位："两德模式、两韩模式、阶段性两个中国、两个对等且不隶属的政治实体、在国际上互为两个平行的国际法人、两个分裂分治的政治实体、一个分治的中国、主权共享治权分属、两个并存的对等的政治实体、特殊的国与国关系、一国两区、一国两府"，以及"联邦制、邦联制"等等。

台湾方面不能接受的这样的定位："中华民国"不是主权独立国家、地方当局、中华人民共和国的一个省、"一国两制"下的特别行政区，提出"台湾不是香港、不是澳门"。

大陆方面认为世界上只有一个中国，"中华民国"已经不是一个国家，但大陆与台湾同属一个中国，因此，大陆方面只能以"两岸同属一个中国"的方式对台湾做出政治定位，而不能接受把"中华民国"作为"国家"的各种定位，包括"中华民国是主权国家"、"两国论"、"一边一国"、"两个中国"、"一中一台"、"分裂国家"、"对等政治实体"等等。大陆方面指出，两岸不是国与国的关系，不提"中央与地方"谈判，也曾经有"国家主体"与"小地方"、"大范围"与"小范围"的提法，但并没有直接涉及"中华民国"的定位。

看来以上两种对立的定位是不可调和的，能否找到化解的途径，正考验着两岸政界、学界人士。多年来，有许多人对此进行了专门的研究，也提出过不少方案，但这些方案都无法获得两岸双方的认同。

有关"中华民国"定位的若干方案：

对于如何定位"中华民国"，台湾方面的"台海两岸关系说明书"（1994年7月）曾经指出："中华民国政府"以"一个中国，两个对等政治实体"作为两岸关系定位的架构。此外，两岸一些政界、学界人士也提出了一些初步意见，现在整理如下：

（一）台湾方面提出某些的方案：

魏镛、丘宏达等提出的"两岸是一中原则下的多体制国家"；《国统纲领》以及后来马英九提出的"互不否认（或否定）对方为政治实体"；郝柏村提出的"一国两区"；台湾当局提出过的"一国两府"、"一个分治的中国"、"中华民国与中华人民共和国是在国际间则为互不隶属、各自主张主权之两个国际法人"；张亚中提出的"整个中国，第三主体"；黄光国提出的"一中两宪"；宋楚瑜提出的"两岸一中"；杨开煌提出的"一个主权，两个主权行为者"；陶百川提出的"中华国协"以及马英九提出的"北京不需要承认中华民国，但要容忍中华民国的存在"等等。

（二）大陆方面提出的某些方案：

黄嘉树提出的"国家是主权所有者，政府是主权行使者"、"一个中国，互不隶属"；陈动提出的"一个国家，两个国号"；杨翠柏提出的"合作主权或协作主权"；朱福惠提出的"多体制国家的宪政安排"；林盛中提出的"中华人民共和国宪法在大陆实行、中华民国宪法在台湾实行"等等。

以上方案在相关学者的论文或著作中有详细的论述，不一一列举。这些方案都不一定妥当，也不一定会获得双方的认同，但却可以为将来协商谈判提供参考。

处理"中华民国"的原则与做法

不违背一个中国原则。

我们提出在一个中国原则下什么都可以谈。对此，可以有两种理解：一是要完全符合一个中国原则，就是要对方表态赞成一个中国原则，"一个中国是中华民国"也可以默许；二是只要不违背一个中国原则即可。

前者已经很难做到了。国民党方面目前只能做到认同"九二共识"，因为他们主张的"一个中国"是"中华民国"。马英九强调"一中各表"，他说：如果拒绝承认"一中各表"那就不谈了。实际上他们只强调"各表"，而不愿意讲"一中"，因为世界上公认的"一个中国"是中华人民共和国。正因如此，他们对于"大陆与台湾同属一个中国"的说法也不愿提及，甚至刻意回避，因为"同属"的"一中"肯定不是"中华民国"。

后者则有很大的弹性。只要不违背一个中国原则，都可以作为将来讨论的"版本"。这样，可供选择的范围就比较大了。个人认为下列提法都是可以讨论的：

1. "中华民国"是在台湾拥有事实治权的政治实体，在法理上主权属于中国；

2. "中华民国"是中国尚未统一情况下，事实存在于台湾的政治实体的名称；

3. 在两岸结束敌对状态之前，"中华民国"是与革命政权交战的团体名称；

4."中华民国"与中华人民共和国是在中国的政府继承过程中的两个政治实体；

5."中华民国"是中国一个特别行政区的名称；

6."一国两区"（可以视为认同"大陆与台湾同属一个中国"）；

7."两岸一中"；

8."一中两宪"；

9."一个国家，两个国号"；

10."多体制国家""多体制国家的宪政安排"；

11."一个主权，两个主权行为者"；

12."合作主权"；

13."一个中国，互不隶属"；

14."联邦制"等等。

至于"一个分治的中国"其英文说法是 One divided China，意即"一个已经分裂的中国"；"互不否认对方为政治实体"则是指"对等政治实体"，我们是"国"，他们也是"国"；"邦联制"则是要先确定是两国，然后才组成"邦联"；这些主张都有"两国论"的含义，违背了一个中国原则。

要有融合思维，准备让步，鼓励合作：

两岸要达成和平协议，建构和平发展的框架，开创两岸关系和平发展的新局面，就必须从斗争思维转变为融合思维与和谐思维。这主要是抛弃"你死我活、势不两立、针锋相对"的政治思维，转变为"协调兼容、妥协让步"的政治思维。在处理相互矛盾的问题时，多一些商量、宽容、妥协、让步，既要让自己得分，也要让对方得分。只有这样，才能"实现大团结"，"促进两岸关系大发展"。

这种思维方式，提倡鼓励对方接受自己的意见，因而这种意见应当是对方可以接受的、认为对他有利的；如果自己不肯让步，对方也就无法接受；如果双方坚持对自己最有利的方案，则双方都不能达到目的。

在协商处理"中华民国"问题时，双方都必须准备好妥协的方案，考虑可能做出的让步。不做任何让步的方案是没有任何价值的方案。

一般来说，两岸双方都有自己的"优势策略"，即对自己最有利的方案，这就是最高目标。台湾方面要我们承认"中华民国"是主权独立国家，至少与中华人民共和国是"对等关系"；我们则不承认"中华民国"是国家。但如果双方都坚持采用这种策略，而不考虑对方的利益，因而双方都不会调整自己的策略，僵局就无法打破，既不利人，也不利己。

反之，遵循最低目标原则，就是不坚持对自己最有利的方案，不坚持一方全赢、一方全输，而寻求一个双方都能接受、都能获得利益的方案。这就需要双方在不违背总体利益的条件下，作出适当的让步和妥协。

在目前条件下，两岸双方对"中华民国"问题，都不会主动研究放弃或调整自己既有的策略，而等待对方的退让，结果陷入无法摆脱的僵局。因此，双方都需要抛弃"优势策略"，转变为"劣势策略"。只有双方有了这样的认识，才有可能找到解决问题的途径。以上所有讨论的提法，都与双方的"优势策略"不同，换句话说，都要求双方做出让步。

因此，让步、妥协是不可少的。互相妥协的结果，达成的协议往往是双方"虽不满意，但可接受"，这样就能实现双赢的目标。

在平等协商的过程中，要互相尊重对方提出的方案，对于其中合理的部分要给予肯定，并尽可能采纳对方方案中可取的部分；同时对有不同看法的问题，不要简单地反对，而要认真讨论，详细说明我方的理由，做到以理服人。采取这种"鼓励对方与我合作"的策略，可以让对方看到与我方合作才是他们最好的选择，才有助于问题的解决。

总之，如何面对"中华民国"，是两岸关系中一个难题，本文只是比较详细地整理了有关这一问题的各方意见，并且提出个人的一些看法，提供进一步讨论的参考。

（2008 年 3 月 25 日初稿，2008 年 4 月 6 日修订）

三、现阶段的两岸政治关系

不论是结束敌对状态，还是签订和平协议，两岸都需要有明确的政治定位，因此，胡总书记提出："两岸可以就国家尚未统一的特殊情况下的政治关系务实探讨"。本文对于这个问题提出一些初步的意见。

模糊的定位是不足取的

有人只讲策略，喜欢"模糊"，不愿意"清晰"，但两岸的政治关系的定位不能模糊，模糊了就不能解决问题。两岸究竟是什么关系？有人提出以下模糊的说法：

（一）"两岸关系"：这不是政治定位，定为"两岸关系"，等于没有定位。难道可以称一方为"西岸"，另一方为"东岸"吗？

（二）"地区与地区关系"：有人认为两岸既不是国与国的关系，也不是中央与地方的关系，只能是地区与地区的关系。实际上，台湾都不愿意被定为"地区"，难道大陆人民可能接受"地区"的定位吗？再说，台湾方面会提出：既然是地区与地区的关系，为什么大陆地区是主权国家，而台湾地区不是主权国家呢？可见这样的定位也无法解决问题。

可以从政治实体着手研究

我们过去极力避开把对方当做"政治实体"看待的做法，对方认为我方连台湾是一个政治实体都不承认，两岸就无法开展政治对话。即使谈判，也无法签订有公权力的协议。这就陷入了僵局。

要打破僵局，就必须从"政治实体"着手。

过去我们担心说台湾是一个"政治实体",他们就会要求成为"对等的政治实体",我们是"国",他们也是"国",就成为"两个中国",这是我们坚决反对的。

其实,政治实体可以是国家,也可以是政府,或其他政治团体。

(一)"两个国家":当然不行。

(二)"两个交战团体":在一国内由于政治原因而发生内战,双方应当是两个交战团体。在内战尚未结束的情况下,可以承认交战双方是对等的政治实体。但这不能作为两岸政治关系的定位。两个交战团体无法以恰当的名称表述,称为"共军"与"国军"也不妥,因为作战双方不仅是军队的事,军队不是政权的代表。

(三)"两个政府":是否可行?在一个国家中,有两个政府存在,是否可以说得通?这起码没有违背一个中国原则。在一个中国下有两个政府,在国内关系上是可以说得通的。而在国际上,则只能有一个政府是代表中国,那就是中华人民共和国政府。因此,这是一个可以考虑的定位方式。

"一个中国原则下两个政府的关系"

如果以"中华民国政府"与"中华人民共和国政府"来界定国家统一前的两岸政治关系,其好处是:符合至少不违背一个中国原则;两岸在国内是平等关系,不存在"矮化"或"出让主权"问题,台湾可能接受;中华人民共和国政府在国际上仍然代表中国,是代表中国的唯一合法政府。

其坏处是:大陆内部有人会认为给予台湾当局"政府"的地位,就意味着给它主权的地位,因而加以反对;台湾方面可能利用拥有的"政府"名义,要求在国际上的主权国家地位,造成我方在国际间的困扰。

1979年全国人大《告台湾同胞书》中已经提出:"首先应当通过中华人民共和国政府与台湾当局之间的商谈结束这种军事对峙状态"。这说明,30年前我们已经把"中华人民共和国政府"与"台湾当局"放在平等的地位。但后来的发展出现了曲折,面对"台独"当权的状态,当然不宜将"台湾当局"

进一步提升到"政府"的地位，而只能继续互相以"当局"称之。现在出现了空前的机遇，在双方可能出现政治谈判的情况下，有必要考虑更加宽容的办法，引导对方与我方合作，共同开创两岸关系和平发展的局面。因此，双方互相承认是"在一个中国下的两个政府的关系"，可能成为突破僵局的一大关键。

直到现在，还没有一个方案能够为双方所接受。"在一个中国下的两个政府的关系"最终也未必会被接受，但类似这样"不违背一个中国原则"的方案，都可以作为将来讨论的参考。

应当强调，这种定位只适合于两岸之间。在国际场合，则必须坚持"不造成'两个中国''一中一台'"的原则。

（写于 2009 年 4 月 11 日）

四、两岸难题的"解套"方案

当前两岸关系正按着"先易后难，先经后政，把握节奏，循序渐进"的思路向前推进，因此两岸谈的多是经济方面的议题，而政治议题由于属于"难"的范畴，因而被放在"后"的位置，一时还无法摆上议事日程。

但是研究两岸政治关系的学者并没有闲着，他们已经针对两岸政治的各种难题，开展研究，试图为将来处理政治议题做出必要的准备。他们本着追求两岸双赢的精神，通过深入的研究，对两岸政治难题提出各种各样解套的方案，这是为破解两岸政治关系难题做出的可贵的尝试，理应得到两岸当局的重视与支持。

当然，由于两岸的处境不同，对同一难题的看法就会有不同，"破解"的办法也不会一样，这是正常的。我们不担心会出现不同的意见，只要愿意把自己的看法提出来，通过两岸之间的讨论乃至争论，可能"碰撞"出宝贵的思路、观点乃至可能被双方接受的"解套"方案，那就是一件十分有意义的事，就是对两岸关系和平发展做出的重大贡献。

本文针对台湾学者已经提出的几种有关两岸政治关系处理方案进行回应，由于诸位的鸿文内容丰富涉及诸多方面，本文无法详细介绍，只能选择要点进行简要的评介，并提出一些个人的看法，说明两岸之间可能存在的分歧，以便进一步商讨更好的解决办法。

"一中各表"，互不否认

这是目前台湾方面流行的主张，同意"九二共识"，可以接受"大陆与台湾同属一个中国"，但一方面说两岸是"非国与国关系"，可以说是"地区与地区"

的关系，另一方面则强调"中华民国"的存在，强调两岸应当"互不否认"。

从两岸来看，这个主张承认两岸"非国与国关系"，大陆是可以接受的，但二者的政治关系并不明确。以"地区与地区"的关系来定位，实质上指的是"中华民国台湾地区"与"中华民国大陆地区"的关系。这种说法也不符合政治的现实。至于两岸关系的前景，这一主张认为应当是"不统，不独，不武"，即台湾前途未定。

从国际来看，这个主张所谓"互不否认"是指在国际社会中两岸应当"互不否认"对方是"主权国家"，即不否认"中华民国"在国际上的存在，不否认"中华民国"作为一个主权国家，不否认"中华民国"可以参加以主权国家资格参加的国际组织。这就必然导致"两个中国""一中一台"。

"整个中国"，两岸统合

这是台湾大学张亚中教授的主张，明确表示："两岸同属整个中国"，并互相承诺"不分裂整个中国"，两岸通过文化统合、货币统合、经济统合、身份认同、安全认同、国际参与、和平框架，实现两岸与全球华人融为一体。

从两岸来看，是平等关系，并非中央与地方的归属关系，即"整个中国内部两个具有宪政秩序之政治实体的平等关系"。两岸成立"共同体"，双方"各有主体、共有主体"，互相以"北京中国"与"台北中国"相称。

从国际来看，"主权共有，主权共用"，在"整个中国"之下，两岸共同以会员国身份存在于国际组织，或是以"两岸三席"的方式，两岸共组一个"两岸共同体"或"中华共同体"，再让台湾以"台北中国"的名义参与国际组织。这样，所谓"主权共有""主权共用"的可行性、是否会导致"两个中国""一中一台"以及国际社会是否允许出现"一国三席"的局面？都是需要研究的问题。

"一中两宪"，对等实体

这是台湾大学黄光国教授的主张，他认为两岸"政治现实"最为周延的描述方式应当是"一中两宪"，这两部宪法是建立在一个中国的原则之上，各有其有效统治地区。

从两岸来看，承认"一中两宪"，两岸就可以成为"对等政治实体"，可以用"北京中国"与"台北中国"的名称，签署和平协议。台湾要以此作为谈判的条件，但"不可能对方把'一中两宪'写成文字"。既然黄教授说："我当然知道中共不会答应"，那又怎能成为"谈判的条件"、"签订和平协议的基础"呢？

从国际来看，黄教授指出"台湾在国际公法上的地位是一个'处于内战局面的既成事实的地方政府'"，"并不是一个正常的国家"，而"一中两宪"也可以解决台湾参与国际社会问题，可以使用"台北中国"的名称，而不必再用"中华台北"或"中国台北"。这样，似乎台湾就可以改变"地方政府"的地位，而成为与"北京中国"对等的"正常国家"了。

一中框架，"相互默认"

这是铭传大学杨开煌教授的主张，他认为两岸应当从"相互否定"逐渐过渡到"互不否认"，再由"互不否认"过渡到"相互默认"，最终迈向关系正常化。

从两岸来看，目前处于"一中框架，互为主体，治权自主"的现况。两岸相互默认"最主要的意义是默认对方政权存在的现实性"。即"在大陆地区存在着中华人民共和国与中华民国政府的关系，而在台湾地区存在着中华民国与中华人民共和国政府的关系"，"在中国领土上，目前存在着两组重叠的国家下政府的关系"。大陆人士进入台湾地区"就和中华民国政府打交道"。在这里，究竟是国家关系还是政府关系、政权关系，似乎难以区分。

从国际来看，作者采取相当慎重的态度，指出当前台湾方面"明为要求'互不否认'，事实是要求相互承认，而且是承认彼此是'主权国家'"，而大陆则强调"中华民国的消失"。他认为在涉外安排上，要区分"国家从事外交活动而政府从事外事活动"。

"一中共表"，互相承认

这是台湾大学副校长包宗和教授的主张，他认为"一中各表"是高度政治取向，若应用于两岸定位上，北京主张"一中"是中华人民共和国，台北主张"一中"是"中华民国"，就会形成"零和赛局"，在国际关系上，也无法打破外交困局。他提出"一中共表"，首先，"要面对中华人民共和国及中华民国分别存在的事实"；其次，要把"一中""适度地去政治化"，即"一个中国"是文化的、民族的、历史的、地理的中国，避免"政治一中"所形成的零和局面。

从两岸来看，两岸相互承认现阶段"中华人民共和国是实际代表中国大陆之唯一合法政府"，"中华民国是实际代表中国台湾之唯一合法政府"，北京要在"一个中国"架构下承认"中华民国"的存在，台北有必要接受台湾为中国的一部分。在这个基础上进行整合，因此，"一中共表"之文字是以统一为取向。问题是"两岸同属一个中国"是推动两岸关系和平发展的政治基础，如果这个"一中"是"非政治一中"，抽掉了政治意涵，那么要维护并"共表"这样的"一中"框架对于两岸政治关系的定位又有什么意义呢？

从国际来看，"一中共表"的目的是"让中华民国取得国际间及两岸间更高的地位，让台湾走出去"。具体地说，要让"中华民国"提升与无"邦交国"的关系，允许无"邦交国"与"中华民国"建立某种官方关系；在国际组织中在中国代表团中设"中华人民共和国代表团"与"中华民国代表团"，建立北京与台北共享中国主权的概念。这似乎就是"一中两国"的架构了。

两条界限

对上述观点做了简要评介之后，我很钦佩诸位学者的研究精神，他们能够大胆提出前人未能提出的看法，其中有不少意见都值得两岸共同开展讨论，做进一步深入的探讨。

上述意见抛弃了过去一些模糊的提法，诸如两岸就是"两岸关系"，或"非国与国关系"，或"地区与地区关系"，或组织两岸某种"委员会"来解决签署协议的问题。因为这些说法并不能明确回答两岸的政治关系究竟是什么，可以说并不是什么政治定位。而上述意见都从两岸的政治关系着眼，试图从公权力的角度来界定两岸政治关系，把模糊的、权宜的、过渡的概念清晰化，这才是正确的实际解决问题的途径。

上述主张是在"一个中国"框架的基础上进行研究而提出的，多半都以统一为取向，从国家民族的利益出发，这种精神是值得肯定的。

但是由于两岸的处境不同，考虑问题的角度也不一样。尽管大家都致力于对于破解两岸政治关系的难题，提出的方案也不可能一样，能否得到共识，还需要共同探讨。例如，所谓"相互否认""互不否认""相互默认""互相承认"这些外交上的概念，是否可以用于两岸，似乎就需要两岸共同讨论。

在这里，我想提出"两条界限"作为个人意见，提供讨论的参考：

（一）从两岸来看，如何在"一个中国"框架下探讨两岸政治关系，可能比较容易找到一些共同语言。我认为只要"不违背一个中国原则"，什么意见都可以作为进一步讨论的基础，对于上述许多意见，两岸之间尽管可能存在不少分歧，但都有助于这一问题的深入探讨。

（二）从国际来看，问题可能复杂些，需要有一条明确的界限，那就是"不造成'两个中国''一中一台'"。上述不少意见都涉及这一要害问题，这是"破解"的难点。我认为在当前两岸"搁置争议"的情况下，不可能"一步到位"地得到彻底的解决。关键在于找到一些在当前条件下"虽不满意，但可接受"的解决办法。今后在两岸关系和平发展的进程中，还可以务实地根据新的形势做出新的安排。至于要在国际上彻底解决两岸政治定位的问题，恐怕需要相当长的时间。

"不违背""不造成"可能是在当前条件下无法"突破"的两条界限，不知两岸学者以为如何？

既要"面对难题"，又要"循序渐进"。我们相信两岸有能力、有智慧通过务实的互相探讨，共同对"两岸政治关系"这个难题，交出一份令人满意的答卷。

（《同舟共进》2009 年 8 月）

五、两岸政治定位的瓶颈

在"先经济后政治"的条件下，两岸学者并没有中止有关政治难题的探讨，仍然努力为破解两岸政治定位的这一难题做出努力，提出了不少新的见解，这当然有利于推动问题的深入探讨与最终解决。但在目前条件下，双方仍然存在不少歧见与难点，本文着重讨论两岸之间已有的交集与差异，对进一步开展研讨、突破瓶颈提出一些个人的意见。

双方的共识与分歧

两岸在政治定位方面最大的共识是双方都认同（一）两岸"非国与国关系"；（二）"不允许分裂"；（三）"九二共识"。用马英九的话说是："两岸关系不是两个中国，不是国与国的关系"。"两岸处于一种特别的关系。两岸的宪法都不允许分裂"。"主权争议目前无法解决，可以暂时用'九二共识'来处理。即双方对'一个中国原则'都可以接受，但对'一个中国'的含义有不同的看法"。

两岸的分歧焦点集中在对"中华民国"的定位。台湾方面认定"中华民国是主权国家"，而大陆方面则认定1949年中华人民共和国政府成立取代了"中华民国"政府，"中华民国"的历史地位已经结束。这是目前两岸在政治关系定位上的底线，也是解决这一问题的最大难点。

随着讨论的深入，两岸分别提出了一些解套方案，与过去相比，都有一定的新意，但仍然存在一些分歧与问题。

大陆方面：有些方案提出两岸之间是"政权"或"政府"的关系，或"法政系统""政治法人""政治实体"的关系，或"一国两区""一个中国，两个平等政权""一国两府"等等，这与以往的提法相比，有明显的改变。但都反对台湾方面提出的"中华民国是主权国家"的说法。也有不少方案不愿意把台湾当局定位为"政府"，而只提"政治法人""政治实体"以及"政权"。多数方案未能说明两岸的"政治法人""政治实体""政权""政府"的名称是什么，避免涉及"中华民国"，也很少涉及两岸在国际上的定位。

台湾方面：所有方案都要大陆承认或不否认"中华民国"的存在，而且"中华民国"与中华人民共和国处于对等的地位。所有的方案都不仅要处理两岸关系的定位问题，而且力图同时解决在国际上"中华民国"是主权独立国家的问题。要大陆承认"中华民国"的国家、政府、宪法的存在，两岸在国家、政府、宪法上的平等。"中华民国"在国际上是主权国家，应当参与所有的国际活动。主权不能由中华人民共和国独享，"中华民国"有权共享。

总之，台湾方面要大陆承认"中华民国"的存在，否则政治定位不能解决；而大陆方面则认为如果承认"中华民国"的存在，就会导致"两个中国"。

最受关注的两个方案

如何面对"中华民国"这一关键问题？近来，两岸学者已经有了一些互动，做出一些善意的回应，开始提出一些可以作为协商基础的方案，其中最受关注的是台湾学者张亚中的"一中三宪论"与大陆学者刘国深的"球体理论"。

张亚中提出"整个中国"、"一中三宪"、"两岸统合"的概念，明确表示："两岸同属整个中国"，并互相承诺"不分裂整个中国"。两岸通过文化统合、货币统合、经济统合、身份认同、安全认同、国际参与、和平框架，建构"一中三宪"，实现两岸与全球华人融为一体。这个方案从两岸来看，是平等关系，并非中央与地方的归属关系，即"整个中国内部两个具有宪政秩序之政治实体的平等关系"。两岸成立"共同体"，双方"各有主体、共有主体"，互相以"北京中国"与"台北中国"相称。从国际来看，"主权共有，主权共用"，在"整个中国"之下，两岸共同以会员国身份存在于国际组织，或是以"两岸三席"的方式，两岸共组一个"两岸共同体"或"中华共同体"，再让台湾以"台北中国"的名义参与国际组织。

刘国深的主要观点是：中国这一"国家球体"的表皮目前是由红蓝双色构成的，因为中国境内存在着两个竞争国家代表权的政权，她们分别在不同的空间和场合代表着这个球体。中国大陆在绝大多数场合代表中国，"中华民国政府"在一些特定的场合行使着"代表中国"的政治功能。双方形成了事实上"一体两面"的关系。

有些学者已经对上述两种看法进行过比较研究，提出自己的看法。我想从另一个角度再加以比较，从而得出了一个新的结论。

张亚中认同"两岸同属整个中国"，并互相承诺"不分裂整个中国"，与大陆方面有一定的交集。他不说"一个中国是中华民国"，而是在"中华民国"与"中华人民共和国"之上建构出"整个中国"，即"一中三宪"，也很有新意。

但在他的主张中有两点值得重视：

一是坚持"中华民国"的"国"的架构。他没有使用"主权""国家"这样的概念，而是以"最高权力"、"具有宪政秩序之政治实体"（或称"宪政秩序主体"）、"对外事务方面的权威（authority）[1]这样的概念来取代，实际上这些概念仍然是指"主权""国家"，而不可能有其他的含义，估计谁也无法说清其中的本质差别。

二是主张"中华民国"在国际上享有主权。他提出"双方在国际组织共同出现"；"两岸共同以会员国身份存在于国际组织"[2]，中国主权"既非中华人民共和国，也非中华民国所能独占与独享"[3]。

此外，他还指出："中华民国是个主权独立的国家"在台湾没有多大的争议。可是，北京还没有"接受中华民国的自信"，或者说，"对北京而言，接受台北为一个'宪政秩序主体'，只是接受事实的现状而已"[4]。从这前后两句话可以看出，所谓"宪政秩序主体"就是"中华民国"。

由此可见，张亚中始终就坚持了"中华民国是主权国家"的底线。

刘国深的看法则对台湾方面提出的"不应回避中华民国"做出回应，敢于面对"中华民国"，在一定程度上承认了"中华民国"作为政权或政府的地位，也在一定程度上承认了"中华民国"在国际上的地位，应当说是在原来不愿面对"中华民国"的底线上做出了很大的让步。

此外，两岸学者之间还有一些交集：

例如，包宗和在"一中共表"中提到：现阶段中华人民共和国是实际代表中国大陆之唯一合法政府，中华民国"是实际代表中国台湾之唯一合法政府"，这一说法与刘国深的"球体理论"有交集之处。但包宗和强调"要面对中华人民共和国及中华民国分别存在的事实"[5]。这是坚持"中华民国是主权国家"的底线。

又如，杨开煌提出，在处理涉外议题上必须将国家与政府区分开来。国家从事外交活动，而政府从事外事活动，两岸各有的"国家外交"依现行国际法行之。这与某些大陆学者的看法也有相似之处。当然，杨开煌还主张：在大陆地区存在着中华人民共和国与"中华民国政府"的关系，而在台湾地区就存在着"中华民国"与中华人民共和国政府的关系。在中国的领土上，目前存在着两组重叠的国家与政府的关系[6]。这也就坚持了"主权国家"的底线。

再如，戴瑞明提到"一个中国，两个政府"的看法[7]。张亚中也说：如果最后的签署是以"中华人民共和国政府"与"中华民国政府"代表名义签署，当然最理想。这与某些大陆学者也有交集。但邵宗海加上了"对等性"原则，坦率地指出他们的观点是："你是什么，我就是什么，如果中国大陆是国家，台湾就是国家；如果中国大陆是中央政府，台湾就是中央政府"[8]。这样就成了两个国家、两个中央政府了。

介绍上述情况是为了说明：两岸学者都为破解难题做出了贡献，正因为张亚中、刘国深等人在这个问题上做出了努力，他们的说法都与以往有相当大的不同，才会得到大家的重视。但经过仔细考察，就会发现双方存在不同的表现：台湾学者吸收或接受大陆的某些观点，促使彼此有了某些共识，这是善意的表现，应当得到肯定，但他们始终坚持了"中华民国是主权国家"的底线。刘国深则是在原来不愿意面对"中华民国"的底线上做出了相当大的让步，当时邵宗海就表示"大陆学者论文已能公开讲述中华民国，这是一项进步"[9]，因而特别引起台湾方面的兴趣。由此可见，虽然二位都提出了个人的创意，但二者之间在对待双方原有的"底线"上则出现了巨大的差异，这一点是不应当忽视的。

两个瓶颈

从以上情况可以看出，能不能突破原有的"底线"是两岸政治定位问题能否解决的关键，这是我们需要突破的第一个瓶颈。此外，从两岸关系的现状来看，在近期内没有进行政治协商的可能，换句话说，解决两岸政治定位的条件尚未成熟，这是第二个瓶颈。要如何面对这两个瓶颈？这是当前应当研究的问题。

（一）是否敢于突破底线？

如果真要解决难题，双方就需要采取合作的态度，对于对方的善意，要做出善意的回应，要鼓励对方与自己合作，这样才能推进难题的解决。"政治上成熟的人会寻求折中的解决方法，使冲突各方都得到一定程度的满意"。如果一方敢于突破底线，另一方也有同样的回应，从原有的底线做出一些让步，这样，对于解决难题就有可能前进一步。反之，如果一方做出让步，而另一方却坚持原有的底线，双方又陷入僵局。一方让步，一方不让步，还可能导致两败俱伤。

妥协是一种政治智慧，有时是解决问题的最好方法，妥协才有可能得到双赢。因此，要解决两岸的难题就需要互相妥协，双方都要做出让步，双方都要放弃一些东西，寻求一个双方可以接受的折中方案。要做到任何一方完全满意是不可能的，只能做到"虽不满意，但可接受"，双方都要有这样的思想准备。

张亚中们、刘国深们的创意，在两岸处在"首发"的地位，属于"个人行为"，他们都还没有得到两岸官方的认可，也未成为台湾或大陆的主流民意。他们都需要得到更多人的支持，包括他们之间的相互支持。如果做出让步的一方由于没有得到对方的善意回应，他们自己就没有理由再做出新的让步，而别人则可能认为他们让步得太快、太多，而不给予支持。这样，再好的创意也可能夭折，这将是十分可惜的。因此，现在的关键在于尚未做出让步的一方是否敢于突破原有的底线，"球"已经在台湾一方了。

当然，处在"首发""先行"的地位，要冒相当的风险，要从原有的底线上让步，更可能要面对自己人的责难。在台湾，困难会更大些。台湾学者汤绍成指出："对内双方都是地区，对外双方都是国家。这已经是国民党的政策"[10]。可见这就是台湾当局在两岸政治关系定位方面的立场与底线。因此台湾学者能不能、敢不敢突破这一底线，什么时候才会突破这一底线，应当是我们关注的焦点。

（二）是否存在解决难题的意愿？

从目前的情况看来，解决这一难题的条件还不成熟。在"先经济后政治"前提下，台湾方面已经明确表示在近期内不谈政治，10月19日马英九再次表示，两岸还有许多经济议题，因此不会将政治议题纳入讨论。实际上，即使马英九在2012年连任，政治议题也很难提上日程。有一位台湾学者认为"只要马英九坚持'不统'，政治定位问题就不想解决"，两岸不可能谈判政治定位问题。这个看法是有道理的。同时，台湾主流民意主张"维持现状"，并不急于解决这一难题。台湾内部对这个问题的看法还有很大分歧，要取得共识十分困难。再加上复杂的国际因素。这一切都表明台湾当局在近期内没有解决两岸政治定位问题的意愿。

从大陆方面来说，目前也认同"先经济后政治"，不急于协商政治难题。而且大陆内部对于解决这一难题的方案，也还没有取得比较一致的看法。可见，要真正解决这一难题为时尚早。这一个瓶颈与前者相比，应当是更加棘手的问题。

学界可以有所作为

由于存在以上两个瓶颈，所以目前只能"搁置争议"，换句话说，目前还处于"两岸政治对话的前期准备阶段"，两岸政治定位问题要留待条件成熟以后解决。急不得，但也等不得。在现有条件下，两岸学界还是可以有所作为的。

（一）为破解政治难题做好准备。两岸政治学者可以就现有的各种方案进行讨论，首先是张亚中与刘国深的方案，坦诚地提出意见与问题，寻求解决的途径，或在现有基础上拟出更好的方案。实际上，再好的方案也未必能够得到多数人的支持。因此，首先，两岸学者提出的方案都需要有一个"说服内部，争取支持"的过程，使自己的方案分别符合大陆或台湾的主流民意。其次，在两岸之间，则需要通过交流、沟通，增进互信，增进共识，提出一个或几个双方都可能接受的方案，为破解难题做好准备，也为将来的两岸政治谈判创造有利的条件。在提出新的方案时，首先应当考虑以下两点：大陆学者不应当回避"中华民国"，台湾学者不应当违背"非国与国关系"；要在张、刘的基础上向前推进，而不要倒退。

（二）建构两岸关系和平发展的理论框架，即对两岸关系发展前景要有各自的或共同的"论述"。两岸通过各个方面的大交流，积累政治互信，为两岸政治对话创造条件，这是必要的，但有人以为只要通过经济、文化交流的发展，两岸的问题就会迎刃而解，我不以为然，我同意张亚中的看法，"政治问题还需要政治解决"，经济、文化只是助力罢了[11]。现在台湾方面有人提出具体建议，例如成立"两岸和平促进委员会"或"两岸和平发展委员会"，也有人认为应当先成立"两岸和平发展学术顾问委员会"，这都体现了"政治问题政治解决"的思考，是值得重视的。我认为建构上述"论述"应当是这些委员会的重要任务之一。要让大家明确"两岸关系和平发展"的路怎么走，只有达成了共同的论述，才会有明确的方向。两岸学界都应当在这个方面做出自己的贡献。

（《台湾研究集刊》2011 年第 3 期）

注释 :

[1] 张亚中:《统合方略》,台北,生智文化事业公司,2010 年,第 43—44 页。

[2] 同上,第 47,48 页。

[3] 张亚中:《追忆汪道涵先生的共同缔造论》,http://www.chinareviewnews.com,2009 年 12 月 28 日。

[4] 张亚中:《统合方略》,台北,生智文化事业公司,2010 年,第 24,181,183 页。

[5] 包宗和:《一个超越历史局限的两岸观:迎向"搁置争议,追求双赢"的新路线》,见蔡朝明主编《论两岸关系新路向》,台北,远景基金会,2009 年,第 189 - 200 页。

[6] 杨开煌:《"胡六点"后推动两岸和平稳定政治关系之刍议》,《中国评论》,2009 年第 5 期。

[7] 戴瑞明:《面对"一个中国":从互不承认到互不否认到尊重现实》,见张亚中主编《两岸政治定位探索》,台北,生智文化事业公司,2010 年,第 176 页。

[8] 邵宗海:《解决两岸政治谈判中"台湾定位"的问题》,见张亚中主编《两岸政治定位探索》,台北,生智文化事业公司,2010 年,第 201 页。

[9] 《大陆学者论文首见"中华民国"》,《联合早报》,2009 年 11 月 15 日。

[10] 汤绍成:《两岸关系:国民党的政策与观点》,《中央日报网路报》,2010 年 3 月 29 日。

[11] 张亚中:《从"一德各表"到"一中同表":德国统一经验的反思》,《中国评论》,2010 年 10 月号。

六、两岸"主权共享论"质疑

历来两岸政治界与学术界对"主权共享"都存在不同的看法。最近著名学者俞新天的大作《中国主权理论的发展与扩大台湾涉外活动的思考》[1]，专门有一个部分讨论"主权共享论"，做了相当详细的论证，但拜读之后仍有许多疑问无法解决，初步整理出以下问题，请教俞教授与其他学者，希望能够帮我释疑解惑。

（一）1997—1998 年两岸官方的观点，谁对谁错

早在 20 世纪末，台湾官方就提出"主权共享，治权分属"的主张。1997年 8 月 16 日时任"陆委会"主委的张京育在记者会上说："根据中华民国的宪法，中华民国的主权属于国民全体，那当然包括海峡两岸，所以我们也拥有（对大陆的）主权，这就是'主权共享'，我们的治权及于台、澎、金、马及其附属岛屿"。[2]

而大陆官方在 1998 年出版的《中国台湾问题》一书中则明确地反对"主权共享"的说法，指出"一段时间以来，台湾一些人提出'主权共享、治权分属'的说法。这是一个涉及到坚持一个中国原则的严肃问题。主权属于全体人民，但是主权只能由代表国家的中央政府来行使。因此，中国的主权，包括对台湾的主权，只能由代表全中国的中华人民共和国政府来行使。台湾方面主张的'主权共享'，是指由所谓'中华民国政府'与中华人民共和国政府共同享有、共同行使主权。这不是主权共享，而是主权分割，是'一国两治'、'两个中国'。所谓'治权分属'，则是'分裂分治'、'两个政治实体分治海峡两岸'的又一说法。"[3]

我的疑问是：当年两岸双方的不同看法孰是孰非？当年大陆官方反对"主权共享"是否正确？如果正确，为什么现在大陆学界却有人提出并且认同"主权共享论"？如果不对，错在哪里？

（二）大陆对"主权共享"的态度是否有所改变

2004年国台办"五一七声明"指出："通过协商，妥善解决台湾地区在国际上与其身份相适应的活动空间问题，共享中华民族的尊严。"

2005年1月贾庆林的讲话指出："第一步先进行'在一个中国的原则下，正式结束两岸敌对状态'的谈判，并达成协议；在此基础上，共同承担义务，维护中国的主权和领土完整，并对今后两岸关系的发展进行规划。"

2005年3月《反分裂国家法》指出："世界上只有一个中国，大陆和台湾同属一个中国，中国的主权和领土完整不容分割。维护国家主权和领土完整是包括台湾同胞在内的全中国人民的共同义务"。

对于以上文件，有人解读为"有共同享有主权的概念"，或说"提出了台海两岸当局共享主权的观点。有义务必然有权利，这是对等的，由此可以理解为现在的中国处于'共享主权，分享治权'的状态"，"进一步的延伸是外交权的共享，台湾在国际社会和联合国中也应是共享主权"。甚至说，"尽管两岸迄今尚未统一，但大陆和台湾同属一个中国的事实从未改变，这就是两岸关系的现状"，这段话可以理解为"北京当局一再强调的'一个中国'是指未来的一个中国，现在的中国是分裂为两部分：中华人民共和国和中华民国"。[4] 有人认为"一种新的思维已经隐含在'五一七声明'和贾庆林这次讲话中，那就是'主权共享，治权分享'。主权不可分割，则可以共享。治权很难统一，则可以分享。"[5]

我的疑问是：以上几位对我方的政策的解读，认为大陆方面已经认同"两岸主权共享"，大陆的"主权共享论者"是否可以接受？

如果说上述几位是从2004年开始"发现"大陆方面有"主权共享"的意思，而大陆学者俞新天则指出，早在2003年中共十六大的报告就已经"接近共享主权"了。她说:"冷战结束以来,主权理论与实践都有极大变化,出现了'有限主权'、'共享主权'、'让渡主权'和'人道主义干预'等新概念。尽管中国对于西方发达国家的一些论点和解释并不赞同,尤其不赞成将其套用到中国事务中,但是也必须正视主权问题上出现的新挑战,与时俱进地解决新的矛盾。十六大报告指出,大陆和台湾同属于一个中国,事实上吸收了'共享主权'的内容,接近于'共享主权'。"[6]

"两岸同属一中"是否等同于"主权共享"?官方文献并没有这样的提法。张亚中一直期待大陆宣示"主权共享"[7]。那么,大陆官方是否已经认同"主权共享"?又为什么至今没有给予明确的宣示呢?

(三) 1998 年台湾政界的三种观点,如何看待

台湾政界当年对"主权共享"问题也做过讨论,《海峡评论》杂志曾经以《主权共享,两岸分治》为题做了报道。国民党陆工会主任张荣恭认为现在两岸是"对等分治,互不隶属""主权分享,治权并立",并且说"中华人民共和国维护了他自己所认为中国的领土和主权的完整,而中华民国维护了自己所认为的领土和主权的完整"。民进党秘书长邱义仁则提出:"台湾的主权是不是要跟中国一起来分享"的问题,他认为"主权即使要分享,到底要和谁分享?对象应该要弄清楚"。这属于原则问题,而在现实上,台湾"人民在行使他的主权,但从中却看不出有和中国人民分享主权的行为"。作为统派的王晓波则说"台湾人民不仅拥有台湾的主权,另外还拥有大陆的主权","两岸人民共同拥有两岸的主权,如果共同拥有,台湾人民还占便宜呢。"[8]此外,台湾有些人反对"主权共享",他责问:如果主张主权共享,"中华人民共和国国民是否准予投票选举中华民国总统"?因此他认为"主张主权共享,无异纵容中国并吞台湾"。[9]

请问"主权共享论者",你能认同上述"主权分享"的观点吗?

（四）怎样解读马英九"思索主权共享"的观点

2000—2008 年民进党当政时期,坚持"台湾主权独立",不提"主权共享"。那时国民党的智库还谈论过"主权共享",但没有引起人们的注意。令人重视的是马英九 2006 年在英国的演说中提到"主权共享",他说:"我所来自的东亚,百年来饱受殖民主义、帝国主义、内战、冷战、及国族主义对立之苦,致使无数生灵无辜牺牲。反思现代东亚的血泪史,我倾向认为,我们东亚人民应可从欧盟的经验中汲取宝贵的教益,以进行和解的试验,并思索主权共享与开放型区域主义的可行性"。他又说:"我认为,若要为两岸统一创造有利条件,则中华民国在台湾作为一个已确立的民主政治实体必须获得尊重,作为一中架构下的政治伙伴的对等地位亦必须获得承认。这些问题对两岸而言都是巨大的政治挑战,而这更进一步说明了为什么两岸亟需恢复有意义的对话"。[10]

对此,有人解读说:马英九的所谓"主权共享",即是"两岸同属于一个中国"的另类表述,具体而言,也就是在"领土主权"方面,台湾和大陆都属于一个中国。循此思路进一步引申,在联合国的代表权方面,台湾和大陆皆可共享"中国"的席位。换言之,也即是联合国的中国(China)席位中,应该由"大陆和台湾的代表共同坐镇"。因为台湾的 2300 万人民不能长期被拒绝于国际社会之外,同时也会被主张"台独"的人拿来利用,对两岸的终极统一亦是非常不利的。[11]

问题是:第一,马英九是否已经认同两岸"主权共享"的观点?第二,上文解读为两岸应当在联合国中"共同坐镇","主权共享论者"是否可以接受?

（五）主权共享的定义是什么?有何理论依据和法律依据

这里存在一系列问题,例如,"主权共享"有没有国际公认的定义?是两个或两个以上国家间的主权共享,还是一个国家内部两个或两个以上地区的主权共享?有没有部分主权共享与全部主权共享之分?欧盟的做法是否可以说是已经"主权共享"?"主权共享"是否已经为国际社会所接受?

"主权共享"有哪些政治学或法学理论可以作为依据?

已经提出的一种依据是"主权在民""人民主权"。台湾学者戴瑞明指出：双方应可基于"主权在民"之原则，建立中国主权由两岸人民共享的观念，亦即大陆与台湾的主权为整体，均属一个中国，你中有我，我中有你。[12] 张亚中也主张中国"主权由两岸全体人民所共有与共享"，他进一步指出："何谓'主权共有与共享'？在政治哲学上，主权是属于人民，政府只是经由人民委托行使主权的权力（power of sovereignty），政府是行使人民主权的媒介。两岸目前虽然没有武装冲突、交往亦日渐密切，但是在法理上，仍处于整个中国内部的分治状态。两岸政府各在其有效管辖区内接受人民的主权委托，行使主权的权力。由于整个中国是由两岸共同组成，即'两岸同属一个中国'，因此，整个中国的主权应该由两岸人民所共有。目前两岸人民均无法分享对方的主权权力，但是，如果我们坚持两岸都是中国的一部分，那么在思路上，就应该将主权共享纳入政策思维。"[13] 大陆学者俞新天则认为"人民虽然是主权的法理来源，但人民不具有主权，也就没有主权意义的涉外活动，只有国家才有主权"。这个论点是否已经驳倒了"主权共享是以主权在民为依据"的说法？

另一种依据是两岸的主权都不完整，"两岸合起来才是一个中国主权"。台湾学者邱进益认为：一个中国的主权是台湾加上大陆，合起来才是一个中国的主权，既然台湾是一个中国的主权里头的一部分当然应该有权利去享受这个主权，所以换句话说，这个主权是"共同拥有"，是大陆和台湾都可以拥有。因此，他主张"一个民族，两个实体，共享主权，创造双赢"。张亚中进一步指出："两岸目前的法理现状是'主权宣示重叠，治权分立'"，同时两岸在政治运作上是一种"平等不对称的关系"，他主张两岸要共同研究"如何在'主权共有共享、治权平等而不对称'的基础下推动两岸'共同治理'。"[14] 但大陆有些学者不同意这些说法，潘振强指出："主权共享"不可能，因为大陆与台湾不可能对等，这是现实，若想改变，只会把事情复杂化。吴建民也指出，大陆与台湾不可能对等，台湾若以"一边一国"的身份去参加，那就有问题。[15]

问题是：对于上述争议，"主权共享论者"持什么态度呢？也许已有的理论与法律都不足以作为"主权共享"的依据，需要一种"理论创新"，但这个创新是什么？怎样才能为"主权共享"提供有力的理论依据与法律依据？

（六）谁与谁共享

这是一个关键性的问题。现在有许多模糊的说法，例如两岸共享、两岸人民共享、台湾与大陆共享、台湾人民与大陆人民共享，深入一步的提出"北京中国"与"台北中国"共享。可是在国际活动中上述说法不解决任何问题。两岸人民如何才能共享"中国主权"或"国际地位"的光荣与尊严呢？两岸人民能否共同加入联合国？能否共同加入联合国的专门机构？看来用"两岸人民"的名义是不能解决问题的。

当然要由国家代表人民行使主权，于是有人明确提出要中华人民共和国与"中华民国"共享主权。他们提出：中国主权不能由中华人民共和国"独占"。"你能享有什么权利，我也要享有什么权利"。"你是主权国家。我也是主权国家"。"你可以参加联合国，我也可以参加联合国。"台湾当局也明确提出大陆要"不否认'中华民国'主权国家的身份"，要让"中华民国"加入以主权国家资格参加的国际组织，要让"两岸共同以会员国身份存在于国际组织"。有人说，主权共享，就是"中华人民共和国是实际代表中国大陆的唯一合法政府"，"中华民国是实际代表中国台湾的唯一合法政府"。总之，由中华人民共和国与"中华民国"共享主权，或是中华人民共和国政府与"中华民国政府"共享主权。

请问两岸"主权共享论者"，你要怎样回答"谁与谁共享"这个问题？

（七）怎样共享主权

"主权共享"的前提是什么？海内外学者的理解与看法并不一致，大体上有以下几种意见：

1. 现在就应当主权共享。"中国大陆在国际上享有的主权，台湾也应当享有，你是主权国家，我也是主权国家"。如果一方独占主权，另一方就是"伪"

（假的中央政府）或"它"（外国），这样就不对等、不公平。在两岸，中国的主权没有分裂，原本就属于两岸全体人民，主权本应"共有"，要追求的是如何"共用"与坚守"不分离"。[16]前提是：肯定中国主权没有分裂，保证两岸"不分离"。

2.在两岸达成"中国主权不可分割"的基础上，可能达成"主权共享"的政治安排；即在"一个中国"这一主权体内，国家的治权是可以分享的。前提是：要先认同"一个中国"的框架。

3.两岸要承认"中国领土主权不可分割"，现在两岸行使的主权都不完整。只要台湾还有"独立"的可能，只要和平统一尚未实现，主权完整就无法完全实现。只有两岸共同努力，加强合作，才能共享中国主权。[17]前提似乎是：遏制"台独"，和平统一。

4.在"一个中国"基础上，通过签订和平协议，构建两岸和平发展框架，两岸共用中国主权。[18]前提是：签订和平协议。

5.北京宣示"主权共享"。张亚中说，他多次呼吁北京在"新三句"之后，加上"中国的主权为两岸全体人民所共有与共享"。这可以看做是他提出的另一个前提。[19]

请问"主权共享论者"，你们认为在什么条件下才能"主权共享"？

有关"共享"的做法，人们已经提出不少设想，其中最具代表性的，台湾方面是张亚中的主张，他提出："在两岸和平基础协议签署后，可以从两岸为'平等不对称'这个原则来思考协商国际参与问题。例如在两岸与他国的对外关系方面，北京可以容许台北与它国拥有官方关系，这是两岸'平等'部分，但是北京享有外交关系，而台北享有总领事关系，这是'不对称'部分。在国际参与方面，'平等'部分是都可以参与，'不对称'部分是在北京享有正式会员的组织，台北可以享有观察员、仲会员等资格。在某些国际组织，两岸可以'两岸三席'方式，分别代表北京、台北，与整个中国参与，如此可以'双赢'，又可以共同维护整个中华民族利益。"[20]他的主张是否可以算是"主权共享"，恐怕会有不同的看法，在台湾恐怕很难获得多数人的支持。

大陆方面具有代表性的是俞新天在新作中提出的诸如："双方主动来讨论和安排扩大台湾的涉外活动"，安排"'中华民国'在国际上的行动"，双方驻外机构的合作，"大陆和台湾合作倡导新的地区合作机制"，大陆"帮助台湾参加政府间国际组织"，以及两岸共同申办各种活动、举办国际讨论会等等。这些主张似乎比张亚中更加"宽大"，不过是否算是"主权共享"？能不能办得到？

顺便指出，张、俞二位都提出可以让台湾成为国际组织的"观察员"或"准会员"（"仲会员"），在这里不做深入的讨论，我只想提出两点：第一，有许多国际组织（特别是联合国专门机构）不设观察员；设有观察员的组织对观察员的资格有它的规定，台湾并不符合相关规定，你怎么能让台湾加入呢？第二，所谓"准会员"是指"对其国际关系不自行承担责任之领土或领土群"，它自己无权提出加入的申请，要由"代表该领土之政治实体作为申请方"。这就是说，要让台湾作为"准会员"，需要由我方提出申请，台湾当局能接受这样的"安排"吗？退一步说，即使按照二位的建议，让台湾成为国际组织的"观察员"或"准会员"，他们能接受这样的"主权共享"吗？

（八）"主权共护"是否可行

尽管在大陆的文献中，没有提到"主权共享"，但"主权共护"的提法则经常出现。例如："共同承担义务，维护中国的主权和领土完整"；"维护国家主权和领土完整是包括台湾同胞在内的全中国人民的共同义务"；"我们相信，广大台湾同胞一定会同我们一道，坚定地维护国家主权和领土完整，坚定地维护中华民族的根本利益"；"任何涉及中国主权和领土完整的问题，必须由包括台湾同胞在内的全中国人民共同决定。"等等。

最近面对南海、东海问题，大陆方面一再呼吁"共护主权"。例如，外交部表示："中方将继续采取必要措施坚决维护钓鱼岛主权。维护祖国的领土完整与主权是两岸同胞的共同意愿，也是双方的共同责任。"[21]"两岸同为一个中国，南海是中华民族的共同领土，两岸合作维护南海的主权和权益，是两岸共同的责任和历史使命"。[22]台办发言人表示："维护钓鱼岛的主权，符合两岸同胞的共同利益，也符合中华民族的长远利益。"[23]

可是，台湾当局却表示在南海、东海问题上，"不与大陆合作"。台湾媒体报道："当局的立场很清楚，'中华民国'坚持主张拥有钓鱼岛列屿及南海主权，不可能与大陆共同处理相关议题"。"'外交部'已清楚说明'不会与中国大陆合作'的立场。"[24]"不认同两岸共同处理钓鱼岛主权"，"'政府'不会在钓鱼岛问题上与大陆合作"。[25]

直到香港保钓人士被日本逮捕之后，台湾保钓人士希望台湾与大陆在钓鱼台议题上合作，而台湾"外交部"发言人则强调，"中华民国"针对钓鱼台列屿主权问题立场一贯坚持，基于国家政策与利益，绝对不会跟中国大陆合作解决钓鱼台列屿主权问题。[26]

在台湾民间有很多呼声强烈要求"两岸共同捍卫南海、东海"，但也有相反的声音，例如，吕秀莲声称，千万不能与中国大陆在钓鱼岛主权议题上采取合作态度，"这会让台湾陷入严峻考验"。还有人说，中国大陆提出要两岸共同处理钓鱼岛、南海问题，是"统战方法"，把台湾看成"一个中国"。民进党甚至公开提出："台日外交优先，两岸不应合作"。

看来两岸民间是可以做到"主权共护"的，两岸当局各自宣示对钓鱼岛和南海的主权，应当可以算是"共护主权"的一种表现，而要由两岸当局共同表达"主权共护"则是很难做到的。

问题是：台湾当局不愿意与大陆"共护主权"，台湾民间又有不同的声音，那么当前两岸"主权共护"有多大的可行性呢？

（九）国际上"主权共享"的实例可以用于两岸吗

先举三个已经失败的事例：1.秘鲁曾经提出以"共享主权"方式，从智利得到一块领土，用来解决玻利维亚出海口问题，遭到智利的拒绝。2.英国曾经打算与西班牙共享直布罗陀主权，经过直布罗陀公决，遭到失败。3.根据一份秘密文件透露，英国政府曾于1974年向阿根廷政府提议共享马尔维萨斯群岛（英国称福克兰群岛）主权，阿根廷时任总统表示同意。但是"共享"并未成为现实，至今阿根廷政府还呼吁英国尽快与阿根廷就马岛主权问题进行谈判。

再看现在的被称为"主权共享"的几个实例：

1. 里海：本来里海都被认为是苏联和伊朗的内湖。1991年苏联解体，新独立的里海沿岸哈萨克斯坦、阿塞拜疆、土库曼斯坦都要求重新确定里海法律地位，而里海油气资源的开采权，也就和划界问题联系在一起。俄罗斯、哈萨克斯坦和阿塞拜疆三国坚持里海为内陆海，而伊朗、土库曼斯坦两国则认为里海是内陆湖泊，引发了利益之争。

近年来，伊朗和土库曼斯坦要求各国按各占20%的份额平均划分里海，至今五国划分里海尚未定局。

2. 博登湖（德语Bodensee），也称康斯坦茨湖（英语Lake Constance）：位于瑞士、奥地利和德国三国交界处，由三国共同管理。

3. 丰塞卡湾：2007年10月5日，尼加拉瓜、洪都拉斯和萨尔瓦多三国总统签署建立丰塞卡湾和平和发展区宣言，决定联合开发和利用丰塞卡湾的资源，把这一区域变为三国共管的"和平、持续发展与安全的海湾"。

4. 拉普拉塔河流域：1969年由阿根廷、巴西、巴拉圭、玻利维亚和乌拉圭五国共同成立"流域协定组织"，共同管辖。

这些所谓"主权共享"的实例，实际上是两个或两个以上国家对一个地区的共同管辖权(condominium)。这是不能与两岸关系加以类比的。

结语

俞教授的论文指出："尽管今天时移势易，国际上主权现象变得更加复杂，尤其是欧盟已经拥有不少超国家主权的机构和权力，对传统主权理提出了挑战，然而国家主权原则是迄今为止所有国际法规范的基础和出发点，也被公认为是处理国际关系的最基本准则。"那么"主权共享论"是否违背了这个"最基本准则"呢？或者说，国际社会是否可以允许改变这一"最基本准则"，而以"主权共享"来取代了呢?

实际上把"主权共享论"用于两岸,不仅在理论上无法令人信服,在实践上也有许多问题无法解决,最重要的是"谁与谁共享"?怎样"共享"才不会违背"不造成'两个中国'、'一中一台'的前提"?可见这是一个需要从理论上和实践上弄清的重大议题,希望能够引起学术界的广泛兴趣并参与讨论。

注释:

[1] 《台湾研究》,2012 年第 3 期。

[2] 转引自陈春生:《台湾主权与两岸关系》,翰芦出版公司,2000 年,第 117 页。

[3] 中共中央台办:《中国台湾问题》,九洲出版社,1998 年,第 122—123 页。

[4] 《析正在变化中的北京对台政策》,blog.boxun.com/hero/wufanwenji/9_1.shtml,2005 年 2 月 6 日。

[5] 郑永年:《中共第四代的台湾政策新突破》,《联合早报》,2005 年 2 月 1 日。

[6] 俞新天:《中国统一的国际因素》,http://www.chinareviewnews.com ,2006 年 10 月 16 日。

[7] 张亚中:《统合方略》,生智公司,2010 年,第 206 页。

[8] 《海峡评论》,1998 年 11 月 1 日,第 95 期。

[9] 同注 [2]

[10] 新闻报道:《马:若重夺政权 以九二共识商定和平协议》,http://www.chinareviewnews.com ,2006 年 2 月 14 日。

[11] 《马英九的两岸政策:中国主权台湾与大陆共享》,bbs.269.net/forum.php?mod=viewthread&tid=。

[12] 《中国评论》,2011 年第 4 期。

[13] 同注 [7],第 196—197 页。

[14] 同上,第 25 页。

[15] 新闻报道:《涉外事务大激辩 两岸学者唇枪舌剑》,"中央社",2009 年 11 月

13 日。

[16] 张亚中：《两岸主权共享与特殊关系》，《中国评论》，2010 年第 2 期。

[17] 俞新天：《扩大台湾国际空间问题的思考》，《中国评论》，2009 年第 3 期。

[18] 黄嘉树的主张，见黄光国：《坦诚对话共觅"两岸和平发展路径"》，《中国评论》，2010 年第 5 期。

[19] 同注 [7]，第 206 页。

[20] 同上，第 48 页。

[21] 外交部：《维护钓鱼岛主权是两岸共同责任》，news.qq.com，2012 年 07 月 06 日。

[22] 外交部：《中国坚定维护南海主权 越南莫误判形势》，2012 年 06 月 26 日。

[23] news.qq.com，2012 年 4 月 26 日。

[24] "陆委会"：《南海钓鱼岛是国际议题不与大陆合作》，taiwan.huanqiu.com/news/2012-07/2909670.html

[25] "陆委会"：《不与大陆处理南海和钓鱼岛"主权"争议》，news.ifeng.com，2012 年 4 月 27 日。

[26] "外交部"：《具体作为维护钓岛主权》，"中央社"，2012 年 8 月 16 日。

[27] "中央社"，2012 年 8 月 16 日。

七、关于"外交休兵"

台湾方面提出"外交休兵"的主张，就是要大陆不"打压"台湾的"国际空间"，让台湾享有"国际社会的平等地位"，让台湾参加包括联合国在内的各种国际组织，大陆不"挖走"台湾的"邦交国"，"不能表面平等，实质不平等，让台湾的尊严受损"。

近来，我与台湾学者交流，他们十分关注这个问题，提出不少意见，似乎能否做到"外交休兵"只在大陆"一念之间"，只要大陆同意，台湾的"国际空间"问题就能迎刃而解了。

大陆有一些学者，可能出于"良好的愿望"，也跟着主张"外交休兵"，他们认为大陆已经有170多个邦交国，多一个少一个无关大局，台湾只剩下23个，不要再去"挖走"了。至于WHO等等，大陆都应当让他们一点。

事情果真这样简单吗？我们不妨一个个地讨论。

台湾参加世界卫生组织问题

有人主张让台湾以"观察员"的名义加入WHO，也有人主张用"中华台北"的名义。其实这些主张都是错误的。

第一，WHO的"组织法"中根本就没有"观察员"的名称，而只有会员和准会员两种。因此，要以"观察员"名义加入WHO的说法根本不能成立。

第二，在WHA（世界卫生大会）的"议事规则"中有这样的规定，只有主权国家才有资格成为世界卫生组织成员或者准成员，只有未正式加入世界卫生组织的主权国家、海外领地或有关国际组织，才有资格被邀请作为观察员出席世界卫生大会。目前WHA中只有三个观察员：巴勒斯坦，梵蒂冈，马耳他骑士团，都是国家。还有"国际红十字会"与"国际红十字会与红新月联合会"则是国际组织。因此，台湾要用"中华台北"的名义作为观察员也是不可能的。

台湾学者说，香港不是以"观察员"身份参加了吗？我说，不对，香港不是观察员，而是正式代表，香港的官员作为中国代表团的成员参加 WHA。你们如果愿意，我想应当是可以研究的。

前 WHO 总干事、韩国的李钟郁指出：台湾之所以不能参加是因为"这里一个非常重要的关键词是'国家'，也就是说世卫组织的成员地位只对国家开放。这是一个重要背景。"

这就是说，台湾要参加 WHO 或 WHA 都受到相关法律条文和议事规则的限制，这是一个难题，没有那么简单，不是只要大陆同意就能解决的，换句话说，即使大陆同意，WHO 也不会让台湾参加。所以，如何解决这一难题，需要双方共同研究磋商，不谈是不能解决问题的。

"国际空间"怎么"补偿"？

在马英九上台之前，就有巴拉圭可能与中华人民共和国建交的传闻，当时我担心马英九还没有上台，就被我们"挖走"了一个"邦交国"，他一定很不高兴，如果在他上台之后，巴拉圭与我建交，马英九同样不高兴。

可是能不能"外交休兵"呢？暂时不与巴拉圭建交行不行？我想人家要与我们建交，我们说：对不起，我们两岸正在"外交休兵"，无法与你建交。这样做符合国际惯例吗？

最近，台湾学者告诉我，他们现在不想用钱去"买外交"了，巴拉圭看来是拉不住了，但是，他提出：在建交前大陆应当先向台湾当局"通报"，并且给予"补偿"。我说，所谓"国际空间"问题是两岸之间最大难题之一，没有经过协商，达成一定的协议，做出任何举措都没有依据。我们凭什么要先给你通报？为什么要主动地给予"补偿"，拿什么东西"补偿"？我知道所谓"补偿"无一不涉及"国际空间"，有这么容易"补"吗？

台湾出席 APEC 的人选问题

今年的 APEC 将于 11 月在秘鲁首都利马举行。台湾方面十分希望会有新的"突破",他们最关注的是由谁代表台湾出席领导人非正式会议。过去萧万长曾经代表台湾参加过,这次大陆是否同意让萧万长去?如果萧万长真的去了,那就有"副总统"的身份,台湾在国际上的地位就提升了。他们认为只有这样,才表现出大陆的善意,否则还是"打压"。

但是,也有人认为萧万长现在的身份不符合 APEC 的规定,还是让连战去,连战也有过"副总统"的头衔。如果他能去,对台湾也算是一个突破。

总之,"突破"、"提升"、"尊严"、"冲出去"是他们的强烈愿望。

同样,这也是难题的一个部分,需要通盘研究,协商解决。台湾学者要求大陆不必协商主动让步,我说,没有经过协商,我不知道给你什么你才满意?你也不知道,我给你什么要付出多少代价。只有经过协商,才能取得共识,才能建立互信。"给"与"取"都必须经历协商谈判的过程。

"国旗"问题

台湾有一位学者主张,大陆应当让台湾观众带着"中国人的旗子"——"中华民国国旗"进入奥运会的棒球赛场,这样就会给台湾老百姓"感受到无比的尊重、感动、温暖与欣慰"。

奥运会有《奥林匹克宪章》和国际奥委会的相关规则,违反相关规定是不被允许的。在两岸重大争议尚未解决之前,还是本着"搁置争议""求同存异"的精神办事为好,凡事通过两岸协商来解决,不必匆忙地在国际场合谋求"突破",引起双方不必要的麻烦与困扰。

大陆也有人主张,让大陆和台湾的运动员打着一面旗帜并肩进入奥运会会场。我问他:打的是什么旗帜?他说,共同认可的旗帜。我说,在北京举办奥运会,你敢说不必打着主办国的国旗入场,不被人们骂死才怪。如果两岸打着中华人民共和国国旗共同入场,台湾会接受吗?

上述主张可能出于善意,但却是一种脱离现实的理想化的想法,在两岸没有共同商议出妥善的处理办法之前，贸然提出这些主张是于事无补的。

台湾领导人的出访

台湾学者提出，过去大陆不让台湾的"总统""副总统""行政院长""外交部长""国防部长"出访非"邦交国"，今后如果能够放宽，就是一种善意的表现。他提出，如果马英九要去中南美洲访问，经过美国，大陆应当让他有比陈水扁更好的礼遇，陈水扁只能经过一些小城市，如果让马英九过境纽约、华盛顿，见到美国高官，那也是大陆的善意。

显然，这不是个人的问题，而是要以什么身份，代表什么实体的问题。所谓"放宽"，就是要放宽到"国家""元首"，放宽到承认"主权国家"。这与"国际空间"一样是一个难题，也是当前被"搁置"的"争议"之一，同样需要两岸共同协商解决。

总之，有关"国际空间"尽管是目前暂时还没有讨论的问题，却是台湾方面十分关注的问题，他们已经提出上述许多意见，采取进攻的态势，要求我们立即"表达善意"，可是却还不想与我们商谈，这是一个矛盾的现象。

台湾学者蔡逸儒指出：未经协商之前，"大陆方面不可能给台北一张空白支票，让台湾径行挥霍"，"这事非经冗长的对话，相互让步，否则难竟全功"。

是的，面对难题，需要两岸认真对待，共同磋商，找出双方可以接受的解决办法。如果采取单方"放话"的方式："我把问题提出来了，球在你这一边，就等着看你怎么处理了"，这样，把不解决问题的责任推给对方，对于改善两岸关系没有好处。要和平共处，和平发展，就需要两岸坦诚相待，这应当是最基本的要求吧。

（《联合早报》2008 年 7 月 11 日）

八、台湾"国际空间"问题

实质

所谓台湾的"国际空间"问题，涉及两岸关系中最敏感的主权问题。只有主权国家才有外交权。外交权是主权的一个属性。"中华民国"或台湾不是主权国家，却要以主权身份参与国际活动，这一意图无法实现。这就是问题的实质所在。

具体地说，（一）"中华民国"或台湾自认为是一个主权国家，要以主权国家身份参加国际活动；（二）国际社会认同"一个中国"，不承认"中华民国"或台湾是主权国家，不支持它以主权国家身份参与国际活动，中华人民共和国政府也坚持这一立场；（三）台湾当局与相当部分民众对此感到不满，并且把这一现实归咎于中国的"打压"。

因此，台湾的"国际空间"问题成为两岸关系中的一大难题。

现状

这一问题包括三个方面："邦交国"、非"邦交国"的实质关系、参与国际组织。

（一）"邦交国"：台湾现有23个"邦交国"。

（二）非"邦交国"：台湾在许多非"邦交国"中建立了贸易办事处以及代表处，据称一共有121个"外馆"（包括"邦交国"中的"使领馆"）。

（三）国际组织：台湾参加了26个政府间国际组织，其中包括世界贸易组织（WTO）、亚太经济合作会议（APEC）、亚洲开发银行（ADB）等重要组织，还以观察员身份参加了20个政府间国际组织。此外，台湾还参加了2157

个非政府间国际组织（2006 年统计）。

问题在于："邦交国"不断减少；在与非"邦交国"交往中，不具有主权国家身份；不能参加以主权国家身份参加的国际组织。

目标

针对以上现实，台湾当局目前在"国际空间"方面提出如下的目标：

（一）"邦交国"：两岸不"互挖邦交国"，即在这个方面应当"外交休兵"。

（二）非"邦交国"：要扩大与提升实质关系。在政治上，力图提升"外交"关系，例如，把代表处提升为"使领馆"、让"中华民国"的"国旗"出现在非"邦交国"（包括在非"邦交国"举办的各种会议或活动）、在"过境"中获得更高的礼遇（例如过境美国首都、会见政府高层等等）、让台湾的最高层官员在非"邦交国"出现，等等。

在经济上，力图扩展经贸关系，提高政治地位，例如与美、日、欧盟及新加坡等国签订自由贸易协定（FTA），参加东盟 10 + N 等等。

（三）国际组织：长远目标是参加一切以主权国家身份参加的国际组织，包括联合国在内。目前的目标是参加联合国专门机构，首要目标是世界卫生组织（WHO），国际货币基金组织（IMF），世界银行。

（四）马英九当局的有关政策

1. "活路外交"，就是"参与国际，维护尊严"，"替中华民国外交寻求出路"。

他认为陈水扁的"烽火外交""金钱外交"与大陆对抗，使得台湾"外交"已经没有活路。他要找出一条活路，既不与大陆对抗，又能参与国际。总之，目标是要"走出去"，做法上不与大陆对抗。

2. "外交休兵"。有人以为要全面休兵，即全面停战，那是一种误会。台湾方面的发言人说：所谓外交休兵，"从头到尾谈的都是不挖对方的邦交国，邦交国数目维持现状，不会把外交休兵扩大到其他领域"。马英九也提出"要与对岸达成协议，不互挖邦交国"。可见，他们只是在"邦交国"上休兵。因为他们的"邦交国"只会越来越少，所以要"休兵"。

在其他方面则没有任何"休兵"的表示,反而却在不断地进攻。马英九说"当休则休,当进则进",就是一个证明。

3. 当前的重点在于参加世界卫生大会(WHA)。台湾方面一再声称:明年5月台湾能否参加WHA,是对中国的考验。马英九说,台湾参加WHO不仅是政治问题,而且是人权问题。还有人指出,如果明年不能参加WHA,台湾的"仇中情绪"会成为主流意识,两岸关系就会倒退。这是向中国大陆进攻,如果不能参加,一切罪过都要由大陆承担。

我们认为这个问题相当复杂,需要两岸进行协商,研究妥善的处理办法。可是,台湾方面似乎并没有准备与我们协商。只是不断地"放话",不知是什么原因?是否如传言那样,担心两岸过早地进入政治性的协商,担心两岸关系走得太近,被人说是"过分亲中",担心被外国人说成台湾加入国际组织"北京拥有最终决定权"?如果总是担心那些流言蜚语,协商的时机就会错过,以致到了明年5月台湾无法参加WHA,那时候究竟该怪谁呢?

(五)中国的态度

当前两岸关系出现好转的趋势,双方都应当珍惜。我们欢迎台湾方面采取不对抗的态度。我们也了解台湾民众要求参与国际活动的意愿与迫切的心情。但是这个问题比较复杂,不是中国方面可以"说了算"的。中国大陆一再表示希望两岸通过协商,寻找出双方可以接受的办法。最近有关方面表态:北京已经就台湾参与WHO活动的议题进行筹划,将作为两岸优先讨论的议题,在其他国家不干预的原则下,找到两岸都能接受的模式。

(六)美国的态度

美国方面曾经表示:不支持台湾加入以主权国家身份参加的国际组织。在WHO问题上则主张让台湾"有意义的参与",主张让台湾以观察员身份参加WHA。

所谓"有意义的参与",应当是指不一定是正式的成员,而是可以实际上参与WHO的一些活动。这一点,中国早已做到。2004年,中国卫生部就和世卫组织秘书处签署了《关于帮助台湾卫生专家参与世卫组织技术交流合作的备忘录》。2006 年，中国卫生部长又表示，愿意帮助更多的台湾专家参加世界卫生组织技术活动。

至于以观察员名义参加 WHA，则不知其依据何在。因为 WHA 现有三个观察员是巴勒斯坦、梵蒂冈、马耳他骑士团，前二者是主权国家，后者是特殊的主权国家。此外，还有两个国际卫生组织。台湾要以什么身份参加 WHA，在 WHA 的"议事规则"中似乎找不到答案。

（七）两岸学者提出的看法

1. 让台湾以观察员名义加入 WHO 及其他国际组织。这就需要研究是否符合该组织的章程。

2. 提出修改章程的建议，让台湾可以加入。怎样修改，能否获得通过，都不是一厢情愿的事。

3. 以 APEC 或 WTO 模式参加。APEC 章程可以由地区经济体参加，WTO 章程可以由单独关税区参加。而 WHO 或 WHA 都没有类似规定。以"地区经济体"或"台澎金马单独关税区"名义参加世界卫生组织，名实不符。

4. 由大陆与台湾共组一个国际组织的名义参加 WHA。中国已经是国际卫生组织"国际红十字会"的成员。

5. 两岸协商，"先化解北京现在仍坚持的一个中国原则、担任台湾的'介绍国'（introducer）或'赞助国'（sponsor）等敏感政治问题，达成让台湾入会的共识，再交由相关部门去执行"。

台湾方面近来不断有人提出应当用"新思维"、确立"大前提"、给台湾以"尊严"等等，这些字眼都是正面的，似乎是不成问题的，但是仔细研究，就会发现，所谓"新思维"就是要改变"台湾或中华民国不是一个主权国家"的旧思维；所谓"大前提"就是要两岸互不否认，即"我不否认你是主权国家，你也不否认我是主权国家"；所谓"尊严"，归根到底就是要有主权国家的尊严。这涉及当前应当"搁置"的争议，如果要先解决这个大问题，那么台湾参加 WHA 的事情，在短期内就很难协商了。

由此可见，台湾参加 WHA 并非易事，并不是随便提出一个意见就可以解决问题。要 WHO 修改组织法,要 WHA 修改议事规则,都不是一件容易的事。因此,两岸应当务实地共同研究在"搁置争议"的条件下,所能采用的解决办法。

（八）其他问题

台湾方面还提出要参与联合国专门机构,在 18 个专门机构中, 台湾已经参加 WTO, 还要参加 WHO, 以及国际货币基金组织（IMF）、世界银行等等。

WHO、IMF 都要主权国家的身份。世界银行则必须是 IMF 的成员。因此,台湾要参加这些机构都有困难。

台湾方面还提出要参加国际民用航空组织, 其成员也是主权国家。至于世界气象组织则有地区会员, 中国香港、中国澳门都是会员。台湾参加的可能性是存在的。

台湾要与一些国家签订自由贸易协定（FTA）, 按照 WTO 的规定, WTO 的成员之间是可以签订的。但一要看对方的意愿, 二要处理与中国的关系。就美国来说, 最近前助理国务卿薛瑞福（Randall Schriver）表示：今后台湾要与美国签订 FTA 将难上加难。至于台湾要与新加坡签订 FTA, 新加坡资政李光耀先生表示：新加坡与台湾的关系, 不能快过台湾与中国大陆的关系, 这是新加坡的立场, 一旦两岸关系改善, 台新讨论签署 FTA 将不成问题。

台湾还极力要求参加东盟"10 + N"。这是否符合东盟的规定, 要由东盟决定。

总之, 台湾的"国际空间"问题是两岸之间的一大难题, 涉及主权问题,本来是当前应当"搁置"的争议, 但是由于台湾方面迫切希望早日解决, 大陆方面相当理解也愿意给予配合。但是, 它毕竟是一个难题, 并非单方面就能解决的。我们希望两岸共同采取积极的态度, 双方事先准备可行的方案,及时开展协商, 发挥两岸的智慧, 共同寻求妥善的解决办法。

（新加坡国立大学东亚研究所《东亚论文》

EAI Working Papers 第 65 期, 2008 年 11 月）

九、台湾能参与联合国专门机构吗?

最近，台湾当局准备发动一些"邦交国"向联合国大会提出台湾"参与联合国专门组织活动案"，他们有没有可能取得成功?

联合国专门机构包括国际劳工组织、联合国粮食及农业组织、联合国教科文组织、世界卫生组织、国际货币基金组织、国际开发协会、世界银行、国际民用航空组织、世界气象组织、世界贸易组织等18个机构，目前除了世界贸易组织以外，其余的机构台湾均未参加。

应当指出，这些联合国专门机构并不是联合国的附属机构，它们是在联合国体系内在特定的专门领域从事国际活动，在组织上、活动上都是独立的。但这些组织都有自己的章程，对于参加组织的条件都有明确的规定，而且许多组织必须是主权国家才有资格参加。

当前台湾方面准备以国际货币基金组织、世界银行和世界卫生组织为三个"首要目标"。现在我们来考查这三个组织的相关规定。

国际货币基金组织

国际货币基金组织是一个金融机构，是致力于促进全球金融合作、加强金融稳定、推动国际贸易、增强高就业率、经济稳定增长以及减少贫穷的组织。所有联合国的会员国而且只有联合国的会员国才有权直接或间接成为基金的成员。目前除了朝鲜、列支敦士登、古巴、安道尔、摩纳哥、吐瓦鲁、委内瑞拉、瑙鲁以外，联合国所有的会员国都是国际货币基金组织的成员，共有185个会员国。

参加的条件很明确：必须是主权国家，必须是联合国的会员国。

世界银行

世界银行主要是帮助发展中国家建设农业、教育和工业设施，并向会员国提供优惠贷款。加入世界银行之前，必须先加入国际货币基金组织，也就是说，只有国际货币基金组织的会员国才有资格参加世界银行。不过，除了上述会员国之外，世界银行的成员中还有五个国际组织：国际复兴开发银行、国际金融公司、国际开发协会、多边投资担保机构、国际投资纠纷解决中心。

参加的条件与国际货币基金组织一样。

世界卫生组织

世界卫生组织有会员与准会员两种。会员必须是主权国家，准会员则可以是某个国家的"领地"或"领地群"，它要由负责这一领地或领地群国际关系的会员国提出申请，经批准之后，准会员可以参加大会，但不能担任职务，没有表决权。至于作为参加"世界卫生大会"的观察员，目前只有巴勒斯坦、梵蒂冈、马耳他骑士团等三个国家（按：马耳他骑士团是享有主权的特殊国家），以及国际红十字会和红新月国际联合会两个国际组织。此外，按照相关规定，已经由会员国代为申请会籍的"领地"代表可以作为观察员列席会议，"经大会同意可以对讨论问题发言，可以向总干事提供备忘录，但分发性质与范围由总干事定"。

在这里是否存在参与的"弹性"空间，是可以研究的。

正因为存在上述规定，台湾要参加这些"联合国专门机构"是有困难的。所以，马英九提出，"请世界银行及国际货币基金修改只让联合国会员国参与的规定，让台湾与他们成为伙伴关系，并且设法与中国大陆沟通，发展出一套各方可接受的方式，使台湾成为国际组织会员"。这说明，台湾至今不能参与这些组织，是因为台湾不符合上述组织的章程所规定的入会条件，而不是由于大陆的"打压"。现在他们明白指出，要参与这些组织，需要修改相关的章程，而台湾可以"不计名义""以观察员身份为目标"，然后成为正式会员，要做到这一切，都需要获得上述组织的同意，联合国大会无权越俎代庖。所以，台湾学者也认为这是"不易在短期内实现的"。由此可见,台湾参与联合国专门组织之所以成问题,阻力并不在大陆一边。

除了上述三个组织以外,台湾方面有人提出要探讨参加"世界气象组织"或"国际民航组织"的可能性。我们不妨也一并加以考察。

世界气象组织

世界气象组织的成员有两种,一是国家会员,二是地区会员。国家会员必须是主权国家,现有182个。地区会员有6个,中国香港和中国澳门是其中的两个,属于第二(亚洲)区域协会。香港早在1948年就参加国际气象组织(世界气象组织的前身),1997年香港回归后,以"中国香港"名义保留会籍。澳门1995年由葡萄牙政府提出申请,得到中国政府的支持成为地区会员。

国际民航组织

该组织规定:"国际民航组织是各主权国家以自己本国政府的名义参加的官方国际组织,取得国际民航组织成员资格的法律主体是国家"。该组织的《芝加哥公约》第21章,排除了两个以上政府代表同一国家参加国际民航组织的可能性。现在有188个国家成为会员国。

从以上情况看来,世界气象组织似乎还有讨论的空间,而国际民航组织则未经修改章程,是没有考虑余地的。

我之所以提供以上信息,首先是为了说明台湾"参与联合国专门机构"是一个难题。一位资深的台湾学者指出:这样的事,"本就不应不经协商,由一方抛出,强要对方接受"。如果台湾方面对它期待过高,或者认为只要大陆"放手"就可以解决,那是一厢情愿的想法。其次是试图找出参与某些组织的"弹性"空间,为两岸协商提供可以思考的途径。

我想,两岸都应当以务实的态度面对台湾所谓"国际空间"的难题,共同协商寻找解决的办法,这才是共谋双赢之道。否则,如果台湾方面只是主观地设定一个"不可能一个晚上达成"的"首要目标",而不与大陆协商寻找解决的途径，同时却说出"成功要素在于两岸互信"这样的话，把球踢给大陆。那岂不是预先把今年 9 月间在联合国大会上肯定无法解决问题的责任推给中国大陆了吗？

（《联合早报》2008 年 8 月 26 日）

十、台湾加入联合国专门机构的可能性研究

联合国专门机构

按通常的说法，联合国专门机构一共有 18 个，分别是：

1. 国际劳工组织（International Labour Organization–ILO）

2. 联合国粮食及农业组织（Food and Agriculture Organization of the United Nations–FAO）

3. 联合国教育、科学及文化组织（United Nations Educational, Scientific and Cultural Organization–UNESCO）

4. 世界卫生组织（World Health Organization–WHO）

5. 国际货币基金组织（International Monetary Fund–IMF）

6. 国际开发协会（International Development Association–IDA）

7. 国际复兴开发银行（世界银行）（International Bank for Reconstruction and Development–IBRD）（World Bank）

8. 国际金融公司（International Finance Corporation–IFC）

9. 国际民用航空组织（International Civil Aviation Organization–ICAO）

10. 万国邮政联盟（Universal Postal Union–UPU）

11. 国际电信联盟（International Telecommunication Union–ITU）

12. 世界气象组织（World Meteorological Organization–WMO）

13. 国际海事组织（International Maritime Organization–IMO）

14. 世界知识产权组织（World Intellectual Property Organization–WIPO）

15. 国际农业发展基金会（International Fund for Agricultural Development–IFAD）

16. 联合国工业发展组织（United Nations Industrial Development Organization– UNIDO）

17. 国际原子能机构（International Atomic Energy Agency–IAEA）

18. 世界贸易组织（World Trade Organization–WTO）

但联合国网站列出的"专门机构"则只有 16 个，而将国际原子能机构、世界贸易组织列为"相关组织"，此外，还将国际开发协会、国际金融公司并入世界银行集团。联合国网站增加了一个专门机构，即世界旅游组织（World Tourism Organization）；而在"相关组织"中还有全面禁止核试验条约组织筹备委员会（Comprehensive Nuclear–Test–Ban Treaty Organization）、禁止化学武器组织（Organization for the Prohibition of Chemical Weapons）。

会员、准会员、观察员的资格

联合国专门机构的成员一般都要求是主权国家，有的还要求是联合国的会员国，有的机构允许国际组织作为会员。同样的，全面禁止核试验条约组织筹备委员会、禁止化学武器组织、联合国气候变化公约的签署者也要求有主权国家的身份。

只有个别机构除了国家会员之外，可以允许有其他类型的会员。例如，世界贸易组织，除了主权国家以外，单独关税区也可以申请为会员；世界气象组织，除了国家会员之外，可以有地区会员；国际电信联盟，除了国家成员之外，还有部门成员；国际劳工组织，也是以主权国家为会员，但要求成员国的代表团，除了政府代表（2 人）之外，也要有雇主、劳工（各 1 人）的代表参加。

除了会员之外，有些机构设有准会员（副会员）或观察员。

设有准会员的机构有：粮农组织、教科文组织、世界卫生组织、国际海事组织、世界旅游组织。所谓"准会员"或称"副会员"，"联系成员"，是指"对其国际关系不自行承担责任之领土或领土群"，需要"由对该领土或领土群之国家关系承担责任之会员国或其他当局代为申请"。

设有观察员的机构有：国际劳工组织、世界卫生组织的世界卫生大会、国际海事组织、工业发展组织、国际民航组织、世界贸易组织、万国邮政联盟、国际电信联盟、国际原子能机构等。各个机构对观察员有不同的要求，包括国际组织、政府间组织、非政府组织、区域组织以及非缔约国等。国际劳工组织设有其他组织和机构的观察员，但要由总理事会决定；国际民航组织的观察员也是由国际组织派出的；工业发展组织要求"在联合国大会享有观察员地位者"才能成为该组织的观察员；海事组织只把观察员授予"具有资格的非政府组织"；世界卫生组织本身不设观察员，而在它所属的世界卫生大会上设有观察员；万国邮政联盟的观察员是由政府间国际组织和区域性邮联派出的观察员；国际电信联盟的观察员是由区域性电信组织、操纵卫星系统的政府间国际组织等组织派遣的；国际原子能机构则允许非缔约国派出观察员参加会议。国际货币基金组织与世界银行并不设有观察员，但可以允许成员国派出观察员参加相关的会议。

台湾可能参加与企图参加的专门机构

根据以上联合国专门机构的相关规定，台湾除了可以用"单独关税区"的资格加入并且已经加入世界贸易组织之外，只有可能用"地区会员"的资格加入世界气象组织、以部门成员的资格加入国际电信联盟。但是，台湾当局对此并不感兴趣，因为以这些名义参加上述机构只能与港澳平起平坐，而无法说明它是主权国家，因而无法达到其参与国际空间的政治目的。除此之外，台湾就没有可能被任何一个机构接纳为正式成员。

台湾当局曾经企图加入所有的联合国专门机构，2008年企图在联合国大会上提出"台湾参与联合国专门机构提案"。迄今为止，他们先后提出要求参加的机构有：国际货币基金组织、世界银行、世界气象组织、世界粮农组织、国际民航组织、国际海事组织等等，近期则以推动加入国际民航组织、联合国气候变化框架公约为重点。

我曾经逐个研究台湾参加这些机构的可能性，现将情况分述如下。

（一）国际货币基金组织：规定成员国必须是主权国家，必须是联合国的会员国。目前除了朝鲜、列支敦士登、古巴、安道尔、摩纳哥、吐瓦鲁、委内瑞拉、瑙鲁以外，联合国所有的会员国都是国际货币基金组织的成员，共有187个会员国。台湾既不是主权国家又不是联合国的会员国，因此没有资格参加。

（二）世界银行：加入世界银行之前，必须先加入国际货币基金组织，也就是说，只有国际货币基金组织的会员国才有资格参加世界银行。台湾既然不能参加国际货币组织，就无法参加世界银行了。

（三）联合国粮农组织：现有192个成员，全部是主权国家，此外，还有一个成员组织，即欧盟。

（四）世界气象组织：其成员有两种，一是国家会员，二是地区会员。国家会员必须是主权国家，现有182个。地区会员有6个，包括英属加勒比领地、法属波利尼西亚、法属新喀里多尼亚、荷属的安的列斯群岛，中国香港和中国澳门也是其中的两个，属于第二（亚洲）区域协会。香港早在1948年就参加国际气象组织（世界气象组织的前身），1997年香港回归后，以"中国香港"名义保留会籍。澳门1995年由葡萄牙政府提出申请，得到中国政府的支持成为地区会员。

（五）国际民航组织：该组织规定，"国际民航组织是各主权国家以自己本国政府的名义参加的官方国际组织，取得国际民航组织成员资格的法律主体是国家"。该组织的《芝加哥公约》第21章，排除了两个以上政府代表同一国家参加国际民航组织的可能性。现在有190个国家成为会员国。

因此，台湾企图参加的上述几个联合国专门机构，除了世界气象组织可以用"地区会员"的资格加入之外，其他机构是无法参加的。至于台湾近期企图参加"联合国气候变化框架公约"，也要根据世界气象组织的相关规定办理。

台湾提出参与联合国专门机构的方式

台湾当局与学者极力图谋加入联合国专门机构，他们提出了几种参与的方式，现在分别加以讨论。

（一）观察员

台湾当局提出"不计较名义"，"初期将先争取成为观察员，进而成为正式成员"。这是一种"得寸进尺"的办法。他们目前正在这样做。例如，推动以观察员身份加入联合国气候变化框架公约。

联合国气候变化框架公约的参加国中有 5 个国家是作为观察员身份出席会议的。台湾用什么办法提出申请呢？他们想利用世界卫生大会（WHA）观察员的身份。理由是"依联合国气候变化框架公约（UNFCCC）规定，联合国会员或联合国专门机构观察员可申请成为 UNFCCC 观察员"。其实，世界卫生大会（WHA）只是世界卫生组织（WHO）这个专门机构的大会，而不是世界卫生组织本身，世界卫生大会的观察员不等于世界卫生组织（WHO）的观察员（世界卫生组织本身不设观察员），因此台湾谈不上是"联合国专门机构的观察员"，用这种办法去申请估计很难通过。也有人主张以非政府组织（NGO）的身份申请成为观察员，这与台湾当局的意图就不一致了。

（二）准会员

有的台湾学者主张台湾应当以"准会员"或"副会员"的身份参加联合国专门机构，并且希望大陆"为台湾争取或创设副会员"，让台湾成为"代表该领土之政治实体作为申请方"。他认为这样做，台湾作为"副会员"，维持了一个中国原则，而台湾当局作为申请方，并非大陆代行，双方都可以接受。

我考察了各个专门机构的组织情况，可以看出被列为准会员的有以下少数几个：原美国殖民地波多黎各自由邦（Puerto Rico）、荷属的安的列斯群岛（Netherlands Antilles）及其大岛阿鲁巴岛（Aruba）、英属维尔京群岛（British Virgin Islands）、英属开曼群岛（Cayman Islands）、丹麦属法罗群岛（The Faroes islands of Danmark）、比利时属佛兰芒社区（Flemish Community of Belgium）、新西兰属托克劳群岛（Tokelau）以及中国的香港和澳门。显然这些准会员都是"对其国际关系不自行承担责任之领土或领土群"，台湾当局肯定不会接受这样的安排。事实也是这样，在台湾当局企图进入世界卫生组织时，台湾就有人提出坚决反对作为"副会员"参加，因为那是"由中国政府在国际组织中代表台湾"。所以，即使我们按照这位学者的要求，努力"为台湾争取或创设副会员"的资格，也不可能得到台湾方面的善意回应，无助于问题的解决。

（三）修改入会章程

台湾当局提出"请世界银行及国际货币基金组织修改只让联合国会员国参与的规定，让台湾与他们成为伙伴关系，并且设法与中国大陆沟通，发展出一套各方可接受的方式，使台湾成为国际组织会员"。这个办法比以上两种办法更彻底，企图一步到位地解决台湾的"国际空间"问题。

关键在于"只让联合国会员国参与"联合国专门机构的规定，要怎样改变呢？是否可以让"非联合国会员"也能参加呢？这些"非联合国会员"要以什么身份参加呢？

看来只有两种可能，一是以"主权国家"的身份参加，这样，主权国家与非主权国家就没有区别了。再说，如果承认这些"非联合国会员"是主权国家，那么他们为什么不能参加联合国呢？二是以"非主权国家"身份参加，早在上个世纪末，美国就有一位参议员主张，美国政府应当支持"国际货币基金组织"修改章程，让台湾等"非独立国家"均能成为会员。这位美国人似乎想要帮助台湾，可是台湾当局却不领情，他们以"中华民国是主权国家"对他加以"严正驳斥"，指出让台湾以"非国家"身份参与国际组织，把台湾摆在香港、澳门、波多黎各一样的地位，沦为"托管地"与"特区"，如果接受必定"后患无穷"。看来修改章程的办法也走不通。

（四）比照港澳

台湾有人主张，凡是香港、澳门已经参加的国际组织，台湾都可以参加，名称要双方可以接受；凡是香港、澳门没有参加的国际组织，台湾都要用其他身份参加；凡是不设观察员的组织，台湾要与北京协调，要该组织修改章程，让台湾以观察员身份参加。当然这是少数人的意见，台湾方面未必能够接受。

结语

从以上研究可以看出，台湾要参加联合国专门机构是没有多少机会的。但马英九当局一向把能否参加这些专门机构当作检验"活路外交"成效的重要标志。他们始终没有中断在这一方面的活动，并且经常放话，试探我方的反应。我方有些人为了维护两岸难得的和平稳定局面，也极力主张"放宽"台湾参与国际空间的做法。有的主张"让台湾以观察员名义参加所有的国际组织"，有的主张我方应当主动要求国际组织修改章程，让台湾可以参加。他们不去研究这些国际组织的章程与有关规定，或者以为我们可以主导国际组织的运作，这对于解决实际问题、改善两岸关系并没有好处。

因此，当台湾当局提出要求参加任何一个国际组织时，我方都要有针对性地逐个地进行具体研究，做到心中有数，这样才知道有何难处、是否可行，才不会"慷慨"地做出不切实际的回应。现在对于台湾参与国际组织的问题，已经成为一个重大难题，而对这一问题有专门研究的学者为数不多，需要重点培养，同时还要主动邀请学有专长的台湾学者前来与我方共同研究，才有助于问题的解决。

（写于 2010 年 12 月 16 日）

十一、"互不否认"的三个层次

近来，台湾方面一再提出"互不否认"的说法，"陆委会"负责人说：两岸已经从"互相否认"到"互不否认"；"两岸关系已经迈入互不否认的第二步，朝向互相承认的第三步发展"。甚至说："显示对岸并不否认中华民国是主权国家的事实"。一些官方人士甚至说"互不否认"已经得到北京的"背书"（认可、支持），并且说，两岸双方领导人都有新思维，可是学者中却存在不少旧思维，看不到"大前提"。据我所知，他们所说的"大前提"就是"互不否认"。

千万不要小看台湾媒体对大陆的影响，现在大陆已经有人认同台湾方面所说的两岸已经从"互不承认"变为"互不否认"的说法了。有的则认为"互不否认是维持台海现状与突破两岸关系谈判僵局的基础"，是一种"务实的思维"。

于是，一时之间似乎"互不否认"已经成为两岸的共识，至少是默契了。

不过，台湾有人认为"互不否认"只是"陆委会的一厢情愿"，或者说是"投降主义的产物"。大陆人民多数对"互不否认"的说法表示怀疑和不解，而有关部门则对此保持沉默，这究竟是怎么回事呢？

"互不否认"什么？

所谓"两岸互不否认"，是一个很含糊的说法，问题是究竟要互不否认什么呢？

这肯定是一个政治议题。它可以包含许多具体内容，例如：

海协与海基会互不否认；双方互不否认是官方授权的机构；陈会长与江董事长互不否认。共产党与国民党互不否认；胡总书记与吴主席互不否认；基层党部互不否认；市委书记与市党部主委互不否认。县市长互不否认。互不否认"两岸同属一个中国"。互不否认两岸"不是国与国关系"。"国军"与"共军"互不否认。

国台办与陆委会互不否认，双方行政部门官员互不否认。

互不否认"中华人民共和国宪法"与"中华民国宪法"。互不否认"对方为政治实体"，或"对等政治实体"。互不否认"两岸各自拥有治权"，互不否认"两岸互不隶属"。"中华人民共和国在大陆"与"中华民国在台湾"互不否认。中华人民共和国政府与"中华民国政府"互不否认。中华人民共和国与"中华民国"互不否认。互不否认"对方是主权国家"。互不否认"对方的国号、国旗、国歌、首都"。互不否认"对方是代表中国的唯一合法政府"。互不否认"对方具有参加以主权国家加入的国际组织的资格"。互不否认"对方有权参加联合国及一切联合国专门机构"。等等。

罗列出这些项目，是为了说明所谓"互不否认"有层次上的差异。第一种是已经做到的，不再成为问题了；第二种是双方或一方尚未明确表态、有可能通过协商逐步做到的；第三种是根本无法做到的，双方也不会认同的。

所以，只说"两岸互不否认"，把这一切混在一起，就会让人家弄不明白你究竟要的是什么？也让人家弄不明白你的要求是否合理，是否可以做到。

台湾要的是什么？

很多人认为不应当"否认"对方，似乎"否认"对方是大逆不道的事。但是，如果不弄清对方要你不"否认"的是什么，不懂得"要害"的所在，你怎么敢说"我什么都可以互不否认"呢？

我们不妨列举台湾几位官员的说法。

台湾的"外交部长"说："中华民国与中国大陆在国际社会互不否认，彼此尊重，各尽所能，将外交资源用于参与国际间共同议题的解决"。他要的是"中国大陆"在国际社会中不否认"中华民国"。

马英九办公室发言人说："中华民国是主权独立国家，台湾与大陆虽然无法做到互相承认，至少可以做到相互不否认"。他要的是不否认"主权独立国家"

的身份。

"陆委会"主委说："过去一直是海基会董事长去北京与海协会会长会谈，这次陈云林到台北，是历史性的大跨越，显示对岸并不否认中华民国是主权国家的事实"。她要的也是"主权国家"。

由此可见，台湾方面要的"互不否认"与上述引用的许多具体项目都没有关系，唯独与"主权国家"有关。

简言之，所谓"互不否认"就是不否认"对方是一个主权国家"。这才是要害所在。如果大陆一旦对此"互不否认"，那就相当于"通过一些虽未明确承认但却含有表示承认的意思"，即所谓"默示承认"。怪不得台湾方面有人认为这是含有"默示承认""中华民国政府"或"中华民国"的意味，从而进入"互相承认"就为时不远了。

如果你看到这一点，你能说两岸已经从"互不承认"变为"互不否认"了吗？你能说什么都可以互不否认吗？

我之所以提出"互不否认"三个层次的说法，是为了说明两岸之间有许多事实是可以通过协商得到解决的，"互不否认"也不例外。随着两岸关系和平发展的进程，在国家尚未统一的特殊情况下的政治关系将展开务实的探讨，有些层次的"互不否认"也有可能做到。现在时候未到，即使在"互不否认"问题上两岸有不同的看法，我们不妨暂时把它搁置下来，不必急于处理。但是弄清问题的实质还是必要的。

还应当提醒的是，解决这个问题要有一个前提，那就是："不造成'两个中国''一中一台'"。这是原则，也是大陆方面的"坚持"，希望得到大家的理解。

（《联合早报》2009 年 1 月 16 日）

十二、"互不否认"与"互不承认"

"互不否认"等于"两个中国"

马英九上台以后，台湾当局一再提出两岸"互不否认"的说法。我曾经写过一篇文章：《"互不否认"的三个层次》（《联合早报》2009 年 1 月 16 日），说明两岸之间有些事务是可以"互不否认"的，但主权问题是无法"互不否认"的。我引用台湾的"外交部长""府发言人""陆委会主委"三人的话，说明他们要中国大陆在国际上不否认的是"中华民国"，要中国大陆不否认"中华民国是主权国家"。这才是"互不否认"的要害所在。

但是，直至 2010 年 10 月 10 日马英九在"国庆演说"中还说："中华民国"是主权国家，两岸在法理上不可能"相互承认"，在事实上要做到"互不否认"。可见他指的仍然是"互不否认对方是主权国家"。

试问，如果两岸互不否认对方是主权国家，"在国际上不否认中华民国的存在"，不否认"中华民国"是主权国家，那岂不是承认了"两个中国"？这在国际社会是无法接受的。所以说："互不否认"是不对的。

"互不承认"等于没有中国

五个月之后，马英九在 3 月 9 日海基会 20 周年庆祝大会上提出"互不承认主权"。这就是说他已经公开承认过去"互不否认主权国家"的说法是错误的。现在不能再说"互不否认主权"，应当要说"互不承认主权"，这确实是一个巨大的改变。

也许有人会说："人家改变了错误说法，大陆就应当欢迎才对呀"。那么，中国大陆有可能接受吗？

按照马英九的说法，包含两个方面：一是中国大陆可以不承认"中华民国是主权国家"；二是台湾方面也可以不承认"中华人民共和国是主权国家"，似乎只有这样才"公平合理"。

先谈第一个方面：不承认"中华民国是主权国家"有没有道理呢？有的。全世界公认"中华民国"不是主权国家，所以绝大多数国家不与"中华民国"建交，"中华民国"也不能加入由主权国家参加的国际组织。美国方面一再重申"不支持台湾加入由主权国家参加的国际组织"，2007年美国官员还明确指出："台湾或中华民国在当前国际上都不是国家"。所以，中国大陆不承认"中华民国是主权国家"是对的，是可以得到国际社会认同与支持的。

再谈第二个方面：从台湾当局看来，终止"动员戡乱时期"以后"不再把中国大陆视为叛乱集团"，已经是宽宏大量了，他们强调现在"无法承认大陆是一个主权国家"。一位台湾学者解释说，如果承认主权就是"违宪"，就是"两国论"。那么，不承认中华人民共和国是主权国家，行得通吗？行不通。全世界公认中华人民共和国是主权国家，不仅是联合国会员国，而且是常任理事国，中华人民共和国可以与各个主权国家建交，可以参加一切由主权国家参加的国际组织。不承认中华人民共和国是主权国家，不仅不会得到国际社会的认同与支持，反而会遭到强烈的谴责与反对。试想，如果不承认中华人民共和国是主权国家，就是不承认中华人民共和国政府作为主权政府的一切权利，那么在联合国就没有中国的合法代表，就等于没有中国。这无论如何是行不通的。所以说："互不承认"也不对。

共同维护中国主权

既然"互不否认""互不承认"都不对，究竟要怎样才对呢？我的看法是：共同维护中国主权。

在这里，我要回顾一下两岸关系的一段历史。

在1971年以前，尽管中华人民共和国早已建立，但联合国的席位一直由

"中华民国"的代表占据，当时在国际上承认"中华民国"的国家比承认中华人民共和国的要多。那时中国大陆采取什么态度呢？

首先，凡是要与中华人民共和国建交的国家，必须与"中华民国"断交。这就是说，只能有一个政府代表中国。当时英国与"中华民国"断交，与中华人民共和国建交，但又与美国一道支持台湾留在联合国，因此中国大陆与英国只建立了"半外交关系"，不派大使，只派代办。

其次，当时"中华民国"的代表占据了中国在联合国的席位，中国大陆一方面要求恢复中华人民共和国在联合国及安理会的合法权利，一方面决定只要台湾方面的代表不走，我们就不进去。

这样做的目的是什么呢？一句话：维护中国领土主权的完整，维护一个中国原则。

中华人民共和国作为一个世界大国，宁肯被排除在联合国之外，宁肯不与大多数国家建交，宁肯遭受22年的委屈，也要维护中国领土主权不可分割的原则。这一段历史很多人可能忘记了，但这确是事实，所以我要提醒大家思考：过去，中国大陆做到了，现在，台湾当局能不能做到？

在两岸关系和平发展的形势下，我认为台湾当局不要在"互不否认""互不承认"上面绕弯子了，那是不能解决任何问题的。这个问题应当放在"搁置争议"之列，等到政治协商时再谈。

现在两岸应当合作共同维护中国主权，这个中国是"包括大陆与台湾在内的一个中国"。

（《联合早报》2011 年 3 月 14 日）

十三、和平协议的若干难题

十七大报告提出"达成和平协议"的主张，深得民心。如何才能实现这一目标，需要研究诸多问题。目前在这些问题上，两岸之间存在不少歧见，本文针对这些歧见提出一些看法，供决策参考。

用"协议"还是"协定"？

"协议"（agreement）：所谓"协议"是 当事人双方（或多方）为了解决或预防纠纷，或确立某种法律关系，实现一定的共同利益、愿望，经过协商而达成一致后签署的书面意见。可以用于国内 , 如 1946 年的《东北停战协议》；也可以用于国际，如 1992 年《北美自由贸易协议》以及 WTO 的许多协议。

用"和平协议"的名称是我方提出的。在"胡连会"的五项愿景中也使用这个名称，马英九、谢长廷都曾提过和平协议。目前两岸提到的也多是和平协议，这应当没有太大问题。

"协定"（contract）：是指国家间或国际组织间为解决专门和临时性问题而签订的契约性的条约。一般用于国与国之间。马英九、陈水扁都曾主张签订"和平协定"。

"条约"（treaty）：国家和国家签订的有关政治、军事、经济或文化等方面的权利和义务的文书。这是台湾"独派"提出的。条约明显是国与国之间的文书，条约的主体必须是国际法主体，因而不能接受"条约"的名称。

至于"和平协定"的名称，则有考虑的余地。因为 1945 年曾经签订《国共双十协定》，1949 年中国共产党与南京中央政府就曾经签订过《国内和平协定》，这说明"协定"的名称也可以用于国内。

用什么名义签订?

根据我方的政策签订者肯定不是国与国,但我方也曾表示双方不是中央与地方的谈判。因此,用什么名义签订还有研究的空间。

马英九提出要由中华人民共和国政府与"中华民国政府"来签订。

民进党可能不会接受"中华民国"的身份,他们要以"中国"与"台湾"的名义签订。

我们曾经希望由国共两党来签订,但台湾方面不可能做到。台湾任何政党都不能代表台湾。现在国民党是"在野党",与国民党签订没有任何法律效力;即使将来国民党执政,由国共两党签订,对台湾当局也没有任何约束力;同样地,如果与民进党签订,它也不能代表台湾。

目前可能采用的方案如下:

一是由双方授权海协与海基会签订,经双方批准后生效。但台湾方面担心这是回避"政府"的"公权力"的表现,可能提出反对。其理由可能是:对于经济性、事务性的协议可以由两会签订,而涉及政治性的议题,则要由具有公权力的政府来签订。

二是以中华人民共和国政府与"中华民国政府"的名义签订。这就比较敏感,需要认真研究。

三是以某种"中性"的名义签订。这也需要研究是否可能为双方接受。

总之,名义问题涉及两岸政治定位,是重大难题之一。

要解决什么问题?

和平协议要求解决什么问题,需要明确。可以解决双方承诺两岸问题和平解决,保证"台湾不独,大陆不武";进而做到两岸共同维护祖国领土主权的完整;也可以只解决两岸和平共处的问题。要求过高则难以做到;要求过低则等同废纸。

（一）保证"台湾不独，大陆不武"

这是当初李侃如"中程协议"的设想。可是如果台湾不能先保证"不独"，大陆就不可能保证"不武"；反之，如果大陆不能先保证"不武"，台湾也绝不可能保证"不独"。马英九虽然提出"以不独换不武"，但他如果执政，民进党不会赞成这个做法，因而台湾也不太可能做出"不独"的保证。

至于什么才算"不独"？陈水扁曾经保证"四不一没有"，但却一直强调落实"台湾主体意识"，强调台湾（或"中华民国"）是"主权独立"国家，算不算"不独"？什么才算"不武"？我方保证不对台湾使用武力，但不能承诺不再扩充军备、部署导弹，对方会认同这算"不武"吗？

"协议"不可能把任何具体事项（例如，修改教科书"去中国化"、大陆沿海只能部署多少导弹等）都包括在内。这样，和平协议对"不独""不武"的保证便可能成为空话。因此，这个难题目前还无法处理。

（二）要求两岸共同维护祖国领土主权的完整

这是我方曾经提出的主张。从台湾方面看来，如果接受这一点，就等于"投降"，因为台湾的前途只有"统一"一个选项，台湾民众没有其他选择。这与国民党、民进党所主张的"台湾前途要由2300万台湾人民决定"相违背，他们不会接受。

（三）结束敌对状态

这是我方提出的。民进党当局对此没有太高的意愿。国民党如果执政，可能愿意谈，而民进党则提出他们从来没有与中共打过仗，没有结束敌对状态的问题。我认为目前没有必要开展这个问题的争论，不要因为这个问题而阻碍了和平协议的达成。

（四）共同保证两岸的和平发展

即暂时回避敏感问题，不涉及统"独"、"主权"等症结，只要求做到两岸和平共处，维持现状。先从经济性、事务性方面着手，寻求互利合作关系的发展。

从目前看来，这个要求虽然较低，但却是比较切合实际的、可行的，台湾方面已经有人提出类似的主张。

要准备什么"礼物"?

签订和平协议是讨价还价的过程，也是"给"与"取"的过程，我方希望得到什么，就要准备拿什么来交换。

首先，要考虑我方要求得到什么? 签订和平协议我方希望得到哪些好处? 什么可能得到，什么不可能得到? 如果和平协议不能让我方得到具有实质意义的好处，我方有必要去大力推动吗?

其次，要考虑我方可以"给"对方什么东西（所谓"礼物"),是"大手笔",还是"小意思",这关系到重大决策问题。如果我方不能给予对方所希望得到的某些好处，对方有可能与我方谈判吗?

对方最希望得到的是：不以武力解决台湾问题（包括撤除导弹）;承认台湾（"中华民国"）是主权国家;"加入"或"返回"联合国。此外，马英九要求做到"互不否认"、"不统，不独，不武"。我方能够"给"到什么程度?

双方的交换条件，可以有许多设想，例如：

如果我方希望对方接受"一个中国""九二共识",是否可以接受这样的交换条件：在国内场合（即一个中国原则下）允许"中华民国政府"的存在?

如果我方希望对方"不独",是否准备给予"不武"的承诺?

如果我方要台湾方面不再从事任何"台独"的行动，我方是否可以承诺不在国际上从事任何"反独促统"的活动?

如果我方希望对方不要一再在国际上叫嚷"扩大国际活动空间",可否给予台湾方面作为中国驻联合国团"副代表"的待遇?

如此等等,要"取"什么,要"给"什么,都要事先进行专题研究,做好准备。

要不要预设前提?

我方提出"在一个中国原则的基础上",也可以说在"九二共识"的基础上。

这是一个原则立场。

国民党可以接受"九二共识",但强调对等,即要承认"中华民国是一个主权国家"。马英九还提出撤除导弹等前提。

民进党当局曾经提出"在不预设前提下"。

陈水扁则提出三个前提:不要以"一个中国"为前提;废除《反分裂国家法》;撤除导弹。

如果双方同意以"一个中国"作为前提,那么两岸就不会有什么困难。可是"一个中国"现在已经成为两岸的症结,是两岸关系中的一大难题,要把它作为前提,其他问题就无法讨论了。

前提与要求解决的问题相关,如果要求解决"不独不武"或领土主权问题,则难免涉及前提;如果只是要求和平共处,则可以回避上述前提。

需要准备妥协让步

和平协议需要经过双方谈判才能达成,而谈判的过程是相互妥协与让步的过程。双方必然有自己的要求,提出自己的最佳方案。如果要求根据自己的最佳方案达成协议,那就等于要对方投降。要想得到较大的成果,就要准备付出较大的代价。要"有所得"就要"有所失"。不可能不付出代价就可以取得自己所要得到的东西。不"给"而"取"是不现实的。只"给"不"取",也是不正常的,甚至会让人家认为有什么阴谋,被视为"统战""收买"。

因此谈判结果不可能完全满足任何一方的意愿,只能做到双方"虽不满意,但可接受"。"只有各方准备把自己要求中的各个部分区别开来,在某些部分让步,以换取另一部分上的满足,才有可能达成彼此满意的协议"(科恩:《论民主》)。既要让自己得分,也要让对方得分,这是解决冲突的最好办法。

所以,在最佳方案之外,需要准备"次佳方案",这就需要妥协让步,没有这种思想准备和方案准备是无法达成协议的。

双方存在许多歧见,有些是关键性的症结性的难题,一时不易弄清,不必弄清或即使弄清了也无助于达成协议、只会增加分歧、使问题更难解决的问题，就应当搁置起来，不搞争论。

总之，签订和平协议是一个重大决策，对推动两岸关系和平发展具有重大意义。但也存在许多难题，需要集思广益，通盘研究，做好充分准备，促使和平协议的顺利达成。

（2007 年 12 月写于新加坡）

十四、何谓"结束敌对状态"？

国共内战的结束，如果从 1949 年算起，已经 60 年了。如果从 1979 年停止炮击算起，也有 30 年了。可是战争的阴影仍然存在于两岸人民心中而无法抹去。在现实上，战争的威胁也并未消除。因此，两岸高层都表示希望"结束敌对状态"，走向两岸关系和平发展的道路。这更是两岸同胞的共同愿望，因而引起人们的广泛重视。

但是究竟什么是"结束敌对状态"？众说纷纭。

有人说，台湾宣布解除戒严、废除"动员戡乱时期临时条款"，不再视中共为"叛乱"团体，就是"结束敌对状态"。可是，大陆至今还没有做出这样的宣告。

有人说，结束敌对状态是一个复杂的"综合工程"，包括外交休兵、建立互信机制（政治互信、外交互信、军事互信、文化互信，乃至于政治领导间的互信）等等，而这一切，由于台湾朝野意见无法统一、两岸互信基础尚未建立，因而需要很长的时间才能达成。

还有人说，统"独"之争造成两岸敌对状态。似乎没有解决统"独"问题，敌对状态也无法结束。

上述不同的说法，涉及的范围不同，解决问题的难易程度有很大差别，因而采取的办法也不一样。

如果说，台湾单方面宣布废除内战时期制定的"临时条款"就已经宣布结束敌对状态，那么，大陆只要单方面宣布废除当年相关的文告，也就可以算是宣布结束敌对状态，事情就非常"简单"了。可是，这样能解决问题吗？台湾废除"临时条款"之后，对大陆的敌对情绪并未削弱，在某些势力的操弄之下，有时还相当强烈。即使大陆同样宣布不再视国民党为"叛乱团体"，难道就可以"结束敌对状态"了吗？看来事情并不是这么容易。

如果要把建立两岸之间的政治互信、外交互信等等都作为结束敌对状态的前提，那问题就是十分复杂了。两岸之间的政治互信、外交互信等等，不知什么时候才能获得台湾朝野的一致意见？什么时候才能获得两岸之间的共识？这样，结束敌对状态就遥遥无期了。

显然，敌对状态并非由统"独"之争造成的，上述一种说法是不了解历史所致。敌对状态是上个世纪40年代中国内战造成的，而且遗留并延续到现在。因此，结束敌对状态，就是要结束内战遗留的敌对状态。早在1979年全国人大常委会《告台湾同胞书》中就明确提出：结束军事对峙状态。

我认为结束敌对状态，就是结束两岸军事对峙状态，对内战做一个了结。它既不包括政治、外交等等方面的分歧和对立，也不需要先解决"统独之争"。按照这样的理解，问题就没有那么复杂，涉及面也不广，不会互相牵扯拉出一大堆问题来"一揽子"解决。

换句话说，结束敌对状态不是结束政治对立。这是两回事，两岸结束政治对立需要经历相当长的过程，而结束军事对峙状态，则是近期可能办到的事。由于两岸都表达了要共同走向和平发展的道路，结束军事对峙状态的条件必将日趋成熟。经过双方的协商，达成共识，并且以正式文件宣布，应当不是太难的事。

现在两岸高层都把结束敌对状态与签定和平协议联系起来，我认为这二者可以有先有后，也可以合并在一起进行。

如果要单独签定结束敌对状态的协议，可能台湾内部难有共识。因为民进党人说过：内战是在国共两党之间进行的，他们之间才有恩怨，我们与共产党没有恩怨，要结束敌对状态是国共两党的事，与我们无关。这些话不无道理。民进党似乎没有必要介入这件事，也不愿意为此事"背书"。由国共两党来签，台湾似乎还难以接受。

如果在签定和平协议的同时，两岸共同宣告结束敌对状态。事情可能简单一些。因为民进党也曾经提出签订和平协议,他们没有理由对此持反对态度。而在签订和平协议的同时,宣告结束敌对状态则是顺理成章的事,对此很难持有异议。

现在的关键是和平协议是一个具有权威性的文件,必须由具有公权力的代表签署。这才是目前需要解决的难点。因此,对当前条件下两岸的政治关系进行务实的探讨,就显然十分必要。我相信本着"建立互信,搁置争议,求同存异,共创双赢"的精神,依靠两岸人民的聪明才智,这个问题必定会得到合情合理的解决。

既不要把复杂问题简单化,也不要把简单问题复杂化。

相信有一天,两岸会在北京和台北分别举办庄严的仪式,同时郑重地宣告:两岸正式结束敌对状态,共同迈向和平发展的大道。这是我们的期待。

(台湾《中国时报》2009 年 4 月 29 日)

十五、两岸"信心建立措施"（CBMs）的起步

近来两岸学界正在讨论两岸信心建立措施问题，谈论更多的是军事互信机制问题。"信心建立措施"（CBMs）有狭义与广义两种解释，狭义的是专指涉及军事安全方面的措施，广义则包括政治、经济、军事、外交、文化、宗教及意识形态等领域，即一切有助于增进彼此互信的措施。

以下，我们从两岸"军事互信机制"的前提条件开始，进而讨论两岸"信心建立措施"的条件是否具备的问题。

协商"军事互信机制"的前提

在议论"军事互信机制"时，对前提条件存在一些不同的看法，但结论则是基本上一致的：条件尚未成熟。

台湾方面，马英九先后提出条件有：（一）大陆先撤对台部署的约1500枚飞弹，作为两岸协商军事互信机制之先决条件。（二）待大部分经济议题得到解决后，再着手商谈建立双方互信机制的问题。（三）这个议题太敏感，涉及台湾和美国的关系，"我们主要军备来自美国，因此我们非常谨慎"。

吴敦义提出，两岸如果要谈军事互信机制，应该有两项前提：（一）台湾绝对要保持虽小但精实且强，能够自我防卫台澎金马的安全；（二）一定要循序渐进，有些时机成熟后可以先谈。

学者赵春山提出，两岸的政治对话必须先符合以下三要件：首先是两岸顺利签订"金融监理备忘录"（MOU）和"经济合作框架协议"（ECFA）；其次是台湾内部应先取得对进行两岸政治对话的共识；最后则是取得重要国家，比如像美国、日本等的支持。这一说法虽然不是针对信心建立措施而言的，

但也是台湾方面需要考虑的问题。

总之，台湾官方认为目前条件不成熟。台湾学者也认为，目前两岸"没有足够的政治信任度"来启动军事互信机制的协商。民进党人也指出："台湾'国防部'方面认为，在政治互信尚未建立前，两岸仍无法做军事上的互信，这个评价是诚实的"。[1]

大陆方面，胡总书记 2008 年 12 月 31 日讲话指出："为有利于稳定台海局势，减轻军事安全顾虑，两岸可以适时就军事问题进行接触交流，探讨建立军事安全互信机制问题"。

因此，大陆学者一般认为两岸军事互信机制建立的前提条件是必须坚持两岸同属一个中国的基本原则，并且强调"这是根本的前提条件，也是不容回避的重要条件"。还有人认为"两岸建立的军事安全互信机制的前提则是一个中国原则，目的是为了两岸双方共同维护祖国的主权和领土完整，防范和打击'台独'分裂活动，推动祖国和平统一"。

不少大陆学者强调：海峡两岸只有政治互信才能实现军事安全互信。政治互信是两岸军事互信的前提，军事互信必须建立在政治互信的基础上。

由以上可见，两岸存在两点共同的看法：

第一，两岸都认为，目前要讨论"军事互信机制"问题条件尚未成熟，但双方提出的"前提"则不一致。例如，台湾方面要以撤除导弹作为前提，大陆一位将军则认为撤除导弹可以商量，但那是协商的结果而非前提。又如，台湾方面提出要得到国际社会接受，大陆有的学者认为这是"更严苛的条件"。此类问题还需要时间去协商解决。

第二，两岸都有"没有政治互信就谈不上军事互信"的说法，即政治互信是军事互信的前提。

本文重点针对第二点提出讨论。

按照这种看法只有在有了政治互信以后，才能谈军事互信问题。那么，什么是"政治互信"呢？我想引用几位大陆学者与台湾学者的解读。

大陆学者李家泉指出：什么是政治互信？那就是台湾承诺不搞"台独"

或"法理台独"，也不搞"独台"或"法理独台"；大陆承诺不用武，不搞武力统一。双方通过谈判达成协议，借以建立一种政治互信机制。而军事互信机制，则必须建立在政治互信机制的基础上。军事是政治的延伸，是从属于政治的，没有"一个中国"作基础的政治互信机制，军事互信机制是很难建成的，即使建成也像是在沙滩上垒建起来的大厦，随时都有崩塌的危险。归根结底还是台湾政治定位问题、台湾主权归属问题。只要这个大问题解决了，其他诸如政治互信、军事互信机制等问题都将迎刃而解。[2]

大陆学者张文生指出：政治互信，就是双方在政治上的相互信任，也是双方各自在政治上相互给予对方政治信心。两岸政治互信，就是海峡两岸在政治上的相互信任，或者说是海峡两岸各自在政治上相互给予对方的政治信心。对于台湾来说，就是要给予大陆"台湾不会走向分裂、海峡两岸最终将走向统一"的信心；对于大陆来说，就是要给予台湾"保持台海和平稳定，两岸统一对台湾人民有利"的信心。[3]

台湾学者杨念祖认为，政治互信的实质内涵是，双方不具备生存与发展的威胁，不具备以武力侵犯领土主权的威胁，并以充分的政治作为保障互相尊重、平等互惠、和平共处，充分表现相对认知与实际作为的政治决定与行动。[4]

大陆学者刘国深认为，所谓"两岸政治互信"，就是海峡两岸双方彼此以口头、书面或行为默契的方式，展现出共同维护两岸同属一个中国的法理和政治现实之意志，建立起相互包容和信任的政治关系。[5]

从以上说法可以看出，政治互信应当是比较高层次的互信。所以，一般认为"政治互信是政治交往中一个很高的境界，一旦有了政治互信双方存在的各种问题就容易解决"。但上述几位学者对政治互信的内涵看法却有相当大的差距。如果按照两岸认同"不独不武"、解决了台湾政治定位、肯定走向统一才是政治互信的说法，那么确实两岸一切问题都会迎刃而解。但有了如此高标准的政治互信以后，再来进行军事互信机制的技术层级商谈，诸如建立军事热线、事先通报演习之类，似乎就显得多此一举，毫无必要了。

我想强调的是，之所以要建立互信，就是因为双方还没有足够的互信，或还没有政治互信，所以才要从政治之外的其他方面着手逐渐地建立互信。换句话说，所有的"信心建立措施"或"军事互信机制"都是在互信不足的条件下，双方认识到彼此建立互信的必要性才开始建立的。正如，杨念祖所说："互信的产生，是建立在双方或多方，同时产生相对安全认知及谋取相对安全的需要。"

我们可以从国际上的先例考查这一问题。

先看欧洲的情况。欧洲安全与合作会议（CSCE）是华沙集团与北约集团这两大敌对集团出于相对安全认知与谋取相对安全的需要，而开始共同推动建立军事互信的。在冷战时期美苏对立，进行核竞赛，他们之间谈不上政治互信。但由于相互的"需要"，试图摆脱"恐怖平衡"的状态，才不得不谈判限制核武器的问题，以免造成误解或误判，因为任何一方发动战争，必然导致无法挽回的后果。

1975年签署《赫尔辛基最后文件》之后，双方的政治互信仍然"不足"，例如，当时苏联与东欧国家认为这个文件只具有道德约束力，而没有合法性，美国及其盟国则有不同看法，最后只好采取折中方案，使用模糊的"最后文件"这样的名称。1978年贝尔格莱德会议，美苏两国围绕人权问题争吵激烈，导致会议陷入僵局。1983年马德里会议，美苏两国在阿富汗及波兰局势问题上立场对立，在程序、裁军、人权、扩大信任措施等问题上争论激烈，最后只能通过一项折中方案。此后仍然有许多争议，包括对北约东扩的对抗，但并不能以此来否定欧洲安全与合作会议在建立信任和安全措施，包括裁军以及人权、经济与技术合作等方面所取得的成果。

再看东盟的情况。1995年东盟地区论坛（ARF）通过一个"概念文件"，强调安全的概念是综合性的，不仅限于军事方面，也不会把解决办法强加参加者。以后东盟地区论坛形成了"平等参与，求同存异，协商一致，循序渐进"的合作方式，采取自愿参与的原则。但是当时东盟地区国家之间的矛盾冲突相当复杂，多数国家只愿意从经贸等非军事层面参与合作，例如打击跨国犯罪、海洋安全、海上意外事故、环境污染、搜求等等，很难涉及军事安全等核心问题。冷战以后，东盟以合作促进安全，通过对话建立信任，开展预防性外交，力图建立多边合作的安全结构，为解决争端与纠纷创造条件，为维护地区的和平稳定发挥了应有的作用。

中国与东盟的互信也经历了相当长的过程，柬埔寨总理洪森指出：东盟和中国的交往是循序渐进、日益加深的。在上世纪七、八十年代，中国和东南亚国家间没有太多的互信。但中国和东盟建立对话关系15年来，我们可以发现，双方间已经有了互信与合作。在当时难以达成的信任，到今天已经变为中国和东盟各成员国间完全的信任和充分的合作。

引用上述资料是为了说明建立互信是一个逐渐积累的过程，政治互信可以在构建"信心建立措施"的过程中逐步提升、强化。因此，不能要求有了足够的政治互信之后，才可以开始协商"信心建立措施"或"军事互信机制"，恰恰相反，根据欧洲、东盟等经验，都是在缺乏互信的情况下，为了避免误判而造成严重冲突才采取这一互相折冲的办法，起初的一些协议往往是只具有道德约束力或政治约束力，而不具有法律约束力，这正说明了彼此政治互信的不足。世界上并没有建立在政治互信基础上牢不可破的军事互信机制，即使建立了军事互信机制也不能确保安全，甚至制定了"限制性措施"、"验证性措施"也无济于事。但是，只要有了相对安全的认知，就有可能可以从低层次的互信合作开始，并在互动的过程中逐渐提高与完善。

因此，我同意政治互信不是一步到位而需要分步骤达成的看法，把高标准的政治互信作为协商军事互信机制的前提是一种过高的要求，它会使人们在未有"足够"政治互信的状态下，产生无力感与悲观情绪，而不敢大胆地在两岸信心建立措施上开始迈步。

协商"信心建立措施"的前提

那么，协商"信心建立措施"的前提是否成熟了呢？

这就需要考虑到"大环境"的变化。过去，在陈水扁极力推行"法理台独"，两岸关系紧张的条件下，谈论"两岸安全"或"台海安全"，主要限于传统的军事安全方面。现在两岸关系走上和平发展的轨道，"合作安全"的概念应当适用于两岸。所谓"合作安全"是超越传统的军事安全，而把环境、经济、社会、政治等方面的安全包括在内。合作安全建立在相互保证而不是相互威胁的基础上，而这种保证是通过"信心建立措施"而建立与发展起来的[6]。因此，在现阶段，"两岸合作安全"应当与"两岸信心建立措施"结合起来。

"信心建立措施"，包括任何有助于增进彼此互信的措施在内，因此，它可以是不涉及军事领域的，如东盟地区论坛早期那样，也可以只涉及军事方面的技术性层级，而不涉及更高的层级。按照这样的理解，现在是否已经具备了相应的条件呢？

我们先来看看几位学者的看法：

美国学者葛来仪 2009 年 8 月在台湾提出，两岸以现有的"九二共识"作为政治基础，可以建构某种程度的"信心建立措施"（CBM）。她认为不只有军方对军方，任何有助于增加两岸互信的措施都是"信心建立措施"。

葛来仪早在 2006 年已经接受"战略与国际研究中心"的研究项目，着手研究这一课题，2008 年 9 月她与葛罗斯曼（Brad Glosserman）共同写成《构建台湾海峡两岸信心建立措施》（Promoting Confidence Building across the Taiwan Strait）的研究报告[7]，在写作过程中他们还组成代表团访问过北京和台北，了解双方的看法。这个报告的结论是，北京希望通过建立互信促进统一，台北则希望维持现状，目前两岸并无足够的政治信任度来启动正式的军事互信协商。但她提供了两岸建立互信的路线图，并认为在近程可以采取一些可行的措施，美国应当支持两岸降低紧张，建立互信。

到了 2009 年 8 月，当她了解到马英九主张先签和平协议，然后再谈"信心建立措施"之后，她表示信心建立措施应当先谈，"谈了一定程度后，双方都有了安全感，才开始谈和平协议"。她认为两岸现在可以谈"信心建立措施"，近期以建立军事热线、鼓励军方接触作为目标。这些措施可以是非正式的，甚至是基于口头上的谅解。她还指出，美国应当加强与台湾的关系，让台湾有足够的自信与大陆谈判。尽管她说过不只是军方对军方，但显然她主要还是从军事与安全角度考虑的。

台湾学者赵春山 2009 年 9 月在达赖访台事件后，从双方针对此事危机处理的过程中，看到两岸有必要急速协商"信心建立措施"，用来预防、处理和消除各种可能出现的危机。[8] 他所指的措施已经不只是军事方面的了。

2009 年 10 月我对葛来仪、赵春山做出回应，同意他们有关建立互信的主张，指出：当前建构两岸"信心建立措施"，从积极方面来说，应当是增进了解，增进共识，增进互信，增强合作意愿，增强对两岸关系和平发展的信心；从消极方面来说，主要是降低风险，避免误判，减少"不确定作为的做法"，减少给对方造成麻烦，缓和紧张局势，逐步消除敌意。并且提出构建沟通平台、建立两岸热线、两岸联合行动、制定游戏规则等考虑，则主要不是从军事方面考虑[9]

从以上可以看出，两岸为了维护和平发展、预防出现危机已经有了"谋取相对安全的需要"，这就是两岸可以协商"信心建立措施"的前提。当然，"九二共识"也是一个前提，在这个前提下，两会已经达成许多协议，同时也积累了互信。有了这样的前提，协商"某种程度的信心建立措施"是可能的。

所谓"某种程度的信心建立措施"，可以理解为，不是要求太高的、具有争议的、需要以高度政治互信为基础的、有一方无法接受的措施，换句话说，凡是比较容易办到的、事务或技术层次的、条件已经成熟的、双方可以接受的、不敏感的、非强制性的、搁置争议条件下可以协商的措施都可以算是这一类的措施。

这样，以较低层次的互信可以建立较低层次的"信心建立措施"。两岸在现有互信的基础上应当可以建构当前可以获得共识的某些措施，如果这些措施是属于两会就可以协商的议题，那又有什么困难呢？又还需要什么其他的前提呢？

我们不妨看看世界上一些国家与地区建立信心措施的前提与目标：

希腊与土耳其曾因爱琴海与塞浦路斯问题关系紧张，并曾发生军机相撞事件，双方出于改善关系的意愿，同意建立互信机制，设立两军热线，进行联合训练，成立两国合作委员会，共同应对自然灾害。

以色列与巴勒斯坦爆发过严重冲突，相互采取恐怖活动，为了缓和紧张关系，同意建立信心措施，双方就边界、耶路撒冷、难民回归等敏感问题进行对话，曾经承诺释放被拘留者，不从事暴力报复等等。

印度与巴基斯坦之间存在克什米尔争端，并且由于各自进行核试验而存在冲突的可能，双方出于减少战争危险、建立地区和平的意愿，同意建立互信机制，采取了以下措施：建立军事热线、两国总理热线、通过双边论坛解决争端、军事演习事先通知、互不攻击对方的核设施、协商解决印度河用水问题等等。

中美洲的信心建立措施，起初不针对具体的和军事方面，而是要求相互交往、争端各方参与合作，具有抽象的和广泛的含义。

南美洲的 ABC（阿根廷、巴西、智利）的信心建立措施，目标是协调南美洲政治、经济和社会问题，促进地区的经济一体化，建立了南方共同市场。

再从中国与其他国家建立信心措施的情况来看：

中国与东盟某些国家存在领土与主权问题尚未解决，但不影响彼此之间在安全与其他领域的合作，包括应对灾害与海事安全等方面。

中国与印度 1962 年曾经发生边界战争，后来双方建立互信机制，签署国际合作与军事交流备忘录，举行联合军事演习及联合反恐训练演习，并建立两国总理热线。

列举以上事实是为了说明，即使在发生过严重冲突的国家或地区之间，出于共同安全的需要，也可能建立信心措施。尽管建立信心措施不是一劳永逸的，有些地区还经历过反复曲折的过程，有时还会遭到严重破坏。但世界各地的许多事实证明，"信心建立措施"能够对避免冲突、建立互信发生一定的作用。目前两岸的情况当然比以上很多国家或地区间的形势要好得多，两岸关系也比过去有很大改善，双方都有"谋求相对安全的需要"，也有一定的互信基础，所以，两岸协商"信心建立措施"的前提已经存在。

两岸"信心建立措施"的现状与近期目标

两岸"信心建立措施"是否已经开始？可能会有不同的看法。

葛来仪认为"两岸间有些 CBM 措施，去年五月后已开始了"。她举出以下事实为证：解放军把演习移到南京军区以外举行，这就是一种态度表示，台湾近年来也有类似举动。

我同意这一说法，不过葛来仪只是就军事方面来看，我想还有许多方面的事实也属于"信心建立措施"。例如，两岸已经形成良性互动，妥善地处理了一系列复杂和敏感的问题；两会达成多项协议；经贸合作有了新的进展；两岸的文化教育及其他各项交流蓬勃发展，这些方面的成果都是信心建立措施的体现。具体地说，诸如，台湾以观察员身份参加世界卫生大会，台湾不再委托"友邦"推动参与联合国，大陆举办"海峡论坛"邀请台湾各界人士参加，台湾举办"两岸一甲子"研讨会邀请大陆学者就两岸关心的问题进行研讨，两岸共同应对世界金融危机，在发生灾害时两岸同胞互相支援等等。

在这里，我想引用台湾方面的看法：马英九指出，过去两岸关系是"恶性循环"，现在是"良性循环"。两岸关系与国际关系是相辅相成良性循环。又说，两岸在"九二共识"的务实基础上，已经签署12项协议和1项共识，"双方关系在稳定中一步步改善"。"陆委会"官员也说，两岸签署许多协议的果实逐渐落实，大陆政策是民众最满意的施政项目之一。每一项协议让台湾得到的利益，远超过任何方面，包括中国大陆，可以说对两岸关系和平稳定发展，奠定非常好的基础。以上事实足以表明两岸"信心建立措施"已经开始，而协商与签署经济合作框架协议（ECFA），更是建立信心措施的重大项目。

当然，这只是两岸在相互善意回应的基础上做出的一些"起步"动作，还没有进入共同协商建立互信措施的阶段。但事实表明，这项工作是相互的"需要"，而且已经启动，因此有必要及时协商，让它能够在自觉的基础上有计划、有步骤地开展起来。

至于近期的"信心建立措施"，已经有人提出一些设想，提出不少具体意见，特别是在"军事互信机制"方面。然而，葛来仪在她的报告中指出："军事、安全问题从大陆和台湾的关系看来可能不会立即处理"，她特别注意到马英九在这个方面存在的困难。我也同意这一观点。因此，在这里，就军事安全以外，提出一些近期可以着手的项目，提供讨论参考。

（一）宣示性措施：可以单方面宣示，也可以共同宣示。例如，最近国台办主任王毅就两岸经济合作框架协议提出的"五个方向"，台湾媒体称之为对早期收获清单释放善意的"五项保证"，并且认为"王毅谈话一出，关于ECFA众多社会经济面的疑虑其实已经可以消除大半"。这就是单方面宣示性措施的一个实例。类似这样，单方面释放善意或互相表达善意的事，双方都可能做，也应当做。当然，如果有涉及安全的宣示就更好了。

（二）沟通性措施：在已有的两岸沟通管道的基础上，建构更多的管道或热线。赵春山指出，中国与美国已经建立了60多条沟通管道。我想，两岸间多设几条管道或热线也是必要的。这不仅有利于防范各种意外事件，及时有效地进行危机处理，而且两岸学界、专业人士以及其他各界的沟通平台，可以着手商谈建构建立信心措施、共同研究破解两岸关系的政治难题等等，以便凝聚共识，提出可行性的方案，供两会及两岸相关方面协商的参考。据《联合报》报道，台湾方面对于互信机制采取这样的策略："可以谈，但二轨先行"，而大陆方面也主张由学者交流开始，双方不谋而合。那么，这一项措施应当没有什么问题了。

（三）综合性的措施：双方需要商议"两岸互动的游戏规则"，让两岸关系的发展更加规范、有序，良性互动，避免负面影响。我想根据一年多来两岸互动存在的问题，提出以下"规则"，提供讨论：要互相尊重，不要强加于人；要求同存异，不要抹煞差异；要善意回应，不要置之不理；要互相合作，不要破坏合作；要为对方着想，不要伤害对方；要事先沟通，不要"突然袭击"等等。当然作为游戏规则还需要"细化"。现在两岸已经从过去的"不合作博弈"转变为"合作博弈"，二者的区别在于合作博弈要有一个具有约束力的协议，而非合作博弈则没有这样的协议。因此，两岸达成口头上的谅解，进而形成"商谈纪要"之类的文件，用以规范两岸的互动、促进"信心建立措施"的建构，也是必要的。

以上设想挂一漏万，是否可行，也需要讨论。但是，我相信建立互信是一个渐进的过程，逐步积累的过程，现在可以从低层次的"信心建立措施"做起。

两岸协商双方同意"先易后难"，我认为以上提出这些"信心建立措施"都是属于"易"的部分，有什么理由不可以先谈起来呢？

许多经验已经证明，"信心建立措施"是有助于积累互信的一种有益的举措，而且可以在实践过程中，增进两岸的政治互信。我认为两岸当局是否明确表示共同建构"两岸信心建立措施"，不是一件可有可无的事，而是一件具有标志性意义的大事。一旦两岸同意进行"信心建立措施"的协商，就会极大地增强两岸人民对于两岸关系和平发展的信心。有志于两岸关系和平稳定发展的两岸当局何乐而不为呢？因此，尽管两岸之间已经有了一些信心建立措施的动作，但双方有意识地互相配合共同建构的"信心建立措施"，还需要及早策划，及早协商，正式起步。

注释：

[1]　颜建发：《建立两岸军事互信困难重重》，《玉山周报》第 30 期，2009 年 12 月。

[2]　李家泉：《两岸政治互信是建立军事互信基础》，www.ifeng.com/news/taiwan/200809/281a56cf-1。

[3]　张文生：《两岸政治互信的概念分析》，www.chinanews.com/news/zjzl/2009-11/06/。

[4]　杨念祖：《当前推动两岸军事互信研究》，蔡朝明主编《论两岸关系新路向》，远景基金会，2009 年，第 176 页。

[5]　刘国深：《加强两岸政治互信 ABC》，《中国评论》2009 年 12 月号。

[6]　［澳］克雷格·斯奈特：《当代安全与战略》，吉林人民出版社，2001 年，142 页。

[7]　Bonnie Glaser, Brad Glosserman: *Promoting Confidence Building across the Taiwan Strait*, http://csis.org/files/media/csis/pubs/080910_glaser_promotingconfidence_web.pdf。

[8]　赵春山：《祈福？藏独：达赖激化危机或转机》，《联合报》，2009 年 9 月 4 日。

[9]　陈孔立：《两岸建立互信此其时也》，新加坡《联合早报》，2009 年 10 月 29 日。

新书简介

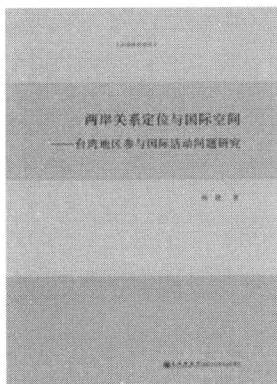

两岸关系定位与国际空间——台湾地区参与国际活动问题研究

本书为解决两岸关系定位和台湾地区参加国际活动进行理论上的准备，并形成具有现实可行性的方案，认为解决台湾地区参加国际活动的问题，既需要政治人物的智慧和魄力，也需要理论的助力。

祝 捷 著
定价：66.00元

冷战后台湾地区与东盟各国关系研究

本书主要讲述了冷战结束后台湾与东盟各国的关系发展演变，在和平解决台湾问题、实现祖国的最终统一过程中，就如何提升台湾问题和平解决的机会系数、推动两岸的和平统一与中国的和平崛起，提出了自己的见解。

王俊峰 著
定价：42.00元

台湾"国家认同"问题概论

本书从台湾"国家认同"问题切入，分析论证了台湾"国家认同"的概念、内涵、特点和现状等问题，进而深入探讨了影响台湾"国家认同"变化的各种因素，在理论探讨和实证基础上，提出了有效、系统、务实的对策建议。

刘 红 著
定价：58.00元

台湾民主化与政治变迁——政治衰退的视角

本书主要用亨廷顿的政治衰退理论来看台湾政治现代化进程及其得失，比较系统地探讨台湾政治变迁和民主化过程中出现的政治衰退所及其理论意涵，对于理解台湾政治未来发展方向有一定的价值。

陈 星 著
定价：38.00元

政治狂澜的浪花——台湾第三势力研究

本书研究了独立于两大政党之外、以影响政治为目标且有一定影响力的组织或有组织背景的个人，揭示了此第三方势力对台湾版图变迁的影响和非政党型第三方势力的发展脉络及概况，揭示其存在的必然性和发展的局限性。

王鸿志 著
定价：32.00元

与祖国同生——台湾同胞在大陆的抗战足迹

本书讲述抗日战争时期台湾同胞冲破日本殖民政府的封锁，积极奔赴大陆支持祖国抗战事业的英勇事迹。书中有丰富的历史资料，包括大量馆藏解密档案和珍贵的历史图片及历史人物的诗文和书信等，具有极高的史料价值。

陈小冲 编著
定价：46.00元

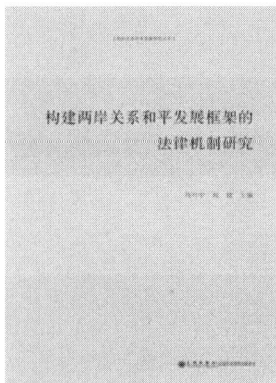

构建两岸关系和平发展框架的法律机制研究

本书以构建两岸和平发展框架的法律机制为研究对象，先从宏观方面论述宪法机制对于构建两岸和平发展框架的意义以及构建该框架的法律障碍和解决机制；进而从微观入手，论述构建行政合作机制及司法协调机制面临的困境。

周叶中　祝　捷　主编
定价：48.00元

台湾地区权利保障司法案例选编

本书以台湾地区"宪政改革"后"大法官解释"为研究对象，分基本权利保障的总论和基本权利保障的分论两部分，对台湾地区法律制度进行介绍和分析，案例均与台湾地区人民的基本权利息息相关。

祝　捷　编著
定价：60.00元

依法行政与社会治理比较研究

本书共收录第十届海峡法学论坛精品论文50余篇，以"依法行政与社会治理"为主题，就现代中国社会治理模式创新、行政强制与行政处罚制度、行政诉讼及相关司法制度、行政决策与公众参与等问题，进行了深入研究。

张大共　主编
定价：98.00元

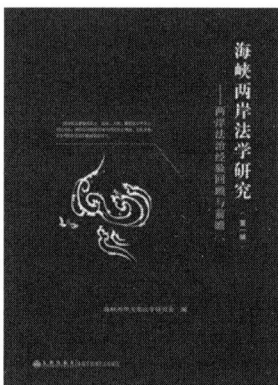

《海峡两岸法学研究》（第一辑）

本书为首届两岸和平发展法学论坛的论文集，大陆学者论文和台湾学者论文分别以简体字和繁体字排版，各自分为法治理论、民事法治和刑事法治三部分，既有两岸法治发展的理论分析，也有契合当下两岸事务和经贸往来的具体问题的讨论。

海峡两岸关系法学研究会　编
定价：78.00元

"九二共识"文集

本书汇集1992至2012年11月底两岸有关"九二共识"的存证资料，包括亲历香港会谈前后两会磋商和达成"九二共识"过程的权威人士的回忆；重要文件和新闻报道；两岸的权威宣示和阐述；海内外专家学者的研究成果和评论等。

许世铨　杨开煌　主编
定价：49.90元

潮起潮落

本书以纪实性的手法，全面展示了海协会、海基会机制的产生背景和两会成立以来的折冲与共处历史，深入挖掘了台湾各界对两岸关系的复杂反思与抉择过程，揭示了两岸筋骨相连的血脉联系和命运共同体关系。

郑　剑　著
定价：98.00元

台湾 2012

本书是对 2012 年台湾的全面论述和介绍，包括综述、台湾大事记、祖国大陆对台重要文献和统计资料。深入介绍 2012 年的两岸关系以及台湾社会经济、文学艺术、教育、军事等各方面的情况，并为研究者提供详尽准确的参考资料。

全国台湾研究会　编　周志怀　主编
定价：68.00元

中央政府赈济台湾文献·清代卷

本书为清政府赈济台湾相关原始文献的史料选编，包含起居注档案、兵部档案、户部档案、奏折等各种文献形式，说明了当时中央政府对台湾的有效管辖和治理，说明了当时台湾与大陆统一于一个中央政府的历史事实。

尹全海等　整理
定价：290.00元

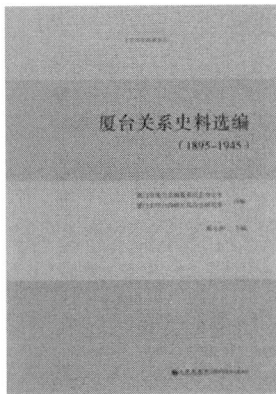

厦台关系史料选编（1895-1945）

厦门与台湾一衣带水，在日本殖民统治台湾期间（1895 年台湾被强占直至 1945 年台湾光复），两者关系尤为曲折复杂。该书汇集了这期间的历史档案和国内及厦门本地主要媒体的相关报道，全方位地展现了厦台关系的方方面面。

陈小冲　主编
定价：82.00元

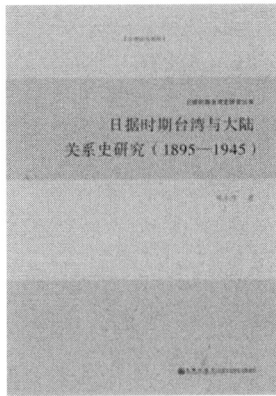

日据时期台湾与大陆关系史研究（1895-1945）

本书针对前期研究偏向于台湾义勇队、台湾籍民的状况，增加日据时期两岸人员往来、经贸联系、文化交流等的探讨；还搜集原始档案、报章杂志等罕见史料，展现了台湾与大陆关系在殖民当局隔离政策夹缝中的生存和发展。

陈小冲　著
定价：42.00元

根在中原：闽台大姓氏探源

本书以台湾陈、黄、林、郑、杨、王、蔡、张、刘、李十大姓为研究对象，利用正史、族谱及个人回忆录等史料，梳理了中原移民入闽迁台的史实，探寻前人辗转迁移的社会、历史原因，以追根寻源，了解祖先的生活历史。

尹全海　孙炜　主编
定价：298.00元

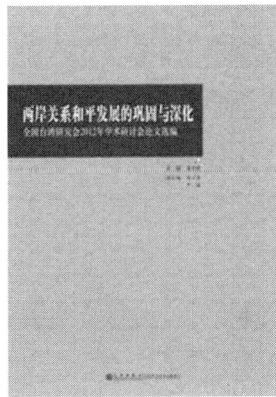

两岸关系和平发展的巩固与深化

本书选编全国台湾研究会 2012 年学术研讨会精品论文，收入了台湾问题专家李逸舟、刘国深、杨立宪等的论文 50余篇，是有关两岸关系、台湾问题最新、最权威的研究成果。

周志怀　主编
定价：88.00元